智能媒体与智能营销传播系列教材

智能传播
理论、方法与实践

Theories, Methods and Practice of Intelligent Communication

廖秉宜 著

西安交通大学出版社
XI'AN JIAOTONG UNIVERSITY PRESS

内容提要

“智能传播”是新闻传播学专业的核心主干课程，旨在培养学生在智能传播领域的理论素养与实践能力。本书构建了系统的智能传播学科知识框架体系，全书共分为十三章，分别为智能传播概述，智能传播技术及应用，基于智能技术的内容生产，大数据、算法与精准传播，内容消费与用户智能交互，智能传播的效果评估，智能新闻，智慧广电，智能广告，社交媒体的智能传播，新型媒介终端的智能传播，智能传播的社会影响，智能传播伦理与法规。本书既有对智能传播全流程的系统分析，也有对智能传播具体应用层面的探讨；既有对智能传播效果层面的分析，也有对智能传播的社会影响、伦理与法规层面的探讨。

本书可供新闻传播学、市场营销学、信息管理学等专业学生使用，也可供传媒、广告、营销行业相关人员学习参考。

图书在版编目(CIP)数据

智能传播理论、方法与实践 / 廖秉宜著. -- 西安 ：西安交通大学出版社，2025.6. -- ISBN 978-7-5693-4061-7

Ⅰ.G206.2

中国国家版本馆 CIP 数据核字第 20254KR282 号

书　　名 智能传播理论、方法与实践
ZHINENG CHUANBO LILUN、FANGFA YU SHIJIAN
著　　者 廖秉宜
责任编辑 赵怀瀛
责任校对 柳　晨
封面设计 任加盟

出版发行 西安交通大学出版社
(西安市兴庆南路 1 号　邮政编码 710048)
网　　址 http://www.xjtupress.com
电　　话 (029)82668357　82667874(市场营销中心)
(029)82668315(总编办)
传　　真 (029)82668280
印　　刷 陕西金德佳印务有限公司

开　　本 787mm×1092mm　1/16　**印张** 20.25　**字数** 375 千字
版次印次 2025 年 6 月第 1 版　2025 年 6 月第 1 次印刷
书　　号 ISBN 978-7-5693-4061-7
定　　价 59.80 元

如发现印装质量问题，请与本社市场营销中心联系。
订购热线：(029)82665248　(029)82667874
投稿热线：(029)82668133
读者信箱：xj_rwjg@126.com

智能媒体与智能营销传播系列教材
编写委员会

总 序

进入21世纪，人工智能、大数据、云计算、区块链、5G等新兴技术迅猛发展，并逐渐应用于各个行业领域。人工智能技术深度融入新闻传播领域，催生了以数据化、机器化、自动化为核心要素的智能媒体，智能传播也逐渐从想象成为现实，其影响力愈发显著，成为现代传播的主导性力量。

2015年9月，腾讯推出了国内首个新闻写作机器人Dreamwriter。在内容生产和产品形态迎来智能化后，次年，腾讯就联合清华大学新媒体研究中心、美国皮尤研究中心共同发布《智媒来临与人机边界：2016中国新媒体发展报告》，率先宣布智媒来临。进入2017年，媒体机构也开始了从众媒到智媒的尝试和布局。同年12月，中国第一个媒体人工智能平台“媒体大脑”发布，强调以智能技术赋能媒体，探索个性化生产、可视化呈现、互动化传播。2019年12月，新华社推出国内首个智能化编辑部，实现“以人工智能技术为基础，以人机协作为特征，对新闻生产进行全环节、全流程、全系统再造”。此后几年，以数据和算法驱动的智能媒体快速发展，但是这种智能传播仍然停留在专业机构的操作场域内。直到2022年11月，生成式人工智能ChatGPT(Chat Generative Pre-trained Transformer，聊天生成式预训练转换器)震撼问世，2025年1月，杭州深度求索人工智能基础技术研究有限公司发布其最新的DeepSeek-R1模型系列，人工智能生成内容(Artificial Intelligence Generated Content，AIGC)彻底颠覆信息传播格局，加速了人类社会向全面数字化生存模式的转型，以至于通过人机对话就能完成文本、语音、图片、视频等几乎所有信息的智能生成，使得智能传播面向更多普通人，宣告了智媒时代的全面到来。

对于以培育应用型人才为核心目标的新闻传播学科而言，其教育发展的轨迹始终紧密伴随着技术进步的脉动。步入智媒时代，传播主体的拓展、传播效率的提升、信息场域的变迁彻底颠覆了众媒时代的信息传播模式。智媒技术的迭代、数据和算法的全面嵌入、大模型的广泛应用，更是显著提升了新闻传播领域的专业门槛，倒逼人才培养内容和模式变革。而侧重于基础新闻传播学理论和传统媒介操作技能的知识体系，已难以满足当前智能传播行业的需求。面对这股势不可挡的智能化浪潮，新闻传播教育能否适应正在发生且不断加速变革的智能化生态，不仅直接关系到所培养的专业人才与社会需求的匹配度，更在深层次上影响着新闻传播学专业自身的生存空间与发展前景，乃至决定其作为学科存在的合理性与价值点。这迫使我们必须思考，进入智媒时代，我们该如何培养能够面向数智技术、面向智能传播、面向智媒产业的跨学科、复合型新闻传播专业人才。

鉴于此，当前新闻传播人才培养的核心逻辑在于从多维向度回应智能传播的时代诉求。一是技术面向。技术迭代直接驱动媒介演化和教育革新，这种互嵌共生的关系使新闻传播学成为一个不断瞄准技术创新和适应技术变革的学科。面对智能技术不断升维并渗透到信息传播各链条的现实，新闻传播教育亟需跨越传统学科界限，融合计算机科学、数据分析等多领域的知识与技术。唯有深入认知智能技术，才能真正理解当今媒介生态的本质。二是实践导向。传统的线性技能培养模式正逐步转型，着重于以实践为导向构建复合能力体系，以满足快速变化的传媒市场对新型人才的需求。因此，必须引导学生在真实的传播实践和社会情境中学习、掌握智能传播的规律和特征。三是创新意识。智媒时代的教育更需激励学生在面对新兴事物时展现出学习热情，培养能够主动适应变化、善于抓住新机的创新型传媒人才。四是价值引领。新闻传播教育承载着独特的价值与责任，其核心在于培育心怀人文情怀、矢志追求真理与公正的传媒人才。在智媒时代，更需要传媒人坚持算法善用，坚持人文精神，坚持数字正义，必须牢牢坚守新闻传播教育的价值导向，确保其在智能传播时代中的引领作用。

在新文科建设背景下，推动智能媒体与智能营销传播知识体系的持续革新，培养既有深厚人文底蕴，又具备技术应用能力的全面型新闻传播人才，已成为新闻传播学科发展的迫切需求。在新闻传播高等教育中，自主知识体系建设是基础性、先导性工程。立足智能媒体发展的前沿实践，并在此基础上提炼出具有高度概括性和前瞻性的知识体系，对于培养数智化传媒人才具有至关重要的意义。教材是知识的载体，本套“智能媒体与智能营销传播系列教材”旨在为新闻传播学专业学生和业界从业人员提供一套全面、系统、前沿的学习资源，以满足他们在技术素养培育与知识体系构建方面的切实需要。

特别感谢西安交通大学出版社对本套系列教材出版的大力支持，感谢本套教材策划编辑赵怀瀛副编审的专业指导和辛勤工作，感谢各位专家作者的精心编撰！我们希望这套教材的推出，能为新闻传播学高等教育注入新的活力，培养出更多适应时代需要的专业人才。

廖秉宜
于武汉大学

目录

Contents

第一章　智能传播概述 …………………………………………………… (001)

第一节　人工智能与智能传播 ………………………………………… (001)

第二节　智能传播的主要特征 ………………………………………… (009)

第三节　智能传播的运作模式 ………………………………………… (012)

第二章　智能传播技术及应用 ……………………………………… (018)

第一节　大数据、云计算与区块链 ………………………………… (018)

第二节　传感器、可穿戴设备与物联网 …………………………… (029)

第三节　虚拟现实、全息影像与元宇宙 …………………………… (037)

第四节　新一代人工智能技术 ………………………………………… (045)

第三章　基于智能技术的内容生产 ……………………………… (050)

第一节　文本生成与写作 ……………………………………………… (050)

第二节　语音识别与合成 ……………………………………………… (056)

第三节　图像与视频编辑 ……………………………………………… (063)

第四节　交互式内容创作 ……………………………………………… (068)

第四章　大数据、算法与精准传播 ………………………………… (074)

第一节　大数据在精准传播中的作用 ……………………………… (074)

第二节　算法在精准传播中的应用 ………………………………… (077)

第三节　用户数据的挖掘与分析 …………………………………… (084)

第四节　个性化的内容推荐系统 …………………………………… (092)

第五章　内容消费与用户智能交互 ……………………………… (097)

第一节　内容消费的概念与形式 …………………………………… (097)

第二节　内容消费主要的媒介产品 ………………………………… (102)

第三节　智能搜索与生成式信息检索 ……………………………… (106)

第四节　智能交互界面的设计与应用 ……………………………… (113)

第六章　智能传播的效果评估 …… (123)
第一节　智能传播效果评估概述 …… (123)
第二节　智能传播效果评估的指标体系 …… (128)
第三节　智能传播效果评估的操作办法 …… (131)

第七章　智能新闻 …… (144)
第一节　新闻采集的智能化 …… (144)
第二节　新闻生产的智能化 …… (151)
第三节　新闻分发的智能化 …… (157)
第四节　虚拟主播与机器人记者 …… (163)

第八章　智慧广电 …… (170)
第一节　智慧广电的总体格局 …… (170)
第二节　智慧广电的主要载体 …… (176)
第三节　新型广电节目制播体系 …… (181)
第四节　基于人工智能的影视创作 …… (185)

第九章　智能广告 …… (195)
第一节　智能广告的主要特点 …… (195)
第二节　智能广告的表现形式 …… (200)
第三节　智能广告的运作平台 …… (205)
第四节　智能广告的效果监测 …… (213)

第十章　社交媒体的智能传播 …… (219)
第一节　社交媒体的主要类型 …… (219)
第二节　社交媒体的智能化运作 …… (224)
第三节　社交机器人的应用模式 …… (229)
第四节　舆论的智能识别与监管 …… (234)

第十一章　新型媒介终端的智能传播 …… (241)
第一节　万物互联的全场景传播 …… (241)
第二节　智能家居与信息交互 …… (244)
第三节　智慧城市与社会治理 …… (249)
第四节　多屏生活下的跨屏联动 …… (253)

第十二章　智能传播的社会影响 …… (259)
第一节　智能传播中的人机关系 …… (259)
第二节　智能时代的社会交往 …… (268)
第三节　数字空间与实体社会的融合 …… (276)
第四节　算法逻辑下的社会文化发展 …… (281)

第十三章　智能传播伦理与法规 …… (286)
第一节　智能传播伦理与法规概述 …… (286)
第二节　智能传播中的伦理失范及对策 …… (295)
第三节　智能传播中的法律风险及规制 …… (303)

参考文献 …… (310)

后记 …… (313)

第一章 智能传播概述

智能传播是人工智能发展的产物。在智能技术集群迅猛发展的浪潮中，智能技术与新闻传播和营销传播领域深度融合，催生了诸如智能机器人写作、个性化内容推荐算法、多模态内容生成模型等一系列前沿技术应用，显著提升了新闻传播和营销传播的效率与生产力。如今，数据和算法驱动的智能传播逐步取代传统新闻传播和营销传播方式，成为现代传播的主导性力量，创造出一个智能传播主导的、全球一体化的全新社会信息传播图景。在本章，笔者重点介绍人工智能的定义、发展历程和未来趋势，以及智能传播的基本概念、主要特征及其运作模式。

第一节 人工智能与智能传播

一、人工智能与智能传播的定义

（一）人工智能的定义

人工智能（Artificial Intelligence，AI），是指由人制造出来的机器或系统能够模拟或扩展人类智能的技术，具有感知、理解、推理、决策、学习、创造等能力，能够像人一样思考和做出决策，自主地执行各种任务。人工智能的核心是神经网络。它是一种用于模拟生物神经网络的计算方法，可以通过大量的数据进行学习，并通过相互连接的神经元来识别模式并进行决策。

人工智能不是一种单一的技术，它包括了深度学习、机器学习、计算机视觉、自然语言处理等多种技术和算法。其中，机器学习（Machine Learning，ML）是指通过学习和训练，计算机能够自动提取数据中的规律和特征，并据此作出判断和预测。它是人工智能的重要基础之一。深度学习（Deep Learning，DL）是机器学习的一种高级形式，利用多层神经网络对数据进行处理和分析，完成更加复杂的任务，如图像识别、语音识别、自然语言处理等。自然语言处理（Natural Language Processing，NLP）则能让计算机能够理解和处理人类自然语言，完成语音识别、语音合成、自动翻译等任务。计算机视觉（Computer Vision，CV）可以使计算机理解并处理图像和视频，完成图像识别、目标检测、人脸识别等任务。

人工智能可以分为三个层次：弱人工智能、强人工智能和超人工智能。弱人工智能是指机器或系统只能在特定的领域或任务中表现出人类的智能，比如语音识别、图像识别、自动驾驶等。强人工智能是指机器或系统能够在任何领域或任务中表现出人类的智能，目标是实现展示人类智能的所有方面，如通用人工智能、人工生命等。超人工智能是指机器或系统能够在所有领域或任务中远远超越人类的智能，解决人类无法解决的问题，如人工神经网络、人工超智能等。

（二）智能传播的定义

智能传播是智能技术应用在信息生产与流通中的一种新型传播方式，是在充分开启人脑动能的基础上，以超级大数据为依托，以计算机技术为主轴，交叉融入数学、生理学、仿生学、哲学、心理学、社会学、生物学、语言学、逻辑学等多类学科，应用于现代传播的生产环节、内容创作及分发和产业管理等的方方面面，包括智能机器人写稿、智能内容识别、大数据用户洞察和个性化算法推荐等。智能传播技术首次超越了历史上以“人工”为核心的传统信息传播范式，引领社会步入一个由算法驱动、机器大规模生成与传播信息的崭新纪元。

从智能传播的起源看，智能传播是在人工智能、大数据、物联网、机器人技术等发展和突破的基础上诞生的，技术替代部分人力成为传播过程中新的生产要素。从智能传播的核心特征来看，相比内容驱动、用户驱动的网络传播模式、自传播模式，智能传播是以数据驱动的，且具有超越人工的自动性，能够实现互动的、碎片化的、多屏一体化的和非线性的传播。从智能传播的价值看，智能传播改变了内容生产技术流程，可精准识别需求进行智能推荐，最后黏合用户创造服务，实现了各类智能硬件和软件与人类社会的智能互联①。智能传播与其他数字传播模式的特征对比见表 1－1。

表 1－1　智能传播与其他数字传播模式的特征对比

传播模式	兴起时间	时代特点	通信技术	传播主体	驱动因素	典型应用	传播特点	社会特性
网络传播	1990 年	Web1.0 时代	2G	传媒或组织	内容驱动	邮件、门户和搜索网站	自上而下	弱联结社会
自传播	2000—2010 年	Web2.0 时代	3G、4G	个人	用户驱动	博客、微博、微信等社交媒体	自下而上	强联结社会
智能传播	2020 年	智能物联时代	5G、6G	算法、智能体	数据驱动	短视频、元宇宙、AI 大模型	复杂综合	超联结社会

① 方兴东、严峰、钟祥铭：《大众传播的终结与数字传播的崛起：从大教堂到大集市的传播范式转变历程考察》，《现代传播（中国传媒大学学报）》2020 年第 7 期，第 132－146 页。

二、人工智能的进展与发展趋势

(一)概念起源期

1943 年,美国神经科学家沃伦·麦卡洛克(Warren McCulloch)和逻辑学家沃尔特·皮茨(Walter Pitts)提出神经元的数学模型,为现代人工智能学科奠定了基础。1950 年,数学家和计算机先驱艾伦·图灵(Alan Turing)在一篇文章中写道:"我建议考虑这个问题:'机器能思考吗?'"于是他提出了一种叫作模仿游戏的测试方法,即图灵测试。1956 年 8 月,在美国汉诺斯小镇达特茅斯学院的人工智能夏季研讨会上,众多国际一流的科学家聚集在一起,讨论如何让机器像人一样思考、认知和学习,即用机器来模仿人类学习以及其他方面的智能。这是人类第一次探讨人工智能,并正式使用了"人工智能"这一术语,标志着"人工智能"概念的诞生。自此,人工智能研究中的符号主义(Symbolism)和联结主义(Connectionism)两大学派逐渐形成。符号主义学派强调通过逻辑符号实现智能,而联结主义学派则主张通过模拟人类神经网络的连接机制来实现智能。

(二)初步探索期

1957 年,弗兰克·罗森布拉特(Frank Rosenblatt)提出了感知机(Perceptron)模型,这是最早的人工神经网络模型之一。1966 年,约瑟夫·魏泽鲍姆(Joseph Weizenbaum)开发了 ELIZA(伊丽莎)程序,实现了人机自然语言对话的可能性。从 20 世纪 60 年代开始,人工智能的专家系统遍地开花,标志着人工智能技术正式迈向了实用化的发展阶段。专家系统是一个高度智能化的优化系统,其核心构成包括专家知识库、专业推理引擎以及专业知识库管理模块。该系统能够利用计算机存储的深厚专家知识,为非专家用户或专家提供辅助决策支持,展现出与领域内专家相媲美的推理与问题解决能力。作为一种智能计算机程序系统,它极大地扩展了人类智慧的应用边界。在此背景下,诸如医疗领域的 MYCIN 专家系统、化学领域的 DENDRAL 专家系统,以及地质勘探领域的 PROSPECTOR 专家系统等相继问世,并在各自的专业领域内展现出卓越的性能与应用价值。

(三)低速发展期

这一时期主要集中在 1985 年至 1995 年,专家系统的后续发展显得疲软,神经网络研究遭遇瓶颈,多项研究均呈现出缓慢的发展态势。在这一阶段,人工智能领域内的结构学派、功能学派和行为学派三大流派之间存在着明显的分歧和竞争,彼此排斥,难以形成统一的理论体系,这成为这一阶段人工智能发展缓慢的内在原因。具体来说,结构学派致力于通过构建大规模的非线性人工神经元网络来模拟人类大脑皮层，功能学派侧重于利用先进的计算机技术来模拟人脑的思维功能，而行为学派倾向于采用“刺激-响应”的模式，让“机器人”模拟人类的行为。

（四）稳步发展期

1995 年之后，借势互联网全面铺展到全世界，全球人工智能进入稳步发展阶段，创新性和实用性不断加强。1997 年，美国 IBM（国际商业机器）公司研发的并行计算机“深蓝”在国际象棋界掀起了一场震撼对决，它成功击败了连续十多年稳坐世界棋王宝座的卡斯帕罗夫。在前五局的激烈交锋中，双方以 2.5：2.5 的战绩平分秋色，然而，在决定胜负的第六盘比赛中，卡斯帕罗夫仅在行棋 19 步后便对“深蓝”的卓越表现甘拜下风，承认了这场历史性的失败。这场具有特殊意义的对抗，成为人工智能在决策领域的一个重要里程碑，也更加强化了人们对发展人工智能的信心。1998 年，真正意义上的卷积神经网络（Convolutional Neural Networks，CNN）出现，它无须预处理图像就能识别关键特征，成为人工智能技术发展的重大突破。

（五）蓬勃发展期

2012 年，深度学习技术的崛起标志着人工智能进入了一个全新的发展阶段。深度学习在 ImageNet（图像网）图像识别竞赛中取得了突破性的进展，引发了全球对人工智能技术的广泛关注。2016 年，谷歌的 AlphaGo（阿尔法狗）围棋程序战胜了围棋世界冠军李世石，再次证明了深度学习技术的强大能力。自此，在移动互联网、大数据、超级计算、传感网、脑科学等新兴理论与技术蓬勃发展，以及经济社会发展迫切需求的双重推动下，人工智能正以前所未有的速度加速发展。人工智能已广泛应用于医疗、金融、教育、交通、制造等领域，并逐渐成为促进社会进步和经济发展的重要动力，呈现出深度学习、跨界融合、人机协同、群智开放、自主操控等新特征，人工智能发展进入新阶段，迎来了人工智能的蓬勃发展期。

（六）未来发展趋势

1. 生成式人工智能的广泛应用

随着 ChatGPT（聊天生成式预训练转换器）、Sora（天空）和 DeepSeek（深度求索）等生成式人工智能技术的问世，人工智能领域迎来了全新的发展篇章。生成式人工智能技术不仅展现了人工智能的无限可能，更为人类社会揭示了未来生成式人工智能的巨大潜力。预计在未来，生成式人工智能的底层技术，如生成式对抗网络（Generative Adversarial Networks，GAN）和变分自动编码器（Variational Autoencoder，VAE），将持续进行迭代与优化，旨在产生更为优质、广泛且精确的结果。这些模型的优化将进一步提升效率，降低对计算机资源的依赖，使生成式人工智能技术更容易被广大用户采纳和使用。

2. 多模态人工智能技术的崛起

多模态人工智能技术的崛起，标志着人工智能处理能力的全面升级。它能够同时处理文本、图像、音频等多种数据模态，通过融合这些模态以实现更加综合深入的操作。未来的多模态生成式人工智能将不再局限于简单的文本或图像生成，而是能够处理更为复杂的输入信息，如描述性语音。此外，它还能生成内容丰富且形式多样的输出，如文章、画作、音乐等，展现出强大的创造力和表现力。这种多功能的融合有望在智能家居、智慧城市、医疗诊断、自动驾驶等多个领域打开全新的应用空间，推动社会的智能化进程。

3. 个人化人工智能助手的普及

未来，人工智能将在提供更精准、更符合用户需求的服务方面发挥巨大作用。通过智能算法分析用户数据和偏好，为每个用户定制内容。个人化人工智能助手的普及将彻底改变现实世界的人类与数字世界的交互方式，如在内容消费方面，个人化人工智能助手将为我们推荐定制化的文章、音乐、电影等，确保每一次浏览和娱乐都能获得良好体验。此外，个人化人工智能助手还将在健康管理、教育学习、工作协助等多个领域发挥重要作用，提醒我们按时服药、监测健康状况，为我们制订个性化的学习计划，辅助我们完成复杂的任务。未来，个人化人工智能助手将逐渐融入我们的日常生活，我们将真正迎来人机共生的时代。

4. 人工智能与各行业的深度融合

人工智能技术正在逐步渗透到医疗、教育、金融、制造、新闻传播、营销传播等各个行业中，与这些行业的融合程度日益加深。根据高德纳（Gartner）咨询公司预测，到 2026 年，将有超过 80％的企业采用生成式人工智能，相较于 2023 年不足 5％的比例，显示出其巨大的市场潜力和应用前景。与最初的辅助工具相比，人工智能技术正逐渐转变为一些行业的核心驱动力。通过深度学习和大数据分析，人工智能技术能够为企业提供更加精准、高效的解决方案，助力企业实现业务增长和创新。同时，对人工智能技术的应用也将促进这些行业的数字化转型和智能化升级，推动整个社会的进步与发展。

三、智能传播发展的回顾与前瞻

智能传播发展的脉络几乎与互联网的每一步成长紧密相连，它们共同编织着信息时代的辉煌篇章。智能传播真正意义上的兴起来自数字化浪潮的席卷。自 20 世纪末数字化进程加速以来，智能传播便悄然孕育，蓄势待发。尤其是进入 21 世纪的第二个十年，随着移动互联网的横空出世，智能手机如雨后春笋般普及至每一个角落，个人的数字化生活成为触手可及的现实。这一转变，为智能传播的迅猛发展铺设了坚实的基石。在这一背景下，智能传播迅速在全球范围内掀起了一场信息传播的革命。而近十年来，随着大数据技术的日益成熟、算法模型的持续优化以及计算能力的飞速提升，智能传播的影响力愈发显著，以至于逐步取代传统新闻传播和营销传播方式，成为现代传播的主导性力量。

（一）智能传播的萌芽

智能传播的萌芽最早可回溯至1956年，在达特茅斯学院召开的会议标志着人工智能领域的正式启航。在这场汇聚了众多科学巨匠的盛会中，传播学界的著名学者克劳德·香农(Claude Shannon)以其深邃的洞察力和前瞻性的思考，悄然在人工智能与新闻传播之间编织起了一条不解之缘。香农作为“信源-信道-信宿”这一经典传播模型的奠基人，他的参与不仅为人工智能的发展注入了信息传播学的智慧，更为智能传播的发展播下了希望的种子。香农提出的技术传播理论，以其独特的数学视角，为信息传播领域带来了一场深刻的变革。他用纯粹的数学语言，解析了信息从产生到传递，再到接收的全过程，揭示了其中蕴含的基本方式和原理。信息熵、噪声、冗余、反馈等概念不仅生动地描绘了信息传播中的复杂现象，更为后续数字传播的研究提供了坚实的理论基础和科学的分析工具。尤为值得一提的是，香农的远见并未止步于理论构建，他敏锐地洞察到人工智能在信息生产领域的巨大潜力，提出了利用人工智能预测文本内容，以及生成下一个单词的设想。这一创见性的思考，为后来的大语言模型(Large Language Model，LLM)等生成式人工智能技术的诞生埋下了重要的伏笔，自此，智能传播深植于技术先驱的远见卓识而萌芽开来。

（二）智能传播的孕育

从第一代电子管计算机发展到如今的超大规模集成电路计算机，每一次技术的飞跃都为智能传播的发展奠定了坚实的基础。特别是随着计算机处理能力的提升和存储容量的增大，大规模数据处理和复杂算法运行成为可能，为智能传播中的数据挖掘、机器学习、自然语言处理等技术提供了必要的硬件支持。而在人们对计算机的早期理解中，就体现着智能传播的思想。约瑟夫·利克莱德(Joseph Licklider)和罗伯特·泰勒(Robert Taylor)在1968年发表的重要论文《计算机作为通信设备》(The Computer as a Communications Device)中提出一种对计算机完全不同的理解，即它是一种人类互动机制，为用户提供了“面对面交流的自然延伸”。随着网络的不断发展，计算机中介传播作为“一种新的增强人类传播的形式”被确认，并在传播研究领域中取得了显著成功。在这里，首次将计算机技术视为媒介，这一思想成为孕育智能传播的开始。虽然在人工智能等技术的影响下，计算机的发展并没有按照计算机中介传播所确立的主流范式方向发展，技术不再只是媒介，而是在扮演一个新的传播主体的角色[①]，但是将计算机的发展与人类传播形式的变革所关联的理念，为后续理解并提出智能传播的概念提供了基础。

（三）智能传播的先声

在新闻传播学领域，对“智能传播”一词最先开始提出并探讨，来源于物联网技术的发展。2011年，物联网技术迈入一个全新纪元，它不仅重塑了物理世界的连接方式，更激发了学术界对于信息传播边界的深刻反思与探索。学者们敏锐地察觉到，一个由无数网络交织而成的世界的潜力已远远超越了传统的人际交流范畴，它预示着一种前所未有的可能性——将网络的力量延伸至物体与物体、人与物体，乃至人与自然之间，构建一个全方位、立体化的智能沟通网络。基于此，有学者提出，物联网不仅仅是技术的堆砌，它更是对物体赋予智能的传播革命。通过为各类物体装配电子标签、高精度传感器，以及易于识别的二维码等先进设备，并借助无线网络实现无缝连接，这些原本静默无言的物理对象被赋予了感知、识别与交互的能力，从而开启了一个万物互联、智能互动的新时代。物联网技术的突破，其深远意义远不止于物理连接与远程操控的层面。它利用信息技术的飞速进步，不仅重新定义了网络的功能与价值，更在人与物之间搭建起一座桥梁，实现了前所未有的相融共生与深度互动。这种互动超越了简单的信息传递，而是趋向于一种更为复杂、多维度的交流与对话，使得信息的获取、处理与反馈过程更加智能化、个性化。从数字化、网络化到现在的智能化，物联网成为信息传播技术演化的新进展，使人类的传播模式向智能化演进[②]。这一认知成为智能传播的先声，促使人们重新审视并构建一个以智能为核心的新型传播生态。

（四）智能传播的成长

智能传播之所以能够广泛进入公众视野，关键在于算法推荐系统在信息传播领域的广泛应用。这一趋势的标志性事件之一是2012年北京抖音信息服务有限公司推出的今日头条App（应用程序），它率先采用个性化算法推荐引擎技术，专为手机端用户设计。今日头条能够深度挖掘每位用户的兴趣所在，依据其社交互动、阅读偏好、地理位置、职业背景及年龄等多维度信息，实现精准推荐。借助社交行为分析，系统在极短的5秒内便能勾勒出用户的兴趣轮廓，而用户行为的实时反馈则促使系统在每次互动后10秒内更新用户模型，确保推荐内容的高度个性化与时效性。

---

① 方兴东、钟祥铭、顾烨烨：《从TikTok到ChatGPT：智能传播的演进机理与变革路径》，《传媒观察》2023年第5期，第39－47页。

② 肖荣春：《物联网：人类迈向智能的传播》，《声屏世界》2011年第2期，第62－63页。

其推荐范畴远不止于传统新闻，更涵盖了音乐、电影、游戏、购物等多元化信息资讯，极大地丰富了用户的数字生活体验。四年后崛起的抖音短视频平台更是将这一趋势推向高潮，不仅在全球范围内迅速走红，还深刻改变了信息传播的面貌。此次变革象征着数字传播领域核心力量的深刻转型，由以往以 Facebook（脸书，现 Meta）、微信等社交媒体为主导的模式，逐步过渡至以 TikTok（抖音）等为代表的算法驱动型智能媒体模式。算法驱动的智能逻辑彻底重塑了信息传播的全过程，不仅极大地提升了信息生产的效率，还实现了传播效果的质的飞跃，标志着人类信息传播领域的一次重大生产力与生产关系的变革，引发了第一次智能传播革命，开启了智能传播的新纪元。

（五）智能传播的“下半场”

发展至今，智能传播已跃升为现代传播体系的核心支柱，并预示着未来传播的主导趋势。其以多元化的形态和广泛的影响力，如同繁茂的藤蔓般不断延伸触角，深刻渗透并融入传播的每一个角落，展现出在传播演进历程中独树一帜、难以撼动的关键地位。这一过程不仅极大地拓宽了传播领域的边界，也显著增强了传播理论的覆盖面和影响力，使得传播的发展轨迹清晰地刻画为“原始传播—口语传播—印刷传播—电子传播—智能传播”这一逐步升级的阶梯。智能传播的崛起，标志着信息传播进入了一个全新的时代，而随着人工智能技术的发展，智能传播也进入“下半场”。

ChatGPT 的出现标志着智能传播领域正式迈入了一个崭新的阶段，预示着“下半场”的提前到来。此前，以 TikTok 等为代表的由数据和算法引领的内容分发变革，作为智能传播“上半场”的核心驱动力，已经取得了显著成效。如今，随着 ChatGPT 等技术的崛起，我们迅速跨越到了以人工智能内容生成（Artificial Intelligence Generated Content，AIGC）为主导的智能传播“下半场”[①]。2022 年 3 月，文生图大模型 Midjourney（悠船）发布，2022 年 11 月，大语言模型 ChatGPT 发布，以 ChatGPT 为代表的生成式人工智能将激发传播领域的生态级变局。在信息生态的维度上，生成式人工智能正逐步瓦解网络资源的界限，以其独特的潜力成为新一代网络门户的超级信息传播媒介，引领传媒产业步入前所未有的变革浪潮之中。对于个体而言，生成式人工智能不仅是技术的飞跃，更是对个人能力与权利的深度赋能，它促进了信息传播权利的广泛分布，让每个人都能更直接地参与到信息的创造与传播中，加速了人类社会向全面数字化生存模式的转型，使得未来的智能传播面向更多普通人。在连接性的视角上，生成式人工智能则扮演着未来互联网核

---

① 方兴东、钟祥铭、顾烨烨：《从 TikTok 到 ChatGPT：智能传播的演进机理与变革路径》，《传媒观察》2023 年第 5 期，第 39－47 页。

心枢纽的角色，它不仅是信息传播的桥梁，更是智能互联时代的催化剂，推动着移动互联网向更加智能、高效、无缝链接的智能互联阶段迈进[①]。

总体看来，“下半场”的智能传播迈向了人机协作共生的传播阶段，智能传播越来越多地以人机共生的新身体——赛博格为基础[②]，基于此，智能传播不仅涉及传播活动，还关切到人的社会存在问题。智能传播引发的伦理问题也日益尖锐，在云技术、超级计算机技术和人工智能高度发达的社会里，媒介泛化危机、媒介信任、机器驯化、人与机器的共生关系等问题是影响未来智能传播走向的重要问题，推动智能传播持续高质量的健康发展成为智能传播向纵深化发展的核心维度。

第二节 智能传播的主要特征

一、数据驱动

数据是智能传播得以成长的物质基础。数据驱动，作为智能传播的核心特征之一，体现为智能传播系统的运行和优化完全基于大量数据的支撑。这一理念贯穿于智能传播的每一个环节，无论是内容的创作、分发，还是用户的互动和反馈。通过精心设计的数据收集机制，智能传播主体能够捕获用户行为数据、内容消费数据、社交媒体互动数据等多维度信息。借助数据分析技术可以提取和挖掘这些数据中的价值，以此洞察媒体用户的真实需求和兴趣点。这种基于数据的传播过程，不仅确保了智能传播内容的精准性和针对性，更使得整个传播过程更加高效、智能和个性化。而智能传播的深化进程，其基石不仅构筑在互联网中浩如烟海的内容数据之上，更深深植根于人类自身全方位的数据化趋势之中。随着物联网技术的蓬勃发展，由各类“物”所生成的数据也将成为智能传播领域不可或缺的新动力源泉，驱动智能传播迈上新台阶。

二、算法推荐

人工智能技术的本质就是一种算法模型，在智能传播中发挥着构造流量入口、捕捉用户黏性的关键作用[③]。算法推荐是智能传播系统中不可或缺的一环。它依赖

---

① 喻国明、苏健威：《生成式人工智能浪潮下的传播革命与媒介生态：从 ChatGPT 到全面智能化时代的未来》，《新疆师范大学学报（哲学社会科学版）》2023 年第 5 期，第 81－90 页。

② 彭兰：《从 ChatGPT 透视智能传播与人机关系的全景及前景》，《新闻大学》2023 年第 4 期，第 1－16，119 页。

③ 喻国明、杨莹莹、闫巧妹：《算法即权力：算法范式在新闻传播中的权力革命》，《编辑之友》2018 年第 5 期，第 5－12 页。

于先进的算法技术，通过运用一些数学算法计算分析用户的个人偏好、历史行为、社交关系等复杂信息，为用户提供量身定做的内容推荐。其类型包括基于内容的、基于用户协同过滤的、基于关联规则的等数种常用的和数十种在用的算法。这些推荐方式极大地减少了用户在海量信息中搜索和筛选的时间成本，提高了信息获取的效率和准确性。此外，算法推荐能够根据用户的实时反馈不断学习和优化，使得推荐结果越来越符合用户的期望，提升用户体验。如今，算法推荐不只是参与信息分发，还参与创作、审核、互动等。如在内容创作阶段，算法能够分析用户的偏好、历史行为以及当前流行趋势，为内容创作者提供创作灵感或指导。在某些领域，如新闻报道、天气预测或体育赛事分析，算法已经能够基于大量数据和模板自动生成内容。在内容审核阶段，算法可以通过分析文本、图像或视频的内容、风格、情感倾向等，自动评估其质量、合规性和潜在风险，有助于快速识别并剔除低质量、虚假、违规或有害的内容，保护用户免受不良信息的侵扰。

三、自动执行

智能传播是对信息进行自动化处理的一种人机交互的网络传播新形态[①]。在这一新形态下，自动执行不仅是智能传播的核心驱动力，更是其区别于传统传播模式的标志性特征。自动化的核心精髓，在于其非人化的高效运作，即通过将原本由人类承担的、被视为“基础性”或“重复性”的信息与意义生产环节，转移至智能技术的肩膀上[②]，从而释放人类的创造力与智慧，聚焦于更高层次的策略规划与内容创新。智能传播甚至能够自主完成从内容创意构思、个性化生成、精细编辑、多渠道发布到精准推广的全链条任务。这一过程中，算法技术的迭代升级，特别是对机器学习的应用，使得系统能够持续学习用户偏好与行为模式，不断优化内容质量与传播策略，实现信息的定制化与精准触达。同时，自动化的引入极大地降低了人为因素导致的错误率，提升了整体工作效率，在一定程度上确保了信息的准确性与高效流转。此外，智能传播的自动执行机制赋予了其更高更快的响应速度与实时更新能力，它确保了信息的时效性，使得受众能够在第一时间获取到更新、更准确的信息，满足了现代社会对于即时性信息消费的迫切需求，极大地提升了智能传播服务在市场竞争中的地位，推动了整个数字媒体生态向更加智能化、高效化的方向迈进。

---

① 匡文波、姜泽玮：《论智能传播研究的基本理论问题》，《中国人民大学学报》2024 年第 3 期，第 115 - 126 页。

② 常江：《自动化的困境：AI、数字媒体生态与“后人类”的未来》，《新闻界》2024 年第 2 期，第 25 - 33，85 页。

四、实时交互

实时交互是智能传播系统提升用户体验的关键所在。现代交互式传播技术的发展，为信息的传播及大众的媒介参与提供了有力的技术支撑，使传统媒介的单向信息传递模式彻底转变为传受双方深度互动、双向交流的全新格局，促进了媒体用户之间的交流和互动，增强了社交属性和用户黏性。步入智能时代，交互传播的范畴进一步拓展，超越了传统的人与人之间的互动，实现了人与人之间、人与智能机器之间，乃至智能机器之间的无缝实时交互。特别是进入以增强现实（Augmented Reality，AR）、虚拟现实（Virtual Reality，VR）技术为主导的多维沉浸时代后，大众再次被带回包裹性的传播场域之中，成为场域中感知与发出信息的核心参与者，通过融合复杂的媒介空间、尖端技术与多样化的身体形态（如数字人、实体人体及虚拟意识），打破传统媒介设定的时空界限，实现交互的实时性和在场性。这种交互正在从话语实践向身体实践回归，即重新回到符合人类天性的实时在场互动交往方式[①]。智能传播实时交互的特点还能够不断丰富传播网络的多链形态，促进人类社会进入更强的联结状态，即一种全新的超联结社会，每个人都是网络中的一个全天候在线节点，能够即时获取并分享各类信息。

五、渠道融合

在智能传播时代，云端互联的智能技术具有可以连接一切、覆盖一切、打通一切的力量。智能传播通过整合多种传播渠道，如社交媒体、搜索引擎、移动应用等，实现了信息的快速传播和广泛覆盖。如今，人们每天接收的信息来自多个信息渠道、多个媒介终端，一方面是平台渠道，如微博、微信、抖音等媒体平台渠道，另一方面是屏幕终端，如电视屏、电脑屏、手机屏、卖场 LCD 屏、户外 LED 屏、电影屏等，而传统的数字传播模式难以实现在多屏、多平台之间快速传播。进入智能传播时代，无线互联和云计算技术为不同设备之间的互联互通提供了可能，使得现代家庭、商务、教育、娱乐等各情境中的不同终端能够进行统一和整合。通过无线连接，各种屏幕设备可以无缝链接，实现内容的共享和互动。大数据技术则能够对媒体受众进行精准分类、定位和习惯分析，从而为多屏互动提供数据支持。基于此，智能传播时代的传媒组织通过设计并开发一体化传播的云平台，可开展“多来源内容汇聚、多媒体制作生产、多渠道内容发布”的业务模式。

---

① 喻发胜、张玥：《沉浸式传播：感官共振、形象还原与在场参与》，《南昌大学学报（人文社会科学版）》2020 年第 2 期，第 96 - 103 页。

第三节　智能传播的运作模式

一、智能传播的构成要素

（一）技术层

技术层是智能传播系统的基石，它提供了智能传播系统运行所需的各种技术支持。技术层包括人工智能、大数据、云计算、物联网、5G等关键技术。人工智能技术在此扮演着核心角色，即通过机器学习和深度学习算法，实现信息的自动化处理、智能推荐和个性化服务。大数据技术通过对海量数据的分析和挖掘，为决策提供数据支持。云计算技术提供了强大的计算能力和存储空间，确保了系统的高效运行和可扩展性。物联网技术将物理世界与数字世界连接起来，实现了设备间的智能交互。5G以其高速率、低延迟的特点，为智能传播提供了更快速的信息传递能力。

（二）媒介层

媒介层是智能传播系统的传播渠道和平台，它负责将信息从传者传递到受者。在智能传播系统中，媒介层不仅包括报纸、杂志、电视、广播等传统媒体，还包括互联网、社交媒体、移动应用、新兴媒介终端等新媒体。随着技术的发展，智能传播中的媒介也在不断创新和融合，产生新的媒介形态和媒体平台，如VR、AR等，以满足用户对沉浸式体验的需求。此外，智能传播的媒体平台还通过算法优化和个性化推荐，提高信息传播的针对性和有效性。智能传播系统中的各媒介形态和媒体平台还可以支持跨模态、跨平台传播，信息可以在不同的媒介和平台之间无缝传递，扩大了信息的覆盖范围，增强了信息的影响力。

（三）内容层

内容层是智能传播系统的核心，是智能传播价值创造的根本载体。在智能传播系统中，内容层并不局限于文字、图片、视频等传统形式的信息内容，它涵盖了音频、动画、虚拟现实等多维度、多感官的多媒体内容。这些丰富多彩的内容形式，不仅丰富了用户的视听体验，也极大地拓宽了信息传播的边界。在智能传播中，信息内容通过技术层的处理和分析，被转化为易于传播和接收的形式，再通过媒介层传递给用户。内容层还通过引入人工智能技术，实现了内容的智能筛选、推荐和个性化定制，提高了内容传播的效率和效果。

（四）用户层

用户层是智能传播系统的最终服务对象，也是系统价值实现的关键。在智能传播系统中，用户层涵盖了信息的接收者、传播者、创作者等多重角色。用户通过媒介层获取信息，享受技术层提供的智能化服务，同时也参与到信息的创作和传播过程中。用户的需求和反馈是智能传播过程中内容和渠道不断改进和优化的重要依据，用户的参与和互动也是智能传播持续发展的重要动力。为了更好地满足用户需求，智能传播系统需要不断收集和分析用户数据，以实现更精准的用户画像和个性化服务。

二、智能传播的运作流程

（一）数据洞察

数据洞察是智能传播运作流程的起点，不仅为后续的决策提供了有力支持，更直接决定了智能传播的效果和影响力。智能传播中的数据洞察主要依赖于大数据技术和人工智能算法，对海量用户数据、市场数据、行业数据等进行深度挖掘和分析，以洞察用户的行为偏好、需求趋势、市场变化等。而数据洞察的结果也将直接指导后续的内容生产和分发策略。在数据洞察过程中，通常会使用各种数据分析工具和方法，如用户画像构建、行为路径分析、用户情感分析等，以获取更加全面和深入的用户数据，了解用户对内容的兴趣偏好和潜在的信息需求。

（二）内容生产

内容生产是智能传播流程中的核心环节。内容生产者根据数据洞察的结果，结合传播目标和受众特点，创作出符合用户需求的内容。在内容生产过程中，人工智能技术的应用使得内容生产更加高效和精准。一方面，人工智能技术可以辅助内容生产者进行选题策划、内容撰写、排版设计等工作，提高了内容生产的效率和质量。例如，通过自然语言处理技术对海量文本进行自动分类、摘要提取等，可以为内容生产者提供丰富的素材和灵感。另一方面，生成式人工智能技术还可以实现自动化内容生产，如自动写作、自动配音、自动剪辑等，进一步降低了内容生产的成本和时间。

（三）精准分发

精准分发基于数据洞察的结果，通过智能算法和推荐系统，将内容精准地推送给目标受众。在精准分发过程中，通常会考虑到受众的个性化需求、兴趣偏好、地理位置等多个因素，以实现内容的个性化推荐和精准触达。为了实现精准分发，智能传播系统会构建用户画像和兴趣模型，通过对用户历史行为、兴趣偏好等数据的分析，预测用户的潜在需求和兴趣点。此外，在智能分发系统中，媒体平台对内容进行标签化和分类处理，以便与用户的兴趣模型进行匹配和推荐。

（四）用户交互

在智能传播中，用户通过交互行为参与信息的生产和传播过程，这涉及用户与内容、用户与平台之间的交互行为。在用户交互过程中，用户可以通过点赞、评论、分享等方式进行反馈和互动，从而增强参与感和归属感。基于平台的流量机制和推荐算法，也可以进一步将特定标签用户点赞、评论、分享过的内容传播给更广泛的受众。智能传播系统通常会提供丰富的用户交互功能，如弹幕评论、实时互动、虚拟礼物等，以提升用户的媒介接触体验。同时，可对用户交互行为进行分析和挖掘，继而了解用户的反馈和意见，从而不断优化和改进传播策略和内容质量。

（五）效果评估

效果评估是智能传播运作流程中的最后环节。通过对传播效果的数据分析和评估，可了解传播策略的有效性和内容的质量，为后续的优化和改进提供依据。智能传播的效果评估超越了传统媒体时代到达率和阅读率等指标而更加多元化和智能化，关注到传播范围、用户参与度、转化率等多种指标。智能传播的效果评估借助于一套完整的数据监测和分析体系来对传播过程中的各个环节进行实时监控和数据收集。通过对数据的分析和挖掘，可以了解传播策略的有效性和内容的质量，将评估结果实时反馈给内容生产者和分发者，进一步提高智能传播的效果。

三、智能传播的应用领域

（一）新闻媒体

在技术浪潮的影响下，无人机拍摄、机器新闻写作、VR 沉浸式报道、算法推荐等智能技术被日益广泛地应用于新闻信息采集、内容生成、新闻的呈现和分发等新闻生产环节[①]。在新闻采集阶段，基于智能技术的新闻内容生产依托大数据技术、地理定位技术、体感技术等新科技扩充新闻源的取材范围，新闻采编也因此具有更多的可能性。通过无人机、航拍器、泛在的摄像头搜集视频素材，通过大数据挖掘技术采集数据，并捕捉公众对新闻事件的观点、关切度、反馈、情绪等，实现了更快捷且范围更广的信息采集。在新闻写作阶段，机器人写作能够迅速抓取和整理信息，快速生成新闻稿件，提高新闻时效性。例如，新华社写稿机器人“快笔小新”上线运行后，7×24小时不间断工作。每逢重要体育赛事，或股市开收盘、突破整数关口，或国债

① 梅晓敏、吴晨倩：《“智媒”时代新闻业态的再造与重构》，《新闻战线》2018 年第 23 期，第 125 - 127 页。

开收盘,或上市公司年报季报等金融信息发布之时,它会自动根据所公布的信息快速生成新闻稿件。在新闻分发阶段,人工智能可以分析用户数据,如情感分析、舆论监测等,帮助新闻机构更好地了解用户需求和市场动态,实现新闻内容的个性化推送。此外,人工智能还可以用于对虚假新闻内容的自动审查,过滤不当信息。

(二)广播电视

智能技术推动了广播电视领域在整个采编、制作、存储、发布、安全管控等业务流程中的海量信息采集、内容加工生产、终端服务和播出安全监管等方面的创新,实现了整个业务流程从内容制作到全网分发,再到信息处理的智能化转型。在内容采集环节,智慧广电通过学习建模,从海量内容中筛选出所需要的内容,汇聚成热点资讯。在内容生产环节,利用语音转写技术可以实现录播节目离线转写字幕。在节目内容生产过程中,结合虚拟动画,采用虚拟主持人丰富了广播电视的节目形态。此外,智能化剪辑还提升了广电视频的生产效率,智能技术可分析视频中所包含的元素、内容、场景、情感等要素,通过机器算法快速生成视频集锦、节目宣传片等。在内容存储环节,通过对智能化媒资的管理与利用,将音视频内容进行文字化、标签化,极大地提高了编目效率,提升了内容检索的准确度和媒资内容的再利用价值。在内容分发环节,电视会话机器人、虚拟智能助手通过自然对话为用户提供信息咨询服务,成为人们工作和生活的助手。目前,人工智能技术已经被应用到了广电媒体内容制作生产的整个流程,在广播电视行业的报道指挥系统、新闻写作系统、智能纠错系统、人机互动演播室、内容分发系统和广告增值服务系统中扮演了非常重要的角色①。

(三)广告营销

人工智能、大数据、云计算、区块链、物联网、扩展现实(Extended Reality,XR)、AIGC 等新一代智能技术集群持续引发智能技术应用浪潮,深刻改变了广告与营销传播的运作流程、商业模式和产业生态。智能技术集群的飞速发展和广泛应用极大地促进了广告营销传播手段和传播过程的创新。首先,通过消费者数据的全场景化、精细化采集,企业能够更准确地把握消费者的需求、偏好和行为模式,为后续的定制化生产和精准化投放提供坚实的数据支撑。其次,借助智能技术,广告内容的生产变得更加高效和灵活,可以根据不同消费者的特点和需求,生成符合其兴趣和需求的个性化内容,实现真正的“千人千面”。同时,智能技术还促进了人机协同工作模式的发展,使得广告营销传播过程更加高效和智能。通过自然语言处理、机器学习等技术,智能系统能够自动分析用户反馈、市场趋势等信息,为广告策划和营销

---

① 唐百慧、曹三省:《人工智能在广播电视行业中的应用研究》,《广播电视信息》2018 年第 8 期,第 24-26页。

决策提供有力支持。此外，跨屏联动和虚实混融等技术的应用，使得广告能够突破传统媒介的限制，呈现更加多样化和互动化的传播方式，提升用户体验和满意度。

（四）社交媒体

智能传播时代的社交媒体，掀起了半自动化社交媒体革命。在社交媒体中广泛接入人工智能技术已经成为一种风潮。微软旗下的 LinkedIn（领英）成为首个向用户推送人工智能生成内容的头部社交媒体平台。该平台还能利用人工智能帮助用户撰写帖子，并推出了“AI 驱动的话题启发器”，来激发用户讨论。Snapchat（色拉布）的社交机器人 My AI、Discord 的聊天机器人 Clyde 也在使用 ChatGPT 来提高自身的对话能力，以此提高用户黏性。智能技术不仅提升了社交媒体用户的内容生产力，还通过深度学习和数据分析，根据用户的浏览记录、兴趣偏好、社交关系等信息，为社交媒体用户提供个性化的内容推荐。此外，人工智能技术还可以自动识别和屏蔽垃圾信息、恶意评论等，保障社交媒体用户的使用体验。

（五）智能家居

依托物联网等智能技术的蓬勃发展，智能家居不仅实现了设备间的无缝互通互联，更以其高度的智能化运行能力，彻底颠覆了传统家用电器作为孤立、静态工具的角色定位。它们成为家庭信息传播中的“行动者”，积极参与到人类社会的传播活动之中，构建起一个全新的智能传播生态。通过智能家居内置的语音交互系统，用户能够以自然语言与之沟通，实现指令的发送与信息的接收，这种交互方式极大地降低了技术使用的门槛，增强了人与物之间的互动性。同时，智能家居还展现出了强烈的社会嵌入性，它们能够学习用户的习惯、偏好乃至情感，从而提供更加个性化、贴心的服务，进一步拉近了技术与人类之间的距离。在这一转变过程中，智能家居所展现出的技术与社会特性，改写了传统的人类中心主义传播模式。它们不再仅仅是信息传播的渠道或“人的延伸”，而是作为独立的传播者，与人类共同成为传播活动的主体[①]。这种变化不仅拓宽了智能传播的实践边界，也使得依托技术的物体在传播过程中扮演了更加主动和积极的角色，使智能传播逐步向物我合一的具身传播迈进，在互联互通中创造了自动化的家庭环境。

（六）智慧城市

智能技术引领智能城市迈向新的社交纪元，改造并重塑着城市居民的社会网络连接。这一变革深化了数字化生存的核心理念，促使流动的城市空间、身体体验以

---

① 谭雪芳：《智能媒介、机器主体与实拟虚境的“在家”：人机传播视域下的智能音箱与日常生活研究》，《南京社会科学》2020 年第 8 期，第 110－116 页。

及城市间的互动被重新赋予媒介化的深刻意义。智能技术犹如一台强大的"时空机器",与自然界的时间流转、人类发明的钟表同步前进,作为不可或缺的时间媒介,塑造出独一无二的城市智能传播景观。在智能交通、精细化城市规划及高效治理等前沿领域,大数据与先进算法,以及具有卓越的高速传输与超低延迟特性的5G技术相结合,通过实时通信和智能计算实现了对城市运行的即时调控,进一步强化了时空压缩的能力,激活了都市物理空间与网络虚拟空间的深度融合,构建了一个超越传统界限的传播空间。在这里,身体成为连接现实与虚拟的块茎式媒介,立体全息影像、沉浸式智能场景以及高度自动化的生活体验,共同释放出身体解放的信号,让身体在场成为可能①。

(七)其他

在交叉、融合、跨域的时代,随着媒体与其他行业的深度融合,智能传播将更深地嵌入整个社会系统中,成为支撑社会高效运转、促进信息流通与资源共享的关键基础设施。对智能传播的应用也将从信息服务、社交服务拓展到所有生活场景,它在教育、医疗、金融等领域的信息生产、检索与传播中同样具有广阔前景。随着技术的持续进步与应用的不断深化,智能传播将在更大范围内发挥其潜力与价值,逐渐与人类的日常生活交织在一起,更广泛地连接物体、机器和人类,形成一个全面的生活支持网络。

---

① 白龙、骆正林:《身体、空间与城市:5G时代智能城市的媒介化重构》,《新闻与传播评论》2021年第1期,第26-34页。

第二章　智能传播技术及应用

在智能传播时代，包括人工智能、大数据、云计算、物联网、元宇宙等在内的智能传播技术已成为引导社会产业变革、改变生产和生活方式、促进解放和发展生产力的关键底层引擎。在本章，笔者将系统地梳理现有智能传播技术的演进与现状，深入探讨其在现实生活中的应用和发展动态。此外，笔者还将结合具体案例，详细分析智能传播技术在实际应用中的表现及其对社会、经济和文化的影响。通过案例分析，笔者旨在奠定智能传播技术的理论基础与应用现状，并为探讨其未来发展趋势提供参考。

第一节　大数据、云计算与区块链

大数据(Big Data)是智能传播技术的核心要素，智能传播的运作流程离不开数据的支撑，但并非所有数据库中的数据都能够被称作大数据，只有达到一定量级的数据才能够被认定为大数据。在海量数据要素的基础上，云计算能够以低成本和高效率的优势提供计算服务、分析数据特征，并借助智能分发与匹配机制提高数据利用效率。区块链则是更为理想的传播状态与流程，有助于优化智能传播。

一、大数据的特征与应用领域

在智能传播时代，离不开对数据要素的挖掘与应用，随着数据规模的迅速增长，数据在来源、种类、量级与质量上都有所提升，大数据的概念受到政府、商业、医疗、教育等领域的广泛关注。随着大数据在多领域的应用与发展，其内涵更为丰富与多元，概念边界也趋向模糊化。因此，在梳理大数据的应用价值与应用领域之前，有必要厘清大数据的定义与特征。

（一）大数据的概念内涵

自古以来，人类便以结绳记事为起点，运用数据来描绘自然与社会的轮廓。随着科技的飞跃发展，数据的海洋愈发浩瀚，其数量激增，质量亦显著提升。工业革命后，数据的重要性被空前重视，各行业纷纷确立数据标准，累积起庞大的结构化数据库。计算机与网络的蓬勃兴起，加之数据分析、查询与处理技术的革新，更是极大地提高了传统结构化数据的处理与利用效率。

就大数据本身而言，它构成了一个庞大的数据集合体，被视为数字社会极具价值的信息资产，指一种无法在常规时间限制内利用传统软件工具进行全面捕捉、有效管理和深入处理的数据集合，是需要辅以新处理模式才能具有更强的决策力、洞察发现力和流程优化能力的海量、高增长率和多样化的信息资产。从大数据的发生与形成过程来看，其核心目的在于提升从庞大且复杂的数据集中提炼出有价值知识与深刻洞见的能力。大数据作为一种进步的技术工具，提高了人类在数字数据领域内进行高效访问、精细组织、全面收集以及精准发现信息的水平①。

大数据之“大”，并非仅指数据量的绝对数值，对于究竟多“大”才算是大数据，其标准是可以调整的，即不以超过多少 TB(太字节)为大数据的标准。大数据的内涵也并不是一个对数据量的标准形容，2008 年 9 月，《自然》杂志刊发 Big Data：Science in the Petabyte Era 一文，将大数据作为一种全新的理念正式推出，使其超越于数据在“量”上的单方面描述，指向了在海量数据的基础上所衍生出来的对待数据的全新的态度、理念与处理方法②。因此，大数据最宝贵的贡献之一在于其引领的理念革新，它促使我们在新技术的驱动下，以前所未有的视角审视数据，采用创新方法处理数据，并将这些洞察转化为政治决策、经济发展与社会进步的强大动力，从而创造深远的经济利益与社会价值。

(二)大数据的基本特征

2001 年，麦塔集团(META Group，后被 Gartner 收购)首次提出了大数据的三大核心特征(通常称为 3V)，这些特征为后续大数据领域的发展奠定了基础。随后，随着大数据技术的不断演进，其特征描述也得以扩展，从最初的 3V 增加到了 4V。紧接着，IBM 公司对大数据的特征进行了更为全面的完善，将原有的 4V 特征进一步扩展至 5V，这一扩展后的定义因其全面性和准确性而得到了业界和学界的广泛认可与采纳。大数据的 5V 特征具体包括：Volume(规模性)、Variety(多样性)、Velocity(高速性)、Value(低价值性)和 Veracity(真实性)。

1. Volume(规模性)

大数据之所以被称为“大”，首先在于其数据量的庞大。大数据的体量大体现在采集、存储和计算的数据量都非常大。大数据的起始计量单位通常是 TB(太字节)、

---

① 方环非：《大数据：历史、范式与认识论伦理》，《浙江社会科学》2015 年第 9 期，第 2，113 - 120，160 页。

② GRAHAM-ROWE D，GOLDSTON D，DOCTOROW C，et al.，“Big data：Science in the petabyte era”，Nature，Vol. 455，No. 7209(2008)，pp. 8 - 9.

PB(拍字节)级别,甚至更高,远远超出了传统数据处理技术和工具所能处理的范围。在互联网和物联网的广泛应用下,每天产生的数据量呈爆炸性增长,包括社交媒体上的帖子、电商平台的交易记录、智能设备的传感器数据等。一个社交媒体平台每天可能产生数亿条用户动态、评论和点赞信息,一个电商平台在促销期间可能处理数百万笔交易记录,一个智能城市系统可能同时监控着数万个摄像头和传感器产生的实时数据。因此,针对大数据,往往采用分布式存储、并行计算、云计算等集群化计算资源来处理,即将大数据分解成小块进行处理,并在处理过程中进行动态负载均衡和容错处理,以确保数据处理的高效性和可靠性。

2. Variety(多样性)

数据类型繁多,复杂多变是大数据的重要特性。大数据不仅包括传统的结构化数据(如数据库中的表格数据),还包括半结构化数据(如 XML、JSON 等格式的数据)和非结构化数据(如文本、图片、音频、视频等)。过去的数据量也相当可观,但大多以预先定义好的结构化形式存在,便于直接处理和分析。然而,随着互联网技术的迅猛发展和传感器的广泛应用,数据形态发生了显著变化,非结构化数据开始大量涌现并占据主导地位,人们上网不只是看新闻、发送文字邮件,还会上传下载照片、视频,发送微博等。非结构化数据以其独特的性质,即缺乏统一的结构属性,使得传统的结构表示方法难以适用。在存储和处理这类数据时,不仅需要记录数据的具体数值,还需额外存储其复杂多变的结构信息,这无疑增加了数据存储和处理的难度与复杂度。大数据正是在这样的背景下产生的,大数据处理与传统数据处理最大的不同就是重点关注非结构化信息,且关注包含大量细节信息的非结构化数据①。

3. Velocity(高速性)

在搜索引擎中,用户输入的查询请求需要迅速得到响应;在电商平台上,用户的购买行为需要被实时记录并分析以便进行个性化推荐。因此,大数据的处理速度极快,需要快速生成、快速处理并快速反馈结果,以满足实时性需求。面对数据爆炸式增长的新常态,处理速度成为衡量数据利用效能的关键。若不能同步提升处理速度,海量数据的累积不但无法助力问题解决,反将会转化为沉重的负担。更值得注意的是,数据在互联网络中持续流动,其价值具有极强的时效性,一旦未能及时有效处理,其价值将迅速贬值乃至消失,使得庞大的数据量失去其应有的意义。因此,对不断激增的海量数据进行实时处理,已成为大数据技术与传统海量数据处理技术之间的重要分水岭。这一能力不仅关乎数据处理效率的提升,更是确保数据价值最大

---

① 马建光、姜巍:《大数据的概念、特征及其应用》,《国防科技》2013 年第 2 期,第 10－17 页。

化、避免数据资源浪费的核心所在。

4. Value(低价值性)

在庞大的数据集中,真正有价值、能够直接应用于决策或产生经济效益的信息所占的比例相对较小。一方面,大数据的多样性增加了数据处理的复杂度。不同类型的数据需要采用不同的处理和分析方法,这要求数据处理系统具备高度的灵活性和可扩展性。然而,即使有了先进的数据处理技术,也很难保证从所有类型的数据中都能提取出等比例的有价值信息。因此,在大数据中,有价值信息的比例往往会随着数据量的增加而降低。另一方面,大数据中可能存在大量的重复、冗余和不准确的信息,这些信息被称为信息噪声。信息噪声不仅增加了数据处理的难度,还降低了有价值信息的比例。为了从大数据中提取出有价值的信息,必须首先去除这些噪声数据,这进一步增加了数据处理的成本和复杂度。当然,数据价值密度低并不意味着大数据没有价值。实际上,大数据的价值在于其能够从大量不相关的数据中挖掘出有关未来趋势、用户行为等有用的信息。这种价值是相对的,取决于数据的应用场景、分析方法和目标需求。对于某些特定的应用来说,即使是看似无关的数据,也可能蕴含着巨大的价值。

5. Veracity(真实性)

大数据所蕴含的内容与我们的真实世界紧密相连。对大数据的研究,实质上就是一个从浩瀚无垠的网络数据中挖掘、提炼出有价值信息的过程,这些信息能够为我们提供对现实事件的深入解释和准确预测。然而,由于数据来源的广泛性、生成方式的多样性以及处理过程中的不确定性,大数据中不可避免地掺杂着噪声、错误,甚至是不一致的信息。这些"杂质"不仅会影响数据分析的精确度,还可能误导决策,造成不可估量的损失。因此,确保大数据的真实性,成了数据处理与分析领域的一项核心任务。为了保障大数据的真实性,需要采取多种措施来确保数据的来源可靠、处理准确并得到有效验证。在数据采集阶段,需要确保数据来源的可靠性和准确性;在数据处理过程中,需要进行数据清洗工作,去除重复、冗余、不准确和无关的数据,提高数据的质量和纯度;在数据验证阶段,对数据进行验证是确保数据真实性的重要手段。可以通过多种方式进行验证,如交叉验证、对比验证等。此外,还可利用先进的技术手段来保障数据的真实性,如采用区块链技术来确保数据的不可篡改性和可追溯性,利用机器学习等技术来自动识别和处理异常数据等。

(三)大数据的应用价值与应用领域

在智能传播时代,数据作为关键生产要素的重要性日益凸显,已成为我国经济社会高质量发展的核心引擎。深入挖掘大数据的潜在价值,推动其产业化进程,对于促进经济结构优化、提升决策科学性、推动社会治理现代化具有深远意义。大数据的广泛应用不仅在政务管理中增强了政策制定的精准性和效率，还在商务领域推动了市场洞察和战略规划的创新，全面提升了各行业的运作效率和竞争力。

在政务方面，2021 年工业和信息化部发布了《"十四五"大数据产业发展规划》，明确指出要释放数据要素价值、做强做优做大产业、推动产业生态良性发展。2024 年国家数据局等 17 部门联合印发《"数据要素×"三年行动计划（2024—2026 年）》，进一步强调数据在工业制造、现代农业、商贸流通、交通运输、金融服务、科技创新、文化旅游、医疗健康、应急管理、气象服务、城市治理、绿色低碳 12 个行业和领域的全面应用与发展。中国政府大数据主要应用于信息共享、政务数据管理、城市网络管理与社会管理等领域。大数据将在加强电子政务建设、管理政府数据资产、完善决策流程等方面促进政府部门的精细化管理和科学决策，从而提高政府的服务水平，舆情监测、交通安防、医疗服务等将是公共管理的重点应用领域。

江苏如皋在南通市级指挥平台县市区标准版的基础上结合自身实际情况进行二次开发，建设如皋市市域治理现代化指挥平台，以"数据中台"为支撑，实现数据共享、智能搜索、统一监管、分析研判、监测预警、联动指挥、行政问效、统一认证和市域治理总图 9 项应用功能，同时建设联动指挥、政情民意、生态环境 3 个专题图，"放管服"综合研判平台、瓶装燃气安全监管平台、食品安全全流程监管平台 3 个特色应用。以食品安全为例，截至 2023 年 7 月，如皋市共检查处罚案件 113 起，累计处罚金额 45 万元，食品安全监管体系进一步完善。

在商务方面，从大数据的技术架构来看，包括数据采集层、数据存储与分析层、数据共享层、数据应用层，围绕着大数据架构的企业包含数据租售、技术支撑、空间出售、可视化分析四个方面。数据租售定位在大数据采集与整理阶段，通过收集、整理、过滤、校对、发布等一系列流程，实现数据的增值。技术支撑是指提供大数据的技术和工具，围绕 Hadoop 架构开展一系列产品研发、技术服务或者开发非结构化数据处理技术。空间出售是指提供虚拟空间协助存储文件，例如在线云文档。可视化分析偏向于应用层面，对已获取的数据进行多维度的整合和分析，从中发现规律。互联网平台一定程度上能够覆盖以上四个环节。依靠自身平台的用户行为能够生产数据，依靠后端开发获取数据，并存储到云端系统，再依据自身需求输出可视化的分析报告，甚至还可以出售数据、数据获取技术、可视化分析技术。

二、云计算的概念与特征

2006 年，谷歌（Google）、亚马逊（Amazon）等公司提出了"云计算"的构想。作为分布式计算、并行计算、网格计算的进一步发展，云计算为业界和学术界追捧。目前，亚马逊、谷歌、微软等公司纷纷提出了“云计划”。对于用户而言，在云端存储、分享已经成为日常生活中的一部分，通过云端能够实现信息共通与共享。

（一）云计算的概念与主要服务

根据美国国家标准与技术研究院（National Institute of Standards and Technology，NIST）的定义，云计算是一种利用互联网实现随时随地、按需、便捷地访问共享资源池（如计算设施、存储设备、应用程序等）的计算模式。中国云计算网则基于计算服务的发展脉络将云计算定义为：分布式计算（Distributed Computing）、并行计算（Parallel Computing）和网格计算（Grid Computing）的发展，或者说是这些科学概念的商业实现。

从学术研究视角来看，云计算把网络上的服务资源虚拟化，整个服务资源的调度、管理、维护等工作由专门人员负责，用户不必关心“云”内部的现实情况就可以获得像传统水、煤气一样的按需计算服务①。休伊特（Hewitt）则认为云计算系统主要是将信息永久地存储在云中的服务器上，在使用信息时只是在客户端（例如笔记本、手机）进行缓存。在布亚（Buyya）教授看来，云计算是一种并行的、分布式的系统，由虚拟化的计算资源构成，能够根据服务提供者和用户事先商定好的服务等级协议动态地提供服务②。国内不少研究者也认为云计算系统是一种以虚拟化技术为基础，以网络为载体提供付费的基础架构、平台、软件等③，本质是对虚拟化的计算和存储资源池进行动态部署、动态分配、实时监控，整合大规模可扩展的计算、存储、数据、应用等分布式计算资源进行协同工作的超级计算模式④。由此来看，计算机资源服务化是云计算重要的表现形式，它为用户屏蔽了数据中心管理、大规模数据处理、应用程序部署等问题，便于用户可以通过付费的方式，借助云计算快速申请或释放资源。

从对定义的分析来看，云计算以建立在大规模的廉价服务器集群之上的方式，通过基础设施与上层应用程序协同来达到高效率利用的目的。因此，云计算技术主要具有以下特征。

---

① ARMBRUST M，FOX A，GRITH R，“Above the clouds：A Berke-ley view of cloud computing”，Electrical Engineering and Computer Sciences，Vol. 53，No. 28（February 2009），pp. 7 - 13.

② BUYYA R，YEO C S，VENUGOPAL S，“Market-oriented cloud computing：Vision，hype，and reality for delivering it services as computing utilities”，ACM International Symposium on Cluster Computing and the Grid，August 2009，pp. 9 - 10.

③ 吴吉义、平玲娣、潘雪增：《云计算：从概念到平台》，《电信科学》2009 年第 25 期，第 23 - 30 页。

④ 张建勋、古志民、郑超：《云计算研究进展综述》，《计算机应用研究》2010 年第 27 期，第 429 - 433 页。

1. 虚拟化

传统计算机系统运行往往需要有专门的物理平台作为支撑，系统功能的发挥都与物理平台相关联，云计算体系则主要依靠虚拟网络层实现应用功能的发挥。在应用云计算获取信息的过程中，用户能够摆脱对物理资源的依赖，仅仅通过互联网提供自助式服务，用户可以直接通过互联网或企业内部网透明访问即可获取云中的计算资源，享受高度虚拟化的资源服务带来的良好体验。

2. 按需、弹性服务

云计算显著的特点还在于其自动化的集中管理模式，并且服务规模可快速伸缩，进行高质量的资源分配。云计算可以根据用户需求弹性提供匹配的服务类型、资源大小，可伸缩的弹性模式能够适应用户需求的动态变化①，使得提供的资源服务与用户需求一致，为客户定制个性化的服务方案，并高效地落实服务流程，保证服务与用户需求的精准匹配，从而提高资源利用效率，避免因服务器性能过载或冗余带来服务质量下降或资源浪费。

3. 成本低、规模大

传统的计算模式中，用户想要获得更多信息就必须升级计算机配置，以满足需求。但云计算能够通过接入大规模廉价计算机设备的方式降低服务系统的建设成本，自动化、智能化、集约化的管理功能更是降低了云计算系统运行的电力成本，实现可持续发展的目标②。就企业的私有云来说，其一般配备了上千台服务器，足够员工用来储存信息和计算数据，很多大型云计算中心则配备了几十万甚至几百万台服务器。其大规模的计算和储存能力，为用户提供了更具性价比、更高质量的计算服务。

（二）云计算的服务模式与应用场景

云计算核心服务通常可以分为 3 个子层：基础设施即服务（Infrastructure as a Service，IaaS）层、平台即服务（Platform as a Service，PaaS）层、软件即服务（Software as a Service，SaaS）层。

1. 基础设施即服务（IaaS）层

IaaS 是指能够提供硬件基础设施部署服务，为用户按需提供实体或虚拟的计算、存储和网络等资源，其核心技术是虚拟化。在使用 IaaS 层服务的过程中，用户需要向 IaaS 层服务提供商提供基础设施的配置信息、运行于基础设施中的程序代码以

---

① 李瑛、胡新炜：《云计算关键技术分析研究》，《现代电子技术》2012 年第 35 期，第 65－67，72 页。

② 朱慧泉：《云计算的特点与关键技术及其在物联网中的运用》，《科学技术创新》2019 年第 29 期，第 86－87 页。

及相关的用户数据。IaaS 服务主要解决两方面的问题，即如何建设低成本、高效能的数据中心以及如何拓展虚拟化技术，精准、高效实现弹性服务。由此可见，IaaS 是云计算的基础，典型代表如亚马逊云计算 AWS（Amazon Web Services）的弹性计算云 EC2 和简单存储服务 S3，以及 IBM 蓝云等①。

2. 平台即服务（PaaS）层

PaaS 是指将服务器平台作为一种服务。通过 PaaS 层的软件工具和开发语言，用户不仅可以享受基础平台服务，还可以上传程序代码和数据以实现个性化的服务需求。平台则结合用户需求，借助网络实时传输，其核心技术是分布式并行计算。PaaS 为用户提供了更多元的服务获取可能，且不必关注底层的网络、存储、操作系统的管理问题。服务会以 PaaS 模式交付用户。典型代表如 Google App Engine（GAE）只允许使用 Python 和 Java 语言，基于被称为 Django 的 Web 应用框架使用 GAE 来开发在线应用服务。

3. 软件即服务（SaaS）层

SaaS 是基于云计算基础平台所开发的应用程序。SaaS 可以通过网络提供软件的模式运行，且无需用户购买各种软硬件设备，只需租用服务商在云计算基础设施上提供的应用程序即可利用信息系统。在此项服务中，用户可以根据自身需求定制、配置、组装软件系统。SaaS 的典型应用场景即为企业解决信息化问题。例如，某企业可以通过 SaaS 建立独属于该企业的电子邮件服务、人力资源系统管理服务等，典型代表如 Salesforce 公司提供的在线客户关系管理（Client Relationship Management，CRM）服务。

三、区块链的传输流程与结构

（一）区块链的概念与结构

2019 年 10 月，习近平总书记在主持中央政治局第十八次集体学习时强调："区块链技术的集成应用在新的技术革新和产业变革中起着重要作用。我们要把区块链作为核心技术自主创新的重要突破口，明确主攻方向，加大投入力度，着力攻克一批关键核心技术，加快推动区块链技术和产业创新发展。"区块链技术成为继大数据、云计算等之后又一重要技术。区块链概念来源于比特币，因此最早应用于金融、商业领域。区块链技术借用了分布式账本的基础逻辑，节点与节点之间地位平等，有效抵制了对中心节点的攻击，解决了单个节点的故障问题。目前，区块链技术已经被广泛应用。截至 2024 年 3 月，

---

① 阙婷婷：《云计算的智慧广电发展战略和应用解析》，《西部广播电视》2018 年第 9 期，第 197，201 页。

作为最早落地成功的区块链应用——比特币总市值已经突破1.4万亿美元，超越白银市值。近年来，区块链技术不断发展，开始逐渐从金融、政务领域向多行业进军。

1. 区块链的概念

区块链最初名为工作量证明链（Proof-of-Workchain），来源于中本聪（Satoshi Nakamoto）介绍比特币的白皮书中，其概念表明每一个传递的数据项都包含时间戳同时进行哈希，并把哈希值广泛地传播出去，当需要得到哈希值时，就必须返回验证过去某个时刻加上时间戳的数据必然存在，从而形成一条工作链路①。由此可以理解区块链的基本含义，即包含了一系列加盖时间戳的有效交易区块。在区块链中，每条链路之间不存在优先级关系，因此能够快速实现数据信息的交流与互通。据此，区块链可以被理解为一种去中心化的分布式P2P网络，各节点之间以交易为载体，实现数据通信与交换资源，从而提供数据可信服务。

2. 区块链的结构

区块链的基础单元为区块。每个区块由区块头与区块体共同组成，存储的数据包括时间戳、哈希值、交易信息、用户自定义信息等数据，区块与区块之间通过数据形成链接。利用密码学、共识算法等技术，区块链不需要借助第三方权威认证系统即可提供一种去中心化的数据服务。最开始受比特币概念的影响，区块链沿袭了比特币中的链式结构，随着技术的深入发展，出于安全性、区块链性能等方面的考虑，目前区块链技术已经发展出树状结构、图状结构，以下将分别展开分析。

（1）链式结构

链式结构是区块链最基础、发展最久的结构，核心构成可以划分成三级粒度：一条数据记录、包含多条记录的区块、由哈希值链接的区块链。在区块链结构中，除去开头、结尾的区块，中间链接的区块只有一条链路传输信息。区块头中的父哈希用于链接各个区块，在系统中，一些轻量级节点验证数据记录时，只需要区块头的数据即可接入主链。

（2）树状结构

树状结构的区块内容与链式结构的区块内容相似，但是区别在于区块的组织形式。一个创世区块G由多个后继区块组成，如图2-1所示。树状结构的区块链提升了系统对分叉的包容性，一定程度上提升了

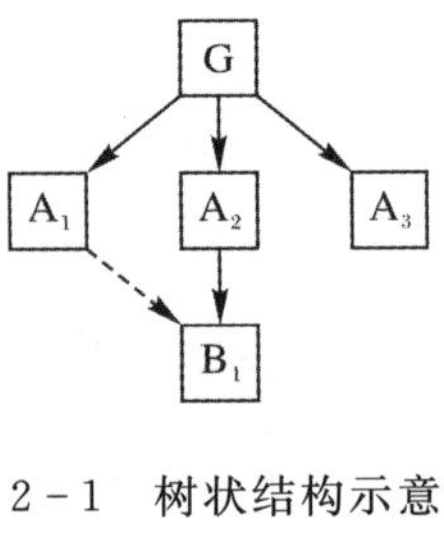

图2-1 树状结构示意图

---

① 何蒲、于戈、张岩峰：《区块链技术与应用前瞻综述》，《计算机科学》2017年第44期，第1-7页。

系统的吞吐量,但受制于协议的影响,提升仍然有限。

(3)图状结构

图状结构在树状结构的基础上,链路更为丰富,每一个区块直接参与全网络排序,组成了有向无环网络,如图 2-2 所示。由于图状结构的链路特性,对于图状结构的区块链不用考虑扩充容量问题,并且处理速度快,增强了去中心化的优势,但是数据结构负载较高,对编码要求亦高,需要更大的存储空间进行管理和备份。

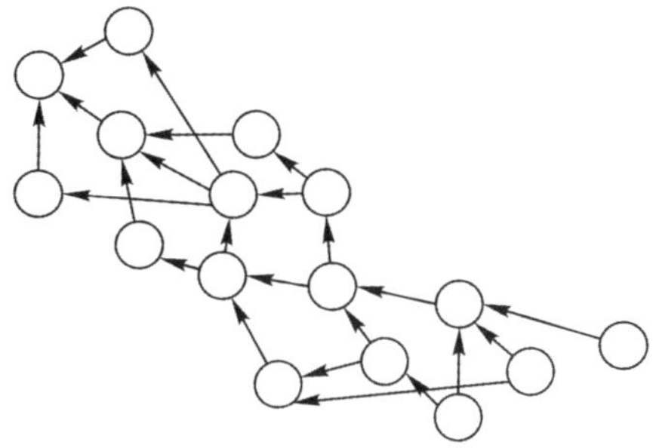

图 2-2 图状结构示意图

(二)区块链应用价值与应用场景

目前,区块链的平台架构可以分为数据层、网络层、共识层、智能合约层和应用层五个层次,如图 2-3 所示。数据层采用合适的数据结构和数据库对交易、区块进行组织和存储管理;网络层采用 P2P 协议完成节点间交易、区块数据的传输;共识层采用算法和激励机制,支持实用拜占庭容错(Practical Byzantine Fault Tolerance, PBFT),并解决分布式一致性问题;智能合约层通过构建合适的智能合约编译和运行服务框架,使得开发者能够发起交易及创建、存储和调用合约;应用层提供用户可编程接口,允许用户自定义、发起和执行合约。

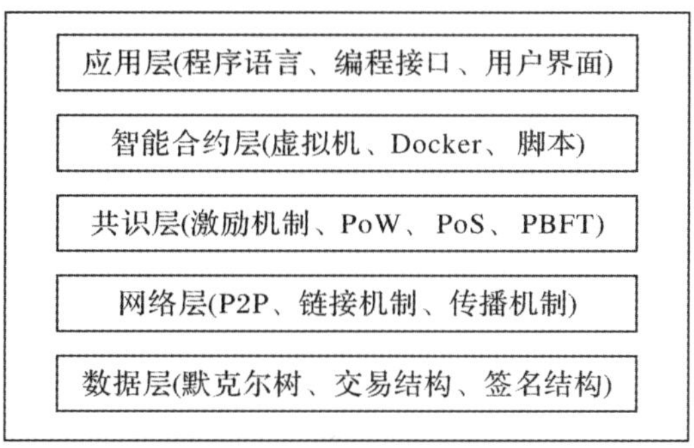

图 2-3 区块链平台架构图

由于区块链节点与节点之间并不存在优先级关系,因此节点与节点之间相互平等,新建区块会被平等地传播至每一个节点。这样一种分布式的结构从运行逻辑上实现了去中心化。区块链系统的运转围绕区块链账本的记录和维护过程展开。因此，按照记录权利的归属，区块链系统可以分为公有链、联盟链和私有链。公有链可以由任何节点参与记录维护，联盟链由预先确定的节点参与记录维护，私有链由单一的节点参与记录维护。这些链的访问权限由区块链的维护者决定，通常用户可以访问公有链，用户能否访问联盟链由链中参与节点决定，私有链一般不对外部用户开放。公有链是完全对外开放的链，私有链不对外开放，联盟链则介于二者之间。不同区块链系统在应用时能够根据不同需求进行匹配。

在区块链中，一旦共识算法被确定，除非控制超过全网 50%的算例资源，否则无法改变共识机制，因此能够保证数据不被篡改，每一次更改都有记录。具体到每一个区块中，利用区块头部分的时间戳可以追根溯源，从而明晰交易路径和数据传播线路。因此，区块链技术展现出促进信息自由流动、确保数据完整、可追根溯源等应用价值。

1. 促进信息自由流动

区块链的一大特征即去中心化的数据传输模式。在此模式下，不需要通过层层审批即可实现数据流通，任何一个节点都有可能成为数据分发的中心，而且这个中心也不是永久固定的，在分布式记账、算法共识的逻辑加持下，区块链能够筛选出优质数据，有助于促进提高效率。

2. 确保数据完整

区块链本身具有不可篡改的特性，因此在信息交易与传播的过程中，能够确保数据流通的完整性。此外，区块链还会借助数据冗余备份技术，协助备份区块链中的数据。在确保数据机密性方面，区块链主要通过两种方式实现，即借助现有的成熟身份认证系统和密文信息。区块链中的数据在每一次区块传播之时可以生成密文信息，接收者在收到消息后可以借助自身私钥等来解密。一方面，密文信息的传播能够确保数据不会因为信息流通而有泄露风险，花费较低成本即可确保数据信息在传播过程中的保密性。另一方面，区块链技术的机密性是多维度并存的。对于数据信息传播者来说，凭借区块链能够实现将一条信息发送至多个用户。对于接收者来说，可以利用自身的密钥解密信息。在确保机密性的同时也提高了机密信息发送传播效率。

3. 可追根溯源

在区块链中，每一次对数据信息的修改都会被时间戳记录，随着区块的传播和交易传递到下一个节点。因此，区块链中的信息更改、流通节点皆有迹可循。任何一个节点的用户在接收信息之后，均可通过区块头中的数据回顾历史传播与更改情况，掌握信息流通的速度与范围。对于信息生产者而言，这无疑提高了对信息传播的控制能力。并且由于每一次数据信息的变动更改皆记录在册，迫于可见性与透明度的压力，用户在修改数据时需要为自己的增改删减行为负责，避免失去诚信而无法与其他节点交易。

基于以上特性，区块链目前已经开始应用于智慧城市建设、人工智能等领域，以促进行业发展。以智慧城市建设为例，智慧城市是指利用信息和通信技术(Information and Communication Technology，ICT)优化公共资源利用效果、提高居民生活质量、丰富设施信息化能力的城市，包括个人信息管理、智慧医疗、智慧交通、供应链管理等具体场景。智慧城市强调对居民、设施等各类数据的采集、分析与使用。数据可靠性、管理透明化、共享可激励等需求为智慧城市带来了许多技术挑战。区块链去中心化的交互方式避免了单点故障，提升了管理公平性，公开透明的账本保证了数据可靠及可追溯性，多种匿名机制有利于对居民隐私的保护，因此区块链有利于问题的解决。Hashemi 等将区块链用于权限数据存储，构建去中心化的个人数据接入控制模型[①]；Bao 等利用区块链高效认证和管理用户标识，保护车主的身份、位置、车辆信息等个人数据[②]。

第二节　传感器、可穿戴设备与物联网

现代信息技术的三大基础技术包含信息采集、传输和处理。通过三大基础技术可以联通万物。传感器处于信息采集系统的首要部位，用于检测和捕捉信息；可穿戴设备使得收集人类量化自我的数据更为便捷；物联网则能够链接各个传感器节点，开展数据处理并服务于用户需求。可以说传感器、可穿戴设备与物联网三者是智能技术实现的重要基础。

一、传感器概述

(一)传感器的概念与构成

传感器以信息获取和变换为核心，可以感知物质世界的光、热、力、电、声等信号，按照规律转换为可识别的形式进行信息输出。国际电工委员会(International

---

① HASHEM S H，FAGHRI F，CAMPBELL R H，"Decentralized data access control over consortium blockchains"，Information Systems，Vol. 94，No. 2(August 2008)，pp. 25 – 27.

② BAO S，CAO Y，LEI A，et al.，"Pseudonym management through block chain：Cost-efficient privacy preservation on intelligent transportation systems"，IEEE Access，Vol. 7，No. 1(June 2019)，pp. 80390 – 80403.

Electrotechnical Commission,IEC)对传感器的定义是:“将输入变量转换成可供测量的信号,是测量系统中的一种前置部件。”国家标准 GB 7665—87 对传感器的定义则是:“能感受规定的被测量并按照一定的规律转换成可用信号的器件或装置,通常由敏感元件和转换元件组成。”传感器位于测量信号的第一环节,能够满足对信息的感知、存储、传输的要求,是传感系统的重要组成部分,也是实现自动检测与智能控制的重要工具。

传感器的关键构成包含敏感元件,除此之外,还有电源、嵌入式处理器、存储器、通信部件等。它们协助传感器实现其功能。敏感元件是指能够灵敏地感受被测量信息,如光、热、力等,并输出为可识别信息的元件;嵌入式处理器则负责协调各个节点的工作,对敏感元件获取的信息要进行必要的处理、保存;存储器用于信息存储;通信部件则将敏感元件收集的信息输出①。

(二)传感器的类别

随着需求的多样化与科技的不断发展,传感器也逐渐更新迭代,从传统传感器向微型传感器、智能传感器、嵌入式传感器转型,逐步实现智能化、信息化。目前传感器种类繁多,分类方法较为丰富,常见的传感器分类方法有如下三种。

①按传感器工作原理可分为电阻传感器、电容传感器、电感传感器、电压传感器、霍尔传感器、光电传感器、光栅传感器、热电偶传感器等。

②按传感器的物理量可分为位移传感器、力传感器、速度传感器、温度传感器、流量传感器、气体成分传感器等。

③按传感器输出信号的性质可分为输出为开关量(“1”和“0”)的开关型传感器、输出为模拟型传感器、输出为脉冲或代码的数字型传感器。

除此之外,还可按能量供应要求分为有源传感器和无源传感器,按材料分为陶瓷传感器、半导体传感器、复合材料传感器、金属材料传感器、高分子材料传感器等。

(三)传感器网络与传感器的应用

1.传感器网络

随着科学技术的不断发展,传感器正在逐步实现微型化、智能化、信息化与网络化,由多个传感器节点构成的传感器网络应运而生。传感器网络是指一组传感器构成的有线或无线网络,能够协作感知、采集、处理网络覆盖的地理区域中感知对象的信息。在传感器网络中,节点可以通过飞机布撒或人工布置等方式,部署

---

① 李建中、李金宝、石胜飞:《传感器网络及其数据管理的概念、问题与进展》,《软件学报》2003 年第 10 期,第 1717 - 1727 页。

在被感知对象内部或者附近。这些节点通过自组织方式构成无线网络，以协作的方式实时感知、采集和处理网络覆盖区域中的信息，并通过通信单元将整个区域内的信息传送到远程管理中心。远程管理中心可以对节点进行实时控制和操纵。

传感器网络节点的基本组成包括如下四个基本单元。

①传感单元：由传感器和模数转换功能模块组成，包含传感网络中的各类传感器，是传感网络的关键组成部分。

②处理单元：包括中央处理器（Central Processing Unit，CPU）、存储器、嵌入式操作系统等，能够对传感器收集的信息进行集中处理。

③通信单元：由有线或无线通信模块组成，能够将传感器收集、存储、转化的信息传输。

④电源：为传感网络提供电源，维持传感网络正常运转。

除此之外，传感网络可以选择搭配其他功能单元来实现个性化需求，包括定位系统、移动系统等。

2. 传感器的应用

目前，随着传感器技术的迅猛发展及其更新迭代的加速，其应用范围已经广泛扩展至农业、交通、居家等多个重要领域。在这些领域中的应用不仅展示了传感器在数据采集与处理方面的强大能力，还突显了其在提升效率、优化资源管理和改善生活质量方面的关键作用。

（1）农业

我国是农业大国，传感器在监视农作物灌溉情况、土壤空气变更等方面具有技术优势，因而农业传感器是发展现代农业的关键工具，也是推动农业生产方式转变的重要推动力。目前广泛运用的农业传感器主要有以下四个类别①。

①农业环境传感器：可以利用不同原理感知各类农业场景下的环境信息，并转化为可识别信号，如农业土壤传感器、农业水体传感器、农业气体传感器。

②动植物生命信息传感器：利用信息感知技术获取农业类动植物的各项生命体特征、生理生化、行为动作等信息，并按照一定规律转换成可识别信号，如动物生命信息传感器、植物生命信息传感器。

③农产品质量安全传感器：用于检测农产品质量和安全性的传感器设备，可感知农产品的新鲜度、营养成分、农药残留、抗生素等参数信息，如农产品质量传感器、

① WANG R J，“Agricultural sensor：Research progress，challenges and perspectives”，Smart Agriculture，Vol. 6，No. 1（January 2024），pp. 1 - 17.

农产品安全传感器。

④农机传感器：主要应用在农业机械设备上，感知农业机器作业效果、机器运转状况。

传感器在农业领域的应用显著增强了环境监测的精确度和实时性，为智慧农业的生产决策提供了坚实的数字化基础。这些技术不仅提高了对土壤、水分、气候等关键因素的监控能力，还促进了由数据驱动的决策制定，从而推动了农业生产的智能化进程和行业的可持续发展。通过集成传感器数据，农业工作者能够更精确地优化资源配置，提高作物产量，并应对环境变化带来的挑战。

(2)交通

智能交通的发展离不开传感器对信息的采集与收集，目前道路中的传感器大致可以分为三大类，即交通数据采集类、路面状况采集类和周边环境采集类①。交通数据采集类传感器是道路工程中应用最早的一类传感器，能够为交通部门提供路况信息，为制订出行规划、进行安全提示、总结行车注意事项提供依据。进行交通数据采集时较为常用的是视频传感器和电器传感器。视频传感器可以监测车辆车型、颜色、车牌信息②，电器传感器可以监测车辆行驶路线、交通流量、道路占用率等信息，两者结合可以实现对交通拥堵状况的监测和对车辆违章行为的监测。

(3)智能家居

传感器的另一大应用还体现在智能家居方面。利用传感器可以检测家居环境等，也可以配合远程遥控功能实现远程控制，提高生活质量。例如，空气质量传感器可以检测氨气、硫化氢等有害气体，监测房屋环境与空气质量；光电传感器可以感知光照强度、温度，从而智能控制窗帘开关，并可自动浇花、自动收衣；温度、湿度传感器可以明显感知空气中的水分含量与温度，并实时调节，为人们提供更为舒适的居住环境。

二、可穿戴设备概述

可穿戴设备的发展由来已久，2014 年可视为可穿戴设备发展元年，苹果公司 Apple Watch 上线，全球范围内可穿戴设备相继产出，眼镜、手表、戒指、服装等产品大量出售，国内外互联网企业、消费电子企业都参与其中，例如百度的咕咚手环、耐

---

① 高畅、金珊珊：《传感器在交通信息采集中的应用现状研究传感》，《传感器世界》2020 年第 26 期，第 18－23 页。

② 卢伟佳：《用于高速交通监控系统的图像传感器选择》，《世界电子元器件》2007 年第 10 期，第 19－20 页。

克的 Nike+FuelBand，小米、索尼、三星、微软、卡西欧等众多企业都在加快创新和研发的步伐。目前，市场上可穿戴产品形态各异，主要包括智能眼镜、智能手表、智能腕带、智能跑鞋、智能戒指、智能臂环、智能腰带、智能头盔和智能纽扣等。近年来，伴随着传感技术、交互技术的发展，可穿戴设备配合增强现实技术、虚拟现实技术又迎来新一轮技术革新。

（一）可穿戴设备的概念与种类

可穿戴设备的概念来源于可穿戴技术（Wearable Technology，WT），最早在 20 世纪 60 年代由美国麻省理工学院媒体实验室提出，认为可穿戴技术是电脑科技结合多媒体、传感器、无线传播技术，以不突显异物感的输入或输出仪器，可以支持手势、眼动等多种交互方式[①]。可穿戴设备是可穿戴技术的现实载体，于南翔等人认为，可穿戴设备通常以人体为载体，通过便携式穿戴，实现对应的业务功能。可穿戴设备与人体的交互形态主要基于人体能力和设备内置能力配合实现，是基于“以人为本、人机合一”理念的产物[②]。基于现有定义来看，可穿戴设备基于人体的自然能力，能够借助可穿戴的形态实现专属的功能。不难发现，可穿戴设备包含“可穿戴形态”“独立计算能力”和“专用的程序或功能”三种属性。

可穿戴设备分类方式较为丰富：按照物理形态可以分为眼镜、手表、手环、手套、项链等类型，这是最常见的分类方式；按照应用场景可以分为健康类、游戏类、安全类等；按照通信方式可以分为直接和互联网结合的直接通信，以及通过中转介质和互联网结合的间接通信两类。

（二）可穿戴设备的关键技术与应用

可穿戴设备具有可移动操作、无线数据传输、实时感知等特点，随着传感器技术、芯片技术、智能操作技术、人机交互技术、电池技术的发展，可穿戴设备可实现的功能逐步丰富，形态也趋于多样化，逐渐在工业、医疗、军事、教育、娱乐等诸多领域表现出研究价值与应用前景。传感器技术已在本章第一节部分详细介绍过，在此部分，笔者将介绍可穿戴设备的通信技术、芯片技术和智能交互技术等。

1. 通信技术

可穿戴设备之间的互联互通是实现穿戴式设备普及的重要影响因素，无线通信功能是拓展可穿戴设备功能的基础，只有解决了设备链接和数据通信的问题，才能

---

① AMFT O，LUKOWICZ P，“From backpacks to smartphones：Past，present，and future of wearable computers”，IEEE Pervasive Computing，Vol. 6，No. 1（June 2009），pp. 8－13.

② 于南翔、陈东义、夏侯士戟：《可穿戴计算技术及其应用的新发展》，《数字通信》2012 年第 4 期，第 13－20 页。

够提升可穿戴设备的功能丰富度、便携度和接受度。可穿戴设备使用的通信技术包含蓝牙、Wi-Fi、GPS、NFC、ZigBee 等。其中，GPS、Wi-Fi 是通过内置的移动通信芯片实现和网络直接通信的功能；蓝牙、ZigBee 等短程通信协议与智能设备相结合，使得智能终端能够借助内置 App 或程序与云平台互通，从而借用云平台的数据和处理逻辑实现应用功能。

2. 芯片技术

芯片技术是可穿戴设备的核心。常见的芯片类别诸如中央处理器(Central Processing Unit，CPU)、数字信号处理(Digital Signal Processing，DSP)等类别。在可穿戴设备中，CPU 通常作为处理通用业务的芯片，DSP 则是能够实现用数字信号来处理大量信息的芯片，如加速度传感器、眼球追踪、骨传导等的芯片皆属此类。由于可穿戴设备具有便携性的要求，往往对芯片功耗要求较高，且可穿戴设备产品形态多样、功能丰富，因此对芯片的需求差异较大。一款优秀的可穿戴设备通常必备 CPU 和 DSP，且需将两者合理组合才能发挥最大效用。

3. 智能交互技术

通信技术与芯片技术是决定可穿戴设备硬件能力的隐性关键技术，而智能交互技术则是提升可穿戴设备功能和操作系统的显性关键技术。由于可穿戴设备的便携性要求，传统基于键盘、鼠标的交互方式已经无法满足用户需求，其在可穿戴设备的使用场景中存在着诸多局限性。因此，通过语音、手势、眼球等多种方式交流的交互技术广泛应用于可穿戴产品，使其更有普及性。

①语音交互技术。它的基础技术是语音识别技术。利用语音识别技术能够识别语音信息，并将其转化为计算机可以处理的指令。目前语音识别技术随着机器学习领域的发展已经逐渐普及。各类智能设备、智能家居都配备了智能语音对话机器人，被众人熟知的产品如 Siri、小爱同学、小度等。

②手势交互技术。手势交互技术的本质就是通过计算机图像学技术，将采集到的人体不同部位的姿势转化为计算指令。利用手势交互技术时无需点击或持有设备即可与设备互动，为用户提供便捷的交互，且提升用户体验。

③眼动交互技术。应用眼动交互技术时，一般依靠计算机或无线传感器的方式识别眼动的记录，并将其解析成具体指令。眼动交互技术的发展能够进一步提升可穿戴设备的便捷性，便利肢体障碍患者的生活。同时，眼睛是人体获取信息图像的器官，配合 AR、VR 等技术能够通过视觉图像营造场景空间，进一步丰富人类视觉感官体验。

应用可穿戴设备时能够产生大量用户身体和行为的数据信息，用户借此可以实现量化自我，从而对个人的生活数据进行解读分析，进而做出选择和改变。此外，可穿戴设备还能够利用自然的生理感官反应提供智能化的服务，从而为用户呈现不一样的体验。因此，可穿戴设备目前主要应用于健康、信息娱乐领域。

4. 健康

可穿戴设备能够实时感知、记录、分析用户身体数据和行为数据，量化身体信息，这不仅能够使个人更好地了解自身的生理状态，也能够帮助医生监测患者身体，开展医疗指导。例如，2007 年成立的 Fitbit 公司推出的可穿戴式健身追踪器能够记录用户身体数据和用户运动习惯，利用数据帮助用户制订锻炼计划，改善行为；而 Scanadu 公司的三录仪则能够通过感应、扫描、追踪和分析关键的人体健康数据，及时发现用户身体状况的变化，并将这些自我诊断的数据发送给私人医生或相关专家寻求医疗指导。

5. 信息娱乐

除了影响个人的行为和决策，可穿戴设备采集的信息还能够运用于社会化服务，满足社交、娱乐等多种需求。2024 年 5 月，华为公司推出智能眼镜，可以通过敲击镜腿的方式唤醒智能语音助手，用户可全天候体验智能播报天气、航班、日程、打车等信息，优化生活感知和体验。苹果公司发布的 Vision Pro 不仅可以在空间中展示智能应用，还可以通过眼球、手势、语音控制实现智能控制与交互。

三、物联网概述

（一）物联网的概念与体系架构

物联网的概念最早出现在 1999 年，美国自动识别中心提出把所有物品通过射频识别（Radio Frequency Identification，RFID）等信息传感设备与互联网链接，实现智能化识别和管理。在此定义中，物联网是指各类传感器与网络链接的技术。2005 年在突尼斯举行的信息社会世界峰会上正式提出“物联网”的概念，并发布报告 *ITU Internet Reports* 2005：*The Internet of Things*。报告指出，无所不在的“物联网”通信时代即将来临，世界上所有的物体都可以通过互联网主动进行信息交换。报告介绍了物联网的特征，相关技术如射频识别技术、无线传感器网络（Wireless Sensor Networks，WSN）技术、纳米技术、智能嵌入技术等，以及物联网面临的挑战和市场机遇。该报告指出，信息与通信技术（ICT）的目标已经从满足人与人之间的沟通，发展到实现人与物、物与物之间的连接。物联网的定义被进一步丰富与拓展，物联网使我们在信息与通信技术的世界里获得一个全新的沟通视角，将任何时间、任何地点，连接任何人，扩展到连接任何物品，万物的连接就形成了物联网。

2006年欧盟召开了名为*From RFID to the Internet of Things*的会议，对物联网做了进一步的描述。物联网实现了任何物体、任何人在任何时间、任何地点，使用任何路径/网络以及任何设备的连接。因此物联网的相关属性包括集中、内容、收集、计算、通信以及场景的连通性。而这些属性要解决的是从物品到物品（Thing to Thing，T2T）、从人到物品（Human to Thing，H2T）、从人到人（Human to Human，H2H）的互联。2009年6月18日，欧盟执委会发表了计划*Internet of Things：An Action Plan for Europe*，标志着欧盟已经将物联网的实现提上日程。在该计划中，详细描述了物联网的发展前景和管理设想。

2009年时任国务院总理温家宝视察无锡时提出"感知中国"理念，由此推动了物联网被重视。2010年，《政府工作报告》明确指出，要加快物联网的研发应用，由此推动中国物联网建设从概念推广到技术研发的快速发展。此后，物联网发展得到政府支持。2016年，工业和信息化部发布《信息通信行业发展规划物联网分册（2016—2020年）》，推动物联网行业的规划与发展。2021年，工业和信息化部、中央网络安全和信息化委员会办公室、科学技术部、生态环境部、住房和城乡建设部、农业农村部、国家卫生健康委员会、国家能源局联合发布《物联网新型基础设施建设三年行动计划（2021—2023年）》，推进物联网新型基础设施建设，充分发挥物联网在推动数字经济发展、赋能传统产业转型升级方面的重要作用。

物联网是一个涵盖了物理设备、传感器、数据分析等众多领域的综合性概念，应用场景广泛，且不同应用场景下涉及的系统规划与技术支撑各有差异。基于此，一个可开放、分层、可扩展的体系架构是支撑物联网系统的基础，也是影响物联网发展的重要因素。

根据国际电信联盟的建议，物联网自下向上可以分为三个主要层次，即感知层、网络层、应用层。从感知信息到数据采集，再到实际应用，每个层次职责各不相同，共同配合以支撑物联网系统的运行与发展。

1. 感知层

感知层是物联网系统的最基础的层次。感知层的主要功能为利用各类传感器和设备收集物质属性、环境、行为状态等信息，例如温度、压力、物体大小等。物联网正是通过遍布在各个角落和物体上的形形色色的传感器以及由它们组成的无线传感器网络，来最终感知整个物质世界的。感知层在收集完信息之后需要对获取的信息加以识别，借助计算系统对信息开展协调处理，并通过无线通信系统与网络中其他单元相互链接或进行资源交互与共享。

2. 网络层

网络层位于物联网体系架构的中间位置，主要起承上启下的作用。首先，网络层借助现有的移动通信网（如 GSM 网）、无线局域网（如 Wi-Fi）等基础设施将来自感知层的信息传送到互联网中；紧接着根据互联网协议，将不同类型的数据转换为统一格式，并发送至云端，将网络内的信息资源整合为大型智能网络，为上层服务管理与应用提供数据支撑。

3. 应用层

应用层是最接近用户的部分，也是体系架构的最高层。在收到来自网络层的数据后，应用层会对信息开展实时管理和控制，并根据用户需求处理信息，以满足各类实际应用需求。通过应用层，用户可以远程监控和控制物联网设备，实现智能交通、智能家居、智能工业等应用。

（二）物联网的应用领域

物联网的广泛应用将推动社会、经济的全方位发展，改变人们的生活方式，对整个社会产生深刻的变革。在工业上，物联网可以持续提高工业自动化的能力与管理水平，实现灵活、绿色、智能和精细化生产，推动工业的升级转型；在农业上，物联网可以改善农业生产、管理、流通，实现传统农业向智慧农业转型；在零售、物流等服务业方面，物联网将改变传统的服务模式，提供更为便捷、高效的服务；在医疗、家居等方面，物联网将提高医疗水平和人们的生活品质。

物联网平台从技术来看是一个平台系统概念，但是其技术的成熟度、完整度、可用性能够应用于多种行业，面向垂直领域深度发力，充分融合行业精细化需求。在上述案例中，AIRIOT 平台高效优质的接入能力加强了地下管廊的建设管理，监测界面显示与巡检人员定位功能便利了日常运营，视频联动报警功能更提升了应急防灾能力，使地下管廊运营管理水平能够快速适应经济社会发展需要，提高了城市综合承载能力，满足了城镇化的发展需要。

第三节 虚拟现实、全息影像与元宇宙

一、虚拟现实概述

（一）虚拟现实的概念

虚拟现实（Virtual Reality，VR）技术又被称为灵境技术，源起于 20 世纪 80 年代初美国 VPL 公司的创建人正式提出的“Virtual Reality”一词以及这个词的含义。此后形态各异、种类繁多的虚拟现实系统陆续出现。虚拟现实是以计算机技术为核心，生成与一定范围真实环境在视、听、触感等方面近似的数字化环境。它是人类在探索自然、认识自然过程中创造产生、逐步形成的一种用于认识自然、模拟自然，进而更好地适应和利用自然的科学方法和技术[①]。汪成为等人认为，虚拟现实技术利用计算机生成一种模拟环境，即一种多源信息融合交互式的三维动态视景和实体行为的系统仿真，可借助传感头盔、数据手套等专业设备，让用户进入虚拟空间，实时感知和操作虚拟世界中的各种对象，从而通过视觉、触觉和听觉等获得身临其境的真实感受[②]。

从以上定义可以看出，虚拟现实技术主要以计算机技术为核心，利用图像处理、计算机图形学、多媒体技术、模式识别、网络技术、人工智能、传感器等，生成与现实环境相似的三维仿真系统。借助传感设备，用户能够在视觉、听觉、触觉等方面获得身临其境的体验，进行实时交互感知，操控虚拟世界中的各种对象并参与其中的各种事件。虚拟现实技术已经成为一项广泛应用于各工程领域的重要技术，凭借着独特的技术、艺术优势给社会带来巨大的经济效益。

（二）虚拟现实的特征

1994 年，Burdea 和 Coiffet 描述虚拟现实的三个典型特征，即沉浸感（Immersion）、交互性（Interaction）和构想性（Imagination），这也是目前学术界较为认可的三个典型特征。

1. 沉浸感（Immersion）

与传统的传播和交流不同，虚拟现实技术利用人类身体感知中的“错觉”，创造出第二个自然。在电子界面环境中，用户往往难以区分真实与虚拟，在与虚拟世界的交互中逐渐沉浸，这种沉浸感主要来源于视觉、听觉、触觉等感官。视觉系统是形成人类沉浸感的重要因素，在计算机显示的三维虚拟现实中，图像处理和理解能力越强，处理速度越快，图像识别能力越强，用户感知到的时间差越短，事物越立体，则沉浸感越强烈。听觉是仅次于视觉的感知途径，在现实环境中，声音能够有效地指示不可见方位的物体，传递信息，引发人们情绪状态或警告可能出现的危险情况。应用虚拟现实技术，声音可以增强环境的仿真性，从而增强用户的沉浸感。触感能够通过皮肤与物体的接触传递信息，因此在虚拟环境中，用户

---

① ZHAO Q,“10 Scientific problems in virtual reality”, Communications of the ACM, Vol. 54. No. 2 (February 2011), pp. 116 - 118.

② 汪成为、高文、王行仁:《灵境(虚拟现实)技术的理论、实现及应用》，清华大学出版社 1996 年版，第 239 页。

能够在操纵虚拟物体的同时感知到反作用力或物理触感,此时沉浸感将进一步加深。

2. 交互性(Interaction)

人机交互是虚拟现实的核心技术之一。感官系统的仿真性特点无法完全提供一个以假乱真的虚拟环境,虚拟现实技术还必须有便捷、灵活、高效的交互性,才能够满足用户的需求。交互性是指在虚拟环境中提供的人性化操作界面和与虚拟物体交互产生的自然反馈。与智能设备二维交互界面不同,虚拟现实中的用户处于三维环境之中,交互的输入、输出也在三维环境中进行,因此在交互界面范式、交互任务分析、主要交互设备、实现交互任务技术支撑等方面都需要新技术的支持。一方面,用户在虚拟现实的环境中发布指令、传递信息需要被传感器即时接收与处理,并迅速执行相应指令,这不仅要求交互界面具有适人化特点,依赖规范任务方法把操作任务简化,还提高了对手势、语音等传感设备的技术要求。另一方面,用户与环境中的物品互动时,需要获得及时反馈。例如,在虚拟现实环境中,用户通过头戴式显示器、手柄等交互设备与虚拟环境进行互动,实现多种交互方式和操作,用户在输入交互信息时需要虚拟环境输出反馈信息,确保流畅的使用体验。这种交互性使得虚拟现实技术在游戏、教育、医疗等领域具有广泛的应用前景。

3. 构想性(Imagination)

构想性是指虚拟现实技术具有广阔的可想象空间,可再现真实环境,也可以随意构想客观不存在的环境。通过沉浸感和交互性,虚拟现实技术赋予用户随着环境状态和交互行为的变化对未来产生构想的能力,增强了用户的创想能力。借助虚拟现实技术,用户可以模拟各种环境和场景,根据自身需求和偏好来调整不同场景,实现个性化定制。例如,在旅游领域,用户可以使用虚拟现实技术居家体验世界各地的名胜古迹和自然风光。除此之外,虚拟现实技术还可以模拟各种感觉和体验,通过模拟视觉、听觉、触觉、嗅觉等感觉和体验,用户可以在虚拟环境中得到更加真实和全面的感受。在游戏领域,玩家可以使用虚拟现实技术来获得更加真实的游戏体验,沉浸在游戏的场景中。

(三)虚拟现实技术的应用与发展趋势

虚拟现实技术已逐渐成熟,正在被广泛地应用于教育、文化产业、医疗、农业、工业、建筑等方面,改变了传统的人机交互模式,促进行业研究与发展,为行业变革与转型、用户体验带来新的生机。

【案例 2-1】

三星堆持续发力文化数字化[①]

近年来，三星堆博物馆持续发力文化数字化，积极利用人工智能、云计算、虚拟现实等技术，不断丰富和拓展文物保护利用的广度与深度，让古老的三星堆文化插上数字化翅膀。2023 年初，三星堆博物馆“古蜀幻地”AR 导览上线。通过智能眼镜设备，游客可以一边看文物，一边看电影，亲历气势恢宏的三星堆文化，穿越回 3000 年前的蜀国。带上智能眼镜，游客可以看到古蜀民围着神树祈祷，三足金乌在天空飞翔；耳边伴有“虚拟讲解员”讲述着文物的“前世今生”……这种全新的文物参观和体验方式，得益于对数字三维模型技术的充分运用，这是我国保护、研究文物技术手段的又一创新，也是虚拟现实技术助力三星堆文化数字化发展的一个典型例证。

除三星堆博物馆外，国内虚拟现实考古的研究成果数不胜数，如殷墟、敦煌数字博物馆、龟山汉墓等。此外，虚拟现实技术也改变了传统教育模式，虚拟实验室可以让学生亲身经历如太空旅行，虚拟实训基地可用于驾驶等传统职业技能训练。原有的被动学习模式逐渐转变为学习者通过自身与信息环境的相互作用获取知识、技能的主动学习模式。基于计算机技术发展起来的虚拟现实技术将为计算机领域带来新的灵感，也将进一步促进行业变革与技术革新。

二、全息影像概述

（一）全息影像的概念及原理

随着增强现实、虚拟现实等概念走红，全息影像技术再度进入公众视野。全息技术，即全息成像技术，是一种利用光的干涉和衍射原理来记录并再现物体三维图像的技术。利用全息影像技术能够真实记录并再现被拍摄物体发出的光的全部信息。

事实上，全息影像技术由来已久。早在 20 世纪 40 年代，全息影像技术就被英国科学家丹尼斯·伽伯（Dennis Gabor）发明并应用，他在 20 世纪 70 年代因此技术获得诺贝尔物理学奖。传统平面摄像或电视图像只能够在二维平面上通过构图和色彩的明暗变化来实现人眼的三维感觉，但是全息摄影的信息包含了被记录物体的形状、尺寸、亮度等。全息影像可以在观察者的视觉范围内呈现出立体感，就像物体本身一样。当下，全息技术进一步发展，衍生出更多元的技术形态与应用场景，可以从以下三个层次探究其成像原理。

① 宋豪新：《三星堆持续发力文化数字化》，2023 年 4 月 22 日，http://www.news.cn/tech/2023-04/22/c_1129549157.htm。

1. 客观感知的全息影像技术

此概念下的全息影像技术是最原始的技术方式，能够记录和还原每个点的所有方向的光线信息。利用光的干涉原理，全息影像技术能够把每个点的光线的方向和强度数据转换为可以通过显影记录的干涉条纹，在镜片载体表面对光敏介质进行曝光处理，获得记录光线全部信息的全息光栅，相当于在光波长的尺度上对光的信息进行记录。通过反向还原原有方向和强度的光线，从原理上实现了对所有信息的再现，因此便有真实的立体成像的效果。

2. 主观感知的全息影像技术

随着增强现实技术的发展，人们对全息技术需求进一步提高，追求还原物体三维信息，让增强现实虚像尽可能栩栩如生。但是目前而言，全息影像技术无法完全三维式还原物体的光信息，无法显示物体表面的色彩，因此感知全息影像技术往往借助增强现实近眼显示设备来实现 3D 实时渲染效果。

在增强现实设备中，主要依靠近眼显示和计算机实时渲染技术实现感知全息。左眼和右眼显示的内容有一点偏差，近眼显示是指通过分别模拟观看真实物体时，从而呈现出立体的效果。这种方式并没有记录和复原所有方向的光信息，但是依然能让用户感受到虚拟形象的“立体”。计算机实时渲染则是通过空间捕捉、实时渲染技术实现 3D 效果，使得全息影像在光影渲染上更加真实。

3. 伪全息影像技术

伪全息，即类全息平面投影，是近年来广为应用的一种借用全息概念的伪立体展示方式，其实际上是一种平面投影。伪全息影像技术多用于如博物馆陈列物等的静态展示，也呈现舞台上虚实结合的动态效果。应用伪全息影像技术时，往往使用半透半反的膜层，把平面显示器的内容反射到观察者眼中。类全息平面投影技术往往在较暗的环境下展现，且周围无参考物，因此只要投影内容有立体透视效果即可看作立体元素。这类投影往往只能从固定角度观看，但是通过全息投影从不同角度均能看出四个方向(正面、背面、左侧面、右侧面)的不同内容。

(二)全息影像技术的应用场景

全息影像技术应用较为广泛，涵盖科学研究、军事、医学影像学、娱乐、艺术等领域。在军事方面，全息影像技术配合雷达可以绘制全息立体地图，观测者可以从不同角度研究地形，推进军事信息化建设；在医疗方面，利用全息影像技术可以实现更真实的医学影像和手术模拟，提高诊断、治疗的准确性和效率；在建筑方面，利用全息影像技术可以实现对建筑物的一比一复原，便利建筑设计师研究其架构与设计，提高建筑设计的效率；在娱乐方面，利用全息影像技术可为影视创作、丰富影视表现形式提供更多可能；在文物展览方面，利用全息影像技术不仅可以真实立体再现文物信息以供参观，还可以使得原物保存完好，节省文物保护与修复工作成本。

对全息影像技术的使用跨越了地理空间限制，将物体三维展示在用户面前，它的实现为元宇宙的实现提供了可能。但是，要实现高质量的全息影像并不容易。全息影像技术对设备要求较高，需要稳定的激光光源、高质量的光学元件、高分辨率的介质，为了获得更好的全息效果，还需要精确控制光源波长、强度和相位，以及观察者的视角和观察条件等因素。但随着科技的进步与发展，全息影像技术将不断更新迭代，为人们带来更为丰富的体验。

三、元宇宙概述

（一）元宇宙的概念

元宇宙(Metaverse)一词最先来源于1992年尼尔·史蒂文森(Neal Stephenson)的一部科幻小说《雪崩》。在这部小说中，人类通过Avatar(数字替身)生活在一个人造的虚拟三维空间中，“戴上耳机和目镜，找到连接终端，就能够以虚拟分身的方式进入由计算机模拟、与真实世界平行的虚拟空间”。而这个虚拟人造空间被作者称为元宇宙。2018年，在电影《头号玩家》中则真实地展现了这一场景，在这里人类除吃饭、睡觉和上厕所外，其他所有在现实世界开展的活动均可复制到虚拟空间。不仅如此，虚拟空间“绿洲”还拓展了人类可开展的活动边界，比如攀登珠穆朗玛峰、去撒哈拉沙漠旅行。这个原本具有强烈文学色彩的概念在2021年引起广泛关注与讨论，逐渐走向现实。2021年3月，美国游戏公司Rolbox招股说明书上引入元宇宙概念并上市成功；同年10月，美国互联网社交巨头脸书(Facebook)正式更名为Meta，宣布将转型为一家元宇宙公司，以至于2021年被认为是元宇宙元年。国内IT公司不遑多让，纷纷入局元宇宙市场，如字节跳动高价收购国内VR头戴式显示器Pico技术公司，二级市场元宇宙概念股大幅上涨，受到资本市场狂热追捧。

现阶段元宇宙作为一个前沿科技领域的新兴概念，学界和业界缺乏公认的关于元宇宙的权威定义。Lee等从虚拟世界与现实世界的二元视角，提出元宇宙发展所必经的三个阶段，即数字孪生(Digital Twin)、数字原生(Digital Native Content Creation)与虚实共生(Coexists and Interoperates)，具有一定代表性①。赵星等认为

① LEE L H, BRUAD T, ZHOU P, “All one needs to know about metaverse: A complete survey on technological singularity, virtual ecosystem, and research agenda ”, Doctoral Programme in Computer Science, Vol. 14, No. 8(October 2021), pp. 1 - 66.

元宇宙主要包含平行宇宙观、融合宇宙观和进化宇宙观三大类主流观点①。从元宇宙(Metaverse)构词来看,Meta 在希腊语中有超出之意,Verse 代表宇宙,Metaverse 即超越现实宇宙的另一个宇宙,也就是说,元宇宙是一个平行于现实世界又独立运行的虚拟人造空间,在这个空间中既包含虚拟增强的物理现实,也包含由集体贡献的物理持久的虚拟空间。

总体来说,元宇宙是借助人工智能、虚拟现实、数字孪生、区块链等技术,把物理世界映射到由数字、互联网组成的虚拟世界而打造的三维虚拟空间,个人能够在虚拟世界中呈现出身份、感官、意识形态等属性,社会体系、经济结构、政治组织也能够在元宇宙中呈现。

(二)元宇宙的特征

元宇宙的实现路径仍然在探索与实践之中,当前的元宇宙仍处于萌芽阶段,所涉及的大部分技术仍处于点状发展的状态。元宇宙商业先驱、《元宇宙改变一切》一书作者马修·鲍尔(Matthew Ball)认为,元宇宙应该具有永续性、实时性、无准入限制、经济功能、可连接性、可创造性六个特征。左鹏飞认为元宇宙的基本特征包括沉浸式体验(低延迟和拟真感让用户具有身临其境的感官体验)、虚拟化分身(现实世界的用户将在数字世界拥有一个或多个 ID 身份)、开放式创造(用户通过终端进入数字世界,可利用海量资源展开创造活动)、强社交属性(现实社交关系链将在数字世界发生转移和重组)、稳定化系统(具有安全、稳定、有序的虚拟经济社会系统)。综合国内外学者关于元宇宙特征的分析,笔者认为元宇宙主要包括以下五个基本特征。

1. 高度拟真的环境

元宇宙空间虽然是虚拟的,但是它必须让人感到真实。本质上看,元宇宙是真实空间在网络中的映射。因此,元宇宙虚拟空间需要和现实社会保持高度同步和互通,虚拟世界是真实世界的副本,这意味着现实世界发生的一切事件将同步到虚拟世界中,用户在虚拟世界中也应获得高度拟真的交互效果。例如,当现实世界某个地区的温度上升,则元宇宙中对应区域的温度也应上升,用户处在元宇宙空间中应当如在真实世界一般感觉到环境变热。

2. 开放式创造功能

在虚拟空间中,用户能够通过开放的技术资源和平台开源,在元宇宙中进行自主创造和创新,不断构建、更新原创的虚拟世界,不断拓展元宇宙的边界。对此,元

---

① 赵星、乔利利、叶鹰:《元宇宙研究与应用综述》,《信息资源管理学报》2022 年第 12 期,第 12 - 23 页。

宇宙平台一方面应制定“标准”与“协议”，确保自主创造功能不会影响基本架构，另一方面，对开源用户予以一定的经济奖励，促进元宇宙空间不断更新迭代。

3. 经济功能

作为现实社会的虚拟副本，元宇宙空间同样拥有社会经济功能。也就是说，在元宇宙空间中的生产与劳动行为应该获得对应价值的劳动报酬，并且当此类经济功能与现实社会挂钩时，增加了对元宇宙经济行为的背书，提高了用户生产积极性，从而进一步促进元宇宙良性运转。值得一提的是，在元宇宙空间中可以更多维度地使用区块链等新兴数字技术，为社会经济的功能运行与创新带来更多可能。

4. 强社交属性

人是一切社会关系的总和。元宇宙空间运行离不开用户的生产与创造，而社会关系则是链接用户、打造稳定社会形态的重要因素。因此，元宇宙空间必须包含社交渠道，各个区域用户之间可以建立具有现实感的真人社交关系。社交是元宇宙社会稳固的基础，也是虚拟文明发展的前提。

5. 永续性

永续性也可以被理解为稳定性。元宇宙作为现实社会的副本也需要确保永远不会被“关闭”或“暂停”，只有拥有完整的虚拟空间运转逻辑和链条，才能够获得用户信赖并引导其使用。当用户在元宇宙空间中获得经济收益、建立社会关系、创造自我价值时，元宇宙空间的稳定性就显得尤为重要，一旦元宇宙出现故障或暂停，将会极大地打击用户使用的积极性。

（三）元宇宙的应用场景

元宇宙概念的提出已经预示了已有产业的变革方向，也将刺激一批新兴产业的发展。其独有的虚拟化空间能够促进产业中虚拟化生产场景加速构建。借助元宇宙，人类可以通过模拟实验预测效果，从而指导现实社会的生产。目前，元宇宙技术已经逐步应用于电商、工业、农业、文旅、游戏等多个行业。

【案例 2－2】

八大元宇宙落地案例！51Meet 强势领跑元宇宙赛道①

2022 年初，51WORLD 推出一款专门服务元宇宙需求的产品 51Meet，通过打造虚拟元宇宙空间满足政企会议培训、商业营销服务等多种需求，自正式发布以来，已

① 《八大元宇宙落地案例！51Meet 强势领跑元宇宙赛道》，2022 年 11 月 22 日，https://tech.china.com/article/20221122/112022_1182604.html。

被应用于金融、文旅、时尚、IT、电商、医疗等多个领域。2022 年 9 月，以数字孪生技术应用工作委员会为指导单位的数字孪生博览会顺利召开。在这场博览会中，51Meet 通过数字孪生上下游产业的方式展示来自城市、园区、交通、水务水利、工业及通用平台的 50 多家参展单位的产品，并且支持体验丰富有趣的互动形式，如多车互动、数据驱动闭环、交通仿真等。展会期间，全网在线观展及观看会议人数达 5 万人次。

在以上案例中，用户足不出户即可参观线上展览并获得良好的互动体验。这将极大地解放和发展生产力，节省时间，提高生产效率。由此可见，元宇宙概念的提出必将会改变整个社会的运行逻辑，促进人类社会发展出新形态，并指引未来产业发展方向。当然，由于元宇宙自身拥有着独立的社会形态与体系，也将衍生出新的社会规则和经济发展方式，促进虚拟产业的发展。尽管当下元宇宙只是作为单独的社会单元服务于某一具体的行业和场景，但随着技术不断创新，元宇宙将加速社会信息化与虚拟化进程，为人类社会发展提供另一种视角与可能。

第四节 新一代人工智能技术

一、新一代人工智能技术的概念

随着 OpenAI 开发的聊天机器人 ChatGPT 引起广泛关注，人工智能技术再一次获得各国政府、学界、业界和社会公众的青睐。区别于传统人工智能技术，新一代人工智能技术已经发展起来，由此进入了人工智能发展的新时代。何为新一代人工智能技术？与传统人工智能技术相比，新一代人工智能技术“新”在哪？

回顾人工智能技术发展的几次浪潮将有利于我们更好地理解何为新一代人工智能技术。人工智能技术的发展共经历了三次浪潮[①]。1956 年在达特茅斯学院举办的学术会议上，人工智能概念被提出，随后人工智能科学技术蓬勃发展。以阿瑟·萨缪尔(Arthur Samuel)的西洋跳棋程序为例，第一代人工智能技术立足于计算、推理，在当时甚至打败一些跳棋高手，被科学家追捧。在第一代科学家看来，人工智能技术能够依据正确的知识，开展推理、搜索。在当时，我国数学家吴文俊先生利用计算机证明了欧几里得几何学的所有定理[②]。因而科学家乐观地认为人工智能将超越人类。人类有根据经验推导、获得新知的能力，而第一代人工智能

---

① LIU J Y, KONG X J, XIA F, “Artificial intelligence in the 21st century”, IEEE Access, Vol. 6, No. 1 (March 2018), pp. 34403 - 34421.

② 尼克：《人工智能简史》，人民邮电出版社 2017 年版，第 43 - 44、60 - 65 页。

技术以现有知识为基础开展提前运算，无法满足人类的认知需求，也就无法超越人类。

20世纪60年代初，数据库技术的发展与“专家系统”的兴起推动人工智能技术进入了第二次发展浪潮。在此次浪潮中，计算机技术迅速发展，但是随着商业计算机性能的不断提升与优化，人工智能技术发展进入低谷，直至1997年才有所改善。美国IBM公司研发的并行计算机“深蓝”击败了国际象棋冠军加里·卡斯帕罗夫(Garry Kasparov)，再次强化了人们对发展人工智能的信心。1998年，卷积神经网络出现，它无需预处理图像就能识别关键特征，成为人工智能技术发展的重大突破。2006年，辛顿(Hinton)提出的深度学习算法大幅提高了算法性能，使得人工智能技术在语音识别和图像处理领域获得了进一步发展。艾瑞咨询发布的《中国人工智能应用市场研究报告》显示，2013年人工智能技术借助“深度学习”算法，在语音和视觉上的识别率分别超过99%和95%[①]，其商业价值大增，人工智能技术逐步走向商业化应用领域，而这又进一步推动了人工智能技术的发展。2016年机器人AlphaGo战胜韩国围棋九段李世石，人工智能技术再次兴起并进入大众视野，新一代人工智能的快速发展期由此开始。除商业应用领域外，各国政府也高度重视新一代人工智能技术的发展。2017年，我国国务院出台《新一代人工智能发展规划》[②]，将人工智能产业上升为国家战略，指出人工智能技术作为新一轮产业变革的核心驱动力，将进一步释放历次科技革命和产业变革积蓄的巨大能量，将进一步引发经济结构重大变革，实现社会生产力的整体跃升，是我国经济发展的新引擎。

目前学界普遍认可的新一代人工智能技术的发展节点为“深度学习”算法出现前后[③]。前两次人工智能技术浪潮均停留于逻辑推理、搜索、传感应用、神经网络等方面，但是并没有模仿人类认知方式获得新知的能力。而随着深度学习算法的出现并与大数据技术结合，人工智能在自我学习与智能感知领域将大放异彩。

二、新一代人工智能技术的特征与内容

在前两次的人工智能技术浪潮中，人类在人工智能的认知范式、技术和实践应用领域积累了一定的经验，为新一代人工智能技术的发展奠定了基础。

---

① 艾瑞咨询：《中国人工智能应用市场研究报告》，2016年3月14日，https://wreport.iresearch.cn/uploadfiles/reports/635896885723760034.pdf。

② 《国务院印发〈新一代人工智能发展规划〉》，2017年7月21日，http://politics.people.com.cn/n1/2017/0721/c1001-29418862.html。

③ 和敬涵、罗国敏、程梦晓：《新一代人工智能在电力系统故障分析及定位中的研究综述》，《中国电机工程学报》2020年第17期，第5506-5516页。

(一)认知范式:唯理论转向经验论

人工智能的发展离不开其对人类认识世界、改造世界的思维方式,即人类认知世界的范式的学习:人类如何认识世界,知识是如何获取的?只有厘清人类认知世界的范式,人工智能的发展才有方向,才能够在模仿人类的基础上帮助人类实现超越认知局限的目标。近代西方哲学的核心即围绕此展开,代表性主流观点包含唯理论和经验论。唯理论的代表学者为笛卡尔、莱布尼茨、康德、黑格尔。在唯理论学者看来,人类只有从清楚明白的公理出发,经过演绎和推导才能够习得真理性知识。这一类学者强调通过对现有的知识展开推理、演绎,从而认知世界,获得真理。因此,在此范式指引下,前两次人工智能浪潮均立足于逻辑推理、智能演算。持经验论观点的学者认为一切知识的来源是经验,人类出生如同白纸一般,依靠对世界的感知与累积的经验来不断认识世界,代表学者如洛克、贝克莱、休谟。较为明显的是,新一代人工智能技术如智能感知、深度学习、大数据等,完美地契合了经验论学者的理念。依据大数据积累的经验数据,人工智能能够开展自主学习,挖掘数据特征,并从中总结获得规律性认知。新一代人工智能技术的认知模式因与人类相近,也为新一代人工智能认知超越人类提供了可能。

(二)技术:多方面技术突破性发展

认知范式的变革引领人工智能发展走向新的方向,但归根结底,人工智能技术作为一种技术手段,离不开硬件、软件等各个领域技术的发展。

在硬件技术方面,我国芯片技术已取得突破性成就。在传统人工智能技术时代,人工智能更多立足于概念领域,受限于技术水平发展限制,停留于逻辑推理、计算能力、传感器应用、神经网络等领域,并未有深度的发展。强大的计算能力离不开硬件设备——芯片的支持。在当下,我国芯片技术快速发展,已研发出体积小、成本低、运算能力强的集成芯片,而这进一步促进了芯片的普及与应用,为数据采集与智能跟踪提供了基础,进而为新一代人工智能技术提供了坚实的数据支持和运算能力支持。

在软件技术方面,以程序和算法为依托的软件技术正在逐步迭代升级。软件能够将采集的数据信息与硬件算例相结合,发挥数据录入、数据清洗、数据挖掘、寻找规律等功能。可以说,硬件决定着智能技术的下限,而软件则决定着智能技术的上限,优秀的软件往往可以提升智能技术的应用领域和范围,实现自我编程、自主学习,从而使得新一代人工智能技术更为智能化。

值得一提的是,人工智能技术的发展离不开数据的支撑。人工智能技术本质上是数据处理和学习技术。传统人工智能技术受制于传感器、芯片等硬件技术的发展程度不够，无法收集足够体量和维度的数据。但随着数据采集、存储、处理、传输等技术的发展，如物联网使得万物互联互通成为可能，数据库能确保容纳海量数据，云计算提供数据分布处理技术，为新一代人工智技术的优化提供了基础。

（三）实践应用：多领域应用深化

多领域的实践应用与发展是技术发展的驱动力。人工智能概念最初只停留在研究与游戏领域，例如西洋跳棋程序，并未引起足够多的关注，不足以形成完整的产业链。第二次人工智能浪潮打造的专家系统也仅仅停留于实验阶段，在被苹果公司等超越后也逐渐销声匿迹，并未带来实际、直接的经济效益。第三次人工智能浪潮，也就是新一代人工智能技术发展阶段受到了各国政府与各行业的关注。一方面，技术发展已经使得人工智能的实现成为可能，人工智能不再是天方夜谭般的概念性构想，而是可以应用于现实产业、推动产业结构调整乃至变革的现实技术。另一方面，产业界也产生了强烈的生产需求，从阿尔法狗（AlphaGo）迅速吸引关注到 ChatGPT"爆火"，产业界投入大量资本和人力研发新一代人工智能技术的应用。美国的谷歌、亚马逊、微软，中国的百度、腾讯、字节跳动等均推出人工智能产业计划，与政府规划，共同推进新一代人工智能技术的发展。目前，新一代人工智能技术已经逐步与其他产业融合，服务于不同场景下的用户需求，致力于实现智能制造、智能医疗、智能城市等领域的发展①。

依据国务院发布的《新一代人工智能发展规划》，新一代人工智能共享的关键共性技术构成了人工智能领域的核心基础，支撑着智能系统的自主学习、适应能力及智能决策能力的提升，为推动科技创新和社会经济发展提供了强有力的技术支撑，主要涵盖以下八个方面。

①知识计算引擎与知识服务技术。研究知识计算和可视交互引擎，研究创新设计、数字创意和以可视媒体为核心的商业智能等知识服务技术，开展大规模生物数据的知识发现。②跨媒体分析推理技术。研究跨媒体统一表征、关联理解与知识挖掘、知识图谱构建与学习、知识演化与推理、智能描述与生成等技术，开发跨媒体分析推理引擎与验证系统。③群体智能关键技术。开展群体智能的主动感知与发现、知识获取与生成、协同与共享、评估与演化、人机整合与增强、自我维持与安全交互等关键技术研究，构建群智空间的服务体系结构，研究移动群体智能的协同决策与控制技术。④混合增强智能新架构和新技术。研究混合增强智能核心技术、认知计算框架，新型混合计算架构，人机共驾、在线智能学习技术，平行管理与控制的混合

---

① 任保平、宋文月：《新一代人工智能和实体经济深度融合促进高质量发展的效应与路径》，《西北大学学报（哲学社会科学版）》2019 年第 49 期，第 6－13 页。

增强智能框架。⑤自主无人系统的智能技术。研究无人机自主控制和汽车、船舶、轨道交通自动驾驶等智能技术，服务机器人、空间机器人、海洋机器人、极地机器人技术，无人车间/智能工厂智能技术，高端智能控制技术和自主无人操作系统。研究复杂环境下基于计算机视觉的定位、导航、识别等机器人及机械手臂自主控制技术。⑥虚拟现实智能建模技术。研究虚拟对象智能行为的数学表达与建模方法，虚拟对象与虚拟环境和用户之间进行自然、持续、深入交互等问题，智能对象建模的技术与方法体系。⑦智能计算芯片与系统。研发神经网络处理器以及高能效、可重构类脑计算芯片等，新型感知芯片与系统、智能计算体系结构与系统，人工智能操作系统。研究适合人工智能的混合计算架构等。⑧自然语言处理技术。研究短文本的计算与分析技术，跨语言文本挖掘技术和面向机器认知智能的语义理解技术，多媒体信息理解的人机对话系统。

三、新一代人工智能技术的应用场景

新一代人工智能技术是引领新一轮科技革命和产业变革的关键技术，也是解放与发展生产力的重要引擎，截至 2023 年，我国人工智能产业规模已达到 2137 亿元[①]。依据艾瑞咨询预测，到 2028 年，我国人工智能产业规模将达到 8110 亿元，五年复合增长率达到 30.6%。新一代人工智能技术将应用于多个领域，推动科技跨越式发展、产业优化升级、生产力整体跃升。

新一代人工智能技术发展与基础设施的完善离不开政策支持。习近平总书记强调："加快发展新一代人工智能是我们赢得全球科技竞争主动权的重要战略抓手，是推动我国科技跨越发展、产业优化升级、生产力整体跃升的重要战略资源。"近年来，我国陆续出台一系列政策支持新一代人工智能技术的发展，也体现了我国政府对人工智能领域的布局与规划。2017 年出台的《新一代人工智能发展规划》，为新一代人工智能技术的发展奠定了政策基础；2022 年科学技术部发布《关于支持建设新一代人工智能示范应用场景的通知》，进一步明确了新一代人工智能技术的应用场景与应用领域，指出要充分发挥新一代人工智能技术赋能经济社会发展的作用，首批支持建设十个示范应用场景，包括智慧农场、智能港口、智能矿山、智能工厂、智慧家居、智能教育、自动驾驶、智能诊疗、智慧法院、智能供应链。

---

① 艾瑞咨询：《2023 年人工智能产业研究报告》，2024 年 4 月 18 日，https://report.iresearch.cn/report_pdf.aspx? id=4336。

第三章　基于智能技术的内容生产

在智能时代，自然语言处理、机器学习、计算机视觉等技术的创新实践，使内容创作变得更加高效、灵活和个性化。智能技术正引领内容创作领域发生革命性变革。本章聚焦智能技术在内容创作中的应用，探讨文本生成与写作、语音识别与合成、图像与视频编辑以及交互式内容创作四个主要方面。新型智能技术使计算机能够生成富有创意的文本，创作高质量的视觉内容，实现自然流畅的语音交互，并提供沉浸多样的交互体验。这不仅改变了内容的生产方式，更重塑了人们消费和互动的模式，对文化产业和数字经济等诸多领域的发展产生了深远影响。

第一节　文本生成与写作

智能文本生成是指根据给定的输入材料（如文档、图表等）及输出条件，利用自然语言处理、机器学习等智能技术与算法来生成具有可读性的文本内容。语言文字是人类重要的交流工具和思想文化载体，实现文本自动生成与创作是人工智能进一步成熟的标志。

一、智能文本生成的技术原理

（一）自然语言处理

自然语言处理（Natural Language Processing，NLP）是一种机器学习技术，是计算机科学和人工智能的一个分支，它专注于研究如何使计算机能够理解、生成和处理人类使用的自然语言，本质是作为人类与机器之间沟通的桥梁[①]。

自然语言处理技术按文本语言逻辑可以分为三个层面，即词法、句法和语义[②]。

1. 词法分析

词是语言的最小单位，是概念的体现者。词法技术的核心任务是对文本中的词

---

① CAO J R，WANG C W，“Social media text generation based on neural network model”，Proc 2nd Int Conf on Computer Science and Artificial Intelligence，2018，pp. 58 - 61.

② 鞠天杰、刘功申、张倬胜等：《自然语言处理中的探针可解释方法综述》，《计算机学报》2024 年第 4 期，第 733 - 758 页。

汇进行识别与区分，并对词语进行一些预处理，以将原始文本分解成有意义的符号或令牌(Tokens)，从而为后续的句法分析与语义理解打下基础。具体来说，词法分析包括分词、词性标注、词干提取、词形还原等几个关键步骤。

分词(Tokenization)旨在将文本流拆分为词汇序列。词性标注(Part-of-Speech Tagging)也被视为序列标注问题，即在已经拆分好的文本中，给每个词标注其所属的词类[①]。词干提取(Stemming)即通过去除单词的前后缀，将单词简化为其词根形式，以减小词汇的复杂性，例如将“books”处理为“book”。这有助于处理词形变化，但标准化的效果有限。词形还原(Lemmatization)即通过考虑单词的词性进而将其还原至基本形式或原始形式(词源或词根)。这一操作通常用于处理屈折语态丰富的语言，能够有效提高文本处理的准确性和效率，对后续理解文本意义有很大的帮助。

2. 句法分析

连词可成句，句法分析层面的基本任务是识别句子中的句法成分及其内在关系。大规模标注树库的出现使得基于统计模型的句法分析方法得到广泛应用[②]。统计句法分析模型通常从各候选句法树中选择概率最高的候选树作为最终结果。概率上下文无关文法(Probabilistic Context Free Grammar，PCFG)及基于神经网络的模型等方法也在句法分析中发挥了重要作用。

在词法分析技术对文本内容进行预处理后，句法分析技术主要通过句法结构分析、消除句法歧义、语义角色标注三个步骤对文本进行进一步解析。

句法结构分析包含成分句法分析与依存句法分析等方式。前者主要识别句子中的主语、谓语、宾语、定语、状语、补语等成分，并分析这些成分之间的关系。对于复杂语句，该分析方法能够提供更深入的结构理解。依存关系分析更加关注词之间的依存(支配与从属)关系，这更易于处理自由语序的语言，同时在应对长距离依存方面性能较好。

消除句法歧义主要依赖于统计模型和算法。如概率上下文无关文法(PCFG)等能够根据句子的结构特点和上下文信息来评估不同句法解析的可能性，进而选择出最为合理的句法结构，从而消除或减少歧义。

语义角色标注(Semantic Role Labeling，SRL)通过分析句子的谓词-论元结构，

---

① 李斌、张艺璇、冯敏萱:《从全文检索到语言计量和语言智能:语料库研究应用的三个层次及资源》,《外语研究》2024 年第 1 期,第 20－27,45 页。

② 袁里驰:《基于统计的句法分析方法》,《中南大学学报(自然科学版)》2014 年第 8 期,第 2669－2675 页。

赋予句子语义角色标签。例如,在“我吃了一块西瓜”这个句子中,语义角色标注可以识别出“吃”是谓词,而“我”和“一块西瓜”则是与谓词直接相关的论元,它们分别扮演不同的语义角色。通过这个过程,系统能够更准确地理解句子中各个成分的具体函数及其之间的关系,从而捕捉句子的深层含义。

3. 语义解析

语义解析(Semantic Parsing)是在词法分析与句法分析的基础上通过建立自动有效的模型来理解和分析自然语言中各个语言单位含义的过程。其目的是将自然语言转换为机器能够理解的一种形式,比如逻辑表达式或其他结构化数据,从而使机器能对自然语言输入做出正确的响应或者执行相应的动作。其常用方法包括基于规则的方法、基于统计的方法和基于知识图谱的方法三种①。语义解析也可以进一步细分为词汇级语义解析、句子级语义解析和篇章级语义解析,分别关注字词的语义、整个句子所表达的语义,以及篇章文本的内在结构和语言单元之间的语义关系②。

自然语言处理技术通过词法分析、句法分析、语义解析等步骤,使得计算机能够有效理解与使用人类自然语言,从而为智能文本生成与写作提供诸多可能。

(二)深度学习算法

深度学习是一种机器学习方法,其核心思想是构建多层次的神经网络,基于神经网络模型进行大规模数据的学习与训练,使得模型能够理解和生成高质量的文本、图像、语音等内容,以模仿人类大脑的工作方式③。智能文本生成领域中的深度学习模型种类丰富多元。本书将重点介绍循环神经网络(Recurrent Neural Network,RNN)、Transformer 模型和生成式对抗网络(Generative Adversarial Networks,GAN)这三种关键的模型架构及其具体应用。

1. 循环神经网络

循环神经网络是一种人工神经网络,它通过将上一个时间步的输出作为下一个时间步的输入,创建了一个信息传递的链条,因此能够记住并利用此前的重要信息来影响后续的预测和生成任务。循环神经网络也面临诸如梯度消失和梯度爆炸问题,但其改进版本如长短期记忆网络(Long Short-Term Memory,LSTM)和门控循

① 车万翔、窦志成、冯岩松等:《大模型时代的自然语言处理:挑战、机遇与发展》,《中国科学:信息科学》2023 年第 9 期,第 1645 - 1687 页。

② 葛运东、陈洪梅、姚建民:《自然语言处理的技术和产业应用现状与趋势分析》,《产业与科技论坛》2019 年第 17 期,第 113 - 114 页。

③ 邓力、刘洋:《基于深度学习的自然语言处理》,《中文信息学报》2020 年第 8 期,第 113 页。

环单元(Gated Recurrent Unit,GRU)通过设计特殊的“门机制”来控制信息的流动和状态的更新,有效地解决了这些问题[①],在捕捉复杂的序列依赖关系方面变得更加高效可靠。

2. Transformer 模型

Transformer 模型是一种基于自注意力机制的深度学习架构,主要由编码器和解码器两个模块组成。编码器由多个包含自注意力机制和前馈神经网络的层构成,主要用于处理并提取输入序列的全局特征。解码器也由多个相同的层堆叠而成。每一层包含有自注意力、编码器-解码器注意力和前馈神经网络三个子层,用于生成输出序列[②]。整个架构通过多头注意力机制和位置编码,有效捕捉序列中各位置之间的关系,从而实现高效和准确的序列建模和生成[③]。由于其并行计算能力和高效的注意力机制,Transformer 模型成为现代语言模型的重要基础。

3. 生成式对抗网络

生成式对抗网络是由 Ian Goodfellow 等人在 2014 年提出的一种深度学习框架。生成式对抗网络由两个主要组件组成,即生成器(Generator)和判别器(Discriminator)。生成器的任务是生成模拟真实数据分布的合成数据样本,而判别器的任务是判断输入的数据是来自真实数据集,还是由生成器生成的。这两个模块在对抗博弈的环境中相互竞争。通过这种方式,生成器不断优化自己生成的数据,使得判别器难以判断其真实性,从而提高了生成数据的逼真度。

综上所述,智能文本生成技术通过集成和创新多种自然语言处理技术与深度学习模型,能够实现高质量文本的自动生成。未来在智能文本生成领域,将探索更精确的模型,用于处理语言和感知不同语境,以求实现更高级的对话与交流,进一步推动文本生成的创新应用。

二、智能文本生成的应用场景

在信息爆炸的时代,如何提高内容生产效率成为各行各业积极探索的方向。智能文本生成技术这一基于人工智能和自然语言处理的前沿创新,显著提升了信息生成的效率,正广泛渗透到我们的生活工作中。下面将探讨智能文本生成的主要应用场景。

---

① 程艳、尧磊波、张光河等:《基于注意力机制的多通道 CNN 和 BiGRU 的文本情感倾向性分析》,《计算机研究与发展》2020 年第 12 期,第 2583－2595 页。

② HUA X Y,WANG L,“PAIR:Planning and iterative refinement in pre-trained transformers for long text generation”,Proc Conf on Empirical Methods in Natural Language Processing,2020,pp. 781－793.

③ LI B, YANG P, SUN Y K, et al.,“Advances and challenges in artificial intelligence text generation”,Frontiers of Information Technology & Electronic Engineering,Vol. 25(2024),pp. 64－83.

(一)新闻报道

智能文本生成已经成为推动新闻媒体数字化转型的重要力量,其应用场景包括即时新闻报道、个性化内容定制以及数据驱动的深度分析等方面。具体而言,智能文本生成技术可以通过自动化撰写标准化报告和即时新闻,显著提升新闻生产的效率。例如,新华社新闻写作机器人“快笔小新”可以即时自动生成体育赛事报道、金融市场动态等,能够大幅减少新闻生产成本,提高效率。

智能文本生成技术还能够辅助记者发掘新闻线索,通过数据挖掘和分析,帮助记者从庞大的数据集中提取出有价值的信息,进一步扩展新闻报道的深度与广度。在内容定制方面,智能文本生成技术还可以根据读者的偏好和行为习惯,提供个性化的新闻内容,以为用户创造更好的阅读体验,增强其黏性和满意度。

(二)电商营销

电商营销也是智能文本生成技术应用的重要领域。首先,智能文本生成技术可以自动生成详细且有吸引力的商品描述,帮助消费者更好地了解商品,从而提升购买转化率。其次,在客户服务领域,智能文本生成技术可以提供即时的客户咨询回复,解答常见问题,提高服务效率和客户满意度。此外,智能文本生成技术还可以根据不同的营销活动和目标客户群体,生成个性化的营销文案和推广信息,进一步增强营销效果。在用户评论反馈方面,智能文本生成技术能够自动生成对用户评论的回复,强化与用户的互动,增进品牌与用户的情感联结。

总体来说,通过生成更加个性化和强相关性的内容,智能文本生成技术能够提升用户的购物体验和满意度。通过精准的营销文案和个性化推广,智能文本生成技术也为提升广告的吸引力和转化率带来了新可能。同时,自动化内容生成也节省了人工编写的时间,使团队可以专注于更高价值的策略和创意工作,不仅提高了工作效率,也降低了内容生产的成本,节约了运营开支。

(三)文学创作

智能文本生成技术可通过机器算法模拟人类的写作过程,能够创作出诗歌、小说、剧本等文学作品。一方面,创作者可以通过设定特定的主题、风格或情节要求,让智能系统生成文本草稿,然后在此基础上进行修改和润色。这种合作方式不但能够激发作者的创造力,而且能够节省创作时间。此外,智能文本生成技术还能够为非专业作家提供创作平台。普通人可以利用该技术来进行文学创作,技术的低门槛性也使得文学创作呈现更加包容开放的特征。

然而也有一些批评者认为,由机器生成的文本缺乏人类经验的深度和情感的复杂性,可能无法达到真正的艺术水准,并且对智能文本生成技术的过度依赖可能会降低人的创作能力与人文理性。因此，如何平衡对技术的运用与对人主体性的坚守，是智能文本生成技术乃至整个人工智能技术领域发展的重要议题。

三、智能文本生成与写作工具

(一)ChatGPT

ChatGPT 是由 OpenAI 公司开发的一款人工智能聊天机器人。它通过强化学习并进行训练，能够以文字方式与用户互动，并完成复杂的语言工作，如自动文本生成、自动问答等。2022 年 11 月，OpenAI 公司发布了 GPT-3.5 版本，并基于这一模型开发了对话式人工智能模型 ChatGPT。ChatGPT 通过多轮对话微调，可提供更具交互性和可控性的对话体验。一经发布就引起了社会的广泛关注，也进一步推动了智能文本生成技术的实际应用。近年来，OpenAI 公司又陆续推出了多模态大模型 GPT-4、GPT-4o 和 GPT-4 Turbo。不同版本相互补充提供了不同层次的性能与效率，可满足用户的多样化需求。

ChatGPT 的发展历程展示了人工智能技术在自然语言处理领域的快速进步和应用拓展，从简单的文本生成到复杂的对话交互，ChatGPT 已经成为广泛使用的聊天机器人技术之一，并在文学创作、商务服务等广泛场景中发挥着越来越大的作用。

(二)Copy.ai

Copy.ai 也是当下流行的一款智能文本生成工具，自从 2020 年 10 月 15 日在 Twitter 上推出以来，迅速在文案创作领域引起关注。基于自然语言处理技术、机器学习算法以及维基百科等大规模文本数据训练系统，Copy.ai 扩展出销售文案、广告文案、社交媒体帖子等多种内容生成功能。Copy.ai 还将产品模板分为商务、职场、HR(人力资源)、市场、个人、地产、销售七个大类，并且允许用户自定义品牌风格，旨在为文字内容创作者提供多样化的模板选择，以适应不同领域和用途的需求。

为了提升用户体验和操作效率，Copy.ai 也积极探索在 Salesforce、HubSpot、Zoom 等各种生态系统中的集成，不需要用户在不同平台之间频繁切换，降低了其时间与精力成本。此外，通过与成熟的客户关系管理(Customer Relationship Management，CRM)生态系统合作，Copy.ai 也开拓了新的生态营销渠道，不仅能精确锁定目标客户，还大大提高了应用的扩展性。

(三)文心一言

文心一言是由百度开发的智能文本生成工具。通过对海量语料库进行深度训练，文心一言掌握了复杂的语言结构和深层次的语义理解能力，能够生成高质量、逻辑严谨的文本。此外，文心一言还具备语法纠错、上下文理解、多语言支持等多项功能，进一步提升了用户体验和文本生成的质量。

具体来说，在文学创作领域，文心一言可以根据输入的主题和关键词，自动生成符合要求的诗歌小说、新闻稿件或营销方案等文本形式。文心一言还能够智能提取长篇文献的核心内容，生成简明扼要的摘要，极大地提升了阅读效率。在智能问答系统中，文心一言基于其强大的语义分析能力，能够准确理解用户的问题并提供及时、全面的回答。

相较于 ChatGPT 等国外文本生成工具的地区门槛限制，文心一言面向全体用户开放，并以较低的使用门槛和丰富的场景支持迅速占领了国内市场。此外，当前主流的生成式人工智能产品及大模型还有阿里通义千问大模型、讯飞星火大模型、腾讯混元大模型、华为盘古大模型等。这些生成式人工智能产品拥有各自独特的技术优势和强大性能，为用户提供了多样化的工具选择。

（四）DeepSeek

DeepSeek 是由杭州深度求索人工智能基础技术研究有限公司推出的一款前沿人工智能工具，其在国际基准测试中表现出色，展现了卓越的技术实力。DeepSeek 的核心产品包括多个具有强大推理和生成能力的人工智能模型，如 DeepSeek-R1 和 DeepSeek-V3。这些模型采用了先进的强化学习技术，并结合了自主研发的 MoE（Mixture of Experts）架构，其在预训练阶段能够积累丰富的知识和经验。这种架构的优势在于能够有效地处理复杂的数学、代码和自然语言推理任务，提升模型的推理能力和适应性。另外，通过提供智能训练场等配套工具，DeepSeek 不仅提升了自身模型的推理能力，还为用户提供了一个开放的训练环境，使得用户能够根据自身需求进行的定制化训练。DeepSeek 不仅在技术层面上取得了突破，还在应用层面上展现出强大的影响力。2025 年 1 月 15 日，DeepSeek 的官方 App 正式上线苹果 App Store 等主流平台。微信、钉钉、飞书等热门应用与众多手机品牌、科技巨头、央企国企、地方政府的政务系统等也纷纷接入 DeepSeek，由此推动了人工智能技术的普惠化发展。

第二节　语音识别与合成

一、语音识别与合成的技术原理

语音识别技术，也被称为自动语音识别（Automatic Speech Recognition，ASR），是一种将人类语音转化为机器可读的文本或命令的技术。语音合成技术，也被称为文语转换（Text-to-Speech，TTS），其核心功能是将文本转化为人类可理解的语音输出。二者旨在使计算机能够理解和处理人类的口语输入，并以语音的形式进行内容输出，从而实现人机语音交互①。下面将重点介绍语音识别与合成技术的基本原理。

① 袁保宗、阮秋琦、王延江等：《新一代（第四代）人机交互的概念框架特征及关键技术》，《电子学报》2003 年第 S1 版，第 1945 - 1954 页。

(一)语音识别的技术原理

1. 预处理与特征提取

在语音识别的预处理步骤中,首先,需要对语音信号进行采样,将模拟信号转换为计算机系统可处理的数字信号,以实现后续操作。其次,需要通过数字信号处理技术来移除语音中的背景噪声和杂音。再次是分帧,将人类连续的语音信号分割成多个通常为10~30毫秒的时间片段。为了进一步减少帧与帧之间边缘效应所带来的不连续性,还需要通过加窗来平滑帧边缘,使得后续识别特征向量更加精确高效。

特征提取是将人的语音中有意义的信息与无关信息分离的关键步骤。在这一过程中,原始的音频信号经过一系列数学处理,变换成了一组具有代表性的、简化的数据点,即特征向量。特征向量专注挖掘语音的基本元素,如语音的节奏、音调、强度和频率等①。这样的处理有助于提升系统对语言内容的辨识能力,使得计算机能够在识别过程中更准确地捕捉语言的意义,从而实现更自然流畅的语言理解。

2. 声学模型训练

进行声学模型训练,旨在构建一个模型,使得语音信号能够准确地映射到相应的语言单元(如音素或词)上。这一过程会在语音预处理与特征提取的基础上,对语音样本进行标签对齐,以确保每个样本与其正确的文本标签相匹配。随后将选择合适的模型架构来进一步处理特征向量,如传统的隐马尔可夫模型(Hidden Markov Model,HMM)以及新兴的深度学习模型,如深度神经网络、卷积神经网络、递归神经网络等,并通过不断训练来调整优化模型参数②。

3. 语言模型训练

与声学模型训练不同,语言模型训练则是通过处理大量的文本数据来捕捉词之间的统计规律和结构,从而预测某词在特定上下文中出现的概率。这一操作不仅有助于优化系统生成文本的语法准确性,还能够显著提升识别多发音或模糊发音词汇的精确度。在完成训练和优化后,语言模型会被集成到语音识别系统中,与声学模型和解码算法协同工作,以识别和转换语音内容。

4. 解码与后处理

解码与后处理阶段涉及将声学模型和语言模型产生的概率分布转化为实际的

---

① 韩令敏、陈仙红、熊文梦:《基于语音和文本的双模态情感识别综述》,《计算机应用》2024年第6期,第1-12页。

② 王斐斐、贲可荣、张献:《基于领域知识的语音识别鲁棒性增强技术研究》,《计算机工程与科学》2023年第12期,第2155-2164页。

文本输出，并进行必要的微调与优化以提高准确性和可读性。在解码阶段，采用的算法有维特比算法、束搜索和连接时序分类（Connectionist Temporal Classification，CTC）等。通过动态规划或多路径搜索，从综合的声学和语言特征中选取最可能的单词序列，确保在复杂的语音信号中准确识别出语音内容[①]。

在后处理阶段中，将利用拼写检查、语法校正和标点符号添加等自然语言处理技术对初步的文本输出内容进行优化调整，进一步提升准确性和可读性。后处理还包括根据特定应用场景进行分词、格式调整和动态调整，以确保文本输出不但在语法上正确，而且在语义上也符合预期。

（二）语音合成的技术原理

1. 前端处理

在语音合成的前端处理部分，需要对输入文本进行转写，并通过语言模型等进行一系列处理。文本转写（Text Normalization），即将非标准字符，如数字和符号转换为全拼文本，以确保输入文本的一致性和可读性。接着，在语言模型处理环节利用自然语言处理（Natural Language Processing，NLP）技术分析文本的语法和语义结构，提取出韵律信息（如停顿、重音和语调）。这些韵律信息对生成自然流畅的语音至关重要。

前端处理还涉及对标点符号的解码和分节处理。通过对标点符号的解码，系统可以识别出文本中的句子边界和语气变化，从而更好地调整语音的韵律和节奏。分节处理则是为了在长文本或复杂句子中进行适当的划分，以便于在后续处理环节能够逐段合成语音，从而保证生成语音的整体连贯性和一致性。

2. 声学特征提取

在前端对文本进行标准化处理之后，还需要将处理过的文本转换为详细的声学参数，来准确反映语音的特性。这一步通常依靠深度学习模型将文本转化为语谱图来实现。Tacotron2 是该环节中一个常用的模型。它将经过前端处理的文本输入，首先转化为一个以字符为单位的嵌入向量序列。随后，这些嵌入向量被输入到一个序列到序列（Seq2Seq）模型，生成相应的语谱图[②]。语谱图不仅包含了语音的基本音调和节奏信息，还捕捉了细微的韵律变化和语音特征。例如，当文本包含一个问号时，Tacotron2 能够识别并在语谱图中表现出相应的升调特征，以生成自然的问句语

---

① 赵铁军、许木璠、陈安东：《自然语言处理研究综述》，《新疆师范大学学报（哲学社会科学版）》2023 年第 2 期，第 2，89 - 111 页。

② 郑纯军、王春立、贾宁：《语音任务下声学特征提取综述》，《计算机科学》2020 年第 5 期，第 110 - 119 页。

音。另一个先进的模型 FastSpeech 则能够通过多层次的特征提取，将文本中的韵律信息高效地编码并快速转换为语谱图，能够在确保合成质量的同时，大幅提升生成速度和效率。

3. 波形生成

尽管语谱图能描述声音的频谱特征，但还需要通过声码器（Vocoder）将语谱图转换为实际的音频波形（Waveform），从而生成最终可听的语言。谷歌推出的 WaveNet 能够通过条件概率分布递归地生成语音样本。但由于其计算复杂度较高，在实时应用中受到一定限制。WaveGlow 和 MelGAN 则能够结合流模型和 GAN 架构，实现快速且高质量的语音波形生成。

4. 后期处理

最后，对于生成的语音波形还需要进行降噪、动态范围压缩、均衡化和混响等一系列后期处理，以提升生成音频波形的整体音质和自然度。进行降噪处理时，可借助滤波器和信号处理技术来消除背景噪声。进行动态范围压缩时，可对音量变化进行调整，以使得其更加平稳流畅。均衡化和混响则用于模拟更自然的听觉环境，进一步增强音频的丰满度和空间感。此外，在后期处理中还可以进行语音拼接和微调，以确保长文本或复杂句子的连贯性和自然流畅感。最后生成的音频可能还需要根据不同播放设备的兼容性和网络传输的要求来进行格式转换和编码，以适应不同播放设备和网络传输的需求。

二、语音识别与合成技术的应用场景

通过以上步骤，智能语音生成与识别系统不仅能够对输入的语音信号进行精准识别与理解，还能够高效地将输入文本转换为自然流畅、富有表现力的音频。该技术广泛应用于智能助手、电商客服等多种应用场景，为用户提供了良好的语音交互体验。

（一）智能语音助手

智能语音助手是一种基于人工智能技术的交互式应用程序，它能够与用户进行智能语音交互，为用户提供信息服务或执行各种任务，并将操作结果以语音的形式向用户回复①。它的主要功能包括但不限于回应用户需求、拨打电话、发送短信、查询天气、播放音乐等。一些智能语音助手也支持对智能家居设备、车载系统等的控

---

① 简予繁、黄玉波：《人机交往中"闻声"与"现形"：智能语音助手化身形象呈现对用户听觉意象的补偿与冲突》，《国际新闻界》2022 年第 10 期，第 50－73 页。

制，例如通过语音指令控制空调设置、车辆行驶等。这些功能的实现有赖于语音识别与合成技术的支撑。

在智能语音助手运行过程中，语音识别技术负责将用户的语音指令转换成文本形式，供计算机程序进行理解和处理。这使得用户可以使用自然的语言来进行操作，如提问、讲述需求等，而无需通过物理按键或触摸屏进行手动输入。语音合成技术则是通过算法模型将生成的文本内容转换成自然、清晰的语音信号，并模拟人类发音的方式进行输出。语音合成技术使得智能语音助手能够以自然语音的形式回答用户的问题、提供信息或执行结果，增强了用户交互的体验。

（二）智能语音客服系统

智能语音客服系统是一种利用语音技术为用户提供自动化服务的智能系统，多应用于商务、服务等行业，如亚马逊的语音助手 Alexa、美团语音应用平台等。基于语音识别、语音合成、自然语言处理等技术协同，智能语音客服系统能够理解并处理用户的语音请求，进行自动语音应答，引导客户选择服务选项或直接与客户进行对话。

智能语音客服系统在商务服务场景中应用的意义在于其能够显著提升客户服务的效率和质量。一方面，通过自动化处理常见问题，系统可以减少客户等待时间，提供即时响应，有助于提升客户满意度。另一方面，语音客服系统能够提供 7×24 小时的不间断服务，大大扩展了服务的时间范围。同时，由于智能语音客服系统通过机器学习等技术持续优化服务品质和响应准确性，因此减少了对人工客服的依赖，也有助于降低企业的运营成本。大部分智能语音客服系统还具备多语言沟通功能，能够打破语言障碍，进一步扩展服务范围。

（三）视频语音处理

语音识别与合成技术还是短视频创作所需的一项关键能力。语音识别技术通过精密的自动语音识别（ASR）系统和先进的算法确保了语音转化为文字的高准确率，极大地降低了视频字幕制作的门槛，也提高了编辑效率。借助现代的文语转换（TTS）引擎，包括基于深度学习的神经网络模型，用户合成的语音不仅自然流畅，而且可以根据视频内容的情境添加不同的音色、语调等，有助于增强视频的表现力和吸引力。此外，通过对语音中的情绪成分进行识别和分析，创作者可以更准确地对音频内容进行情感标注，进而调整视频的音调、配乐和剪辑节奏，以匹配既定的叙述风格或增强受众的情感共鸣。语音识别与合成等技术不仅降低了短视频创作的技术门槛，而且提高了短视频创作的生产力和生产效率，扩展了创意表达的边界，也满足了用户日益增长的自我表达需求。

(四)音乐创作

人工智能音乐创作则是语音识别与合成技术和艺术融合的一个典范。基于自然语言处理技术,人工智能音乐平台能够基于给定的主题、情感或风格生成符合语法和韵律的歌词,甚至模仿特定艺术家的歌词风格①。深度学习模型,如循环神经网络(RNN)和变分自编码器(VAE)可以学习特定的音乐风格,并根据现有的音乐数据自动编曲,创造出符合该风格的音乐片段。利用生成式对抗网络(GAN)等技术,系统还能够创造出逼真的音效,进一步增强听众的听觉体验。例如,Suno 和 Udio 能够根据用户提供的文本(如歌曲主题、描述或是歌词)和选择的音乐风格,自动生成相应的旋律和歌词,从而完成歌曲的创作。

随着技术的不断发展,人工智能音乐创作将不断丰富音乐创作的手段和形式,在更多领域展现其潜力,推动音乐艺术的创新发展。

【案例 3-1】

美团语音应用平台②

美团语音应用平台是一个集成了自动语音识别(ASR)、自然语言处理(NLP)和文语转换(TTS)技术的综合平台。该平台通过 ASR 技术将用户的语音输入转换为文本,再利用 NLP 技术理解用户意图,并生成相应的回复,最后通过 TTS 技术将文本回复转换为语音输出,实现与用户的自然语言多轮对话。

美团语音应用平台通过采用低延迟流式语音识别技术,能够在用户讲话的同时进行语音识别,减少了等待时间,提高了交互的流畅性,实现了在人机交互场景中的高效响应。此外,美团还开源了名为 Lyrebird 的人工智能语音合成框架,旨在提供高质量、易用且可定制化的语音生成服务。对媒体资源控制协议(Media Resource Control Protocol,MRCP)的采用,也使得平台能够与语音识别服务器和语音合成服务器进行高效通信③。MRCP 不仅支持语音数据的传输和处理,还可提供服务监控与自动恢复机制,确保系统的稳定性和可靠性。

在实际应用中,美团智能客服系统覆盖了吃喝玩乐等多个生活服务场景,支持智能外呼、内呼热线等多个功能,提供售前咨询、订单状态查询、申诉投诉等服务,以更好地服务于美团的广大用户群体。

---

① 佟雪娜:《生成式人工智能对音乐传播的变革探讨》,《福建论坛(人文社会科学版)》2024 年第 2 期,第 44-53 页。

② 响铃说:《让生活服务“说到做到”,美团语音应用平台的底气在哪里?》,2019 年 12 月 24 日,https://mp.weixin.qq.com/s/4wrDrCr3-THFX2go4N81Aw。

③ 美团技术团队:《MRCP 在美团语音交互中的实践与应用》,2023 年 3 月 9 日,https://mp.weixin.qq.com/s/SwtTVxB5cOM5RWnW2rtekw。

三、语音识别与合成工具

(一)LOVO AI

LOVO AI 诞生于 2019 年,是一款基于人工智能的语音生成器和文本转语音平台,在福克斯、雅虎等机构和公司得到广泛使用。其核心功能在于将文本转化为高度自然和流畅的语音。这些语音在音色上近乎真人声音,并且能够通过智能调整音调和语速来进行愤怒、喜悦、悲伤等情感表达,通过添加音效来丰富环境氛围,达到了逼真且引人入胜的效果。用户还可以上传个性化的录音数据,进而创建独特的专属语音模型,以满足特定的商业或个人创作需求。这种高度的定制化能力,不仅提升了用户的体验,也使得 LOVO AI 在市场竞争中占据了独特优势。此外,LOVO AI 也提供了一套强大的 API 接口,使开发者能够方便地将语音合成功能集成到各类应用程序或平台中,从而实现语音生成的自动化和高效率。

在应用方面,无论是广告、教育、播客、社交媒体等场景下的字幕生成与视频配音,还是面向客户的个性化语音互动服务,LOVO AI 都展示了其强大的功能和应用潜力。如今,研究者也在积极探索更深层次的情感表达、更强的语境理解和更广泛的功能应用,以期为 LOVO AI 带来更准确、更逼真的输出,进一步满足用户需求。

(二)Suno

Suno 被誉为“音乐界的 ChatGPT”。它是由一家人工智能初创公司开发的一款先进的人工智能音乐生成器,能够通过深度学习算法将文本输入转化为成熟的音乐作品。创始人研发该工具的初衷是实现声音创作的“民主化”,让普通人也能轻松地创作和编辑歌曲,而无需任何乐理知识和乐器使用技能。自 2024 年发布以来,Suno 凭借其强大的音乐创作能力和易于操作的界面,迅速在音乐创作领域获得关注。

Suno 的核心功能包括文本提示生成音乐、自动歌词创作、旋律与和声编排等。用户只需输入简单的文本描述,Suno 便能基于其庞大的音乐数据库和先进的人工智能模型,生成高度真实且多样化的音乐作品。该平台不仅支持生成包含人声和乐器声的完整歌曲,还可提供多样化的创作选项,允许用户根据不同的音乐风格和情感需求进行定制。

作为业内高水平的人工智能音乐生成器,Suno 可以为广告、娱乐、风景、游戏等各种视频生成背景音乐。音乐爱好者和专业创作者则可以利用 Suno 激发创作灵感,并简单快速地生成高质量的音乐作品。同时,Suno 还为音乐教育实践提供了新的工具与可能性。但对于人工智能生成音乐涉及的侵权风险、版权归属和使用权问题,也需要开发者与用户关注与思考。

第三节 图像与视频编辑

一、智能图像生成及应用

智能图像生成是指利用人工智能技术自动地生成符合特定请求的图像。通过算法和模型训练，计算机可以模仿人类的创作过程，生成高品质的图像。其技术支撑从最初的简单规则算法，到如今的生成式对抗网络（GAN）、变分自编码器（VAE）等，经历了多次革新和性能跃升。智能图像生成技术通过复杂的模型训练和优化，不仅提升了生产效率，也挖掘出了新的创意表达方式，在艺术创作、平面设计等众多领域展现出应用潜能。

（一）智能图像生成的技术原理

数据收集与预处理是智能图像生成技术执行任务的底层环节，直接影响着模型的性能和生成图像的质量。在数据收集阶段，需要获取大量且多样的高质量图像数据，以确保训练数据的代表性和广泛性。若数据存在偏差或质量不高，生成的图像也将受到负面影响。在预处理环节，则通过标准化、图像增强、去噪等方法，将原始数据转换为适合模型处理的格式，以提高模型的训练效率，增强模型的泛化能力，从而生成更加逼真和多样化的图像。

模型选择与设计则决定着模型的图像生成能力和效果。针对不同类型的生成任务，需要选择合适的模型架构，如生成式对抗网络（GAN）适用于生成逼真图像，变分自编码器（VAE）则更擅长生成多样化图像。当然，模型设计不仅涉及架构的选择，也涉及损失函数的设定、层次结构的调整和激活函数的应用等关键细节，这些都会影响模型的学习能力和生成结果的质量。

模型训练、验证与调优旨在不断提高生成图像的质量和模型的综合性能。在训练阶段，利用深度学习算法，如 GAN 或 VAE，通过多次迭代，使用前向传播和反向传播算法对模型参数进行优化，使损失函数的输出最小化，从而使模型从数据中学习到有用特征①。在验证阶段，则使用未参与训练的数据集对模型进行评估，通过比较生成图像与真实图像的差异来判断模型的泛化能力。在调优阶段，根据验证结果，可能需要调整超参数（如学习率、批次大小）、修改模型架构或者改进损失函数，以进一步提升模型的鲁棒性。通过反复循环的训练、验证与调优，最终能够获得表现良好的模型。

---

① 赖丽娜、米瑜、周龙龙等：《生成对抗网络与文本图像生成方法综述》，《计算机工程与应用》2023 年第 19 期，第 21－39 页。

图像生成与优化是智能图像生成技术执行任务的最终阶段，旨在将训练好的模型应用于实际任务，并进一步提升生成结果的质量。在这一阶段，模型生成图像后，通过多种手段对生成结果进行评估和改进。优化过程可能包括细化生成参数、应用超分辨率技术提升图像细节，以及使用后处理算法来增强图像的清晰度和视觉效果。生成的图像可以通过结合其他图像处理技术，如图像合成、滤波等，来创造出更加丰富多样的视觉效果。此外，还可以采用预解决工具对源图片进行优化，如调整亮度、对比度等，以提升生成图像的品质①。通过持续的优化，不仅能提高生成图像的逼真度和多样性，还能满足实际应用中的性能需求，确保生成的图像在各类场景中具有高可用性和高视觉质量。

（二）智能图像生成的应用实践

1. 艺术创作设计

在艺术创作领域，智能图像生成技术作为一项创新工具，能够生成独具特色的数字艺术作品。智能算法可以将简笔草图转换为精致的油画、漫画等作品，或将照片转换为印象派或超现实主义等特定艺术流派的画作。设计师还能够利用智能图像生成技术，快速创建复杂的图案、独特的纹理或多样化的字体设计等②，以此大幅缩短设计周期。此外，智能图像生成技术还支持自动化的设计迭代，只需调整输入参数，即可生成一系列不同风格和颜色的设计草稿，为创意探索带来了广泛的灵活性。

2. 医疗影像分析

智能图像生成技术在医疗影像领域的实践，为提升医学诊断的准确性和效率起着积极作用。通过生成式对抗网络（GAN）等技术，医生可以生成高质量的模拟病变图像，这不仅丰富了医学影像数据集，还大大增强了人工智能在检测和划分疾病方面的能力。此外，智能图像生成技术还能够被应用于超分辨率图像生成，将低分辨率的医学影像提升至更高的清晰度，使得医生能够观察到细微的病变细节③。这对于肿瘤、心脏病和其他需要精细诊断的疾病尤为重要。在医学教育中，通过人工智能可生成多样化的虚拟病例，医学工作者也可以进行丰富的实践训练，提升临床技能和决策能力。

---

① 李骁天、刘波：《变革与重构：Sora 模型对体育科学研究的推动效应》，《西安体育学院学报》2024 年第 3 期，第 352 - 362 页。

② 李莉、毛子晗、吕思奇等：《GAN 与 Diffusion 在传统纹样设计中的实验研究》，《丝绸》2024 年第 8 期，第 9 - 22 页。

③ TIAN Z, QU P X, LI J L, et al., "A survey of deep learning-based low-light image enhancement", Sensors, Vol. 18(2023), p. 7763.

3. 广告创意营销

智能图像生成技术在广告营销领域也有着广泛的应用。通过分析用户行为和偏好，智能图像生成软件可以自动创作个性化的广告素材，以精确契合不同用户的审美和需求，从而提高广告的吸引力和转化率①。例如，触站 AI 能够分析用户的购物历史和偏好，并利用智能图像生成技术生成个性化的商品推荐图像，增强用户的购买兴趣。阿里云视觉智能开放平台的虚拟试衣算法则能够通过输入模特图、人台图和文本描述条件，进一步生成消费者的试衣效果图，为消费者提供更加贴心便利的购物体验。

二、视频的智能创作及应用

当下，视频内容逐渐成为信息传播和娱乐消费的主流形式，智能视频生成技术也正推动着这场变革。依靠深度学习、计算机视觉和自然语言处理等技术，智能视频生成软件能够自动化地从多模态数据中创建高质量的动态影像，极大地提升了内容制作的效率和创意空间。这不仅为广告营销、游戏与虚拟现实等行业带来了显著的创新与突破，也为各种应用场景提供了无限可能。

（一）智能视频生成的技术原理

智能视频生成的核心在于让计算机学会理解和生成视频内容，具体步骤如下。

1. 数据收集与预处理

首先，收集数据时需要获取多种形式的原始数据，包括丰富的多场景、多动作的视频样本，清晰的图像数据，以及相关的文本描述和语音数据，这些多模态数据将为训练模型提供全面的基础。数据预处理涉及分割视频以提取关键帧，清洗数据以去除噪声和不良样本，确保数据的高质量和一致性。此外，利用数据增广技术（如旋转、裁剪、调整亮度等）可以扩展数据集，增进模型的泛化能力。数据准备的充分与否，直接关系到后续各阶段的模型训练和视频生成效果，是整个智能视频生成流程的基础和保障。

2. 模型训练

模型训练包含视频理解、从文本到视频生成、多模态融合等多个环节。在视频理解模块，首先使用深度学习技术，如卷积神经网络（CNN）和循环神经网络（RNN）进行场景分类、目标检测和动作识别。这一过程旨在让模型准确理解视频中的复杂内容，包括对不同场景的识别、对人物的动作和姿态的检测等。接下来，通过 Transformer 模

---

① SONG C L,“The role of transformer-cGANs fusion in digital marketing:Generation of advertising images”,Journal of Organizational and End User Computing,Vol. 1(2024),pp. 1 - 22.

型(如 BERT 或 GPT),文本描述被编码为高维向量,然后通过生成式对抗网络(GAN)或自回归模型将这些向量转化为对应的视频帧序列,从而生成符合文本语义的视频内容①。此外,多模态融合是保证生成视频逼真度和一致性的关键技术。通过语音同步模块,生成的视频与音频精确对齐,进一步提升了视频的质量和用户体验。

3. 视频合成与优化

视频合成与优化是将训练好的模型成果转化为高质量视频内容,涉及帧生成和时间一致性两大环节。在帧生成环节,主要通过图像生成网络,如 Pix2Pix 或者 CycleGAN,来合成视频的关键帧,这些网络能够在保持图像细节的同时生成视觉上逼真的帧。随后,风格迁移技术(如风格化 GAN)被用来赋予视频特定的艺术风格,使其符合预期的视觉效果。之后为了确保相邻视频帧之间的平滑过渡,需要采用光流估计技术精确计算帧之间的运动信息,从而确保视频的连续性和流畅性②。此外,时间序列建模(如 RNN 或 LSTM)进一步强化了时间一致性,防止帧与帧间出现不自然的跳跃或抖动现象。这种时间序列建模方法保证了视频内容的连贯性,使生成的视频更加自然和真实。

4. 后处理

后处理阶段包括视频编辑、文件压缩与格式转换。超分辨率重建等视频编辑技术可以显著提升视频的清晰度,使视频的视觉效果更加逼真。修复技术如去噪、色彩校正和稳定化处理用于修复生成过程中的任何瑕疵,使得最终的视频更加完美和贴近实际需求。进行文件压缩时,使用先进的视频编码技术,如 H.264 和 H.265,能够大幅减少视频文件的大小而不显著损失质量,确保可以进行高效的存储和传输工作。同时,在格式转换环节,可将视频转换为能够适应不同平台的格式(如 MP4、AVI 等),以满足各种播放和发布需求。

(二)智能视频生成的应用实践

1. 媒体与影视娱乐

在媒体与娱乐行业,智能视频生成技术正改变着内容创作方式。利用人工智能技术,媒体机构可以从新闻文本中提取关键信息,并快速生成视频报道,极大地提升了新闻生产与分发效率。在影视制作领域,智能视频生成技术还被用于生成特效和补全场景,如自动生成爆炸、烟雾等影视效果,而不再需要复杂的人工编辑,使得制

---

① 王瑶、陈登凯、余隋怀:《人工智能技术驱动视觉传达作品生成研究综述》,《包装工程》2024 年第 6 期,第 188-196 页。

② 田明鑫、席阳:《基于 CycleGAN 的风格迁移系统设计与实践》,《毛纺科技》2024 年第 7 期,第 131-140 页。

作过程更为高效，降低了人力和时间成本①。智能视频生成技术也渗透到短视频领域，为用户提供了创意模板和智能编辑工具，使其能够简便地创作出高质量的短视频，为用户生成内容的增加提供技术支持。总体来说，智能视频生成技术为媒体与娱乐行业带来更高的生产力。

2. 商业广告与营销

智能视频生成技术在商业广告营销中的应用，不仅极大提升了广告内容的创意和个性化水平，而且通过深度学习和自然语言处理等技术，实现了广告内容的自动化和高效率生产。利用智能视频生成技术，电商平台或商家可以为目标消费者定制个性化推荐视频，展示与消费者个人兴趣偏好相符的商品特性以提高购买率。例如，著名巧克力品牌 Lacta 利用人工智能技术生成个性化情书，与巧克力一同传递给消费者，提升了品牌的温度和个性化体验。而可口可乐发布的人工智能协助制作的短片《杰作》(*Masterpiece*)，通过对艺术作品的动态展现，营造了良好的广告效果。

随着技术的进步和应用场景的不断扩展，智能视频生成技术将在智能时代发挥更重要的引擎作用，为未来的文娱、商业等诸多领域带来更加多样化和个性化的解决方案，也助力我们迈向一个更加智能和视觉驱动的未来。

三、图像与视频编辑的工具

(一)Midjourney

Midjourney 是由一支热衷于探索人工智能与艺术交汇点的团队开发的人工智能图像生成平台。通过强化学习和生成式对抗网络(GAN)等先进算法，Midjourney 能够根据输入的文字描述生成对应的高质量艺术图像，并在多个迭代中优化图像的视觉效果。

Midjourney 的使用非常简便，用户注册登录后，选择创作模式，输入描述或上传参考图片，调整参数设置，点击生成，即可查看、编辑并保存或分享作品。它具备高度自定义性和丰富的素材库，允许用户调整多种参数以实现个性化创作，满足用户的多样化创作需求。

Midjourney 的应用场景十分广泛，涉及艺术创作、教育培训、游戏开发等领域。随着人工智能技术的不断进步，Midjourney 的未来发展方向或将朝着更高的图像生成精度、更丰富的风格选择以及更强的个性化定制功能进行扩展，为用户提供更加智能化和个性化的创作体验，满足更为复杂和多样化的视觉需求。

---

① 岳宗胜:《数字裂变、想象力展褶与技术焦虑:人工智能对影视产业的介入、重塑与挑战》,《电影新作》2024 年第 3 期,第 46－57 页。

(二)Sora

Sora 是一个多功能的人工智能驱动多媒体内容生成平台,旨在通过尖端的人工智能技术为用户提供自动化、智能化的内容创作工具,其背后的技术基石是大型自然语言处理和生成模型。Sora 利用了深度学习和自然语言生成技术,使得机器能够从文字描述中提取信息,并生成对应的多媒体内容,如图像、视频、动画等。

Sora 既能创作静态图像,还能生成动态视频和交互式动画,这使其应用范围更加广泛。无论是在数字营销与在线教育领域,还是在影视创作与虚拟数字人领域,Sora 都展现了强大的智能化水平。其便捷与多样化的内容输出也极大地提高了内容制作的效率和质量,一定程度上解放了人力资源。在未来,Sora 有望通过引入更多的自定义编辑功能并提升互动内容生成的能力,成为一个全方位的多媒体内容创作平台,为全球创作者提供更加高效和灵活的多媒体创作环境。

中国国内的智能图像与视频生成工具研发也进展显著,广泛应用于娱乐、教育和广告等多个领域。智谱 AI 推出的视频生成模型"清影"能够从创意到成品高效地生成视频。智象未来(HiDream.ai)推出的智象大模型 2.0,基于自研 DiT 架构支持分钟级视频生成,进一步强化了图像美感和艺术效果,并与多行业合作深化模型应用场景,为人工智能生成内容的发展注入强劲动力。

第四节 交互式内容创作

人工智能技术的迅猛发展正在深刻改变内容创作和消费方式。从文本生成到图像与视频制作,再到语音识别与合成等,人工智能技术不仅提升了内容创作的效率和质量,也为交互式内容创作的实现提供了可靠的技术支撑。

具体来说,智能时代的交互式内容创作是深度整合人工智能技术和数字技术,通过与用户进行实时互动和动态反馈,来实现创作和呈现过程的智能化、动态化、个性化的新型创作方式。

交互式内容创作涉及对各种智能生成技术的交互使用,以及用户在内容生成过程中的积极参与和主动选择。这种交互式内容创作不仅有助于提升内容的个性化优势与吸引力,而且能够为用户带来沉浸式互动体验。

一、交互式内容创作的类型及特点

(一)交互式内容创作的主要类型

1. 交互式小说

交互式小说是一种通过用户的选择和互动来推动情节发展的文学形式,结合了智能技术和创新的叙事手法，为读者提供高度个性化和沉浸式的阅读体验。其技术基础主要包括自然语言处理(NLP)、分支逻辑和剧情树结构、状态管理和变量系统、实时处理和反馈系统，以及多媒介融合等。通过自然语言处理技术，系统能够解析用户输入的文本，理解其意图，并生成合适的响应；分支逻辑和剧情树结构允许故事根据用户的选择分为多个路径，每个路径导向不同的事件和结局；状态管理和变量系统则用于跟踪用户的选择和故事的状态，以实现对情节的动态调整。

Twine 是一款交互式小说创作工具。它提供了一个简单易用的界面，使得用户可以通过创建并连接节点来构建非线性的故事结构，设计出复杂的剧情分支和多种结局。通过结合智能技术和多维度的交互，交互式小说能够为用户提供高度个性化、情感化和沉浸化的阅读体验，也推动着文学创作与传播方式的革新。

2. 交互式视频

交互式视频是一种通过嵌入用户选择点和互动元素，使用户能够在观看视频时实时影响情节走向和内容呈现的媒体形式。其结合了先进的智能技术和交互设计，能够为用户提供高度个性化和沉浸式的体验。同样地，通过分支逻辑和剧情树结构，视频内容可以根据观众的选择展开不同的情节路径，每个选择节点都会引导观众进入不同的剧情发展方向；多模态数据处理技术结合自然语言处理、计算机视觉和语音识别等智能技术，实时解析用户输入(如点击、手势、声音)并做出相应反馈；多媒介融合技术则将文字、图像、音频、视频和动画等有机结合，提供更加丰富的互动体验。

Netflix 的《黑镜：潘达斯奈基》是交互式视频的经典代表。该作品通过设定多个选择节点，利用高级算法和实时处理技术，使观众在关键时刻做出的选择能够即时影响故事的走向和结局。观众的不同选择会触发不同的情节片段，但影片总体呈现出互动的连续性和流畅性，展示了智能技术在交互式视频处理中的强大能力。这类互动内容为用户提供了深层次的娱乐体验和情感共鸣，也为视频与影视创作提供了更加智能、更有感染力的技术方案。

3. 交互式游戏

交互式游戏结合了先进的智能技术和创新互动形式，通过用户的选择和操作，实时影响着游戏的剧情发展和角色命运。自然语言处理、机器学习算法、计算机视觉、实时反馈系统和复杂的剧情树结构等为交互式游戏提供了技术支撑①。自然语言处理技术使得游戏能够理解玩家的文本或语音输入，从而生成相应的对话和情

---

① 杨奇光、张宇：《Sora 与多模态内容生产：文生世界、计算游戏与编辑治理》，《中国编辑》2024 年第 6 期，第 64－70 页。

节;机器学习算法则用于分析玩家的行为和选择,动态调整游戏进程和非玩家角色(Non-player Character,NPC)的反应;计算机视觉技术则捕捉和解析玩家的手势、表情和动作;实时反馈系统确保了玩家的每一个操作都能即时影响游戏情节,保持互动的连续性和流畅性;复杂的剧情树结构允许多个分支和结局,使故事的发展能够根据玩家的决策变得多样化。

《黑神话:悟空》是首部国产3A大作,自2024年8月20日上线以来便迅速在全球范围内引起热议。该游戏的"爆火"离不开其深厚的文化底蕴,也离不开对人工智能技术的应用加持。利用行为树、状态机和导航网格技术,非玩家角色能够根据玩家操作展现出巡逻、战斗等复杂的行动模式。使用自然语言处理和对话管理系统,非玩家角色能够对用户互动提供符合上下文的回应,增加交流的自然度和深度。在游戏音效设计中,智能语音合成技术则能够创造逼真的对话或环境音效,并根据场景变化实时调整,增强游戏沉浸感。虚幻引擎5与人工智能技术的结合则提供了高质量的视觉效果和逼真的物理环境,使得游戏世界栩栩如生。总体来说,交互式游戏突破了传统游戏的叙事方式和互动模式的局限,极大地提升了玩家的参与感和沉浸体验。

(二)交互式内容创作的特点

1. 非线性叙事和多分支结构

交互式内容创作普遍采用非线性叙事和多分支结构,使得内容发展能够根据用户的选择动态调整。通过智能技术的支持,系统能够处理复杂的剧情分支和多种结局路径。例如,交互式视频通常包含多个选择节点,观众的不同选择会导致不同的情节分支和结局;在交互式游戏中,玩家的决策直接影响游戏世界的发展和角色命运,使其具有极高的重玩性和探索性。

2. 实时反馈和动态调整

交互式内容创作强调即时反馈和动态调整,使用户的每次选择和操作都能立即得到系统的响应。先进的人工智能算法和实时处理技术确保了互动内容的流畅性和连续性。无论是对于交互式视频中的剧情选择,还是对于交互式游戏中的角色决策,系统都会根据用户的互动选择即时调整内容,并提供实时反馈,以增强用户的互动体验。

3. 个性化和情感交互

人工智能技术,如自然语言处理、情感计算和深度学习等能够捕捉和分析用户的选择和情感反应,从而生成高度个性化的内容和情节。这种个性化与情感交互增强了用户的情感共鸣,使内容更加贴近用户的需求和偏好。例如,交互式游戏非玩家角色可以通过语音识别和合成，与用户进行自然的语音交流，并根据用户的情感和行为提供个性化的响应和服务。

4. 高度参与感和沉浸体验

交互式内容创作通过用户的互动和决策，将其从被动的内容接收者变为积极的参与者，身临其境地体验内容，并通过决策和操作直接影响情节发展。如在交互式小说与交互式游戏中，每个读者或玩家的选择都会实时影响故事的进程和角色的结局。当然，这种高度参与感和沉浸体验不仅体现在用户的心理和情感投入上，还包括具身性的交互。利用智能传感器等技术工具，通过身体动作、手势和触觉反馈等方式，用户能够直接与虚拟角色和场景进行互动，进一步提升了真实感和沉浸感。

二、交互式内容创作的工具与实践

（一）Twine

Twine 是一种开源的互动小说和冒险游戏创作工具，受到众多创作者的青睐。其简单易用的标记语言和零编程门槛，使得任何人都能够轻松上手，创建复杂多样的非线性故事和多分支剧情。Twine 提供直观的图形界面，允许创作者通过拖拽来构建剧情节点和分支路径，从而设计出具有多个选项和结局的互动叙事内容。

利用 Twine，创作者可以编写和发布具有高度参与感的互动小说。例如，对于一部探案互动小说，读者可以通过选择不同的线索和路径来解开谜团，体验多样化的情节发展和结局。Twine 的灵活性使创作者能够根据用户的选择动态调整情节，确保每个读者的体验都是独特的。此外，Twine 支持整合多媒体元素，如图片、音频和视频，进一步增强了故事的视觉和听觉效果。

（二）Eko

Eko 是一款专业的交互式视频创作平台，致力于为创作者提供设计和发布多分支互动视频的强大工具。凭借直观的拖放式界面和高度灵活的创作功能，Eko 允许用户轻松构建复杂的剧情树和实时互动内容。此外，Eko 的平台还具备先进的分析功能，帮助创作者深入了解用户的互动行为，从而优化内容并提升用户体验。利用 Eko，创作者可以设计多条情节线和选择节点，让用户在观看过程中主动参与到故事的发展中，并通过选择实时影响剧情走向。这不仅提升了用户的参与感和沉浸体验，还为视频内容提供了多样的观看路径和重看价值。

Eko 还在广告和市场营销领域有所应用。耐克（Nike）公司曾利用 Eko 平台创建了一则互动广告，名为“Choose Your Winter”，用户通过选择不同的天气条件和训练场地，定制自己的训练体验。通过在广告中嵌入互动元素，品牌能够提升用户参与度和广告效果。用户也可以通过 Eko 平台中的互动视频广告选择他们感兴趣的内容,深入了解产品或服务,从而获得个性化和高度互动的品牌体验。这种方式不仅增强了广告的有效性,还增加了用户对品牌的理解和忠诚度。

(三)Unity

Unity 是一款广泛应用于游戏开发的强大引擎,支持多平台的 2D 和 3D 游戏创作。其灵活的开发工具和强大的图形处理能力,使其不仅适用于传统电子游戏的开发,还被广泛应用于虚拟现实(Virtual Reality,VR)、增强现实(Augmented Reality,AR)和混合现实(Mixed Reality,MR)等新兴领域。开发者可以通过 Unity 直观的用户界面和可扩展架构,轻松创建和管理复杂的虚拟世界和互动场景,从而打造出高度沉浸和互动的游戏体验。Unity 的物理引擎和渲染能力使其成为角色扮演游戏(Role-playing Game,RPG)开发的理想选择,例如《底特律:化身为人》便是利用 Unity 开发的一款互动性极强的角色扮演游戏,玩家的每一个选择都会深刻影响游戏情节的发展和角色的命运。

此外,Unity 在 VR 和 AR 应用开发中也表现出色,其支持多种 VR 和 AR 设备,包括 Oculus Rift、HTC Vive 和 Microsoft HoloLens,这使开发者能够创建沉浸式的互动体验。在广告创作等方面,Unity 也展现出巨大的潜力。例如,宝马公司曾使用 Unity 创建了一个互动广告,让用户能够线上体验新车的各项功能,如驾驶模拟、内饰浏览和自定义配置,从而大大提升了用户的参与度和购买意愿。总体而言,Unity 为创作者提供了丰富的工具和灵活的开发环境,推动了多维度的内容创新,并且在未来的数字内容创作中将继续发挥重要作用。

三、交互式内容创作的发展前景

当前,交互式内容创作在数字媒体领域的应用较为局限,主要集中在交互式小说、视频、游戏等几个方面。尽管这些应用展示了智能技术在内容创作中的巨大潜力,但也暴露出一些技术发展的瓶颈。例如,现有的自然语言处理、情感计算和实时反馈系统在处理复杂用户输入和生成动态内容方面仍有局限,导致内容的灵活性和实时性受到一定约束。此外,多模态融合和跨媒介应用还需要更多技术创新和资源投入。因此,当前的应用实践尽管展现出较为良好的开端,但要实现更加广泛和多样化的应用,还需依赖技术的进一步突破和成熟。

(一)基于情绪的智能交互

未来,随着自然语言处理、情感计算、机器学习和深度学习技术的进一步发展,交互式内容创作将实现更为全面的智能化与情绪感染。系统将能够更精准地理解用户的意图、情感和行为，从而提供更具个性化和灵活的互动内容。新一代的人机交互技术将实现更自然的对话和互动，使得用户体验更丰富、更贴近现实。例如，未来的交互式小说可能会实现实时情绪识别，根据用户的情绪动态调整故事走向，真正实现个性化情节生成。

（二）跨界融合与媒介创新

更广泛的跨界融合是交互式内容创作的重要发展趋势。未来的交互式内容将不仅限于传统的文字、图像、音频和视频，而是与虚拟现实（VR）、增强现实（AR）和混合现实（MR）等新兴媒介深度融合。这些技术将打破屏幕的限制，提供更加沉浸和互动的具身体验。例如，未来的交互式游戏将利用 VR、AR、元宇宙等技术，让玩家进入一个完全虚拟的世界，以更加直观和感官丰富的方式参与到故事中，增强情节的参与感和游戏性。

（三）应用扩展与场景丰富

未来，交互式内容创作将在更多领域展现其应用潜力，开发出更加多元化的应用类型和实践场景。例如，在市场营销中，通过智能分析和个性化推荐，可以提高客户参与度和品牌忠诚度；在文化旅游领域，通过虚拟导览和互动体验，可以提升游客的体验质量和文化了解度。此外，在智能家居和虚拟助手等领域也将看到交互式内容创作的广泛应用，实现家庭管理和生活服务的智能化。

交互式内容创作通过将先进的人工智能技术与创新的叙事手法相结合，为用户提供了高度个性化和沉浸式的体验。尽管当前交互式内容创作还受制于技术发展的局限，但通过不断的技术进步和实践创新，未来的交互式内容创作将更加丰富多样，为用户带来前所未有的体验。

第四章　大数据、算法与精准传播

精准传播是智能传播在内容分发阶段的智能化体现。精准传播实现了信息的精准推送和个性化服务，提升了传播效果和用户体验。其中，大数据和算法扮演着至关重要的角色。算法通过复杂的计算和分析，能够处理海量的用户数据，识别用户的兴趣、行为和需求，从而实现信息的精准推送。而大数据则为算法提供了丰富的数据源，使得算法能够更加准确地描绘用户画像，提高信息推送的精准度。大数据、算法系统、用户画像以及推荐系统的使用在实现精准传播的过程中缺一不可。在本章，笔者将重点介绍以下内容：算法的概念、特征、主要类型及其在精准传播中的角色；用户数据的类型和价值、数据挖掘的方法，以及用户画像的构建流程；个性化内容推荐系统的起源、构成及演进。

第一节　大数据在精准传播中的作用

在大数据的浪潮下，精准传播作为一种新兴的信息传播方式逐渐崭露头角，它深刻地改变了传统信息传播的思维方式和模式。媒体平台紧跟时代步伐，充分利用大数据资源，构建起复杂而精细的数据分析系统，通过对海量数据的深度挖掘与分析，实现了算法新闻、定向广告等信息内容的精准定位与高效传播，让信息服务更加精准化、个性化[①]。

一、需求的洞察与匹配

“需求”在心理学中被认为是人的一种主观心理状态，是人们为了延续生命和发展自身，并以一定方式适应生存环境而产生的对客观事物的要求和欲望。需求，不仅是生物性生存条件的反映，更是社会性、心理性多层次需求的综合体现，它驱动着人们通过媒介接触行动来获取信息，因此，“用户需求”相对“个体需要”更具主观性，实际上更接近于用户目标，指代用户希望在媒介产品中看到的功能或内容[②]。在传

---

① 刘娟：《大数据背景下精准传播的传播策略与效果》，《东南传播》2018 年第 7 期，第 11 - 12 页。

② 喻国明、苏健威、张恩雨：《论生成式 AI 时代的用户需求与表达范式：从分众匹配到层级递进的要素融合网络》，《新闻与传播评论》2024 年第 1 期，第 5 - 14 页。

统传播模式下，信息的传递往往依赖于广泛的覆盖与标准化的内容推送，而在智能传播体系中，需求洞察则被提升至传播流程前端的核心位置。智能传播工具能够精准捕捉并深入分析用户的个性化需求与偏好，从而在内容创作、分发策略乃至产品迭代中，实现基于用户使用与满足的传播效果优化。

而在大数据的赋能下，媒体对于用户需求的深入理解与精准把握达到了前所未有的高度。这一过程始于对海量、多维度用户数据的全面收集与细致分析，包括但不限于用户的行为轨迹（如浏览记录、点击行为、停留时长）、偏好表达（如点赞、收藏、评论内容）、社交互动（如朋友圈分享、社群讨论）以及更深层次的个人信息（在隐私保护的前提下，如年龄、性别、地理位置等）。通过对复杂数据的深度挖掘与交叉分析，媒体能够构建起一个立体、生动的用户画像，精准捕捉用户的兴趣点所在、消费习惯的变化趋势以及深层的心理特征与需求，为媒体提供了制定精准传播策略的科学依据，极大地增强了传播内容的针对性和有效性。在此基础上，大数据进一步实现了传播内容与目标受众的精准匹配。媒体利用先进的算法模型，将精心策划的传播内容与用户画像进行智能匹配，确保信息都能以最合适的方式，在最恰当的时机，送达给最有可能感兴趣或产生互动的用户群体。这种"一对一"或"一对多"的精准匹配机制，不仅大大提高了传播效率，还有效降低了资源浪费，使得传播活动更加经济、高效。通过持续的数据反馈与迭代优化，媒体能够不断调整和完善传播策略，确保始终紧跟用户需求的变化，保持传播活动的敏锐度和前瞻性。

二、内容的选择与定制

随着用户基数的爆炸式增长，平台媒体成为现代生活的重要组成部分。平台媒体以其开放性和低门槛的内容发布机制，吸引了大量用户主动生成和分享内容。当平台上的内容数量呈现爆炸式增长时，内容的极度丰富也引发了现代社会面临信息过载的挑战，用户在寻找有价值信息时不得不面对海量的无关内容。信息检索领域的先驱卡尔文·穆尔斯(Calvin Mooers)就提出了著名的穆尔斯定律。穆尔斯指出，当获取信息所需的努力或麻烦超过不获取信息时，用户可能会选择放弃使用信息检索系统[①]。当前平台媒体普遍存在的信息过载问题，正不断加剧用户在搜索特定信息时所承担的精力与时间成本。

在此背景下，大数据能够帮助企业从海量信息中筛选出与用户需求高度相关的内容。通过对数据的分析，媒体可以了解哪些话题、哪些类型的内容更受用户欢迎，从而选择更具吸引力的传播素材，甚至基于个体的差异性定制内容。在个性化消费

① 任志纯、李恩科、李东：《穆尔斯定律及其扩展》，《情报杂志》2002年第11期，第39－40页。

的时代，用户不再满足于千篇一律的信息推送，而是渴望获得更加贴近自己需求、符合自己口味的定制化内容。媒体利用大数据技术，可以实现对用户个体差异的精准识别与把握，从而根据不同用户的兴趣偏好、心理特征、消费场景等因素，量身打造专属的传播内容，增强用户的阅读体验与参与感，提高内容的传播效果与转化率。以今日头条为例，在内容策略上，今日头条主张“你关心的，才是头条”，坚持以用户关注为导向，不仅在内容上追踪用户兴趣，在传播过程中也不断定位用户关注点，通过算法压缩用户搜索时间，重组信息传播内容与方式，为用户推送个性化信息与服务。

三、效果的评估和优化

在传统媒体时代，各大媒体机构纷纷在内部设立部门或委托外部专业组织，遵循既定规律和标准，系统地进行受众调研与传播效果的评估工作。彼时，订阅量、收视率、收听率及读者反馈调查构成了评估传播效果的主要手段。然而，随着大数据、人工智能等先进媒介技术的飞速发展，传媒效果的评估模式正逐步迈向智能化新阶段。智能技术集群日益深入地渗透到传播活动的每一个环节，加速显现了国际传播效果评估方法区别于传统评估模式的路径分野。进行智能传播中的效果评估时，必须正视技术革新所带来的多重挑战与机遇，包括信息量的爆炸式增长、信息生成主体的多样化，以及计算传播工具前所未有的先进性。因此，进行效果评估的工作人员需具备高度的技术敏锐度，善于整合并高效利用大数据等前沿智能技术，以实现对传播效果的精准测量、深度分析及持续优化，从而更好地适应并引领信息传播的新生态。

大数据系统能够实时、全面地收集传播活动的效果数据，包括但不限于点击率、转化率、用户停留时长、互动频次、用户反馈（好评、差评、建议等）等多维度指标，为传播者提供了客观的评估依据，有助于其了解传播活动的实际效果和存在的问题，发现传播过程中的薄弱环节和潜在机会，从而调整传播策略、优化传播内容，以提高传播效果和用户满意度。过去对传播效果的评估，往往存在主观性强、数据不全面、反馈不及时等问题，在大数据思维的主导下，如今传播效果的评估体系不断优化，逐渐融入视听指数、网络关注指数、满意评议指数、传播渠道集中指数、网络推荐指数、黏性用户指数和广告吸引指数等一系列创新要素，构成了新的综合性评价体系，为有针对性地提升传播效果提供了可能性。此外，大数据技术最大程度上消除了由于效果评估中时间滞后和人工失误造成的“信息熵”，让传播效果评估的结果更为准确有效。

第二节 算法在精准传播中的应用

一、算法的概念与特性

（一）算法的概念

从广义视角审视，“算法”是一系列精心设计的步骤集合，旨在高效解决各类问题或圆满完成既定任务。其应用范围远不止于传统计算领域（如算术运算），而是广泛渗透至社会生活的方方面面，如规划个性化的自由行旅游路线，详述烹饪一道佳肴的精确流程，乃至指导洗衣机的高效操作等。这些步骤不仅展现了人类独特的计算思维——一种将问题形式化并寻求高效解决方案的思维方式，还体现了算法作为这种思维方式的具象化表达，即一种系统化、策略化的解题方法论。

步入计算机科学领域，“算法”则被赋予了更为精确的定义：它是一组明确无误、无歧义、有序执行且步骤有限的指令集合，旨在指导计算机有序地执行任务以解决特定问题。这些问题既涵盖了数值计算，也广泛涉及非数值计算的数据处理任务，如从海量数据库中高效检索特定信息，在导航系统中规划两点间的最优路径等。算法的执行过程，可以理解为一个从初始状态（初始输入）出发，历经一系列定义清晰的有限计算，最终输出结果并达到终止状态的计算过程[①]。

【案例 4－1】

计算 1 累加到 n 的和，即 $1+2+3+\cdots+n$ 的和

问题分析：本题是一个循环累加求和的问题，从第二项开始，每一项和前一项的值相差 1。可以设置两个变量：一个变量为 sum，用来保存每次累加的和，开始取值为 0；另一个变量为 i，用来保存要累加到 sum 的当前项，开始取值为 1。问题的求解过程就是不断地将 i 累加到 sum 中，每加完一次，i 值加 1，直到 i 的值为 N（N 的值根据需求指定），最后输出结果 sum。

算法描述如下。

s_1：当前项 i 置初值 1，累加和 sum 置初值 0。

s_2：判断 i 的值，若 $i \leqslant n$，则执行步骤 3；否则转 s_5 执行。

s_3：将 i 加到 sum 中。

---

① 何澎：《信息技术与计算思维导论》，清华大学出版社 2019 年版，第 78 页。

s_4：i 值加 1，转 s_2 执行。

s_5：输出结果 sum，算法结束。

例如，求 1 累加到 100 的和，此时 n 的值为 100。

变量 i 的值为 1 时，变量 sum 为 0＋1；

变量 i 的值为 2 时，变量 sum 为 0＋1＋2；

变量 i 的值为 3 时，变量 sum 为 0＋1＋2＋3；

以此类推，变量 i 的值为 100 时，变量 sum 为 0＋1＋2＋3＋…＋100。

通过这个简单的算法案例可以看出，一个算法由若干步骤构成，这些步骤又按照一定的顺序执行。

（二）算法的特征

一个算法必须同时兼具下面五个重要的特征。

1. 有穷性

一个算法的核心特性之一是有穷性，即算法必须能够在有限步骤内完成任务。不论任务的具体复杂度或所需操作的数量如何，这一数量都必须是预先可确定且有限的。例如，在"计算斐波那契数列的前 n 个元素"的算法中，n 作为一个明确给定的正整数，确保了算法的执行步骤不会超过 n 次，从而满足了有穷性的要求。这里，无论 n 的数值多大，算法的执行步骤总是有一个明确的上限，即 n 次迭代。而"计算斐波那契数列的所有元素"这一算法描述就违背了算法的有穷性原则，因为它没有设定一个明确的结束条件或步骤上限。由于斐波那契数列是无限长的，尝试计算其"所有元素"将导致算法无法在有限步骤内完成，从而不具备有穷性。在实际应用中，算法的有穷性不仅仅要求步骤有限，还隐含了对执行时间合理性的考虑，即虽然算法可能在理论上满足有穷性（比如步骤数可确定），但是如果其执行时间因步骤数量过多而变得不切实际，那么这样的算法在实际应用中可能也是不可接受的。因此，设计算法时还需考虑其效率，确保在合理的时间内能够完成计算任务。

2. 有效性

一个算法中的每一步操作与要求都应该是算法执行者（人或者机器）可以实施的，算法中执行的任何计算步骤都可以被分解为基本的可执行的操作步骤，即每个计算步骤都可以在有限时间内完成。算法的有效性不仅仅体现在步骤的可执行性上，更在于每一步骤执行后都能产生明确且确定的结果。这种确定性是算法可靠性的重要保障，它要求算法在执行过程中必须避免任何模糊或不确定的输出情况。例如，如果算法中有除法操作，由于 0 不能作为除数，若不能排除这种情况，这个算法就是无效的。

3. 确定性

在算法中，对于每个步骤的执行描述必须是明确的，即有确切的含义，对每一种可能出现的情况，算法都必须预先定义并明确给出相应的处理步骤或操作，以确保在任何情境下，算法都能做出唯一且确定的响应，从而彻底排除多义性和不确定性。在给定一定的初始条件和输入数据后，算法应当遵循唯一一条明确的执行路径，逐步推导出最终的结果。这种唯一性保证了算法的可预测性和可靠性，使得无论何时何地，只要输入数据的相同，算法的输出结果也必然是相同的。例如，"取区间的中点就不符合确定性，因为没有说明在哪个区间；而"取区间[500，1000 的中点]"就符合确定性的要求。

4. 输入项

算法在执行过程中，需要接收一定的数据或信息作为起始点或依据，这些数据或信息即为算法的输入，这些输入取自特定对象的集合。它们可以使用由外部提供的输入语句，也可以使用在算法内给定的赋值语句。输入可以是零个、一个或多个，具体取决于算法的设计需求。在某些特殊情况下，算法可能不依赖于任何外部输入数据，如打印"×××××"这样的内容，不需要任何输入参数，因此，算法的输入可以是零个。输入数据为算法提供了必要的运算对象和初始条件，算法的输入可以是各种类型的数据，如数字、文本、图像、音频等。虽然输入数据可以是多样的，但是在算法执行前必须明确知道输入数据的类型、格式和范围等要求，以确保算法能够正确地处理这些数据。

5. 输出项

算法在执行一系列步骤或操作后，会产生结果或数据，这些结果或数据即为算法的输出。输出可以是单个值、一组数据、一个图像、一个决策等，具体取决于算法的设计目的和应用场景。算法的存在是为了解决问题或达到某种目的，这里的"解"就是输出。输出是算法执行完毕后，对这些问题或目的给出的答案或结果。没有输出的算法，其执行过程就失去了意义。在给定相同的输入和算法逻辑下，算法的输出应该是确定的、可预测的，这意味着算法的输出不会因为执行环境、时间或其他外部因素的变化而改变(除非这些因素被明确地包含在算法逻辑中)。

二、精准传播中的算法效用

(一)传播客体精准化

传播客体即传播的对象或受众。算法在精准传播中通过深度学习和数据挖掘技术，能够实现对传播客体的精准化分析和画像，为传播者提供了深入了解传播客体的基础。通过对用户数据的综合分析,算法能够识别出用户的年龄、性别、地域、职业、兴趣等关键信息,并据此构建出用户画像。此外,通过深度学习和数据挖掘技术,算法能够进一步识别出用户的兴趣和潜在需求。通过分析用户的浏览历史、搜索记录、点赞评论等行为,算法能够洞察传播客体对于特定内容或产品的关注度和偏好程度,从而制定更加符合受众喜好的传播内容和形式。通过对传播客体特征的精准化识别与定位,算法能够帮助传播者更有效地触达目标受众。

(二)传播渠道精准化

随着移动互联网的普及和发展,传播渠道日益多样化和碎片化,智能手机、平板电脑等便携设备与电视机、投影仪乃至户外大屏幕等实现了无缝的无线链接,构建了一个多元化、跨平台的视频矩阵。这一趋势使得各式各样的屏幕在日常生活中无处不在,从个人娱乐到工作场景,移动终端的广泛渗透正引领我们步入一个多屏共融的新时代[①]。在多屏时代背景下,实现对传播渠道的精准化选择和优化成为提升传播效果的重要路径。算法通过分析用户的媒介使用习惯和偏好,能够识别出用户在不同渠道上的活跃度和接受度,以及不同传播渠道中受众的特征,从而为传播者推荐更适合的传播渠道。这种精准化的传播渠道选择,不仅提高了传播的覆盖率和到达率,还降低了传播成本,有效降低了对媒介资源的浪费。

(三)传播内容精准化

传播内容是精准传播的核心要素之一。算法通过分析用户的行为数据和兴趣偏好,能够实现对传播内容的精准化生产和推荐。一方面,算法可以根据用户的历史浏览记录和兴趣标签,为他们推荐符合其喜好的内容和信息;另一方面,算法还可以根据实时热点和趋势,生成与用户需求高度相关的内容,提高内容的时效性和吸引力。此外,算法还能够通过自然语言处理等技术手段,对传播内容进行智能分析和优化,提高内容的质量和可读性。通过精准化的传播内容生产和推荐,算法能够为用户提供更加个性化、有价值的信息服务,增强用户的黏性和忠诚度[②]。

三、精准传播中的算法类型

(一)协同过滤算法

协同过滤算法是推荐系统中极为重要且应用广泛的一类算法。其核心思想在于通过分析用户之间或产品之间的相似性,来预测用户对未接触过的产品可能产生

---

① 张红玲:《多屏时代的受众重构与传播形态研究》,《新闻爱好者》2014 年第 4 期,第 39 - 42 页。

② 王宇琦:《新时期我国外宣媒体的精准传播:理论基础与现实路径》,《国际传播》2022 年第 2 期,第 24 - 31 页。

的兴趣或评分，从而为用户提供个性化的推荐服务。协同过滤算法基于一个核心假设：相似的用户可能对相似的产品感兴趣，或者用户对相似的产品会有相似的评分，由此，算法通过分析用户与产品之间的历史交互数据（如评分、点击、购买等），来发现用户或产品之间的相似性，并据此进行推荐。

协同过滤算法主要分为两种类型，即基于用户的协同过滤算法和基于产品的协同过滤算法。基于用户的协同过滤算法通过计算用户之间的相似性来寻找与目标用户兴趣相似的其他用户，然后综合这些相似用户对某一产品的评分或喜好，来预测目标用户对该产品感兴趣的程度。常用的相似度计算方法包括余弦相似度、皮尔逊相关系数等。而基于产品的协同过滤算法则通过计算产品之间的相似性来为用户推荐与其历史偏好相似的产品。当用户对某个产品表示出兴趣时，算法会查找与该产品相似的其他产品，并将它们推荐给用户。

基于用户的协同过滤算法运行的核心在于深度挖掘并有效利用系统内累积的庞大用户历史数据库，并将其作为推荐引擎的基石，通过细致分析用户间的相似性，即比较他们过去的行为模式、偏好以及评分记录，来推断出某个用户可能对哪些未知项目产生兴趣。然而，当面临数据严重稀缺的情境时，比如一个新用户首次接触某 App，其历史数据几乎为零或极为有限，就会产生“冷启动”问题，即新用户因缺乏足够的数据点，使得算法难以准确捕捉并预测其个性化需求，从而影响推荐系统的即时有效性和用户体验。相比之下，基于产品的协同过滤算法能够有效缓解“冷启动”问题。它不单纯依赖用户间的相似性，而是侧重于对产品本身特性进行深入理解和分析，通过构建一个复杂的预测模型，利用已有的训练集数据（包括产品的描述信息、分类标签等）进行训练和学习后，基于产品的协同过滤算法就会捕捉到产品与产品之间、用户与产品之间的潜在联系和规律，进而能够在新用户无历史数据或数据极少的情况下，根据产品的固有属性和特征，以及用户可能偏好的一般模式，来预测并向用户推荐他们可能感兴趣的信息①。

（二）基于内容的推荐算法

基于内容的推荐算法的理论依据源自信息检索与信息过滤。这种算法的核心在于，通过分析用户过往的浏览与互动历史，智能地预测并推荐那些用户尚未接触但极可能感兴趣的推荐项。根据其运作机制可分为两大类，即启发式算法与基于模型的算法。

启发式算法，作为一种直观且灵活的策略，强调专家经验的融入。开发者首先

① 喻国明、韩婷：《算法型信息分发：技术原理、机制创新与未来发展》，《新闻爱好者》2018 年第 4 期，第 8 - 13 页。

依据实践经验设计一系列相关性计算公式，这些公式旨在捕捉用户兴趣与推荐项特征之间的微妙联系。随后，通过将这些公式的计算结果与实际用户反馈进行比对验证，不断迭代优化公式参数，直至达到满意的推荐精度。这一过程虽耗时费力，却赋予了算法高度的可解释性和适应性。

相比之下，基于模型的算法则更侧重于数据驱动与自动化学习。它依赖于庞大的历史数据集，并将其作为训练素材，运用机器学习或深度学习的强大能力，从中提炼出能够精准预测用户偏好的模型。以其中极具代表性的基于标签的推荐（又称召回）为例，该算法深入挖掘用户喜爱内容所共有的标签（Tag），并以此为桥梁，搜索并推荐那些同样携带这些标签的新内容给目标用户。此算法仅依赖单个用户的数据便能实现有效推荐，展现出了极强的扩展性和应用便捷性。

然而，基于内容的推荐算法虽有其独特优势，但是由于它高度依赖于对业务领域的深刻理解与精准的标签体系构建，对打标工作的质量与全面性提出了极高要求。同时，由于该算法主要聚焦于内容特征与单个用户兴趣的匹配，而忽视了用户之间行为模式的潜在联系，因此在某些情境下可能无法充分挖掘出用户之间潜在的共同兴趣点，一定程度上限制了推荐效果。

（三）关联规则推荐算法

关联规则是数据挖掘中的一个重要概念，用于描述数据项之间的关联性。在推荐系统中，关联规则推荐算法利用这些关联规则来为用户推荐商品或服务，通过分析用户的历史购买记录、浏览行为等数据，找出商品之间的关联关系，然后根据这些关联关系来推荐商品。关联规则推荐算法的信息推荐流程主要分为以下步骤：①根据当前用户阅读过的感兴趣的内容，从数据中发现其中的关联关系，通过规则推导出用户还没有阅读过的可能感兴趣的内容；②对挖掘出的关联规则进行评估，通常使用支持度、置信度和提升度等指标来衡量规则的强度和有效性；③根据评估后的关联规则，为用户生成推荐列表。在推荐时，可以根据用户的当前行为（如将商品 A 加入购物车）来触发相应的推荐（如推荐商品 B）。关联规则的推荐效果依赖规则的数量和质量，随着规则数量的增多，关联规则挖掘过程可能耗时较长，需要较大的计算资源[①]。

在实际应用中，因为各种推荐方法都有优缺点，所以常常使用组合推荐算法，参见案例 4-2。

---

① 李杰、徐勇、王云峰等：《面向个性化推荐的强关联规则挖掘》，《系统工程理论与实践》2009 年第 8 期，第 144-152 页。

【案例 4－2】

抖音的推荐算法机制

抖音的算法推荐系统，把“以用户为中心”作为算法的底层逻辑，即抖音只会推荐用户喜欢的内容。

首先，聚焦于数据的多元化采集，抖音构建了三大核心数据维度：一是内容数据域，涵盖了用户生成的海量内容，这些数据经细致分类与整理，为后续精准推荐奠定坚实基础；二是收集用户画像数据，详尽记录用户在平台上的行为痕迹，如自定义标签、职业信息、年龄性别等，为个性化推荐提供丰富素材；三是收集场景行为数据，捕捉用户在不同生活场景（如通勤、旅行）下的视频偏好，以场景化视角深化内容推荐。

抖音采用分阶段测试策略，所有视频均需通过初步审核，随后被引入一个基础曝光池。该池内用户规模介于 200～500 名，具体曝光量依视频质量及初期用户互动情况动态调整。接下来，系统运用智能标签技术，为视频内容精准贴标（如封面、标题、文案、关键词等），并基于用户兴趣标签进行高效匹配，实现个性化推送。

在推荐机制上，抖音的算法系统融合了三种核心功能：首先是关联推荐，依托标签、关键词、主题等多维度信息，精准对接用户兴趣点；其次是场景再现推荐，利用用户地理位置、时间模式及事件标签，模拟用户观看场景，提供情境化内容；最后是协同过滤，不仅分析个体用户行为，还深入挖掘相似用户群体的共性偏好，实现更广泛的兴趣共鸣。

推荐过程中，抖音还会持续收集并即时分析用户反馈，如点赞、评论、分享等行为数据，动态调整视频推荐权重。通过“赛马机制”，视频间展开激烈竞争，依据如短时间跳出率、完整播放率、互动量等关键指标，优胜者将晋级至更高流量层级，享受更广泛的曝光机会。经历以上流程后，抖音会筛选出少于 1% 的优秀内容投放到趋势池，无差别地推荐给所有用户①。

---

① 36 氪神译局：《全世界都看 TikTok：揭秘它背后强大的算法系统》，2020 年 6 月 29 日，https://www.36kr.com/p/756894662977031。

第三节　用户数据的挖掘与分析

一、用户数据的类型与价值

（一）用户数据的主要类型

1. 基本信息数据

基本信息数据包括用户的姓名、性别、年龄、职业、受教育水平等显性特征，可以据此更精准地定位目标市场，生产、设计更符合用户特性的内容和产品。

2. 行为数据

行为数据包括用户在网站上的浏览历史、搜索记录、点击率、购买历史等。通过行为分析，媒体能够精准推送个性化内容至合适的媒介触点，提高转化率。此外，还可以根据行为数据优化页面布局，提升内容吸引力。

3. 交易数据

交易数据包括用户的购买记录、支付方式、消费频率和金额等。通过交易数据，可以了解用户的购买力和消费习惯，优化产品定价和促销策略。

4. 互动数据

互动数据包括用户在社交媒体上的互动，如评论、点赞、分享等情况，能够反映用户对内容的态度和情感，用于改进内容和服务。

5. 位置数据

位置数据主要是指用户的地理位置信息，如通过 GPS 或 IP 地址获得的数据，用于提供基于位置的服务，如本地化广告和推荐。

6. 设备使用数据

设备使用数据包括用户使用的设备类型、操作系统、应用使用情况等。通过设备使用数据，可以了解用户的技术偏好，优化应用和网站的用户体验。

7. 内容生成数据

内容生成数据主要是指用户生成的内容，如微博文章、产品评价、论坛帖子等，能够反映用户的真实意见，用于产品改进和口碑营销。

8. 社交网络数据

社交网络数据主要是指用户的社交网络结构，包括好友列表、社交圈的影响力等，广泛用于社交营销。利用社交网络数据，可分析用户的影响力和社交圈的传播潜力。

9. 偏好和兴趣数据

偏好和兴趣数据主要是指用户的个人偏好、兴趣点、订阅的主题等，用于推荐定制化内容和制作兴趣定向的广告。

10. 情绪和情感数据

可通过文本分析获得用户在互动中表达的情绪和情感的相关数据，用以评估用户的情感体验，优化用户体验设计。

（二）用户数据的价值

进入数字时代，数据成为新的生产要素。与土地、劳动力、管理、技术、资本等传统生产要素相比，数据要素在快车道超车，成为社会财富创造的坚实基础和经济增长的战略性资源。用户是每一家企业的衣食父母。一家企业是艰难存活，还是繁荣发展，取决于这家企业能多快预测并响应用户需求，并在整个过程中有效参与其中，将潜在的目标用户转化为真正的用户，将低卷入用户转化为高忠诚度用户。在此背景下，用户数据已然成为传媒企业乃至众多企业重要的无形资产，成为企业促进产品优化与服务创新、进行精准营销与市场推广、助力风险评估与决策支持的基础性资源。

1. 产品优化与服务创新

用户数据是产品迭代和创新的重要驱动力。通过收集和分析用户反馈和行为数据，企业可以深入了解用户的偏好、行为模式和需求，提供更加个性化的产品和服务，从而增强用户体验，提高用户满意度和忠诚度，为企业带来竞争优势。此外，企业还可以及时发现产品的不足之处，并据此进行改进。同时，用户数据还能揭示新的市场机会和趋势，为企业开发新产品或拓展新业务领域提供决策支持。

2. 精准营销与市场推广

利用用户数据，企业能够实施精准营销策略。通过数据分析，企业可以识别目标用户群体，并为其量身定制营销传播信息，从而提高营销传播活动的效率和效果。此外，基于用户数据的分析，企业还能优化广告投放，并调整产品定价和促销策略，以最大化市场回报。

3. 风险评估与决策支持

在竞争激烈的市场环境中，企业面临着诸多不确定性和风险。用户数据为企业提供了丰富的信息来源，有助于企业评估市场状况、预测行业趋势，并据此制定科学合理的经营决策。用户数据还能帮助企业识别潜在的客户流失风险，以采取相应措施进行干预和挽留。

二、数据挖掘的流程

（一）数据采集

数据采集是数据挖掘的第一步，也是基础。数据采集是指从各种来源（如数据库、日志文件、社交媒体、物联网设备等）中收集相关数据。进行数据采集时，首先要确定采集数据的范围和目的，其次要确定采集数据的时间、地点、类型、格式、数量等，而不同的数据源可能包含不同类型的数据，如传感器数据通常是结构化数据，社交媒体中的帖子和评论则属于半结构化数据，而照片和视频是非结构化数据。针对不同的数据源要采用适当的技术，如从传感器上采集数据时需要使用物联网技术，而从社交媒体上采集数据时需要使用 API（Application Programming Interface，即应用程序编程接口）。目前针对不同平台，有特定的数据爬取方法和相应的开源项目，可以调用现有的接口进行爬取，也可以使用页面抓包程序，捕捉网站页面的所有内容，再从中提取所需要的内容。

【案例 4－3】

微博数据爬取

微博爬虫（Weibo-crawler）是一个开源的项目，能够自动化地爬取微博用户的帖子、评论、点赞数和转发数等信息。该项目简化了数据收集的过程，支持将数据保存为 CSV 和 JSON 等格式，方便后续的数据分析工作。

第一步：克隆项目

在命令行工具输入命令（见图 4－1）。

图 4－1　命令行(1)

第二步：安装依赖

在项目目录下，安装所需要的库。在命令行执行命令即可（见图 4－2）。

图 4－2　命令行(2)

第三步：定义参数

安装好项目所需要的库之后，可以打开 config.json 进行程序运行之间必要的配置（见图 4－3）。

```json
{
    "user_id_list": ["1669879400"],
    "only_crawl_original": 1,
    "remove_html_tag": 1,
    "since_date": "2018-01-01",
    "write_mode": ["csv"],
    "original_pic_download": 1,
    "retweet_pic_download": 0,
    "original_video_download": 1,
    "retweet_video_download": 0,
    "download_comment":1,
    "comment_max_download_count":1000,
    "download_repost": 1,
    "repost_max_download_count": 1000,
    "user_id_as_folder_name": 0,
    "cookie": "your cookie",
    "mysql_config": {
        "host": "localhost",
        "port": 3306,
        "user": "root",
        "password": "123456",
        "charset": "utf8mb4"
    },
    "mongodb_URI": "mongodb://[username:password@]host[:port][/[defaultauthdb][?options]]"
}
```

图 4-3 定义参数

第四步:运行代码

在做完上述的配置操作之后,就可以运行程序 weibo.py(见图 4-4)。

命令行中的文字为"Python weibo.py"。

图 4-4 命令行(3)

开源项目地址:https://github.com/dataabc/weibo-crawler.

(二)数据清洗

数据清洗是数据挖掘中至关重要的一步,因为原始数据中往往包含噪声、缺失值、异常值、重复记录等问题,需要对数据进行清洗。数据清洗的目的是提高数据质量,确保后续分析结果的准确性和可靠性。清洗过程包括识别并处理缺失值(如填充、删除或插值)、纠正错误数据、删除或修正异常值、合并重复记录等。此外,还需要对数据进行格式化,确保数据的一致性和可分析性。在进行数据清洗时,对于缺失值,可以采取填充(如用均值、中位数、众数填充,或者使用预测模型进行填充)或删除(直接删除含有缺失值的记录或变量)的方法。对于异常值,可以采用统计方法(如基于均值、标准差的方法)或基于模型的方法(如聚类分析)来识别异常值,并进行删除或修正。对于噪声数据,可以采用平滑技术(如移动平均法、指数平滑法等)来减少噪声的干扰。

(三)数据处理

数据处理是数据挖掘的核心环节，涉及对数据进行转换、规约、集成和特征提取等操作，以揭示数据中的模式和关系。数据处理的方法有聚类、分类、关联规则、决策树、协同过滤等。在传播学中，经常被用到的数据处理方法有 LDA(Latent Dirchlet Allocation)主题提取算法、TF-IDF(Term Frequency-Inverse Document Frequency)文本特征提取算法、K-means 聚类算法、SnowNLP 情感分析算法等，用于对数据进行特征提取、态度分析、主题聚类等处理。其中，LDA(潜在狄利克雷分布)主题提取算法，通过挖掘文本数据中的潜在主题分布，帮助研究者理解和分析海量文本数据的核心内容；TF-IDF(词频-逆文档频率)文本特征提取算法，是一种评估词语对于一个文件集或一个语料库中的其中一份文件的重要程度的统计方法，广泛应用于文本分类、信息检索等领域；K-means 聚类算法在传播学中常被用来对社交媒体上的用户群体、新闻话题等进行聚类分析，揭示用户行为模式或新闻传播的热点趋势；SnowNLP 情感分析算法，则是一种简便的中文文本情感分析方法，能够识别文本中的正面或负面情感倾向，为舆情监测、品牌口碑分析等提供有力支持。

三、用户画像的构建方法

自用户画像概念诞生起，它便迅速在精准传播等多个领域彰显出广泛的应用潜力，成为精准描绘用户特征、敏锐捕捉用户需求的重要工具。这一理念的先驱可追溯至被誉为“交互设计之父”的库珀(Cooper)，他创造性地提出用户画像是基于翔实数据的虚拟用户形象。用户形象作为目标用户群体的精确缩影，极大地强化了用户在产品开发与市场策略中的核心驱动角色。在用户画像的构建过程中，可深入剖析用户的人口统计特征，如性别、受教育水平等，同时兼顾社交互动模式、行为习惯等多维度标准。通过系统化地收集并分析用户数据，结合具体业务场景的需求，最终可将复杂数据转化为直观可视的形式，构建出一个高度个性化且标签丰富的用户模型[①]。用户画像的构建从确立目标开始，到与产品结合进行落地，是一套系统的流程。

(一)确立目标与画像维度

在着手构建用户画像之前，首先需要深入思考并明确构建画像的具体目的。

---

① 徐芳、应洁茹：《国内外用户画像研究综述》，《图书馆学研究》2020 年第 12 期，第 7－16 页。

对于不同的目的导向，应该采取不同的数据收集与分析策略。例如，若目标是产品优化，可能需要重点关注用户的使用习惯、痛点反馈及满意度评价；而若目标是市场营销，则可能更侧重分析用户的购买行为、品牌忠诚度及潜在需求。明确了业务目标与用户角色后，接下来要根据这些要素设计用户画像的信息维度。不同目标下的画像需求各异，所涉及的用户数据也不同，而用户数据包括行为数据（如浏览轨迹、交易记录）、态度数据（如满意度调查、情感分析）、偏好数据（如兴趣标签、消费偏好）等多个方面。因此，在规划信息维度时，需要紧密结合自身业务特点，有针对性地筛选出对实现目标最具价值的信息维度，避免信息冗余与资源浪费。

（二）确立用户调研方法

在明确画像信息维度的基础上，需要综合考虑用户特性、时间成本、预算限制等因素，挑选适宜的调研手段以高效收集信息。针对产品生命周期的不同阶段，应采取相匹配的调研策略。

1. 新生期

此时产品形态尚处探索阶段，目标用户群亦在逐步清晰中。推荐采用访谈法，特别要针对行业专家及竞品用户进行深入交流，聚焦于他们使用类似产品的具体场景与核心痛点，为后续开发可行性产品提供实证基础。

2. 成长期

随着产品迅速获得市场认可，用户基数激增，用户群体自然分化。在此阶段，宜采用定量研究方法，结合已有用户数据对用户进行细分，随后辅以定性研究，深入了解各细分用户群的具体需求与偏好，以便精准施策，逐一解决成长中的痛点。

3. 成熟期

步入成熟期，用户增长趋于稳定，产品策略需兼顾稳定与优化创新。通过定性研究探索潜在的蓝海市场或用户未满足需求，以寻找新的增长点，然后通过 A/B 测试、行业数据分析等量化方式测试新的增长点。

4. 衰退期

面对市场衰退迹象，首要任务是定性分析衰退原因，识别是由产品老化、市场竞争加剧所致，还是由用户需求变迁所致。基于这些洞察，灵活调整产品策略，包括功能迭代、市场定位调整等，以延缓衰退或寻找转型机会①。

（三）制订计划与收集数据

在明确目标与方法后，需要对整个研究进行细化，制订具体翔实的执行计划并落地，把控整体节奏以收集有效的信息。要识别并评估可用于构建用户画像的数据源，包括企业内部数据（如 CRM 系统、交易记录等）和外部数据（如社交媒体数据、第三方市场研究报告等）。根据分析结果，采用适当的方法和技术从各数据源中采集数据，包括 API 调用、数据爬取、数据导入等多种方式。

（四）标签体系设计与提取

构建用户画像的核心工作就是给用户打“标签”，每个标签只能表示一种含义，以避免标签之间的重复和冲突，便于计算机处理，也方便相关人员理解每个标签的含义。此外，标签的粒度控制成为一种技巧，既需细致入微以捕捉用户个性，又要避免过度细化而导致体系臃肿与实际应用不便。下面列举了各个大类常见的底层标签。

①人口标签：性别、年龄、地域、受教育水平、出生日期、职业、星座等。

②兴趣特征：兴趣爱好、使用 App/网站、浏览/收藏内容、互动内容、品牌偏好、产品偏好等。

③社会特征：婚姻状况、家庭情况、社交/信息渠道偏好等。

④消费特征：收入状况、购买力水平、已购商品、购买渠道偏好、最后购买时间、购买频次等。

在构建用户画像时，用户标签是一整套体系，且标签体系都是层次化的。在构建标签时，只需要构建最下层的标签，就能够映射出上面两级标签，即从原始数据抽象提炼出事实标签和模型标签之后，就可以推断生成高级标签。用户画像的标签体系设计如图 4－5 所示。

作为标签体系的基础，事实标签直接来源于用户注册信息、交易记录等原始数据，或通过简单统计计算得出。这类标签构建快速，准确度高，为后续标签挖掘工作奠定了坚实基础。

---

① 群核科技用户体验设计：《构建用户画像的流程与方法》，2020 年 12 月 9 日，见 https://www.woshipm.com/user-research/4294590.html。

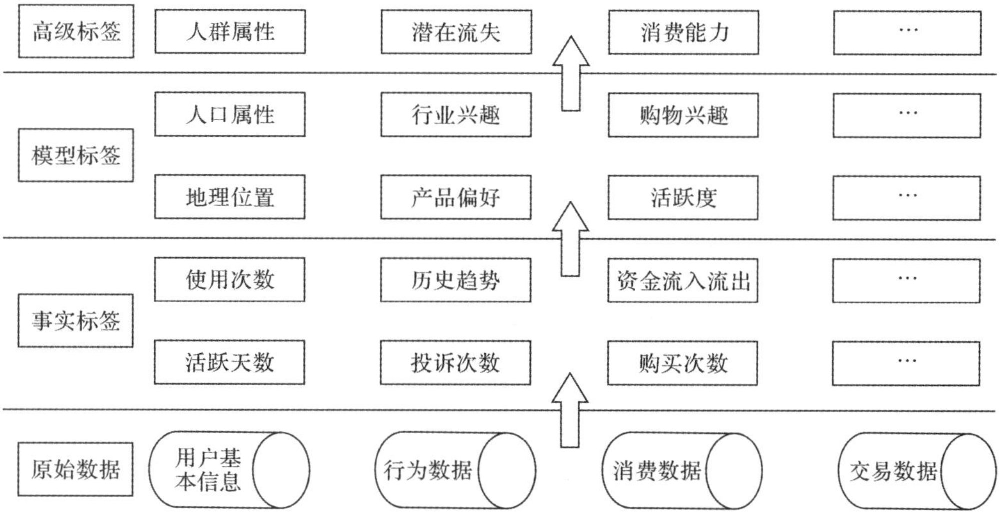

图 4-5 用户画像的标签体系设计

作为标签体系的核心与难点，对模型标签的构建依赖于复杂的算法与模型，如机器学习、自然语言处理等先进技术。通过对大量用户数据的深度分析，提取出隐藏的用户特征，如消费潜力预测、兴趣偏好细分等，极大地提升了用户画像的精准度与深度。

基于对事实标签与模型标签的综合分析，构建出与具体业务目标高度相关的高级标签。这些标签往往直接反映用户的业务价值，如用户忠诚度、潜在价值评估、市场细分等，为企业决策提供有力支持①。

（五）特征识别与角色聚类

构建用户画像是一个深度挖掘与精细划分的过程，其核心目标并非孤立地分析单一用户行为，而是旨在识别并聚合具有相似特征、行为模式及心理倾向的用户群体。因此，在对用户打标签之后，需要识别关键的行为特征，将调研到的用户与行为变量进行一一对应，并识别差异化行为模式。以行为变量为依据进行用户与行为变量对应时，重要的是保持灵活性与相对准确性，无需苛求每一个对应都绝对精准，而是要确保能够相对清晰地勾勒出用户行为的轮廓与趋势。梳理完后，通过观察可发现某些用户群体聚集在几个行为变量上，它们构成了一个显著的行为模式，由此聚类出某个角色类型（见图 4-6）。完成角色聚类后，就可以梳理每类角色的行为、目标、痛点等维度特征，形成画像的基本框架，并对每个角色进行属性信息、场景等详

① 大数据 DT：《终于有人把用户画像的流程、方法讲明白了》，2021 年 7 月 12 日，https://cloud.tencent.com/developer/article/1845290。

细描述，形成完整的用户画像，以此帮助内容传播者、企业等主体根据不同的用户类型进行选题策划和决策分析。

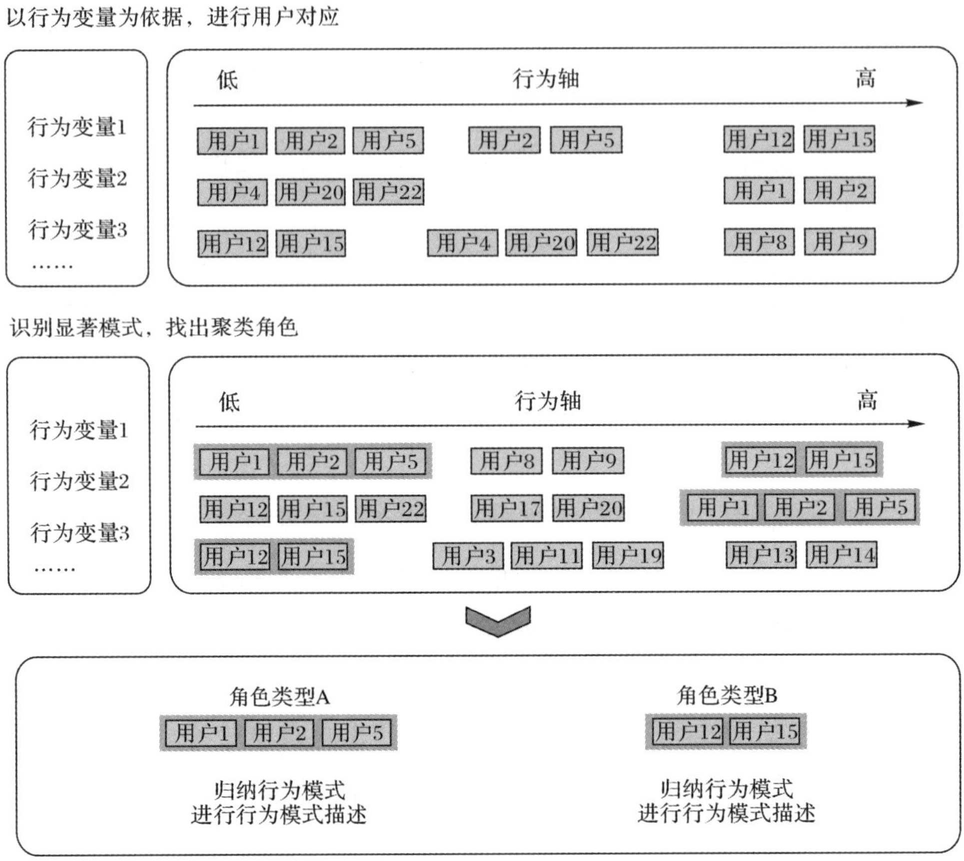

图 4-6 用户角色聚类方法

第四节 个性化的内容推荐系统

一、内容推荐系统的起源

随着互联网技术的飞速进步，我们步入了信息爆炸的新纪元。海量信息的涌现，既为用户提供了前所未有的丰富资源，也带来了双重挑战：一是从信息海洋中筛选出个人兴趣点的难度剧增；二是众多冷门信息沦为“网络暗角”，难以触及普通用户视野。以 Netflix 的数万部电影、亚马逊的数百万册书籍、Delicious 上超过十亿的网页收藏为例，这些庞大的信息库使得全面浏览成为奢望，更别说找到自己感兴趣的部分。然而，传统的搜索算法只能向搜索内容的用户呈现一样的排序结果，无法根据用户个性化兴趣调整结果排序，其效能受限，加剧了信息利用率低下的问题。

造成的问题是用户虽能轻松触及信息，但是却不能很快筛选出自己需要的信息。另外，当信息量激增至用户处理能力所不能及时，用户对信息的响应会呈现出与信息量增长相反的趋势而减弱，这种现象直接关联到用户准确理解信息的能力①。图4－7展示了用户认知正确度与信息量之间的关系。

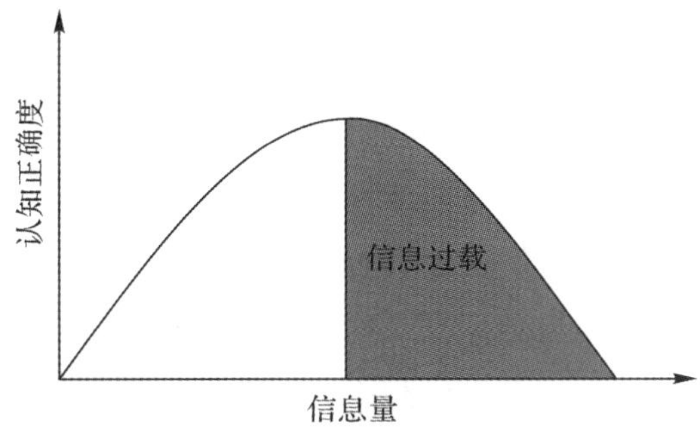

图 4－7　用户认知正确度和信息量之间的关系

上述信息过载的问题很快成为现代信息服务的主要挑战。在此背景下，个性化内容推荐系统应运而生，成为缓解信息过载问题的利器。作为一种高级的信息过滤机制，它颠覆了传统信息检索的用户主动模式，转而对信息资源采取主动推送策略，基于用户历史兴趣进行分析和利用，构建用户和内容之间的个性化模型，预测并推荐用户可能喜爱的内容。综上所述，个性化推荐系统的核心在于智能过滤，它替代用户完成了对未知产品或内容的初步评估与筛选，实现了信息的高效、精准传递。

二、内容推荐系统的构成

一个完整的推荐系统由三个部分组成：收集用户信息的行为记录模块、分析用户喜好的模型分析模块和呈现个性化内容的推荐算法模块②。

（一）行为记录模块

行为记录模块是推荐系统的基石，它负责全面捕捉用户在平台上的各类交互行为，系统通过记录用户的访问日志来收集浏览、点击、搜索等数据，包括但不限于用户行为数据（如浏览、点击、购买、评分、评论等）、用户基本信息（如年龄、性别、地理位置等）以及外部数据源（如社交媒体信息、天气、节日等可能影响用户兴趣的因素）等，这些数据是了解用户兴趣偏好的直接来源。对于新用户或新用户群体，由于他

① CHARLES I, O' REILLY A, "Individuals and information overload in organizations: Is more necessarily better?", The Academy of Management Journal, Vol. 23, No. 4(1980), pp. 684－696.

② 刘建国、周涛、汪秉宏：《个性化推荐系统的研究进展》，《自然科学进展》2009 年第 1 期，第 1－15 页。

们的行为数据较少，可能会导致推荐系统难以准确地了解他们的需求和兴趣，此时可以借助关联规则，通过关联与其基本信息数据相似的其他用户的偏好来推荐内容。在实时性要求较高的场景下，行为记录模块还需要能够实时地收集和处理用户的行为数据，以确保推荐结果的时效性。

（二）模型分析模块

模型分析模块是推荐系统的“大脑”，它基于行为记录模块收集的数据，运用统计学、机器学习等先进技术，深入剖析用户的喜好模式和消费习惯，形成用户的个性化画像。该模块的核心任务在于构建并优化用户模型，对用户数据进行分析和建模，预测用户的潜在兴趣和行为趋势。其中，特征工程是模型分析模块的重要组成部分，它通过对原始数据进行处理、转换和选择，提取出对推荐效果有显著影响的特征，提高模型的预测能力。同时，模型分析模块还需兼顾用户之间的相似性，以便在冷启动或数据稀疏的情况下，通过相似用户的行为来辅助推荐。

（三）推荐算法模块

推荐算法模块是推荐系统的“执行者”，它利用模型分析模块生成的用户模型和偏好预测，结合产品集合的实时状态，运用各种先进的推荐算法（如协同过滤、基于内容的推荐、混合推荐等），从海量产品和内容（物料池）中筛选出最符合用户个性化需求的内容进行推荐。推荐算法需要兼顾推荐的准确性、多样性、新颖性、实时性等多个维度，以平衡用户体验和平台收益。此外，推荐算法模块还具备自我学习和优化的能力，能够根据用户的反馈（如点击、购买、停留时间等）不断调整推荐策略，实现推荐效果的持续优化。

推荐算法模块通常构建于三层结构之上。首层为召回层，该层通过实施高效的召回策略、算法或简易模型，结合深度学习中的 Embedding 嵌入技术，迅速从庞大的内容库中筛选出用户可能感兴趣的候选项，确保推荐过程的高效启动。紧接着是排序层，也被称为精排层，它是推荐效果的关键塑造者。该层运用复杂的排序模型，对初步筛选出的候选集进行深入排序优化，同时利用深度学习模型强大的函数拟合能力，不仅提升了推荐的准确性，还显著增强了系统的适应性和表达能力。最后一层是补充策略与算法层，也常被视为再排序层。在最终将推荐列表呈现给用户之前，该层会兼顾多样性、流行度、新鲜度等指标，通过一系列精细的补充策略和算法，对推荐列表进行微调与优化，确保最终展现给用户的推荐内容既符合个人兴趣，又具备广泛吸引力和时效性，从而提升用户体验。内容推荐系统操作流程图如图 4－8 所示。

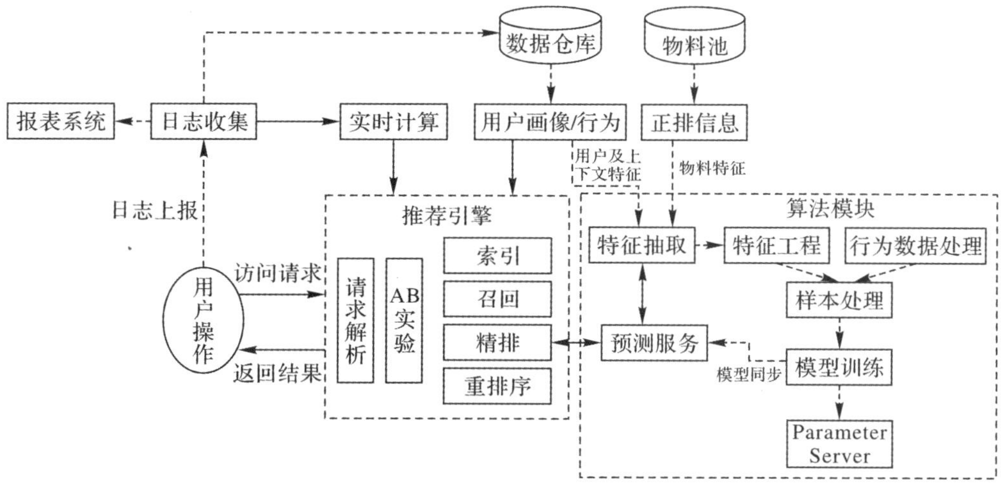

图 4－8　内容推荐系统操作流程图

三、内容推荐系统的演进

近年来，随着人工智能技术的飞速发展，基于机器学习技术的推荐系统逐渐取代了协同过滤等传统的推荐技术，推动内容推荐系统的升级迭代。基于深度学习的推荐系统通过深入挖掘数据的潜在特征，能够更精准地捕捉用户的深层次偏好，有效应对各类复杂用户数据的处理挑战。常用于推荐系统中的深度学习模型有递归神经网络、卷积神经网络、生成式对抗网络。

（一）基于递归神经网络的推荐技术

基于递归神经网络（Recursive Neural Network，RNN）的推荐技术通过其内置的循环结构，自然地适应了用户行为数据的时间序列特性，可精准捕捉用户行为的时序依赖性和动态演变趋势。在推荐场景中，用户的点击、浏览、购买等行为序列构成了时序数据，RNN 能够有效利用这些数据，深度挖掘用户行为模式，进而提升推荐的精准度。RNN 不仅限于简单地记录用户历史行为，更能基于这些行为序列预测用户的下一步行动，使推荐系统能够更前瞻性地提供个性化内容。因此，基于 RNN 的推荐技术在构建用户浏览历史和顺序依赖模型方面表现出色，与基于相似度和基于矩阵分解的方法相比拥有显著优势：其一，它有效缓解了数据稀疏性问题，并巧妙融入了时间维度这一关键要素，使推荐更加贴近用户实时兴趣和需求；其二，在推荐和短期预测方面，RNN 更擅长捕捉用户偏好的快速变化。

（二）基于卷积神经网络的推荐技术

卷积神经网络（Convolutional Neural Networks，CNN）是一类包含卷积计算且具有深度结构的前馈神经网络。基于卷积神经网络的推荐系统的核心优势在于能够从多样化数据源中高效提取潜在特征与关键信息，尤其是针对图像、音频等非结构化数据，展现出卓越的处理能力。在社交媒体及富含视觉元素的网站平台上，CNN 的应用尤为广泛。CNN 通过卷积层和池化层的组合，能够捕获用户行为数据中的局部特征和全局特征。例如，在基于物品的推荐中，CNN 可以自动学习物品之间的相似性和差异性，从而为用户推荐相似的物品。除了提取非结构性数据等丰富数据来源，基于 CNN 的推荐技术还会兼顾数据的顺序模式，这是影响推荐效果的关键因素之一。通过捕捉用户近期交互物品间的序列关系，CNN 能够更准确地预测用户未来的兴趣走向，从而优化推荐列表的排序与构成，提升推荐的时效性与针对性。

(三)基于生成式对抗网络的推荐技术

生成式对抗网络(GAN)，作为一种前沿的深度学习架构，其由两大核心组件构成，即生成性网络模型与判别性网络模型。在推荐系统领域，GAN 通过这两个模型的相互竞争与协作机制，深入解析用户的历史行为数据，精准筛选出用户最可能感兴趣的选项。具体来说，生成性网络模型可以根据用户的历史行为和兴趣偏好，生成一系列用户可能感兴趣的样本；而判别性网络模型则负责判断这些样本是否真正符合用户的兴趣。通过生成性网络模型和判别性网络模型的对抗训练，可以不断优化推荐列表的质量。基于 GAN 的推荐系统凭借其快速运行、高效样本生成及简便运算等多重优势，显著提升了推荐系统的精准度与结果的多样性，这不仅有助于拓宽用户的兴趣边界，还可助力在线服务提供商深入挖掘用户的潜在需求与价值，但是其目前还存在不收敛以及推荐结果过度自由化等问题[①]。

---

① 刘君良、李晓光:《个性化推荐系统技术进展》,《计算机科学》2020 年第 7 期,第 47－55 页。

第五章　内容消费与用户智能交互

2024年初，OpenAI发布的视频生成大模型Sora与龙年春节两大热点相遇，无论是平台、品牌，都在把握这一机遇。一向擅长营销的可口可乐开展了一场春节互动营销，用户可以生成个人数字形象，并形成个性化语音，生成动画视频进行拜年。支付宝也设计了人工智能找“福”程序，进一步升级其经典的集五福活动。上述营销活动都是利用人工智能技术生成创意内容，并拉动用户进行互动，这类案例是新技术下内容消费和互动的一个缩影。在本章，笔者重点介绍内容消费的概念与形式、内容消费主要的媒介产品、智能搜索与生成式信息检索以及智能交互界面的开发与设计，深入探讨智能时代的内容消费与用户智能交互。

第一节　内容消费的概念与形式

人工智能技术正在全面进入各行各业，内容领域受到的影响迅猛而深刻，内容行业的全流程将会产生变革与升级。在内容生产环节，人工智能技术成为新的支撑性技术，渗透进内容生产的具体流程和逻辑中，形成了新的人机协同生产模式。在内容分发环节，以算法为核心的技术，推动用户精细化画像和精准、个性化投放的发展。内容消费作为最后环节，也不再与生产、分发泾渭分明，而是进一步融合交织。为了深入理解智能传播时代的内容消费如何变革，首先需要厘清内容消费的概念、形态与类别。

一、内容消费的概念

（一）内容与内容消费

内容是一个广义概念，需要先对其进行限定。在内容消费中，“内容”可以被定义为被用户或受众接收、获取或交互的各类形式信息。

内容消费是现代社会中人们获取信息、娱乐、学习和社交的重要方式。随着互联网和移动设备的普及，内容消费的方式和渠道也在不断增加和变化。用户可以通过各种平台和应用程序，如社交媒体、视频分享网站、在线阅读平台、音频应用、游戏平台等，随时随地浏览和消费他们感兴趣的内容。

对于内容创作者和分发者来说，了解用户的内容消费习惯和偏好，提供高质量、有价值的内容，是吸引和留住用户的关键。同时，随着人工智能、虚拟现实、增强现实等技术的发展，内容消费的方式也将继续演变，为用户带来更加丰富和沉浸式的体验。

（二）内容消费与内容付费的关系

内容消费和内容付费在数字时代中紧密相连，它们之间既有关联，又存在差异。

1. 关联之处

（1）内容消费与内容付费相互促进

内容消费是内容付费的前提，没有广泛的内容消费需求，内容付费市场就难以形成和发展。同时，内容付费也推动了高质量内容的生产和传播，进一步促进了内容消费市场的繁荣。

（2）两者共同构成数字内容市场

内容消费和内容付费是数字内容市场的两大支柱。消费者通过内容消费满足精神需求，而内容付费则为内容创作者和平台提供了经济激励，促进了内容的持续产出和创新。

（3）两者交互影响用户行为

内容消费习惯和内容付费意愿相互影响。用户的消费习惯逐渐从免费转向付费，对高质量内容的追求促使他们愿意为有价值的内容付费。同时，付费内容的丰富和多样性也进一步激发了用户的消费欲望。

2. 差异之处

（1）内涵不同

相较于内容消费是指用户通过各种渠道获取一定内容的行为，内容付费特指用户通过付费来获取特定内容或服务的行为①，这些内容或服务通常具有更高的价值或独特性，如专业知识、独家报道、高清视频等。

（2）消费模式不同

内容消费可以是免费的，也可以是付费的。在免费模式下，用户可以通过各种渠道免费获取内容；在付费模式下，用户需要支付一定的费用才能获取特定内容。内容付费明确以付费为前提，用户需要支付一定的费用才能获取所需的内容或服务。付费模式包括单次付费、订阅制、会员制等多种形式。

---

① 李月起、江涛：《智媒时代报业付费和免费内容的共生关系探索及启示》，《重庆工商大学学报（社会科学版）》2023 年第 5 期，第 163－171 页。

(3)获利方式不同

在内容消费的免费模式下，内容创作者和平台可能通过广告、赞助等方式获取经济收益；在内容付费模式下，内容创作者和平台则直接通过用户付费获取收益。内容付费模式为内容创作者和平台提供了更为直接和稳定的经济激励。通过内容付费模式，内容创作者可以获得创作回报，平台也可以实现盈利和持续发展。

(4)市场定位不同

内容消费的市场定位更加广泛，涵盖了各种类型的内容和消费群体。内容付费则更加聚焦于高质量、高价值的内容和服务，面向对内容有更高要求的消费群体。

综上所述，内容消费是人们对互联网上丰富多样的信息内容进行的选择与利用，它构成了不断满足个体信息渴求与消费欲望的核心驱动力。在本质上，内容消费与内容付费紧密相连，两者均是将多元化的信息内容转化为可供购买的产品或服务形态，进而通过市场的交易机制来实现商业价值和盈利目标。

二、内容消费的形态与类别

从报纸杂志、广播电视等传统媒体到互联网技术发展后传统媒体数字化转型、门户网站兴起等，可供受众进行内容消费的产品日益丰富，其形态和类别也在不断发生变化，但发展脉络仍有迹可循。在讨论内容消费的形态时，本书中的内容消费是指提供给受众进行内容消费的产品的表现形式。

(一)内容消费的形态

1. 图文

图文包含三种形式，即文字、图片或图文结合。文字形式包括纸质或电子书籍与刊物、纯文字微博等，图文结合形式包括小红书、微博、知乎等平台上的配文/图帖子等。

2. 音频

音频是指通过声音传递信息的内容形式，如广播、有声书、播客、音乐等。

3. 视频

视频是结合了图像和声音的内容形式，根据时长可以分为长视频(如电影、电视剧)和短视频(如抖音、快手等短视频平台上的内容)等。

(二)内容消费的类别

可以根据两种分类依据对内容消费进行分类：一是根据信息来源，即受众通过什么渠道获取内容分类；二是根据受众需求，即受众出于何种目的进行内容消费分类。

1. 根据信息来源分类

(1)基于导航的内容消费

通常表现为用户在网页或 App 等平台的首页，根据信息提供方的频道分类、模块设置等进行信息获取。这种消费方式需要信息提供方设置清晰的导航以满足用户的获取需求。这类消费形式的常见场景有电商平台、视频客户端、分类信息网站等。

(2)基于个性化推荐的内容消费

通常表现为利用大数据和算法抓取和监测用户信息，形成用户画像后进行个性化的内容推荐。这种形态的消费随着技术发展、用户习惯变化，已经成为内容消费的主流类型之一。

(3)基于社交网络服务(Social Networking Services，SNS)的内容消费

通常表现为关键意见领袖(Key Opinion Leader，KOL)发布用户生成内容(User Generated Content，UGC)等，基于社交这一连结性更强的属性，在微博、微信朋友圈等社交平台进行内容消费。这种消费方式往往传播范围广、传播速度快、影响程度深，优质的、易于引发讨论和共情的内容在社交网络上进行传播时，可能带来几何式的增长。

2. 根据受众需求分类

(1)生活社群类的内容消费

这是指用户为辅助日常生活，提升生活便利程度需要获取的信息，如天气、路线规划、购物等，社群如当下流行的社区团购、本地生活平台，还包括在海外生活的留学生、移民为交换或买卖闲置物品，互通消息的信息。这类信息在内容质量上主要追求精准和时效性。

(2)知识技能类的内容消费

这是指用户为获取新知、提升技能而消费的内容，如专业文章、在线课程、教育类视频等，如知乎的付费专栏、艾瑞咨询等机构的研究报告、中国大学 MOOC(慕课)等。除了专门提供知识提升的垂直平台，一些以娱乐性质为主的综合视频平台也会提供知识提升类内容，如年轻群体津津乐道的“B 站大学”，就是指哔哩哔哩平台中 UP 主提供的知识类视频能够满足许多大学生技能学习、经验获取等的需求，或“人人都是产品经理”等网站，为某一类型或多种类型的职业群体提供有助于其工作、谋生的信息。

(3)兴趣娱乐类的内容消费

这是指用户为满足兴趣爱好、获得娱乐享受而进行消费的内容,如电影、动漫、电视剧、音乐等。值得注意的是,目前一些资讯获取类平台,如字节跳动旗下的今日头条 App 会把其新闻资讯内容尽可能娱乐化,通过猎奇、充满悬念的标题和通俗易懂的内容,获得用户关注,实则产生了很大程度的娱乐效果。

三、智能时代的内容消费

智能时代是以智能化技术为核心,依托物联网、大数据、云计算、人工智能等技术,实现万物互联、数据驱动与智能决策的时代。这一时代不仅推动了社会经济的快速发展,也深刻改变了人类的生活方式。

(一)智能时代内容消费的变化

智能时代的内容消费发生了显著的变化,这些变化主要体现在以下几个方面。

1. 个性化与定制化消费

在智能时代,算法和大数据技术被广泛应用于内容推荐系统,通过分析用户的兴趣、行为等数据,为用户提供个性化的内容推荐。这种个性化的推荐方式,提高了用户的内容消费体验,使用户能够更快地找到感兴趣的内容。

一些平台还提供了定制化服务,允许用户根据自己的需求定制内容。例如,用户可以订阅特定领域的新闻、关注感兴趣的博主等,从而获得更加精准和个性化的内容推送。

2. 消费方式的多样化与便捷性

随着移动互联网的普及,用户可以在手机、平板电脑等多个平台上进行内容消费,实现了跨平台联动消费。这种多平台并行的消费方式,使用户能够随时随地获取所需内容,提高了内容获取的便捷性。

智能手机已经成为内容消费的主要载体,用户更倾向于在移动设备上浏览新闻、观看视频、阅读文章等。这种移动化的消费方式,使得内容消费不再受时间和空间的限制。

3. 消费的即时性与互动性

在智能时代,用户与内容生产者之间的互动更加频繁和实时。用户可以通过评论、点赞、分享等方式与内容生产者进行互动,表达自己的观点和看法。这种实时互动的方式,提高了用户的参与感和黏性。

用户还倾向于在社群中分享和交流内容，形成共同的兴趣和认知。这种社群化的交流方式，使得内容消费不再是一个孤立的行为，而是一个具有社交属性的活动。这种互动性的增强不仅提高了用户的参与感和黏性，还促进了内容的传播和分享。

（二）智能时代的内容消费困境

智能时代也给内容消费领域的平台、用户以及整个生态带来了前所未有的挑战。

1. 信息过载与筛选难度

在智能时代，信息量爆炸式增长，用户面临信息过载的问题。如何从海量信息中筛选出有价值的内容成为一大挑战。同时，智能推荐系统也可能存在“信息茧房”现象，即只推荐用户感兴趣的内容而忽略其他重要信息。

2. 隐私保护与数据安全

智能技术需要收集和分析用户数据以实现个性化推荐等功能，但这也带来了隐私保护和数据安全的问题。如何确保用户数据不被滥用和泄露成为重要挑战。

3. 内容质量与真实性

在智能时代，内容生产门槛降低，但也带来了内容质量和真实性的问题。虚假信息、低质量内容泛滥可能对用户造成误导和伤害。因此，如何确保内容的质量和真实性成为内容生产者和平台需要面对的重要问题。

4. 技术更新与适应性

智能技术发展迅速，新技术层出不穷。内容生产者和平台需要不断跟进技术更新以保持竞争力。同时，用户对新技术的适应性也存在差异，如何确保新技术能够惠及广大用户也是一大挑战。

第二节　内容消费主要的媒介产品

内容消费需要依托媒介产品进行，无论是新闻、娱乐、教育，还是其他类型的内容，都需要通过媒介产品传播给消费者。媒介产品则需要内容来吸引和留住消费者。优质的内容是媒介产品吸引用户的关键，也是媒介产品实现其价值的基础。内容消费的增长能够推动媒介产品的创新和发展。媒介产品的内容优化和升级也反作用于内容消费的提升。通过提供更好的呈现方式、更便捷的内容获取渠道和更丰富的互动体验，媒介产品能够吸引更多的消费者参与内容消费。在本节，笔者将梳理内容消费媒介产品的演进历程，并对媒介产品的类型与特征进行分析。

一、内容消费媒介产品的演进历程

内容消费的媒介产品经历了从传统媒体到新媒体的演进历程，这一历程可以大致分为以下两个阶段。

（一）传统媒体阶段

1. 纸质媒体

造纸术和印刷术的发明，使得报纸和杂志成为内容传播的重要载体。这些媒介通过文字和图片向大众传递新闻、信息和娱乐内容。早期的报纸如《申报》，杂志如《耕耘》《米其林指南》等，都是内容消费的重要媒介。这一时期的内容以文字和图片为主，传播范围有限，但具有较高的权威性和深度。

2. 广播

20 世纪 20 年代，随着无线电技术的发展，广播应运而生。广播通过声音传播信息，打破了时间和空间的限制，使内容消费更加便捷。这一时期的内容以音频为主，它传播速度快，覆盖范围广，成为当时重要的内容消费媒介。

3. 电视

第二次世界大战后，随着电视技术的普及，电视成为内容消费的主流媒介。电视通过图像和声音的结合，提供了更加直观和生动的信息传递方式。电视兴起后，内容逐渐变得丰富多样，包括新闻、电视剧、综艺节目等，满足了不同人群的消费需求。

（二）新媒体阶段

1. 互联网媒体

20 世纪 90 年代，随着互联网技术的兴起，互联网媒体逐渐成为内容消费的重要渠道。人们可以通过电脑上网浏览新闻、观看视频、参与社交等。互联网媒体普及后，内容形式更加多样，包括文字、图片、音频、视频等，信息通过互联网传播速度更快，覆盖范围更广，用户可以通过搜索引擎快速找到所需内容。

2. 社交媒体

随着社交媒体平台的兴起，如 Twitter、微博、微信等，人们不仅可以通过社交媒体获取和分享信息，还可以进行社交互动，形成了更加紧密的内容消费社群。社交媒体使得内容生产与传播更加去中心化，用户既是内容的消费者，也是生产者，信息通过社交媒体传播速度极快，具有病毒式传播的特点。

内容消费的媒介产品经历了从纸质媒体到广播、电视，再到互联网媒体、社交媒体和移动媒体的演进历程。这一历程不仅反映了技术发展的推动作用，也体现了用户需求的变化和媒介产品的不断创新。

二、内容消费媒介产品的类别与特征

内容消费的媒介产品可以根据多个维度进行分类，以下是一些常见的分类方式。

（一）内容类型

1. 新闻资讯类

这是指提供新闻、时事、政策等信息的媒介产品，如新闻网站、新闻客户端等。

2. 娱乐休闲类

这是指提供音乐、视频、游戏等娱乐内容的媒介产品，如视频网站、音乐平台、游戏应用。

3. 教育学习类

这是指提供教育课程、在线学习资源的媒介产品，如在线教育平台、电子书籍、知识分享社区等。

4. 生活服务类

这是指提供购物、旅游、健康、金融等生活服务的媒介产品，如电商平台、旅游预订应用、健康咨询应用等。

（二）交互方式

1. 单向传播

如传统的报纸、杂志、广播、电视，内容主要由生产者单向传递给消费者，消费者之间的互动有限。

2. 双向或多向互动

如社交媒体、在线论坛、评论区等，消费者可以与其他消费者或生产者进行实时互动，反馈意见和看法。

（三）目标受众

1. 大众媒体

这是指面向广泛受众的媒介产品，如主流新闻网站、社交媒体平台等。

2. 垂直媒体

这是指面向特定领域或受众群体的媒介产品，如科技媒体、财经媒体、体育媒体等。

值得注意的是，以上分类方式并不是单一的，一个媒介产品可能同时属于多个类别。例如，一个新闻客户端可能既属于数字媒体，也属于新闻资讯类媒体，同时采用免费模式和付费模式，并面向大众阅读或观看。

三、智能时代内容媒介产品的商业模式特征

（一）内容生产与创新的多样化

人工智能生成技术、自动化新闻采编系统等被广泛应用于内容生产，大大提高了内容生产的效率和多样性。这些技术能够基于大数据和算法，快速生成或优化内容，满足用户多样化的需求。目前，人工智能技术已在新闻生产的全产业链被采用，为新闻工作者不断赋能，同时助推媒体走向更加智能化和高效化的道路①。

在智能时代，内容创新成为媒体竞争的核心。媒体需要不断探索新的内容形式、新的叙事方式和新的呈现方式，以吸引和留住用户。这种创新不仅体现在内容上，还体现在内容的分发、互动和反馈等各个环节。

（二）收入方式的多元化

1. 广告收入

广告收入仍然是内容媒介产品的重要盈利来源。然而，在智能时代，广告形式更加多样化，如原生广告、精准广告、程序化广告等。这些广告形式能够更好地融入内容，提高用户的接受度和点击率。同时，人工智能技术也使得广告投放更加精准，能够根据用户的兴趣和行为习惯进行个性化推送。

2. 内容付费

随着用户对高质量内容需求的增加，内容付费成为一种新的盈利模式。媒体可以通过提供独家内容、深度报道、专业分析等，吸引用户付费订阅或购买。此外，一些媒体还通过会员制度、打赏机制等方式增加内容付费的收入。

3. 电商与跨界合作

智能时代为媒体提供了更多的跨界合作机会。媒体可以与电商平台合作，将内容流量转化为电商流量，实现内容变现。同时，媒体还可以与其他行业进行跨界合作，共同开发新的产品或服务，拓展盈利空间。

4. IP 开发与运营

优质内容往往具有强大的 IP 价值。媒体可以通过开发 IP 衍生品、举办线下活

---

① 雷霞：《搜索引擎智能推荐的权力控制与人的能动性》，《现代传播（中国传媒大学学报）》2021 年第 5 期，第 145－151 页。

动、授权合作等方式，将内容IP转化为具体的商业项目，实现IP价值的最大化。

（三）用户关系的深度化

1. 用户洞察与精准营销

智能技术使得媒体能够更深入地了解用户的需求和行为习惯，从而进行精准的用户洞察和精准营销。通过数据分析和算法优化，媒体可以为用户提供更加个性化的内容和服务，提高用户满意度和忠诚度。

2. 社区化与互动化

智能时代的内容媒介产品越来越注重社区化和互动化。媒体通过建立用户社区、开展互动活动等方式，增强用户之间的连接和互动，提高用户黏性和活跃度。这种社区化和互动化的模式不仅能够提升用户体验，还有助于媒体收集用户反馈、优化内容生产和服务。

第三节　智能搜索与生成式信息检索

谷歌、百度等传统的搜索引擎巨头让信息获取突破了时空限制，但其搜索机制局限于关键词的机械分配。关键词的机械分配是指一种基于机械分词方法的关键词处理过程。这种方法主要利用正向或反向最大匹配等策略，将用户输入的查询字符串与预设的“充分大”的机器词典中的词条进行匹配，从而识别出要查询的关键词。这种方法依赖于词典的完备性和匹配策略的合理性，这就为传统搜索引擎带来了局限性。如果用户输入了词典中尚未收录的新词，可能会出现无法准确识别的情况，在输入有歧义字段时也存在准确度不高的可能性。总而言之，机械分配方法无法完全满足用户进行查询时的深层次需求和情感倾向，在给出结果时难以精确呼应用户的本质需求。

随着人工智能技术的浪潮席卷而来，智能搜索引擎如New Bing、Phind、YouChat、Perplexity等，为搜索引擎带来了变革性的发展，智能搜索融合了人工智能（AI）、自然语言处理（NLP）和机器学习（ML）等技术，为精准识别解析用户的搜索意图、区分灵活或模糊的搜索行为带来了可能性。

一、智能搜索在内容传播消费中的角色

（一）智能搜索与内容传播

1. 信息筛选与过滤

面对海量信息，智能搜索特有的算法模型与数据分析能力能够在最初环节发挥

作用，通过用户搜索关键词并确定与信息库的匹配度，迅速筛选出相关性强、价值性高的内容，可有效降低用户的信息过载压力，提升信息获取效率。

2. 传送个性化内容

智能搜索与传统搜索的关键区别之一就在于前者对用户的深度认知和精准定位，基于用户的搜索历史、浏览行为、兴趣偏好等数据，智能搜索为用户提供个性化的内容推荐。这种个性化的内容传送起到双向作用：对于用户而言，能够获得体验提升；对于内容创作者而言，也能够更快、更准地完成目标用户触达。

3. 提升内容分发效率

智能搜索的机制包括运用算法模型调整搜索结果排序、根据流量监测实现搜索关键词加权扶持等，这些机制能够有效提高优质内容曝光度，加速其传播速度。无论是对于平台，还是对于用户、创作者，合理运用这一机制对建设良好的内容生态都有着重要意义。

4. 连接跨平台内容

单一的平台内容已经无法满足多元化的信息需求，智能搜索能够高效整合不同平台的信息资源，打通内容传播的渠道，为用户提供简单、易于操作且统一的搜索窗口。在加快用户信息获取效率的同时，加快了平台间的信息融合和互通。

（二）智能搜索与内容消费

和智能搜索在内容传播中发挥的作用一致，智能搜索在内容消费环节也能够通过收集和分析用户的搜索历史、点击行为、浏览习惯等数据，深刻洞悉用户的行为偏好和消费诉求，从而提供精准、个性化的内容推荐。凭借其强大的算法和算力，也能够提高信息的检索、排序和推送效率，从而促进内容消费。除此之外，智能搜索还具有以下两大作用。

1. 优化内容供给

在内容生产和分发全过程，智能搜索系统能够全时段配合监控内容质量，并与反馈机制结合，收集用户评论，发现优质内容和创作者，识别和过滤低质量、无效重复以及存在违法违规信息的内容。从平台内部的搜索端口这一环节共建平台内容生态。

2. 辅助用户决策

在消费决策过程中，智能搜索首先通过自然语言处理（NLP）技术和深度学习算法准确解析用户的搜索意图，理解用户所需信息的核心要点。基于对用户意图的理解，再筛选出与用户需求高度相关且价值性强的信息。利用知识图谱技术，智能搜索能够实现数据穿透，将不同来源、不同维度的信息进行关联和整合，为用户提供更加全面、深入的决策依据。

综上所述，智能搜索在内容传播消费的全链路承担着个性化推荐、高效检索、生态建设、决策辅助和打通渠道等多重角色，为平台、创作者和用户提供更加便捷、高效、个性化的内容传播与消费服务。

二、智能搜索系统的原理与应用

（一）智能搜索系统的原理

1. 自然语言处理（NLP）

自然语言处理是智能搜索系统的奠基性技术，这项技术的主要原理是通过词法、句法和语义理解三种分析技术，将用户输入的自然语言转化为计算机能够处理和理解的信息。使用该技术的根本目的在于让计算机能够应对复杂而多样的人类语言，准确判定用户的搜索意图。

2. 索引构建与搜索结果排序

索引是快速定位信息的关键。索引构建是指对定期和实时更新不同级别的数据源，使用配置结合插件的方式完成包括正排、倒排以及对字典文件在内的搜索索引的加工，支持通用策略插件的低成本接入以及定制化策略的快速集成，以便于呈现丰富的搜索效果。这些索引将关键词与包含该关键词的文档或网页进行关联，确保在用户搜索时能够迅速找到相关信息。搜索结果排序也是智能搜索的核心步骤，智能搜索系统通过关键词匹配、语义相似度、文本长度、页面质量等衡量标准，判断搜索结果之间的相似度，并将搜索结果按照相关性强弱进行排序[①]。

3. 机器学习

机器学习包括监督学习、无监督学习和强化学习三种主要类型。监督学习运用有标注的数据集训练模型来预测或分类新的输入数据。比如在高德、百度地图等在线地图软件中，可利用监督学习算法，根据历史行驶数据对行驶路线进行预测和优化。无监督学习则是在没有标注数据的情况下，自动探索数据规律和特征。强化学习是指通过试错，优化学习与环境交互的算法。深度学习是机器学习的一个分支，它利用深度神经网络模型来处理复杂的数据特征，其图像识别、语音识别等能力被广泛应用在智能搜索导航中。

---

① 田建立、张震、徐战威：《以深度学习为基础的智能学习平台的分析和设计》，《中关村》2024 年第 4 期，第 94－95 页。

4. 多模态搜索

多模态搜索是一种前沿的搜索技术，多模态即多种形态，这种搜索能够同时处理文字、语音、图像、视频等类型的数据①。在布局了这种搜索机制的系统中，用户可以用多种形式与系统进行交互，大幅度提升搜索的灵活性和包容度。

（二）智能搜索系统的应用

智能搜索系统能够辅助内容个性化推荐、精准搜索与快速定位、跨模态搜索、跨平台实时信息聚合与呈现、深度内容理解与解析以及交互式搜索体验。这些应用不仅能提升用户的搜索体验，提升内容消费的质量与效率，还推动了内容消费模式的创新和发展。

以电子商务平台为例，用户的行为往往不局限于算法策划的商品推荐列表中，用户会利用平台内置的搜索引擎，实现对特定需求商品的精确查找。这一过程是电商平台获取关键用户流量及深度用户数据的重要渠道，也是理解消费者行为模式的核心步骤。传统搜索引擎因其核心机制的限制，主要依赖关键词匹配来检索平台内的商品，难以深度解析并精准回应消费者复杂多变的搜索意图。

智能搜索系统的技术革新给电商平台的这一难题提供了解决方案，智能搜索系统的自然语言处理技术能够精确解析用户的搜索意图并查询语句的深层含义，将其转化为计算机可高效处理的形式。同时，信息检索技术通过深入分析商品信息库与用户的具体需求，实现对庞大数据集高效的提取分析和精准的相关性排序，确保了搜索结果的针对性与实用性。此外，智能推荐算法则充分利用了用户的历史行为数据与偏好信息，为用户提供量身定制的搜索结果与商品推荐，进一步提升了搜索体验的个性化程度。

智能搜索系统支持包括关键词搜索、图像识别搜索、视频内容分析搜索以及先进的语义搜索在内的多种搜索模式。其中，关键词搜索基于用户输入的关键词直接进行精确匹配；图像搜索则允许用户通过上传图片来快速找到相似的商品；视频内容分析搜索则进一步扩展了搜索的边界，使用户能够通过上传与商品相关的视频内容，由系统利用算法分析并推荐视频中涉及的商品；语义搜索具有自然语言理解能力，可深刻把握用户搜索意图，提供精准的搜索结果。

智能搜索系统在电商平台的运用只是其中一个案例，以此类推，智能搜索系统对于内容消费领域有着变革性的影响。合理运用智能搜索系统对于提升效率、降低成本、改善用户体验都有着良好的发展前景。

---

① 田华：《智能化技术在音频制作中的应用与展望》，《电视技术》2023 年第 5 期，第 89－92 页。

三、生成式信息检索的原理与应用

生成式信息检索(Generative Information Retrieval,GenIR)是信息检索领域的新兴力量,这项技术没有延续传统搜索的相似度匹配路径,而是依托前沿的生成大模型来执行检索任务。具体而言,GenIR 系统凭借生成模型的能力能够直接“孕育”出与用户查询紧密相关的文档标识符,或是直接构建出准确可靠的回复内容,从而精准满足用户的信息需求。这一创新方法在处理用户查询时效率极高,因为它缩减了用户在海量检索结果中逐一筛选并提炼答案的烦琐过程,而是直接为用户提供定制化的信息结果[①]。

(一)生成式信息检索的原理

1. 自然语言处理(NLP)

生成式信息检索系统首先利用 NLP 技术对用户输入的查询语句进行解析,理解其语义和上下文关系。NLP 技术能够识别查询中的关键词、短语以及它们之间的逻辑关系,从而更准确地把握用户的查询意图。

2. 语义匹配模型

在自然语言处理的基础上,使用语义匹配模型来查询相关性最强的文本数据。语义匹配模型通常基于深度学习技术,如循环神经网络(RNN)、变分自编码器(VAE)或预训练语言模型(如 BERT、GPT 等)[②]。该模型能够将查询语句和文本数据都转化为向量表示,通过计算向量之间的相似度来评估它们之间的相关性。这种方法能够超越传统的基于关键词匹配的检索方式,更准确地捕捉查询和文本之间的语义联系。

3. 生成模型

承接语义匹配模型的功能,在相关性最强的文本数据被查询到后,生成式信息检索系统会利用生成模型来生成满足用户需求的文本结果。该模型同样基于深度学习方法,通过学习大量的训练数据来掌握生成符合语法、语义和上下文要求的文本的方法。生成模型不仅可以提供详细的回答、摘要、文章或其他形式的文本内容,还能够以自然语言的形式呈现,帮助用户提升使用体验、减轻理解压力。

---

① 卢新元、张进澳、雷晓鹏:《人工智能生成内容环境下用户信息行为研究:以对话式搜索引擎为例》,《情报理论与实践》2023 年第 12 期,第 84 - 92 页。

② 秦春秀、吕树月、王玉龙:《智能检索中基于生成式模型和伪相关反馈的查询扩展方法》,《图书情报工作》2024 年第 15 期,第 117 - 127 页。

（二）生成式信息检索的应用

生成式信息检索在内容消费领域也有着广泛应用，除前面提到的个性化内容生成与推荐外，还包括以下应用。

1. 内容提炼

生成式信息检索系统能够快速对大量内容进行分析，生成摘要或预览，这一功能被广泛应用在新闻客户端、音视频 App 等内容消费平台。在注意力稀缺、信息量快速增加的当下，生成式信息检索系统能提供文章、音频或视频的核心信息，不仅能够提升信息获取效率，也可帮助平台端大幅度减轻人力处理的压力和成本。

2. 创作辅助与内容生成

在影视创作、文章写作等领域，生成式信息检索系统为内容创作者提供了创意辅助。根据内容创作者的创作需求，生成式信息检索系统能够结合海量信息库的内容，生成契合用户需求的框架、文案、素材内容与链接，或提供建议，一方面提升了创作效率，另一方面开阔了灵感来源，但内容创作者也需要关注潜在的原创性削弱、内容质量良莠不齐、版权被侵犯等风险。

3. AI 助手与聊天机器人

在生成式信息检索系统的支持下，AI 助手能够模拟人类对话，帮助用户解答问题、完成任务或获取所需信息。用户可以通过与虚拟助手的对话，下达各种指令和任务，如搜索特定信息、预约服务、购买商品等。虚拟助手能够理解用户的意图，并利用生成式信息检索技术快速找到相关信息或执行相应操作。与此同时，AI 助手还具备知识问答的功能，可以从知识库中检索相关信息，并结合上下文生成准确的回答。这种问答方式不仅提高了信息获取的效率，还增强了用户的信任感和满意度。此外，AI 助手还能形成智能问答平台，能够在短时间内对用户的问题进行解析和回答，满足用户对于即时信息的需求。除满足知识性和实用性需求之外，聊天机器人还能满足用户的社交需求。基于文本的聊天机器人，能够通过自然语言实现人与机器的交互①。

4. 跨平台、跨模态内容检索

生成式信息检索技术可以将文本、图像、视频等多种模态的数据进行融合和匹配，实现更加丰富的信息检索体验。两个常见的应用场景是图搜和视频搜索。例如，许多用户的手机相册和搜索引擎平台内置了跨模态内容检索系统，用户可以输

---

① 张妍、赵宇翔、吴大伟：《人智交互情境中用户对生成式人工智能的心智感知及反应研究》，《情报理论与实践》2024 年第 8 期，第 140－149 页。

入文字描述，相册或平台就会给出相关的图像内容，大幅度提升搜索的效率和精准度。在视频搜索中，爱奇艺、优酷、芒果等平台都提供了文字检索定位视频片段的功能，用户可以输入感兴趣的演员、关键剧情等的文字信息，通过生成式信息检索技术来快速定位视频中的关键片段，提升用户的内容消费体验。

智能搜索系统和生成式信息检索系统都在内容消费领域有着广泛应用和极大发展潜力。值得注意的是，生成式信息检索系统与智能搜索系统有所差异：智能搜索系统更注重对搜索结果进行智能排序、聚合和展示，并提供导航功能，帮助用户更便捷地浏览和发现信息；而生成式信息检索系统则侧重于通过生成模型直接生成相关内容，更强调“生成性”。两项技术都在不断进步、相互配合，后续应用会有更深入的拓展。

【案例 5-1】

谷歌 I/O 大会：人工智能搜索与生成新纪元开启[①]

2024 年 5 月 15 日，谷歌在 I/O 开发者大会上强势回应 OpenAI 的 GPT-4o 发布，通过一场聚焦于人工智能的盛大发布会，展示了其深厚的人工智能科研实力并预示着人工智能驱动的搜索与智能对话新时代的到来。会上，“人工智能”一词被高频提及，成为核心亮点，谷歌同步发布了 11 篇与人工智能相关的博客，详解最新进展。核心亮点之一是 Gemini 多模态模型的升级。Gemini 1.5 Pro 的上下文处理能力翻倍至 200 万字符，显著增强了处理复杂任务的能力，尤其在搜索领域，通过 AI Overview 功能，用户可获得更精准、全面的长文本答案，标志着搜索体验的重大飞跃。

在视频生成领域，谷歌推出了旗舰模型 Veo，能够生成高质量、多风格的 1080P 视频，甚至可理解并呈现复杂电影术语，展现了强大的视频创作能力。尽管与竞争对手相比，在细节处理上略有不足，但 Veo 的连续视频生成能力已相当可观。

此外，谷歌还推出了第六代 TPU Trillium，计算性能较上一代提升 4.7 倍，旨在满足日益增长的人工智能模型训练和应用需求，为人工智能研究提供强大算力支持，并计划于 2024 年底向 Cloud 客户开放，推动人工智能技术普及。

谷歌 CEO 桑达尔·皮查伊(Sundar Pichai)指出，机器学习计算能力需求激增，Trillium 正是为应对此挑战而生。从 Gemini、Veo 到 Trillium，谷歌在人工智能领域的每一步都彰显了其稳健与创新并重的战略布局，预示着人工智能技术将更加深入地融入人们的生活与工作之中。

---

① 刘晓洁：《谷歌回击 OpenAI：提了 121 次 AI，AI 搜索、智能对话、视频生成来了》，2024 年 5 月 15 日，https://www.yicai.com/video/102110996.html。

第四节 智能交互界面的设计与应用

人们现在已经习惯于每天打开手机，点击屏幕、输入文字或语音和手机里的虚拟世界进行沟通和互动，人机交互已成为司空见惯的事情，然而在20世纪60年代，人和机器交互还是计算机专业人员才会有的体验。人机交互最早可追溯到计算机发明之初，彼时的计算机人机交互有着很高的技术门槛，只能通过命令行界面进行操作，需要专业人员输入复杂的指令，因此早期的人机交互局限在专业领域，与普通用户关系甚微。图形交互界面诞生之后，用户可以通过光标点击拖拽实现交互操作，大幅度降低了交互门槛，移动互联网和移动终端普及后，用户实现了更直接、简单的人机交互，轻触屏幕即可实现交互。

人工智能和机器学习出现后，交互再次迎来历史性变革，形式多样化、体验丰富化成为发展趋势，用户不仅可以点击屏幕，还可以利用语音、肢体动作等形式实现人机交互，现实和虚拟的界限更加模糊，交互体验更加沉浸。

一、交互界面的概念与发展

(一)交互界面的概念

理解“交互界面”这一概念，需要分别对“交互”和“界面”进行定义。列夫·马诺维奇(Lev Manovich)认为“人机交互”中的“机”是计算机，“交互”则是用户通过借助某些设备而与计算机之间进行的指令输入与信息输出过程。他认为人机交互界面包括实体的输入输出设备，诸如显示器、键盘和鼠标，也包括一系列将计算机数据结构进行概念化的隐喻①。这一理解在当下可以进行延伸和扩展，用户不仅可以与计算机系统，也能与软件、网站或任何数字产品实现双向沟通。用户不再单向发出指令，系统也会做出即时反馈。

“界面”则可以被界定为“信息传播者和信息接收者之间关系赖以建立和维系的接触面，包括呈现信息的物质载体的硬件(硬界面)和支撑信息系统运行的软件(软界面)”②。交互界面中的交互是用户和数字产品进行互动的方式和关键环节，界面则是实现这种互动的实现介质。交互界面也被称为用户界面(User Interface，UI)，或者人机交互界面(Human-Computer Interaction Interface，HCI)。交互界面的核

---

① 列夫·马诺维奇：《新媒体的语言》，车琳译，贵州人民出版社2021年版，第70页。

② 李欣、朱红喆：《走向消弥的技术：人机交互界面的媒介考古》，《新闻爱好者》2024年第2期，第40-43页。

心目的是给用户创造一个平台，让其能够高效、直接和简单地和计算机进行互动。

（二）交互界面的发展

人机关系从计算机时代到人工智能时代经历了数次变革，从简单的人机交互（Human-Computer Interaction，HCI）转向更为复杂的人智交互（Human-AI Interaction，HAII）。人机共生是人机协同的更高阶段，而人智交互是人机交互的高度深化[①]。与此同时，交互界面的发展也随之嬗变，体现出了从单一到多元、从局限到开放、从机械到智能的发展特征。笔者将交互界面发展归纳为六个阶段，并分析其阶段特征。

1. 命令行交互阶段

在20世纪60年代初期，计算机还处于初步发展阶段，价格昂贵，体积较大，且操作系统也非常初级。这一阶段的人机交互方式是命令行交互，即操作者输入特定的指令，计算机也根据指令做出响应。这样的交互方式需要操作者掌握每一个指令的名称和具体运行方法，具有极高的门槛，是一种局限性很强的人机交互模式。

2. 图形用户界面阶段

到了20世纪70年代末，美国的施乐公司发明了图形用户界面（Graphical User Interface，GUI）。GUI是一种更简单、简洁的用户操作界面，用户不再需要掌握烦琐的指令，而是可以通过图形化的模块，如被大众熟知的窗口、图标、菜单等，和计算机实现交互。这样的交互界面不仅大幅度降低了人机交互门槛，也因其简易的操作、多样化的视觉效果，给用户的交互体验带来了极大改善，苹果的iOS系统、微软的Windows系统都应用了这一发明。图形用户界面的出现成为了计算机大众化、人机交互普及化的重要节点。

3. Web应用程序阶段

互联网在20世纪90年代进一步普及，交互界面也有了重大发展，用户可以通过网络访问应用程序，不再必须依靠软件和工具，而是可以在个人电脑（Personal Computer，PC）上非常便利地使用应用程序。Web应用程序的出现使得人机交互变得更加便捷和轻量化。这一阶段也是搜索引擎、网络电商迅速萌芽发展的时期。

4. 移动终端交互阶段

从20世纪末到21世纪初，移动终端成为和PC并行的人机交互的主要场景，不断更新换代的手机、平板电脑以及智能手表等，都让用户和计算机的交互更加简单。

---

① 汪靖、陈恬妮、杨玉芹：《思维与调节的融合共创：生成式人工智能支持的人智交互过程与模式研究》，《中国电化教育》2024年第8期，第45－55页。

和此前的 Web 应用程序相比，人们直接用手指进行触屏，实现交互。移动终端还给用户提供了更加多样化的交互内容和形式，比如社交软件、在线地图、游戏音视频软件等。

5. 虚拟现实(VR)与增强现实(AR)阶段

虚拟现实(VR)早在 1970 年就得到了应用，出现了第一个功能较为完备的头戴式显示器系统。20 世纪 90 年代，VR 技术中融合了可扩展标记语言(Extensive Markup Language，XML)、JAVA 技术，3D 计算和交互技术大幅度提升了 VR 的渲染质量和传输速度。AR 技术也在同一时期萌芽，美国学者罗森伯格等人提出了早期的 AR 原型系统，后期，他们又继续研究如何将真实环境和场景进行模拟。VR 技术能让用户在虚拟环境中进行交互活动，AR 技术则通过在现实环境中叠加数字信息，让用户获得更逼真、沉浸的交互体验。

6. 人工智能(AI)交互阶段

人工智能兴起后，交互方式经历了前所未有的变革，呈现出多样化、自然化和智能化的特点。自然语言处理技术、智能语音交互技术、多模态交互技术等丰富的人机交互技术层出不穷，并且相互融合，为用户进行人机交互提供了坚实的技术基础，情感计算、智能理解又推动着人机交互朝着个性化、人性化的方向发展。人机关系中，“机”不再是如把手之类的工具，它成为人类大脑甚至情感的外挂，人也成为“机”的延伸或肉身外挂①。

人工智能的多项技术使得用户可以通过简单的语音或动作指令实现复杂的操作，人机交互呈现出更加用户友好的特征。交互界面的演进轨迹鲜明地体现了一个持续创新与不断前行的过程。它始于朴素、机械化的命令行操作，历经技术更迭和思维革新，现已涵盖图形用户界面、Web 应用、移动设备的无缝交互、VR 与 AR 的深度融合，以及人工智能与语音交互等模式。这一历程预示着人机交互将进一步朝着人性化、个性化与智能化的方向发展。

二、智能交互的要素、方式和技术实现

智能交互是以人工智能为技术基础，计算机系统或移动设备能够对人类发出的语音、图像、动作、视频等信息进行认知、理解和分析，从而实现用户与设备或系统、设备系统之间等进行自然互动的新型交互模式。

---

① 韩素梅：《人有人的用处：人机交互传播的控制论渊源及维纳的反思》，《现代传播(中国传媒大学学报)》2023 年第 11 期，第 72 - 80 页。

(一)智能交互的基本要素

1. 输入设备

输入设备在智能交互中用以接收用户指令和信息。输入设备会将语言、文字、动作等自然行为转化成系统能够识别和理解的信号。目前应用的输入设备包括但不限于以下几类。

(1)键盘、鼠标

键盘、鼠标是传统的输入设备。键盘能够输入文本和指令,鼠标能够进行图形界面的点击、选择、拖拽等操作。

(2)触屏

触屏现已成为PC、手机、智能手表等一系列设备的基础配置,用户可以省去鼠标等操控设备,直接用手指进行点击、滑动、框选等操作。

(3)语音识别设备

常见的语音识别设备有麦克风(内置/外置)、语音助手等,这些设备可以获取语音指令,并对语音指令进行文本转化或操作执行。

(4)图像与视频输入设备

数码摄像机与网络摄像头、图像传感器、视频采集卡等,能够辅助进行人脸信息采集与识别、视频通话等。

(5)生物识别设备

生物识别即利用人体固有的生理特征和行为特征来识别用户身份,如指纹识别、人脸识别、虹膜识别、声纹识别和步态识别等。

2. 输出设备

输出设备指计算机、系统等,它们可将处理结果进行转化,使其成为便于用户接受和理解的形式。目前应用的输出设备包括但不限于以下几类。

(1)显示器

显示器是目前主流的视觉输出设备,能够呈现多种形式的信息,如文本、图像、视频等。显示器的性能直接关系用户体验,目前显示器的分辨率、色彩还原度等都在不断提升。

(2)打印机

打印机是较为常见的输出设备,可生成文档、图片等信息。

(3)音频输出设备

音响、耳机、扬声器等设备,能够输出语音提示、聊天、音乐等声音信息。音频输出设备的音效直接影响着用户的听觉体验。

(4)触觉反馈设备

触觉反馈设备能够通过模拟真实的触觉感受,给用户带来更加沉浸和真实的交互体验。如力反馈设备能模拟肌肉触觉,通过末端手柄或外骨骼连接件与人体直接接触,产生如接触力、切削力、惯性力、摩擦力和重力等反馈。此外,还有一类能够模拟皮肤触觉的反馈设备,主要通过振动、纹理和形状等方式来提供触觉反馈。这些设备能够应用在 VR、AR 可穿戴设备、游戏等领域,也是提升体验沉浸感的重要方式。

除输入和输出设备外,针对用户界面(UI)和用户体验(User Experience,UX)的细节设计也是智能交互的重要环节。这两个部分是开发者与用户沟通的直接桥梁,合理的交互设计是为了保证智能设备和系统的交互更加直观、简单,且契合用户特点和使用习惯,对于提升用户体验至关重要。在用户界面中,通常需要包括帮助用户快速找到信息的导航,并提供错误警示和解决方案,以此不断提升交互的个性化和适应性。

(二)智能交互的方式和技术实现

内容消费领域的智能交互方式随着技术发展日渐多元,一方面丰富着用户的内容消费体验,另一方面也能反作用于内容自身,促进内容的多样化发展。以下是内容消费中主要的智能交互方式。

1. 智能语音交互

智能语音交互是基于语音识别、语音合成和自然语言处理技术的交互方式,核心功能体现在三个方面,即“听、说、懂”,通过语音的交互即可获得反馈和互动。

智能语音交互在内容消费领域主要应用在音频内容消费与视频内容消费两个领域。在音频内容消费方面,用户可以通过语音指令控制智能音箱、有声书、播客等,并对其进度、章节、音量等进行控制;而在视频内容消费方面,用户可以用语音在电视、手机等终端上进行内容搜索和播放控制。此外,目前在在线教育平台,还可以进行语音问答,系统会对问题进行接收处理,并生成模拟真人教师的语音反馈。

智能语音交互主要通过三种技术融合实现。首先是自动语音识别(Automatic Speech Recognition,ASR)。这种技术能够将人类语音中的信息通过声学模型算法和语言模型算法,转换为系统可识别的文本信息。其次是语音合成(Text-to-Speech,TTS)。这项技术和语音识别技术的逻辑相反。语音合成技术能够利用深度学习算法,把文本信息转换为逼真、自然、流畅的语音。随着语音合成技术的精细化，输出的语音会具有节奏感、断句、语音语调等真实特征。第三种，也是至关重要的一种支撑技术为自然语音理解（Natural Language Understanding，NLU）技术。自然语言理解即理解人类自然语言的表面意义与本质意图，这一技术能够运用语义分析、结合语境与上下文理解，对用户发出的语音指令的直接目的与深层需求进行分析，从而达到准确执行的效果。

2. 智能手势交互

智能手势交互是指识别和分析用户手势动作以实现人机交互的形式。智能手势交互具有学习成本低、自然、灵活多变的特征，是一种模拟人与人之间手势交互的方式。

智能手势交互也应用于多个内容消费领域，目前最常见的是游戏娱乐和智能电视领域。比如在游戏互动中，手势交互给玩家以沉浸式的游戏体验，可以灵活运用手势进行攻击、防御以及各种动作操作。而在使用智能电视产品时，也可以通过简单的手势进行遥控，如控制开关、音量、频道切换等。在虚拟现实（VR）和增强现实（AR）环境中，用户也可以通过手势交互与虚拟世界进行互动。

智能手势交互主要依托于三种技术。一是人工智能领域基础性的机器学习和深度学习算法，这也是开展智能手势交互的奠基性技术，能够对提取出的人类手势进行分类处理和识别。在开发阶段会输入大量手势数据让模型进行学习。应用智能手势交互时常用的深度学习模型有卷积神经网络（CNN）、循环神经网络（RNN）以及长短期记忆网络（LSTM）等。上述模型能够对复杂的图像和序列数据进行识别和处理，并对已经学习的部分进行泛化。在提取手势阶段，还会应用计算机视觉技术。这项技术能在摄像头捕捉用户的手势时进行背景消除、降噪、特征提取等处理，提升手势提取的准确性。在手势识别阶段，较为高阶的交互系统会引入传感器技术，以提升对手势识别的准确性和稳定性，如运用加速度计、陀螺仪等传感器来捕捉手部的运动轨迹和姿态信息。

3. 眼动追踪交互

眼动追踪交互是通过捕捉和分析用户的眼球运动数据实现人机交互的方式。用户只需转动眼球就可进行信息传达和设备控制，脱离了物理界面的限制。系统能够在尽可能减少干扰的前提下获取用户交互数据。

眼动追踪交互技术在内容消费领域的应用体现在三个方面。在视频与广告观看中，其能够通过分析视线轨迹，优化内容推荐。在网页与电商浏览上，其可以分析用户在浏览网页时的视线轨迹和停留时间，揭示用户的兴趣点和购买意向，从而提醒商家调整商品陈列，优化页面布局，提高转化率。此外，在在线阅读与学习领域，眼动追踪交互技术能够捕捉关于阅读速度与注意力集中度的数据。

眼动追踪交互主要依赖于三项技术。在获取信息环节，应用了眼球运动捕捉技术，通过如红外摄像头这样的传感器实时捕捉眼球的转动、注视点等，将其转化为计算机可识别数据。在眼球数据分析环节，应用了图像处理和分析技术，对瞳孔位置、大小、形状、转动方向等关键特征进行分析。在这个过程中，也融入了机器学习算法，这是为了提升分析的准确性和智能化水平，从而推测用户的注视点和注意力分布情况。

值得注意的是，将眼动追踪与其他交互方式相结合，如智能语音交互、智能手势交互等，这样结合的交互技术被称为多模态交互技术。多模态(Multimodal)即将多种感官进行融合，形成综合性的信息接收和处理能力。以此类推，多模态交互(Multimodal Interaction)则是指人通过上述多种感官通道与计算机或智能设备进行的交互。

三、智能交互界面的应用场景

智能交互界面在内容消费领域的应用范围正在逐渐扩大，程度不断加深，未来发展空间巨大。

(一)智能交互的发展现状

近年来，智能交互迅猛发展主要有四个方面的驱动力。一是机器学习和深度学习算法技术的发展，使得语音交互、自然语言处理获得突破性进展。二是算力提升，芯片和云计算发展提速，边缘人工智能芯片的开发给智能交互向移动终端扩展提供了契机，云计算则为智能交互开辟了服务政企客户的土壤。三是政策支持给智能交互发展创造了良好的环境，相关政策体现出三个发展趋势，即从单一产品开发到创新平台打造、从以企业为主体发展到国家整体战略规划、从技术创新到技术与实体经济结合。四是旺盛的用户需求也成为最直接的发展动力，全行业消费者都能够从智能交互产品中获益，对智能交互产品整体呈现出积极正向的态度。

在上述驱动力的共同作用下，智能交互在多个行业得以应用，下面将对几个典型的应用领域进行介绍。

(二)智能交互界面的应用领域

1. 教育行业

智能交互界面在教育领域的应用体现在教育常见的三个环节，即知识获取、日常练习与考核测试。在知识获取环节，智能交互界面可以提供专业性课程和语言类课程，通过大数据和算法，能够结合现有课程资源开发适合不同水平层次学生学习的课程，可在一定程度上对传统的人工教学进行补充和替代。在日常练习环节，智能交互界面能够通过机器学习掌握多种语言，辅助学习者进行多语种练习和答疑，还能进行实时评价和纠错反馈。在声乐、乐器学习等领域，智能交互界面也可以提供辅助练习。在最后的考核测试环节，智能交互界面能够运用语音识别、动作捕捉等技术，精准掌握学生的测试情况，提升考核的客观性和准确性。

智能交互界面在教育领域的应用尚处在发展初期，但发展空间很大，智能化教育对教育资源可复制可传播性的提升效果明显，对缓解教育资源分配不均的问题有较大帮助。同时，智能教育也能够助推现有的教育产品更加多元化，助推教育机构和学校制作出符合学生水平和特点的个性化方案和课程，推动线上线下结合和家校配合，以教育的发展。

2. 电商平台

智能交互界面在电商平台的应用主要体现在三个方面，这三个方面都集中在帮助消费者进行购买决策上。早在智能交互兴起之际，淘宝就迅速推出了虚拟试衣和试妆服务，意图降低在线购物消费者无法亲身体验而带来的购买犹疑，通过即时预览商品效果来帮助消费者提升决策效率，减少购后负反馈。另外，还有智能推荐系统。电商平台的算法模型会精准和实时捕捉消费者的“蛛丝马迹”，如点击、浏览、关注、加购等，为用户推送定制化、个性化的商品。这一举措不仅能够有效提升转化率，也能够帮助消费者减轻搜索压力，改善其购物体验。最后是人工智能客服。头部电商平台在优化人工智能客服的使用体验上不断尝试，在后端模型板块，模型会自动记录用户问题相关答案的置信度，对于低置信度的答案，会移交给人工客服进行优化，再将优化答案反馈给机器进行学习。在智能交互界面，电商平台也会优化涉及用户评估与建议的功能，对低评分的交互记录以及用户进行人工分析，通过收集用户行为数据来提升人工智能客服的响应速度和响应质量，提升用户体验，降低人工客服成本。

【案例 5－2】

AI 淘宝店铺的初创故事[①]

淘宝平台上的“卢咪微 LumiWink”店铺展示了人工智能技术在电商运营中的潜力与局限。卢咪微是一个仅由两三人运营的 AI 淘宝店，借助 ChatGPT 和 Midjourney 等人工智能工具，在短短一两周内便完成了店铺搭建与货品上架，不仅

① 电商在线：《AI 淘宝店，经营两个月之后》，2023 年 6 月 29 日，https://www.36kr.com/p/2322169524176520。

挑战了电商行业的传统运作模式,也重新定义了“人力”与“智能”在电商运营中的界限。卢咪微店铺的核心竞争力在于其高度依赖人工智能生成的内容。从店铺名、商品标题、详情页文案,到商品图、海报乃至店铺Logo,几乎全部由人工智能创作完成。ChatGPT负责文案的撰写,而Midjourney则承担了图像创作的重任,呈现出一种“监工式”的人机协作模式。更值得注意的是,人工智能设计的服装在短时间内便跑通了从设计到生产再到履约的整个电商流程,且短袖单品月销量突破400件,无一差评。

然而,人工智能在电商领域的渗透并非一帆风顺。尽管人工智能直播因其低成本、高效率的优势被部分商家采纳,但其互动能力不足、带货品类受限等问题仍不容忽视。在卢咪微店铺的案例中,人工智能直播的封面点击率和商品点击率相较于真人直播存在明显差距,显示出人工智能在直播场景下的局限性。此外,人工智能生成的商品图在光影效果和模特表情等细节上仍无法与真人模特图相媲美,这在一定程度上影响了商品的呈现效果。

人工智能技术正在逐步渗透电商行业的各个环节,从前端运营到后端供应链,都在发生深刻的变革。对于小微创业者而言,人工智能技术的普及意味着他们可以以更低的成本将自己的创意转化为商品,并通过人工智能高效搭建的网店进行前期获客,从而降低了创业的门槛和风险。

3. 智能媒体与游戏娱乐

在智能媒体领域,智能交互界面的应用显著体现在个性化内容推荐上。智能交互界面能够分析用户的浏览历史、兴趣偏好等数据,通过算法推荐个性化的新闻、视频、音乐等内容。在新闻报道、体育赛事直播等场景中,智能交互界面与AR/VR技术相结合,能够为用户提供沉浸式的观看体验。用户可以通过虚拟界面与新闻现场或比赛场景进行互动,获得更加直观、生动的信息。智能语音交互也在媒体平台中得到应用,通过响应用户的语音指令,完成内容搜索、播放控制等操作,能够大幅度提升用户的操作便捷性。此外,智能交互在户外大屏中也得到了较为充分的应用,无论是商业广告,还是公共信息服务,大屏交互技术都能以大尺寸显示屏幕为介质,结合智能交互界面设计,提供更加直观、互动的信息展示方式。例如,在购物中心、展览会场等场所,大屏交互系统可以动态展示产品信息、播放广告视频、实现触控查询等功能。

智能交互界面在游戏娱乐方面的应用也相当深入,同样结合VR/AR技术,能够为玩家创造极其逼真的游戏环境,提供沉浸式的游戏体验。与此同时,游戏界面设计也逐渐实现智能化、个性化。游戏可以根据玩家的操作习惯、游戏进度等因素,自动生成或调整界面布局、颜色搭配等,提供更加符合玩家需求的游戏界面。在竞技类游戏中，智能交互界面还可以起到策略辅助的作用，如提供实时的数据分析、战术建议等辅助功能。智能交互界面还可以记录玩家的操作数据，用于后续的复盘和分析。

4. 智能通信与社交

在抖音、微博等兼具内容与社交属性的平台上，智能交互界面会通过分析用户的社交行为、兴趣偏好、历史数据等，一方面为其提供个性化的内容推荐，另一方面满足其社交需求，包括好友推荐、群组推荐、话题推荐等。AR、VR 和 AIGC 的发展，也为用户制作个性化的虚拟社交形象提供了可能。此外，智能交互界面还支持跨平台整合功能，使得用户可以在不同设备和平台上实现无缝社交体验。上述应用都能够提升用户社交与通信的便捷性和趣味性。

综上所述，智能交互界面通过多媒体融合与深度交互增强了内容消费的沉浸感与效率，为用户带来全新的消费体验。同时，基于用户行为的数据分析，可助力平台优化内容生态与决策制定，推动内容消费的精准化与高效化。此外，智能交互界面的跨平台兼容性与广泛的应用场景拓展，进一步加速了内容消费行业的数字化转型与创新发展。

第六章　智能传播的效果评估

智能传播在现实实践中展现出广泛的应用场景，在新闻、广告等领域均有典型实践，智能传播的效果评估也显现出极强的现实价值。本章主要介绍智能传播的深化与反馈，笔者旨在构建一个全面而有效的效果评估体系，并明晰智能传播效果评估的操作办法，以科学的方法衡量智能传播的实际成效。在本章，笔者首先从理论层面出发，对智能传播效果评估进行系统性概述；随后探讨智能传播效果评估的指标体系，通过多维度、多层次的指标构建，确保评估的全面性与准确性；最后聚焦于智能传播效果评估的数据来源，并从实践角度进一步分析智能传播效果评估的具体操作办法。

第一节　智能传播效果评估概述

一、智能传播的传播效果

传播效果，即传播主体通过传播媒介对受众所产生的作用表现①。有关传播效果的研究在经过多个阶段发展后已有相对成熟的理论成果，相关学者依据效果的表现形式将传播效果分为行动效果、认知效果和态度效果三个方面，分别指代受众在语言行为、认知结构和价值体系等方面受传播行为的影响和变化。

在智能时代，智能传播呈现出数据驱动、算法推荐、自动执行、实时交互和渠道融合等主要特征，其相关要素的变化也相应地带来传播效果的衡量标准变化，并对提升传播效果具有显著的作用。具体而言，其变化和作用表现为以下方面。

（一）传播效果的精准化

大数据、云计算、人工智能、传感器、区块链等作为重要的技术支撑，使作用于受众的传播效果实现精准化。从传播效果的三个层次来看，受众的行为效果可以通过大数据等技术得到更加精细化的呈现和区分，例如各应用软件上的个性化推荐设置，正是基于对用户点击、点赞、评论、转发等数据的收集和分析，以进行用户的深度画

① 郭庆光：《传播学教程》，中国人民大学出版社 2011 年版，第 173 页。

像，并进一步进行自动化和智能化的内容推送，实现用户和需求的精准匹配。过去难以获取用户认知和态度效果方面的信息，现在通过传感器等设备可以捕捉到用户更加多样化的体征信息。例如在智能零售领域，店铺里的各种红外传感器、压力传感器和摄像头等设备贯穿用户的购买全过程，除可实时监测和获取用户的行为轨迹之外，用户的面部表情等线索也被纳入捕捉信息之内，对这些信息进行数据分析可进一步反映出用户对商品的兴趣和满意度，为品牌后续的营销策略提供用户数据参考。

（二）传播效果的可视化

可视化是将抽象的事物转化为人们易于理解和接受的呈现方法，通常是以图形和图像为最终的表现形式[①]。在智能时代，传播效果的可视化除了指更加高效和形象的数据呈现形式，也可延展为数据动态过程的可视化。

首先，各种数据分析工具和呈现设备助力传播效果数据的形象化和丰富化展示，例如 Tableau、Power BI 等高级数据分析软件可以将静态的传播效果数据转化为交互式的可视化数据，而 AR、VR 等技术和设备亦可将画面进行立体化呈现，使可视化的数据进一步摆脱屏幕的限制，给用户带来直接的可视化视觉冲击。其次，各种智能设备对信息的实时捕捉和分析可最大限度地丰富数据的动态过程，打破了过程信息的黑箱，带来效果过程的可视化。例如，智能手环对人体体征的实时监测可使用户便捷地获取睡眠、运动等多个场景下的多维过程数据，弥补了过去细节数据的缺失，使用户可以更加便捷地获取自身信息，动态数据的可视化呈现也为企业更好地了解用户提供了丰富的信息来源。

（三）传播效果的整合化

整合传播是传播领域的一个重要发展方向，多应用于市场营销领域，是一种资源整合和优化的战略系统[②]。在智能时代背景下，传播效果的整合化则可理解为在传播过程中，各种智能技术对传播内容、渠道、用户等方面的整合所带来的传播效果的优化和提升，具体表现为信息获取和分析的整合化。

在传统传播时代，与受众相关的传播效果的三个维度在获取时间和难度上存在递进关系，而借助智能设备和分析工具，可对用户的行为、认知和态度效果信息进行同步获取和实时分析，弱化了效果数据在获取时间和难度上的差异，实现了对受众信息获取的整合。智能时代下信息广泛以数据化的形式存在，配以强大的算力系统，可以将海量化、无序化的数据进行快速加工，避免了多次冗长的数据处理过程。

---

① 李明禄：《英汉云计算·物联网·大数据辞典》，上海交通大学出版社 2018 年版，第 153 页。

② 曹馨予：《新媒体语境下的形象化 IP 设计研究：以“大熊猫”作为成都城市品牌宣传的整合传播为例》，《新闻研究导刊》2023 年第 24 期，第 19 页。

在获取全面的关于传播效果信息的基础上，融合多个渠道进行效果数据分析，打破了效果数据隔阂壁垒，极大提升了对传播效果信息分析的精度和速度，实现了对各种信息的整合。

二、智能传播效果评估的特点

效果评估是对媒体传播活动的运行情况，包括过程发展以及最终的业绩成效进行的系统评测和衡量，是项目闭环管理的闭环要求，在顶层设计和战略规划方面具有重要意义[①]。而在智能传播领域，其传播效果评估在一般效果评估的基础上又呈现出一些鲜明的特征表现。

（一）评估方法：以量化评估为主导

传播效果的评估方法本身存在着多样化的选择，会因具体的评估类型和评估对象等因素而有所不同。对于智能传播而言，其数据的庞杂性和复杂性决定了其决策基础的数据依赖性，如何快速高效且标准化地处理数据并形成决策依据成为智能传播效果评估的重要课题，而这恰恰极大程度上契合了量化评估方法的特征。

量化评估方法追求客观、高效、标准化的操作要求，数据是其分析和评估的重要基础。对于智能传播而言，不论是传播效果的精准化、可视化，还是整合化，数据都是重要的推动力量，也是智能传播的构建性基础。因此以数据为媒，量化的评估方法显示出极大的优势，在评估传播的广度和深度方面都体现出极强的支撑作用。例如，目前主流互联网平台对智能传播的用户效果分析基本将以点击率为代表的量化指标作为效果监测的重要依据，体现出量化在智能传播效果评估中的绝对主导地位。

（二）评估的时间性：自动化与动态分析

对传播效果的评估要紧密贴合传播本身的特征和变化。智能传播因其技术的先进性，可实现自动化的实时传播。同时正如前文所言，实时数据所带来的动态信息让传播过程可视化，因此在时间维度上，智能传播效果评估也呈现出与智能传播实时性、可视化特征相契合的特点。

在各个嵌入智能传播系统的应用平台上，通过第三方数据监测机构或API，传播者可以自动收集包括各种内容传播数据在内的平台相关数据，可通过设置相应的数据分析软件对传播数据进行自动化的分析并生成相应的评估报告。同时，各品牌或平台往往不满足于单一的结果数据，在什么阶段的效果表现最佳以及整体的传播效果变化走势等信息都是传播者决策的重要依据，因此动态化的智能传播效果评估

---

① 李宇：《新形势下国际传播能力建设效果评估的挑战、策略与路径》，《现代视听》2021年第1期，第72页。

成为其鲜明特征。例如在直播领域，针对直播效果评估，抖音就为商家打造了专业化的直播数据平台——抖音灵机，其中实时数据大屏板块可以为商家提供直播的实时数据和观众动态，在直播过程中和直播结束后都可以为直播节奏和内容提供专业化的决策支撑，充分显示出智能传播效果评估的自动化和动态化特征。

（三）评估的空间性：多维度与多指标

面对庞杂的数据，如何进行最大化利用以挖掘全面和有价值的信息，是各传播主体的现实策略需求，也是智能传播效果评估的重要课题。在2024年的“618”大促销中，各电商平台在公开“战报”中就从板块、渠道、品类等多个维度对“618”大促销期间的销售情况做了订单量、成交金额等多指标分析，全面立体地展现了各电商平台的成绩现状和趋势。当然，在内部的复盘与总结中，平台则会有更为细致的分析维度和指标评估，体现出传播效果评估在空间层面上的多维度和多指标性。

针对智能传播效果评估的具体的维度和指标设计，在实际应用中会存在主体差异性，而从理论层面的构建来看，确定统一的、规范化的、操作性强的维度和指标一直都是学术界追求的目标，但是如何确立以及确立怎样的指标体系仍是智能传播效果评估研究者需要攻克的课题。关于智能传播效果评估维度和指标的具体选择将在下一节作详细展开。

三、智能传播效果评估的必要性

智能传播效果评估的必要性，即为什么要对智能传播进行专业化的效果评估，关涉智能传播效果评估的意义，我们可以从传播效果评估的过去、当下和未来进行探究和厘清。

（一）过去：效果评估体系的不足

对于任何新事物，原有的体系都会体现出一定的时代局限性。在传播效果领域，虽然相应的评估方法已然多样且相对成熟，但是其适应的是传统传播的特征，而智能传播是传播领域的新事物，继续沿用原有的评估体系会存在极大的不适应性，因此传统评估体系对于智能传播而言存在明显的局限性[①]。从前文分析中可以发现，智能传播效果已然呈现出新的特征表现，为了更好地反映这些新变化，对智能传播效果展开专业化和定向化的评估有着现实的必要性和迫切性。

同时，目前智能传播整体发展历史较短，在评估体系建设、方法、路径等方面仍处在探索和完善的进程之中，难以跟上智能传播的现实发展步调。不完善的评估体

① 胡正荣、李荃：《智慧全媒体时代主流媒体传播效果的提升路径与评估体系》，《新闻与写作》2019年第11期，第8页。

系难以反映智能传播效果的现状，因此也难以指明其未来，并会对智能传播的发展产生阻碍。

（二）当下：指导智能传播实践的需要

评估的最终目的不止于评价，而在于反哺智能传播实践的现实发展。在本章中所提及的所有案例，虽然具体领域和传播形态有差异，但是无一不显示着评估的直接或间接指导作用。例如在下面的“超级碗”案例中，Affectiva 对用户人脸情绪的分析结果就会直接影响企业对于传播内容的选择，对之后的品牌策略制定形成直接的反馈机制；而之前提及的电商平台的“战报”，既是各平台为巩固消费者信心所灌输的强心剂，更是对平台之后发展战略的参考和指导。因此，智能传播的现实实践该走向何方、怎么走以及能走多远等问题，都在很大程度上依赖对其效果的评估，其传播效果评估显现出极强的现实实践性。

【案例 6－1】

Affectiva 脸部识别软件 Affdex 的广告应用①

在 2018 年“超级碗”广告中，广告投放方采用 Affectiva 的先进情感分析技术——Affdex 软件，通过面部编码跟踪实时捕捉观众在接触广告过程中的情感反应。结果显示，百威啤酒广告虽制作精良，但咄咄逼人的广告词引发了观众明显的厌恶情绪，这一发现促使广告主反思传统强硬的推销方式，重新调整广告沟通策略。

对 Affdex 的应用是智能传播在广告领域的典型实践，其为广告主提供了即时反馈，进而推动了广告行业向智能化、数据化转型。在智能技术的支持下，广告主利用情感数据优化内容，提高投放效率，以便更精准地触达并赢得消费者的心，实现更加出色的效果评估表现。

（三）未来：推动智能传播能力建设

在保障现实发展的基础上，推动传播能力的提升是国家发展的重要战略要求，也是智能传播自身发展的本质需求。古人常说需时时自省身以求进步，而对效果的评估则可视作智能传播的“自省”和“自查”。通过对效果开展评估，可发现目前智能传播存在的问题，并据此调整传播方式和传播策略，不断提升智能传播的传播能力，更好地为国家发展战略和现实发展需求服务，这是效果评估的根本指向。当下各主流媒体纷纷探索智能技术对传播的赋能作用，其中不乏效果突出者，例如，《每日经济新闻》运用人工智能技术革新视频直播，实现了财经资讯的极速生

---

① 脑极体：《周末锂世界〈三〉》，2018 年 5 月 13 日，https://mp.weixin.qq.com/s/C_yMT1e5eXJIy3NA2aKpfw。

成与广泛传播，这是智能传播在新闻生产领域的典型体现。其联手小冰公司打造的“每经AI电视”可实现全天候“无人化”直播，并高效覆盖市场动态，彰显了人工智能在内容生产上的速度优势。此外，人工智能技术还优化了新闻内容分发，《每日经济新闻》通过智能分析用户行为，精准推送个性化内容，增强了用户互动性与黏性。在智能传播效果评估的驱动下，《每日经济新闻》持续优化人工智能算法与流程，其人工智能写稿系统快速响应市场变化，秒级生成报道。虚拟主播则提供多样化播报，提升观看体验。同时，智能传播效果的评估结果还推动了智能推荐系统的升级，使内容推送更加精准，满足用户个性化需求。

由此可见，建立科学有效的评估体系和评估机制对于媒体等传播主体来说具有重要的方向指引作用，有助于各平台和媒体打破传播能力建设的瓶颈，通过发现问题、解决问题的现实路径，促进智能传播能力的提升和飞跃。

第二节 智能传播效果评估的指标体系

智能传播作为新的传播形态，在效果评估方面目前还缺少统一的、规范的指标体系，而对智能传播效果进行评估又有着显著的理论和实践的必要性，因此本节将从智能传播效果评估指标体系确立的原则、方法、维度和具体指标等方面具体展开。

一、指标体系构建的原则

对于如何确立统一的评估体系，学界和业界存在理论和实践的分化。为弥合这一固有矛盾，对于指标体系的选择要在确立之初就兼顾理论与实践的双重价值性。除此之外，智能传播同国际传播一样，既有着目标导向、效果反馈的共同评估诉求，也需遵循科学性、客观性、操作性、开放性的指标体系原则[①]。要采用科学客观的理论和方法，把控数据来源与测量的可靠性，同时要兼顾各参与主体，并适应当下与未来，多方考量地构建智能传播效果评估的整体指标体系。

在整体的原则指导之下，对于智能传播效果评估的框架，我们也需要明确相关要素和方向。智能传播是一个涉及多方主体的传播活动，但是我们难以在指标体系中掌握所有的数据信息，因此去芜存精，把握核心端口信息，是指标体系的重要指向。智能传播涉及的两个重要主体即媒体和用户，因此媒体端和用户端的信息是指标体系框架确立的主要指导因素[②]。与此同时，考虑到智能传播的特殊性和先进性，

---

① 刘燕南、刘双：《国际传播效果评估指标体系建构：框架、方法与问题》，《现代传播（中国传媒大学学报）》2018年第8期，第9－14页。

② 侯迎忠、玉昌林：《智能时代的国际传播效果评估要素：研究回顾与趋势前瞻》，《对外传播》2023年第1期，第20－24页。

明确媒体端和用户端的关键性和差异性信息也十分重要，例如在用户端强化互动性指标的测量，进一步强化把握用户对智能传播活动的真实态度。除在关键端口把握信息之外，在具体指标中体现传播的广度、深度与向度也是重要的指标确立方向[①]，具体体现为传播渠道的覆盖率、影响力和公信力。

确立了基本原则和框架方向后，对于效果评估方法的选择就较为明晰和具备指向性了。效果评估方法大体上可分为定量和定性两种方法，其在实践中常搭配使用以弥补单一评估方法的不足。正如前文所说，智能传播因其显著的数据特征，在效果评估中应采用以量化为主导的方法，因此，智能传播效果评估方法选择的大体思路可确立为以定量为主导的定量和定性相结合的评估方法。

传播效果四度评价法是一种兼具定性评估方法特点的定量评估方法，其遵循德尔菲法的实施流程，运用层次分析法测算各指标权重，最终得到涵盖传播度、友好度、影响度和互动度四个维度的传播效果评价具体指标体系。传播效果四度评价法对于智能传播效果评估指标体系的确立具有重要的指导和参考意义，但其最初的评估对象是新媒体的传播效果，与智能传播效果存在一定的隔阂和差距，因此，笔者将参考传播效果四度评价法的实施思路和整体框架，通过在维度概念界定和具体指标选择上嵌入智能传播的要素，确立具有智能传播效果评估的指标体系。

二、智能传播效果评估的框架维度

传播效果四度评价法中的“四度”分别指代传播效果的传播度、友好度、影响度和互动度。对于智能传播效果的评估，我们将沿用这四个框架维度，它们在智能传播语境下的概念界定和指标指向如下。

1. 传播度

传播度即信息或内容通过智能平台(如社交媒体、智能推荐系统、物联网设备等)或智能技术被传播和扩散的广度和效率，包括信息的覆盖范围、传播速度以及智能分发的效果。

2. 友好度

友好度即用户对智能传播内容友好程度的反映，体现智能传播在满足用户需求、提升用户体验方面的能力，涵盖用户对内容质量、界面体验以及个性化服务的感知。

---

① 戴元初:《大数据时代对外传播效果的评估与提升》,《对外传播》2014 年第 10 期,第 38－40 页。

3. 影响度

影响度即评估智能传播活动对目标受众态度、行为乃至社会整体产生的影响程度，体现传播效果的深度和长远性，包括对品牌和社会多方主体量级指标增长的影响，例如品牌知名度、品牌美誉度以及舆论话题热度等指标的变化。

4. 互动度

互动度即衡量用户与传播内容、用户与用户之间通过智能平台或智能技术进行双向或多向交流的程度，通过以评论数、点赞数、转发数为代表的用户参与指标以及社区互动、智能交互指标反映智能传播的活跃度和用户黏性。

在具体的指标设计上，智能传播效果评估的一级、二级和三级指标如表 6-1 所示。

表 6-1　智能传播效果评估指标体系

一级指标	二级指标	三级指标
传播度	覆盖范围	地域分布广度
		用户群体分布规模
	传播速度	实时传播速度
		达到特定曝光量时间
	智能分发	智能推荐曝光量
		分发效率
友好度	内容质量	内容可读性
		内容吸引力
	用户体验	页面加载速度
		交互界面友好性
	个性化服务	用户画像准确性
		个性化内容点击率
影响度	品牌效应	品牌知名度变化率
		品牌美誉度变化率
	社会影响力	社会议题关联度指数
		公益贡献度指数
	舆论引导	舆论话题热度
		舆论情感倾向

续表

一级指标	二级指标	三级指标
互动度	用户参与	评论数
		点赞数
		转发数
	社区互动	社群发帖量
		社群活跃度指数
	智能交互	智能互动工具使用率
		智能互动工具复用率

第三节 智能传播效果评估的操作办法

在前两节中，笔者从理论层面梳理了智能传播效果评估的理论框架与构建逻辑，为理解其内在机制奠定了重要的基础。笔者在理论之外，也致力于搭建连接理论与实践的桥梁，因此对于实践层面的解读同样重要。在本节中，笔者将首先探究智能传播效果评估的数据类型和来源渠道，之后介绍国内外的数据监测型平台和工具，最后则按照从目标到结果的逻辑顺序具体介绍效果评估的操作流程。

一、数据类型与来源渠道

（一）智能传播效果评估的数据类型

根据智能传播效果评估指标体系中的具体指标，可以将其数据类型大致分为定量数据和定性数据，其各自的比重与之前的评估方法选择的原则相对应，即以定量数据为主导，辅以定性数据综合完成智能传播效果评估的基础构建。

定量数据即以数值为表现形式的计量结果，因此又称为数量数据；定性数据即描述性的数据，其以类别为表现形式，又称为品质数据，具体可细分为定类数据和定序数据[①]。

此外，从结构化数据和非结构化数据的划分标准来看，数据化数据是指存储在数据库里，通常具备明确的字段和类型，用二维表结构来进行逻辑表达的数据；与结构化数据相对的非结构化数据则指难以用数据库进行储存和管理的数据，包括文

---

① 杨树成：《应用统计学》，西南交通大学出版社 2017 年版，第 4 页。

本、图片、音频、视频等格式的文件①。

根据对上述数据类型的划分和定义，本章中所确立的智能传播效果评估的指标体系在定量/定性、结构化/非结构化两个维度上的数据类型划分具体如表 6-2 所示。

表 6-2 智能传播效果评估指标体系及数据类型

一级指标	二级指标	三级指标	数据类型	
			定量/定性	结构化/非结构化
传播度	覆盖范围	地域分布广度	定量	结构化
		用户群体分布规模	定量	结构化
	传播速度	实时传播速度	定量	结构化
		达到特定曝光量时间	定量	结构化
	智能分发	智能推荐曝光量	定量	结构化
		分发效率	定量	结构化
友好度	内容质量	内容可读性	定性	非结构化
		内容吸引力	定性	非结构化
	用户体验	页面加载速度	定量	结构化
		交互界面友好性	定性	非结构化
	个性化服务	用户画像准确性	定量	结构化
		个性化内容点击率	定量	结构化
影响度	品牌效应	品牌知名度变化率	定量	非结构化
		品牌美誉度变化率	定量	非结构化
	社会影响力	社会议题关联度指数	定量	非结构化
		公益贡献度指数	定量	结构化
	舆论引导	舆论话题热度	定量	结构化
		舆论情感倾向	定性	非结构化
互动度	用户参与	评论数	定量	结构化
		点赞数	定量	结构化
		转发数	定量	结构化
	社区互动	社群发帖量	定量	结构化
		社群活跃度指数	定量	结构化
	智能交互	智能互动工具使用率	定量	结构化
		智能互动工具复用率	定量	结构化

① 李明禄:《英汉云计算·物联网·大数据辞典》,上海交通大学出版社 2018 年版,第 388 页。

(二)智能传播效果评估的数据来源渠道

1. 内部数据来源渠道

智能传播效果评估的内部数据是指传播主体内部生成并由其管理的数据,这些数据通常涉及用户基本信息、用户行为信息、媒体或平台增长信息等,涵盖重要的一手资料,因此具有极高的信息价值。围绕上述具体的指标体系,在内部数据来源中,用于智能传播效果评估的内部数据具体可来自以下渠道。

(1)内部数据监测系统

对于媒体或平台中的直接参与主体,内部数据监测系统可涵盖其广泛的背景和行为信息。本书中智能传播效果评估中的传播度、互动度指标基本都可以通过内部数据监测系统得到。目前常见的内部数据监测系统包括DMP画像系统、CTR预估和算法总结系统、OCPC人群画像系统、CRM系统、ERP系统。

(2)内部调查与评估

在数据监测系统之外,部分数据信息因其数据存在形式或内容深度仍需进行形式更加多样的调查和评估。例如,用户体验中交互界面友好性的原始数据属于非结构化的定性数据,内部数据监测系统难以直接获取这一部分数据信息并进行最终指标性的评估,因此通过内部评估报告、员工反馈等方式对这部分信息进行进一步的补充和优化具有理论和实践的双重必要性。

2. 外部数据来源渠道

智能传播效果评估的外部数据是指脱离于传播主体内部数据来源的各类数据集合。外部数据展现出更加客观和丰富的数据供给性特征,被广泛认为是较为合理化的评估工具之一[①]。外部数据显示出更加广泛的应用场景,其来源渠道可分为以下几个方面。

(1)第三方监测机构

第三方主体在智能时代的效果评估中被认为具备专业性和权威性的优势[②]。对于媒体或平台内部难以获取或不方便公开的数据信息,以技术为驱动的第三方监

① 秦媛:《智能时代网络广告效果评价体系的嬗变与重构》,《产业创新研究》2022年第20期,第115-117页。

② 侯迎忠、玉昌林:《智能时代的国际传播效果评估要素:研究回顾与趋势前瞻》,《对外传播》2023年第1期,第20-24页。

测机构可以运用智能技术对传播主体的传播行为进行针对性的效果评估。例如，本指标体系中的品牌效应、社会影响力两个二级指标就需要通过第三方监测机构进行数据获取和评估。目前市面上常见的传播效果的第三方监测机构主要有尼尔森（Nielsen）、秒针系统（Miaozhen Systems）、艾瑞咨询（iResearch）、凯度（Kantar）等。

(2)行业报告

在直接的指标数据之外，由第三方研究机构、咨询公司或行业专家撰写的报告，可以包含对特定行业或市场有关智能传播效果的深入分析和见解，其中涉及的相关数据和以此为依据的观点也能够成为智能传播效果评估的重要参考和信息来源。例如，2023 年 8 月发布的《工业互联网企业媒体传播效果评估报告》中有关各工业互联网企业新媒体运营情况和传播效果的指标数据排名以及部分案例分析，为传播效果评估提供了重要的参考来源。

(3)外部用户调查

开展用户调查是学术研究中常用的数据收集方法，常用于对用户态度类指标的测量。例如，要获取用户对内容质量的感知等非结构化的定性数据，需要对用户开展进一步的针对性调查以获取更加深度的指标数据。相对于内部调查与评估而言，外部用户调查具备第三方评估的客观性特征，且具体指标的统一便于对多个传播主体的传播效果进行对比和排序，呈现智能传播在某一具体领域的传播效果全景。常用的用户调查方法有用户访谈、用户测试、问卷调查等。

上述有关智能传播效果评估的数据来源渠道虽可直观地划分成以上几类，但在实践操作中因指标数据的多样性以及技术的革新性必然还存在着其他更加细化的来源渠道。同时，为了保证指标数据的客观性和全面性，智能传播效果评估某一指标数据的获取来源也并非单一或独立的。来源为多方获取以实现对数据的补充和丰富在评估实践中具有重要的意义。

二、数据监测型平台与工具

在智能传播效果评估的数据来源中，以传播主体内部数据监测系统和第三方监测机构为代表的数据来源占据了重要的地位，下面重点介绍一些常见的用于数据监测的媒介产品，帮助读者更好地了解智能传播效果评估的市场运行情况。同时，为了对接国际传播的现实需求，笔者将从国内和国外两个市场维度对此类平台或工具展开细致化的介绍和分析，以期推动智能传播效果评估的实践化发展。

（一）国内数据监测型平台和工具

1. 阿里云监控、百度智能云监控、腾讯云可观测平台、华为云监控等平台自研监测工具

云监控（Cloud Monitor）是一项针对云资源和互联网应用进行监控的服务，用于收集获取云资源的监控指标，探测互联网服务的可用性，并针对指标设置报警服务。目前，国内的主要互联网平台均已建设平台专属的云监控平台，例如阿里云监控、百度智能云监控、腾讯云可观测平台和华为云监控。这些平台自研的监测工具不仅被广泛应用于平台内部的业务场景，也开放给其他主体以实现其效果评估的数据监测需求。

不同平台开发的云监控工具，既有共通的智能技术特性，也存在着不同的产品样态和产品优势。在本部分，笔者将详细介绍阿里云监控的产品架构，并对其他监控工具的产品特性进行补充。

（1）阿里云监控

阿里云监控是依托于阿里云资源为用户提供企业级开放型一站式的监控解决方案，在游戏和地产行业已有深入的实践应用，其功能特性、产品优势和应用场景分别介绍如下。

①功能特性，包括 Dashboard、应用分组、主机监控、事件监控、自定义监控、日志监控、站点监控、云产品监控、报警服务、资源消耗、容器监控等。

②产品优势，包括即开即用、一站式监控、提升运维效率、灵活报警、统一的监控体验和丰富的监控指标、完善的 OpenAPI（Open Application Programming Interface，即开放式应用程序编程接口）和 SDK（Software Development Kit，即软件开发工具包）、数据可视化和监控数据处理等。

③应用场景，包括云产品监控、主机监控、及时处理异常、及时扩容、站点监控、自定义监控等。

阿里云监控产品架构如图 6－1 所示。

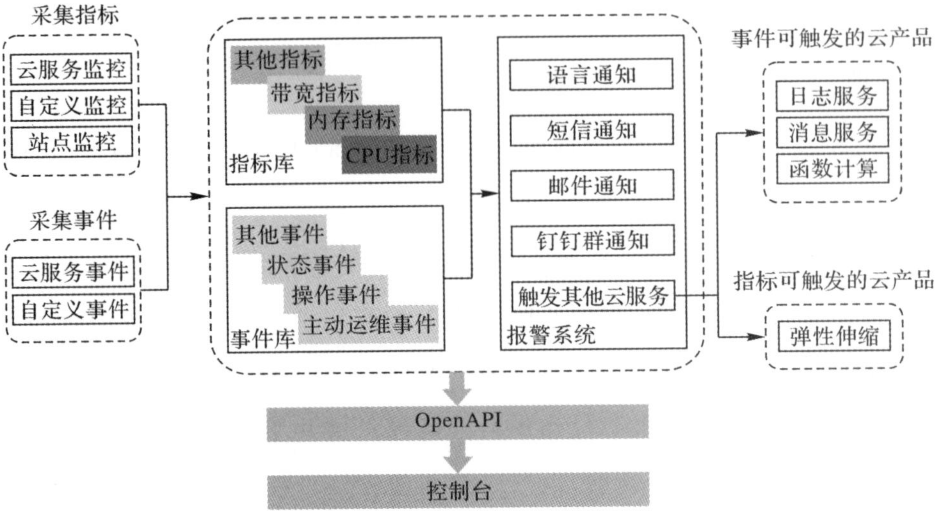

图 6-1　阿里云监控产品架构

(2)百度智能云监控

百度智能云监控有着和阿里云监控相似的产品架构，包括了云服务监控、站点监控、自定义监控、报警管理、OpenAPI、客户端监控等主要功能，在相同的产品优势之外，还具备实例批量报警的特点，并在产品特性上更加凸显智能化特征，能极大地提高数据监测的效率。

(3)腾讯云可观测平台

从接入到展示，腾讯云可观测平台基于指标、链路、日志、事件的全类型监控数据，涵盖高效接入、数据探索、全景监控、统一报警、可视化的全链路数据监测路径，可实现全场景一体化监控，具备数据全面且统一和运维成本低的产品优势。目前已和快手、蘑菇街、酷狗音乐、深蓝汽车等品牌开展合作。

(4)华为云监控

华为云监控覆盖企业办公应用、电商业务解决方案两大应用场景，可满足各种监控需求，在电商平台业务、视频直播业务、众包平台中均有着极佳的场景化应用实践。

2. 秒针系统(Miaozhen Systems)

秒针系统成立于 2006 年，是明略科技旗下基于数据和人工智能，提供企业营销增长服务的第三方技术公司。它通过测量、洞察、优化的全域服务，打通感知和认知智能，以大数据和人工智能技术驱动，为企业构建以消费者为中心的商业智能决策闭环。

作为中国第一家申请MRC(Media Rating Council,即媒体评级委员会)认证且通过审计的第三方监测机构,秒针系统具有多样化数据处理、跨平台和设备打通、数据分析与洞察、AIGC与洞察、隐私保护和知识图谱等多元能力,能极大地释放数据潜力。目前,秒针系统已有较为完善的产品集群,涵盖数字广告测量及验证(Admonitor)、户外广告监播与测量(Admonitor OOH)、直播电视广告监播(Admonitor Live TV)、社媒舆情实时快查SaaS工具(Social X)、私域用户行为监测(秒针分析)等众多方向产品,具有数据源全面的核心优势,可全面覆盖各类社交数据源,并在微博平台拥有最高权限API。

秒针系统在广告营销领域有着广泛而深入的应用,其较早就在云计算等新技术方面进行布局和技术更新①,进入智能时代也积极拥抱智能技术,不断革新其产品的技术,在数据测量、人工智能、语义分析等领域拥有多项发明专利。目前秒针系统的一个重要发展方向就是发展生成式人工智能技术,探索人工智能解码、人工智能内容生成和人工智能知识智能体在营销领域的更多可能,并整合多源异构多模态数据,获取更细节的洞察,推进更高效的创意生成,实现更全面的营销效率提升。秒针系统生成式人工智能应用逻辑如图6-2所示。

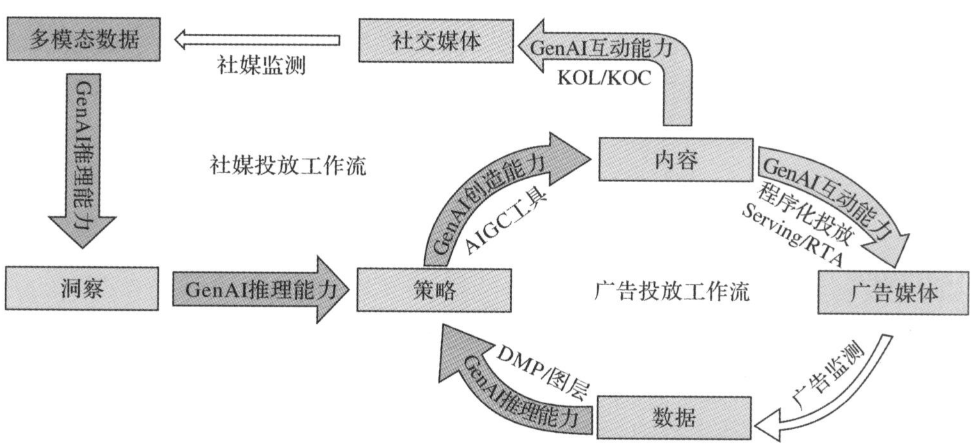

图6-2 秒针系统生成式人工智能应用逻辑

此外,在推动智能技术发展的同时,秒针系统在数据安全和隐私保护方面给予了用户重要关注和保障。秒针系统是全国首家通过数据安全管理能力认证的第三方监测机构,在整体的生态建设和创新发展方面都实现了优势性的资源积累,吸引了包括百度、宝洁、可口可乐等1000多家企业选择并使用。

① 盖雄雄:《秒针系统:迎接广告大数据时代到来》,《广告主》2012年第3期,第84-85页。

3. 艾瑞咨询

艾瑞咨询成立于 2002 年，深耕互联网和新经济领域，是中国新经济与产业数字化洞察研究和咨询服务领域的领导品牌。

艾瑞咨询为客户提供多元化的产品和服务，包括客户体验管理（Customer Experience Management，CEM）服务、产业数字化解决方案、新经济产业研究、产业战略咨询、市场及消费者研究、数据产品洞察服务。其中在数据服务方面，艾瑞咨询基于自建大数据能力的积累，并汇集多家大型互联网企业、运营商等合作伙伴的数据，打造了可视化一站式、多维度的商业智能平台，提供第三方网民网络行为监测、第三方视频内容监测、第三方竞品广告投放监测以及第三方小程序行为监测等多元跨屏数据监测服务，并建立多个用户指标，致力于为用户提供真实的决策依据，辅助媒体和平台的精细化运营。

艾瑞咨询在发展过程中始终保持着与时俱进的发展理念，于 2022 年推出了新品牌“艾瑞数智”，积极探索智能技术的发展。其致力于成为数字化转型和数智化运营全栈能力的提供商，形成了“以知牵引”“以数为基”“以智赋能”的品牌内涵，打造了极具智能化特色的多矩阵数据产品，涵盖数据、人工智能产品、IT 产品、数字营销和数据洞察，目前在汽车、消费、金融、政企、通信及传媒行业已形成矩阵型的智能化产品服务，为包含中国移动、京东、阿里巴巴、迪士尼等在内的 2000 多企业级客户提供智能数据服务。

（二）国外数据监测型平台和工具

1. Splunk

Splunk 是一家 2003 年成立于美国的智能数据软件提供商，致力于为用户提供具有“韧性”的数据服务，在数据处理上具有快速和规模大的显著优势。截至 2024 年底，Splunk 已拥有 1100 多项专利，自主开发了用户搜索、监控与分析机器生成数据的工具，其知名产品及其主要功能如下。

①Splunk Enterprise：实现对数据的搜索、分析和可视化。

②Splunk Cloud Platform：实现对云端数据的搜索、分析和可视化。

③Splunk Enterprise Security：生成安全信息与事件管理解决方案，具有安全监控、事件响应与管理、合规和威胁检测等功能。

④Splunk SOAR：进行用户行为分析并生成可观测性解决方案。

“Powered by AI”是 Splunk 的技术基因，如图 6－3 所示，人工智能在 Splunk 的产品架构中处于内核性的地位，借助 Splunk 人工智能工具和嵌入式功能，Splunk 可在数据处理过程中提高工作效率、主动预防威胁并实现更高效的事件响应速度。目前 Splunk 已与谷歌、亚马逊云科技、思爱普、英特尔等国际知名品牌建立了友好的合作关系。Splunk 产品架构如图 6－3 所示。

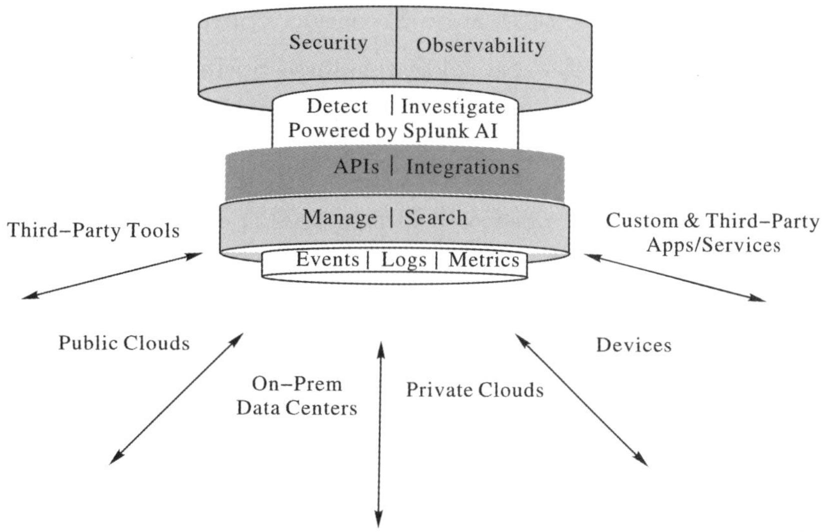

图 6－3 Splunk 产品架构图

2. Meltwater

Meltwater 是 2001 年成立于挪威奥斯陆的全球性媒体洞察和社交媒体监测公司，是全球第一家在线媒体监控公司。其主要业务包括对全球范围内的新闻、社交媒体、博客、论坛等进行数据监测和分析，利用人工智能和数据科学为客户提供涵盖媒体、社交、消费者和销售洞察等一整套解决方案。

Meltwater 已经构建起较为完善的产品套组，包括与主要业务相对应的媒体洞察、媒体关系、社交媒体监测与分析、社交媒体管理、消费者洞察、网红营销、智能销售、API 和数据集成。其核心技术 Meltwater AI 可以辅助内外部进行数据搜索、内容设计，并对大规模数据进行多元化分类，体现出智能技术应用的显著优势。

Meltwater 于 2018 年收购了在社交媒体监测方面具有深耕性优势的产品 Sysomos，其被整合到 Meltwater 的整体解决方案之后转变为 Meltwater Social，Meltwater 也因此具备了更全面的社交媒体监测和分析能力。在不断强大的能力支持下，Meltwater 目前已与资生堂、现代汽车、达美乐披萨等知名品牌达成了数据监测方面的合作。

3. Sprinklr

Sprinklr 成立于 2009 年，是美国纽约一家知名的社交媒体管理平台，致力于“打造全球最受喜爱的企业软件公司”，为用户提供包括内容监控、内容分发、广告投放、内容分析等服务。

与 Splunk 和 Meltwater 相同，人工智能技术也是 Sprinklr 目前发展阶段的重要技术驱动力。Sprinklr 打造了一个以四个人工智能产品组件为主要组成部分的统一平台。这四个人工智能产品分别为 Sprinklr Service（Sprinklr 服务工具）、Sprinklr Social（Sprinklr 社交媒体工具）、Sprinklr Insights（Sprinklr 洞察工具）、Sprinklr Marketing（Sprinklr 营销工具）。此外，Sprinklr 还建构了专属的人工智能模型。据官方表述，Sprinklr AI 在实时获得消费者、竞争对手和市场洞察数据方面可实现 90%以上的准确度，并不断推动决策效率和数据监测质量的提升，为客户提供高效便捷的服务体验。

三、效果评估的操作流程

在前面的部分中，逐步明确并详细介绍了智能传播效果评估的指标体系、数据来源、数据类型以及数据监测型平台和工具，下面将对这些细节性的知识进行整合和汇总，明确智能传播效果评估的整体操作流程。

为了更加明晰地展现智能传播效果评估的具体步骤，将选取智能传播的某一现象案例嵌入效果评估操作流程的具体分析之中。在案例的选择上，考虑到智能传播特征的代表性以及现实应用的广泛性，以虚拟数字人为主体的直播活动显示出极强的契合性。

首先，虚拟数字人的呈现就是数据技术驱动的成果，不论是虚拟数字人的外形设计、内容输出，还是互动方式，都是基于大量数据的支撑；其次，在虚拟数字人进行直播时，可以运用算法模型并根据用户的观看历史、兴趣偏好等信息，为用户推荐符合其喜好的直播内容；再次，自动化是虚拟数字人直播相较于真人直播最明显的特征，通过预设的脚本、动作捕捉和语音合成技术，虚拟数字人可实现一天 24 小时无间断直播，并且智能技术也赋予了虚拟数字人与用户交互的能力，使其能及时反馈用户的实时评论；最后，虚拟数字人直播具有广泛的应用场景，可实现多平台多渠道的传播，推动直播活动的快速传播和广泛覆盖。在实践层面，为了实现广泛传播和节省人力成本的需要，越来越多的品牌在各平台设置了虚拟数字人以辅助真人直播或承担起全部的直播任务，虚拟数字人直播的传播效果评估也显现出极强的行业价值。

接下来，笔者将结合某一品牌的虚拟数字人直播的案例，从确立评估目标、构建评估模型、数据收集与处理、评估与判断、原因探讨与优化建议五个部分来详细展开智能传播效果评估的操作流程。

（一）确立评估目标

在正式开展效果评估之前，需要首先明确此次评估的主要目的，以此为纲领来开展具体评估。不同传播活动的具体效果评估目标存在差异，且在传播主体发展的不同阶段,同一传播活动的评估目标也会存在不同,这也决定了其在之后具体指标模型上的差异。对智能传播而言,其评估目标通常包括衡量活动传播力度、探究用户体验、评估品牌效应和效益转化等。

在虚拟数字人直播的传播活动中,企业通常更关注直播过程中的直接效果数据以及参与其中的用户体验,因此在本案例中,笔者将评估目标设定为衡量虚拟数字人直播的质量和用户体验。

(二)构建评估模型

在本章第二节中,确立了智能传播效果评估指标体系的原则和一级至三级指标,但是在具体的实践运用中,每种传播活动因活动性质和评估目标的不同,在具体指标的权重上存在差异,因此构建专属的评估模型以体现出智能传播活动在普遍性和特殊性上的辩证统一。

其具体步骤首先为依据传播活动特性和评估目标确定各个指标的权重,例如虚拟数字人直播的评估目标是衡量直播质量和用户体验,所以应该在虚拟数字人直播的覆盖范围、智能分发、界面体验、个性化服务、用户参与等指标上给予更多的权重。其次依据这些指标及其权重生成相关计算公式,构建初步的评估模型;之后该模型需要通过大量的数据进行验证和迭代,逐步完善并在评估准确率上达到预期[①],使其能完整准确地实现评估目标。

(三)数据收集与处理

在具备了较为完善、可直接操作的评估模型之后,就需要针对其中相应的指标进行数据收集。

首先需要明确各指标对应的数据类型,如之前在"数据类型与来源渠道"中提及的要确定其是定性数据还是定量数据,是结构化数据还是非结构化数据。在本小节,将继续沿用之前的数据类型界定标准,并据此将整体的数据分为以下三类。

对于定量的结构化数据,可以采用内外部的数据监测工具或系统,例如前面提到的阿里云监控、秒针系统、Meltwater 等,这些数据监测型工具或系统都在人工智能领域得到积极布局和拓展,因此对于虚拟数字人直播类智能传播效果数据的监测具有良好的适配性。在虚拟数字人直播的效果评估中,这些监测工具或系统可以有效监控直播过程中实时传播速度、达到特定曝光量的时间、智能推荐曝光量、分发效率,以及该虚拟数字人在与用户交互过程中所引起用户的评论数、点赞数、转发数和直播间中智能互动工具的使用率、复用率等数据。

---

① 贺文华:《网络正能量传播效果评估探析》,《新闻研究导刊》2024 年第 9 期,第 80-83 页。

对于定性的非结构化数据，例如用户对虚拟数字人直播内容质量的感知，以及其他平台上用户对该智能传播形式的舆论情感倾向等数据，主要由用户的主观感受、评价、观点和情感组成，存在形式多样且复杂。需要通过访谈法、问卷调查法等方法主动地获取目标用户的认知和看法，同时辅以观察法、社交媒体分析法等，对目标用户难以直接反馈的信息进行有效的补充。

对于定量的非结构化数据，此类数据的原始形态与定性的非结构化数据相似，均为文本、图像和视频等格式，区别在于部分指标的呈现需要在数据收集之后进行信息提取和量化分析，以实现评估结果的清晰化。例如，评估一场或多场虚拟数字人直播给品牌知名度和美誉度带来的变化，就需要先对用户进行访谈、问卷调查以及结合社交媒体平台上对有关该品牌的讨论内容进行初步数据的获取，之后对这些数据进行整理，并利用自然语言处理、图像识别、视频内容分析等技术对定性的非结构化数据进行量化分析和提取，进而构建出品牌知名度变化率和美誉度变化率指标，通过对比分析直播前后的数据变化，清晰呈现虚拟数字人直播对品牌知名度和美誉度的具体提升效果，为品牌策略调整提供支持。

（四）评估与判断

评估与判断阶段是整个流程的核心，也是前面所有工作的“汇流地”，在完备的评估模型和充足的数据支撑基础上，就可以对智能传播的效果进行正式的评估。

首先，将从各个渠道收集到的数据进行清洗，并按照评估模型中的各项指标进行分类整理，确保数据的准确性和完整性。之后，针对定量数据，需要通过统计学方法进行描述性统计、相关性分析等操作，以计算各项指标的具体得分或变化率；而针对定性数据，则需要采用内容分析、主题提炼、情感分析等方法，将数据中的关键信息、观点、趋势等以结构化的方式呈现出来，以便进行深入理解和解释。

其次，结合对定量数据的分析结果和对定性数据的解读对处理后的数据进行综合分析和判断，以得出全面而深入的评估结果。以虚拟数字人直播为例，在获取了评估指标体系中全部数据的分析结果之后，需要对直播效果的评估结果有一个明确的判断，其判断标准主要有以下方面。

①评估目标。根据之前拟定的效果评估目标，判断评估整体目标和细分目标的完成情况。

②历史数据。与该品牌之前的真人或虚拟数字人直播数据相比，明确在评估体系中各个指标的变化情况。

③行业标准。参考行业内普遍接受的评估标准和最佳实践数据，判断该品牌虚拟数字人直播效果的相对位置。

④对标竞品。参考品牌竞品的直播效果数据，判断自身的市场竞争力。

将经过综合分析的数据围绕上述四个判断标准进行一一比对，并通过计分制、等级制等呈现形式，便可以确定该品牌虚拟数字人直播效果的最终评估结果。

（五）原因探讨与优化建议

有了基本的评估结果判断之后，对结果进行进一步的原因分析，并据此提出优化建议以指导之后的智能传播活动，是效果评估闭环的必然要求。

在效果评估的过程中，我们既需要关注数据本身的特征和变化，也需要充分挖掘其背后的产生原因和影响因素，例如该品牌的虚拟数字人直播为什么能有较高的舆论话题热度？是由于环境的因素，还是该品牌自身策略举措的推动？这对之后的直播有什么可借鉴性的策略指导？

而对于评估中没有达到预期或存在明显问题的指标则需要进行问题诊断，例如虚拟数字人直播效果评估中可能存在负面的舆论情感倾向以及较低的社会议题关联度指数，为了弥补这一不足，品牌方需要先复盘营销推广策略中的欠缺，在一定范围内开展用户调查并进行反馈，深层次地分析问题产生的原因，为后续的直播优化提供方向和具体建议。

至此，以虚拟数字人直播为代表的智能传播活动在效果评估方面已构建起一套相对完善的流程。但是为了实现更加有效的评估目标，效果评估不能仅成为阶段性的手段，在活动周期之外，也应持续建立长效的监测机制，使效果评估成为一个动态、持续的过程。

同时，对于智能传播效果评估结果的解读也同样需要保持动态和发展的眼光。技术发展、市场环境、受众偏好日新月异，这要求我们应以长远的眼光审视每一次传播活动的效果，只有定期复盘与实时调整评估指标，才能及时捕捉变化并据此优化策略，确保智能传播活动始终与时代脉搏同频共振。

总体来说，为智能传播领域带来更加精准、高效的传播效果，推动智能传播行业向更高水平发展，始终是智能传播效果评估所有流程的纲领性驱动力。

第七章　智能新闻

在智能时代，互联网、大数据、云计算、5G、AR、VR以及人工智能等技术的运用为新闻生产与传播带来了深刻影响，重塑了新闻的生产机制、内容形态、价值内涵。面对智能技术带来的颠覆性技术浪潮，如何应对挑战抓住机遇，推动新闻行业高质量发展，成为新闻媒体必须面对的重要课题。在本章，笔者将立足于智能新闻生产的各个环节及其典型形态，重点介绍智能技术在新闻采集、生产、分发等方面的应用和影响。

第一节　新闻采集的智能化

新闻采集是新闻生产的重要环节，它决定了新闻的及时性和准确性。本节聚焦新闻采集智能化发展，明确其概念及演变特征，即融合多元、速度加快、覆盖广泛，详述了大数据、传感器、直播云台、智能识别、多语种互译及无人机等技术，助力新闻即时采集、多视角报道与全球共享。通过实例解析，展示了智能化技术协同可提升采集效率与质量，为新闻传播带来革命性变革。

一、新闻采集的概念及发展

新闻采集是新闻生产的基础与前提，在新闻生产中起着至关重要的作用。新闻采集是指新闻工作者或新闻机构通过各种手段和方法，收集、获取新闻素材和信息的过程。这些素材和信息是新闻报道的基础，包括事件发生的时间、地点、人物、起因、经过、结果等要素。

传统新闻采集主要以人工采集为主，记者、编辑等新闻工作者在传统新闻采集中占据主导地位，他们采集新闻主要依赖他们的人脉关系、群众打来的新闻热线或者其他媒体的相关新闻报道等渠道。其具体形式包括现场采访、观察、调查、查阅文献、网络搜索等多种方式。

人工采集的数据和新闻素材虽然更加具有真实性，但往往缺乏全面性与广泛性，而传统的自动化新闻采集又过于机械，难以提供准确的、个性化的、具有洞察力的新闻素材。同时，在传统新闻采集情境下，媒体各自为营，每家媒体的记者都要自已搜集原材料，存在信息来源有限、信息质量难以保证、采访效率低下等缺陷。因此，随着智能技术的发展，人工新闻采集可以与智能化新闻采集技术配合，如大数据分析、传感器技术、智能识别等，这样可为新闻采集提供了更多可能性。

智能技术打通了媒体之间的技术壁垒和机构壁垒。便携式设备使得记者可以一专多能，也使得新闻采集更有效率。具体而言，智能化新闻采集相较于传统新闻采集具备以下特点。

（一）融合多元

融合多元是指智能化新闻采集能够整合多种信息来源和技术手段，形成多元化的信息采集体系，具体而言，可以概括为以下方面。

1. 多源数据融合

智能技术能够自动从社交媒体、新闻网站、政府公告、专业数据库等多种渠道抓取信息，实现跨平台、跨领域的数据整合。

2. 多媒体融合

除了传统的文字报道，智能化新闻采集还涵盖了图片、视频、音频等多媒体内容，丰富了新闻的表现形式，增强了新闻的可读性和吸引力。

3. 人机协作

智能技术与人类记者的协作模式日益成熟，机器负责数据处理、初步筛选等繁重工作，人类记者则专注于深度分析、创意策划等核心环节，实现了人机优势互补。

（二）速度加快

与传统采集模式相比，对智能技术的应用打破了新闻采集的时空限制，缩短了制作时间，简化了制作流程，具体而言，可以概括为以下方面。

1. 实时监测

通过大数据分析和实时监测技术，智能系统能够即时捕捉网络上的热点事件、舆论动态，为新闻采集提供即时线索。

2. 自动化处理

智能机器人和自动化工具可以迅速完成信息抓取、初步筛选、格式转换等流程，大幅缩短了新闻制作的时间周期。

3. 即时发布

结合移动互联网技术，新闻机构可以在第一时间将新闻内容推送给受众，实现新闻的即时传播。

(三)覆盖广泛

覆盖广泛是智能化新闻采集在空间和时间上的重要体现,具体而言,可以概括为以下方面。

1. 地域无界

智能技术打破了地域限制,使得新闻采集不再受地理位置的束缚。无论是偏远地区,还是遥远国度,只要有网络连接,智能系统都能迅速获取相关信息。

2. 时间连续

通过实时监测和数据分析,智能系统能够实现对新闻事件的持续跟踪和报道,确保新闻内容的时效性和连续性。

3. 全领域覆盖

智能技术能够应用于政治、经济、文化、科技、体育等各个领域的新闻采集工作,实现新闻内容的全面覆盖和深度挖掘。

二、智能新闻采集技术集群

前面笔者已经对新闻采集的概念和特征进行了阐述,并介绍了在传统媒体时代,新闻采集依赖于新闻记者的人工搜集。在数据处理与数据分析的技术支持下,传感器、社会化媒体、网络应用工具成为新闻采集的新载体,对丰富和优化新闻源起到了重要的作用。“工欲善其事,必先利其器”,新闻采集技术集群是一个综合新闻采集多种方法和工具的体系,旨在高效、准确地收集新闻素材和信息。在本节,笔者将着重选取智能新闻采集的传感器技术集群和大数据与人工智能技术集群,对新闻采集技术集群进行阐述。

(一)传感器技术集群

传感器是在第一环节测量信号的工具,能够满足信息感知、存储、传输的要求,是传感系统的重要组成部分,也是实现自动检测与智能控制的重要工具。智能手机、刷卡器、摄像头、加速器、射频识别标签、条形码解读器、GPS感应器、多信道直播云台、无人机、遥感卫星等都属于传感器。

记者为了获取新闻信息不得不深入危险的地方,如战场、灾区等,尤其在面对一些特定的自然现象和隐性的社会规律时,人类会显得力不从心。无人机等则能克服此类困难,可获取大量人类无法直接获取的信息。传感器适合在远程、高空环境下大规模地采集环境信息,它能感知环境的细微变化,并可采集海量数据,可以到达危险或者人类无法抵达的地方。传感器是人类感知器官的延伸,从茫茫的太空,到浩瀚的海洋,再到危险的战场、灾区,都可见各式各样的传感器。

传感器现今已成为新闻报道中的一种常用工具,被广泛运用于新闻信息、数据的采集过程中。传感器所提供的数据使新闻生产更加准确和科学,也在一定程度上提高了新闻工作者的工作效率,让他们有更多的时间和精力投入到更具内容深度和人文色彩的工作当中。

此外,传感器能够捕捉特定测量值并将其转换为输出信号,为新闻报道提供多样化的选题和数据支持,从而拓展新闻选题范围。利用传感器收集的数据,新闻报道可以更加直观地展示新闻现场和事件发展状况,增强与受众的互动和参与感,比如通过无人机可以获得丰富的航拍影像,全景新闻、VR 新闻的出现都离不开无人机在新闻采集中的应用。

(二)大数据与人工智能技术集群

大数据是指一种无法在常规时间限制内利用传统软件工具全面捕捉、有效管理和深入处理的数据集合,是需要通过新处理模式才能具有更强的决策力、洞察发现力和流程优化能力的海量、高增长率和多样化的信息资产。当前,大数据正在与云计算、人工智能和物联网等前沿技术相融合,驱动新闻生产的规模化、精准化和智能化发展,新闻采集的手段和渠道也因为大数据得到极大拓展。

具体而言,大数据与人工智能技术在新闻采集中的应用有以下几种形式。

1. 网络爬虫技术

网络爬虫技术是一种高效、灵活的数据采集手段,它利用自动化程序在互联网上抓取新闻内容,在新闻聚合、分析等领域具有广泛应用前景。然而,在使用过程中也需要注意反爬虫机制、数据清洗与转换以及法律合规等问题。

2. 自然语言处理技术

在新闻采集过程中,自然语言处理技术可以用于自动化地处理和分析文本素材,涉及多语种机器互译、语义分析、知识图谱、信息检索和过滤、语音识别和情感分析等不同方面。

3. 机器学习算法

机器学习算法可以实现对大量文本、音频和视频数据的实时监测和分析,自动化地识别和分类新闻素材,如根据图像内容识别新闻事件,根据人脸和声纹识别新闻人物,根据文本内容判断新闻价值等。通过机器学习算法,可快速了解新闻事件的发展趋势,实现快速响应和新闻更新。

4. 云存储与传输技术

采集新闻素材后需要将其进行存储和传输。云存储技术提供了便捷、安全的存储解决方案，而高速的传输技术则确保了素材能够迅速送达编辑部门。作为获取新闻信息的一种智能化手段，大数据与人工智能技术正在进一步提高新闻采集工作的准确性和新闻内容的吸引力。通过大数据与人工智能技术，可预测新闻事件的发展趋势，挖掘新闻信息的深层次价值，从而提升新闻传播的深度和广度。

【案例 7－1】

多信道直播云台创新报道两会，单人可穿戴设备一次采集多种分发①

2018 年两会现场，光明网“钢铁侠Ⅱ代”可穿戴多信道移动直播云台引起关注，该云台集新闻信息采写、发布于一体，一名记者就可实现普通视频、全景、VR 同步录制与直播。该产品在 2017 年“钢铁侠Ⅰ代”基础上做了较大规模技术提升，在单兵报道设备上实现轨道、摇臂、多机位直播画面效果，总重量控制在 15 千克以内，独立供电系统可支持设备上集成产品连续工作 4 小时以上，并且在直播内容安全方面，设有四重保护环节。

过去需要轨道、摇臂，甚至是导播车配合才能实现的现场移动直播功能，如今在“钢铁侠Ⅱ代”可穿戴多信道移动直播云台上，只需要采访现场的一名记者，就可轻松完成。甚至拍摄出多机位画面切换效果的直播内容，前方记者只需要动动手指。

通过配备全新的可伸缩系统稳定装置，“钢铁侠Ⅱ代”可穿戴多信道移动直播云台可以让前方记者通过简单操作，将取景器延展至 3.2 米高度拍摄，实现一台小型摇臂摄像机的拍摄效果。在拥挤的新闻现场，“钢铁侠Ⅱ代”可以在不影响其他现场记者拍摄的前提下，迅速抢占高地机位，实现从平面拍摄向立体拍摄的转变。

“钢铁侠Ⅱ代”兼容电信、联通、移动 4G 网络信道，同时支持 Wi-Fi、网线等本地网络接入，通过智能软件自动选择切换最优传输线路，使复杂通信条件下的大型直播活动多信道高清画面更加稳定。“钢铁侠Ⅱ代”还强化了设备间协同工作能力，设备支持前方多路记者的手机、GoPro、Osmo 等便携设备无线接入，通过共享导播系统、传输系统，能够实现一体化实时采集现场音视频、图解、访谈内容转写等多种功能，具备大型活动新闻现场内容的“流动指挥部”职能，是智能化新闻采集技术的典型代表。

三、智能新闻采集的操作流程

在了解了当下智能新闻采集的几种常见技术之后，这些技术又是如何应用到实

---

① 刘炼：《光明网创新报道两会 单人可穿戴设备实现摇臂轨道多机位直播》，2018 年 3 月 2 日，https://v.gmw.cn/2018－03/02/content_27873789.htm。

际的新闻采集工作中呢？智能新闻采集技术可以生产的新闻具备怎样的新形态？在本节，笔者将结合具体案例介绍智能新闻采集的操作过程。

（一）传感器新闻

传感器新闻发端于美国新闻界，并主要应用于调查性报道。所谓传感器新闻，是基于传感器进行信息采集，以数据处理技术为支撑的新的新闻生产模式。最早提出这一概念的是哥伦比亚大学新闻学院托尔数字新闻中心。该中心高级研究员弗格斯·皮特（Fergus Pitt）认为，传感器新闻是指通过传感器技术与物联网技术相融合来采集信息而制作的新闻，属于依靠大数据形成的一种非独立的新闻报道类型[①]。

从操作实践看，传感器与新闻生产主要有三种结合方式：一是利用市面上已有的、成熟的商业设备，设计出适合自己的传感系统；二是从已有的传感资源中获得所需数据；三是设计原型传感系统来生产数据。目前，新闻媒体主要利用政府部门、公共设施中的现有传感系统，或运用众包，或购买、租用商业传感器等方式来收集数据信息。然后，媒体把通过传感器获取的数据进行整理、分析，或以可视化的方式予以呈现，或与传统报道方式相融合。

在本节，笔者将结合传感器新闻的典型案例，对常用的传感器新闻数据采集形式进行分析。

1. 众包采集

众包采集是指新闻媒体借助技术从大量用户手中获取第一手信息、素材及资金的一种报道形式。传感器技术的发展，使得每个用户的智能移动终端充满了各种各样的传感器。另外，还有大量的可穿戴设备，如智能手表、AR 眼镜等，这些设备中的传感器都能最大程度地量化用户的身体数据、周围环境信息。

2. 无人机采集

无人机是利用无线电遥控设备和自带的程序控制装置操纵的非载人飞机。传统新闻报道因为受到设备限制，大多数只能进行平面拍摄，其视角和人眼较为接近。而无人机将摄像镜头带入空中作业，拍摄的画面是一种俯视的角度，这种俯视的画面传递的信息量是巨大的，能交代新闻现场的宏观环境，给受众带来更具冲击力的画面。无人机作为一种新型传感器，能够升入高空获取诸多人力难以抵达地区的新闻素材，从而突破空间限制，降低了新闻采集的成本，增强了新闻报道的时效性。

尽管无人机在新闻采集领域具有多种优势，使用越来越广泛，但在实际操作中

---

① 弗格斯·皮特：《传感器与新闻》，章于炎等译，北京大学出版社 2017 年版，第 236 页。

也需要做好无人机智能电池的续航与维护，注意对航拍图片的选择和审核，注意积累在各种气象条件下航拍的经验等，从而有效发挥无人机在新闻采集中的价值。

3. 自主借助传感器采集

除号召公众进行众包采集、购买已有的政府机构或企业等第三方传感数据，以及无人机采集之外，为了获取新闻选题的相关信息，新闻媒体也可以自主设计或选择成熟的传感器设备采集信息。如在环境监测的新闻报道中，使用监测地震情况的地震仪、监测噪声的噪声检测器、监测空气质量的空气监测器等获取环境数据。

（二）智能识别系统

记者在采访现场用录音笔、电脑和笔记本做记录，这会导致在采访结束后整理资料时需要对录音内容进行反复解听，这项工作费时费力。这一问题随着智能识别技术的出现而得以解决。以音视频处理、语音识别、多语种互译、人脸识别等为代表的智能化技术在新闻采集环节也已经被权威媒体广泛应用。智能识别技术能够将传统的单一音频文件多元化，成为包括图片、文字和音频的多媒体匹配稿件。

例如，新华社全媒体音频采编系统就通过智能化汇集、自动编目、优化音频质量等技术，集中处理电话自动录音、微信语音留言、视频中的音频以及由 PC 端或移动终端上传的音频文件。两会记者会、部长通道、代表通道、委员通道等视频直播中，人民日报社新媒体中心使用了语音识别系统进行文本转录，不仅可准确地将语音转换为文字，还能迅速实现中英文互译，大大加快了新闻采集的速度，提高了工作的效率。

（三）网络监测与抓取技术

随着网络社交媒体的发展，在技术赋权和丰富的信息发布渠道面前，每个人都能够发布信息，传受界限的模糊和公民新闻的兴起使得每个人都拥有成为信息源的能力和可能，在此基础上，出自用户的碎片化内容成为专业媒体新闻报道和网民了解第一手事件情况的重要线索。新闻媒体可以通过网络信息的检索、监测、追踪和抓取功能采集新闻信息，其中涉及两个关键技术。

1. 话题检测与追踪技术

话题检测与追踪技术是一种自然语言处理技术，它能够从大量的文本数据中自动检测并追踪相关的话题，这对于新闻的精细化采集有着重要的推动作用。该技术可检测新话题并动态追踪话题发展的情况，将分散的信息有效地汇集起来，并进行结构化的组织。这使得新闻工作者可从宏观的角度了解一个主题及与该主题相关的事件。

2. 信息的采集与处理技术

网络爬虫是公认的完成网络信息自动采集任务中较有效的工具。网络爬虫的本质是一种可以分析和追踪网络超链接结构,并按照特定的策略持续进行资源发掘和收集的功能模块。在实际新闻采集操作中,新闻媒体可以以自媒体站点作为目标网站,通过整合包括网络爬虫在内的一系列与信息采集相关的技术,完成对该自媒体站点的文章信息采集,通过信息抽取将文章信息保存至数据库中,然后完成对内容的索引,最终获取要采集的相关信息。

传统的新闻采集往往以人工方式进行,工作量大、效率低。而利用网络监测与抓取技术能自动地、快速地处理大量的文本数据,实现精细化的数据采集,显著提高新闻工作者的工作效率。需要注意的是,在使用相关技术开展新闻采集的过程中应注意提升检测话题的精确度,考虑复杂的语言环境,遵循相关网站使用规范等,科学正确地开展采集工作。

第二节 新闻生产的智能化

一、智能新闻生产的基本概念

新闻生产的概念范畴具有多元性。广义上,通常将新闻生产界定为专业的机构或者个人,进行信息的采集、加工,并将其通过一定的渠道传播出去以获取收益的活动。本节所指的新闻生产则是一种狭义概念,聚焦新闻的具体加工过程,是指将采集后的新闻信息经过编辑、写作或其他加工方式,最终形成完整新闻作品的相关工作。

传统的新闻生产流程环环相扣,这样的新闻生产流程确保了传统新闻生产的严肃性和新闻的真实性,但同时使得传统新闻生产十分复杂,耗费大量人力、物力、财力,以至于在创办和运营媒体时必须投入大量资金。当获得大量的新闻线索后,新闻记者需要对它们进行整理、筛选,然后进入新闻写作环节。传统新闻记者从采集信息到撰写新闻,全过程需要自己亲力亲为,费时费力。以社会类新闻记者为例,有的时候一天可能要跑多条线,每天至少发稿一篇,一篇见报稿的字数在 1000 字左右,移动端稿件字数为 500～3000 字不等,遇到重大事件发生,稿件数量甚至会增加好几倍。由此可见,不仅记者工作压力较大,而且仅是凭人力生产出来的新闻,其数量也已难以满足当下读者对新闻信息的需求。

伴随着智能技术的发展,新闻生产的具体模式发生了诸多转变,生产流程得到重塑。人工智能、大数据等智能技术,能够自动处理和分析海量数据,从而极大地提高了新闻生产的效率和速度。人工智能写作机器人可以快速生成大量文本、图像和视频内容，减少了人工编辑和写作的时间成本。这种高效性使得新闻机构能够在第一时间报道突发事件，满足受众对即时信息的需求。新闻记者也可以从冗杂的事务中解脱出来，转向更有价值、更有深度的新闻内容生产。

此外，智能技术不仅提升了新闻生产的效率，还促进了内容生成的创新和多样化。智能技术可以根据不同的场景和需求，生成多样化的内容形式，如深度报道、数据可视化、短视频等。这些多元化的内容形式能够更好地吸引读者，提升新闻的传播效果。

在内容审核和质量控制方面，智能技术可以自动识别并过滤掉虚假信息、不良内容和违规广告，确保新闻内容的真实性和准确性。同时，还可以对新闻内容进行语义分析和情感分析，帮助编辑更好地把握新闻的主旨和情感色彩，提升新闻的质量。

综上所述，智能技术对新闻生产环节带来了深远的影响和变革，使得新闻生产更加高效、快速、多样化和个性化。这些变化不仅提升了新闻的质量和传播效果，还满足了受众对即时、精准、个性化信息的需求。

二、智能新闻生产的技术支撑

多种多样的智能技术因具有数字化、智能化等特点，已快速融入传统新闻生产方式之中，使得新闻传播不再是新闻媒体的独家业务。目前，广泛应用的智能技术包括机器人记者、算法模型、VR 技术等。使用这些新技术生产的新闻，具有可读性、知识性、趣味性和实时性等特点，可以满足受众对新闻传播的需求。笔者将围绕智能化新闻生产的各项技术展开讨论，重点介绍其技术原理及特点。

（一）新闻写作机器人技术

新闻写作机器人技术是利用人工智能和大数据技术，实现新闻稿件自动创作和生成的一种创新技术。新闻写作机器人的工作流程是一个高度集成化和智能化的过程。首先，新闻写作机器人从多个渠道自动收集并筛选相关的新闻素材和数据，运用先进的自然语言处理和机器学习技术进行深入分析，理解新闻事件的核心内容和情感色彩。随后，机器人会根据预设的新闻模板或根据学习到的写作风格，智能化地组织语言、构建逻辑，自动生成初稿。在此过程中，机器人还会对稿件进行多次迭代优化，包括语法检查、事实核对以及风格调整，以确保新闻稿件的准确性、可读性和吸引力。最后，经过人工审核或进一步的自动化校验后，新闻稿件将被快速发布至各大媒体平台，实现新闻信息的即时传播。

这一流程不仅极大地提高了新闻生产的效率和准确性，还促进了新闻内容的多样化和个性化发展。然而，新闻写作机器人生成的稿件也存在稿件可读性较差、适用范围狭窄以及稿件模式固化等局限性。目前对新闻写作机器人的应用主要集中在体育、财经等领域，而富有人文关怀、新闻价值的深度报道等，仍需要记者发挥主导作用。在媒体智能化发展趋势下，人和机器将协同进化，各尽所能，相辅相成，形成一种“人机共生”的和谐景象。

（二）VR技术

VR技术即虚拟现实技术，是指将现实环境中真实存在的画面通过技术手段呈现出来，用户仅需借助专业眼镜就可以看到经由技术还原的画面，并进入其中与之进行互动。VR新闻报道是将现场报道和虚拟技术相融合。受众借助相应的装备，能够身临其境地体验第一现场，同记者实时互动，更深入地了解新闻事件。

VR技术在新闻生产中的应用正逐步深入，并展现出多元化的发展趋势。传统媒体如《人民日报》以及网络媒体如新浪网等纷纷试水VR新闻，通过设立VR专区、推出VR新闻栏目等方式，将VR技术融入新闻报道中。VR新闻已成为新闻传播领域的重要组成部分，并吸引了大量受众关注。

VR新闻主要适用于社会热点事件、重大灾难事件或奇观性的报道。这些事件通常与公众利益密切相关，且传统报道方式难以全面、真实地呈现现场情况。VR技术通过还原新闻场景，使受众能够身临其境地感受新闻事件，从而增强报道的感染力和影响力。此外，VR新闻还适用于需要深度互动和沉浸体验的新闻报道领域。VR新闻打破了传统新闻报道的局限，为新闻生产提供了全新的呈现方式和传播渠道。

当下，VR新闻的生产和传播需要专业的设备和技术支持，成本较高，限制了其普及和应用范围。由于VR技术生产新闻需要耗费一定的时间，因此VR技术不适合应用于时效性强的第一时间报道。未来，随着技术的不断进步和成本的降低，VR新闻有望在更广泛的领域中得到应用和推广。

（三）视频智能剪辑技术

近年来，视频制作技术迅猛发展，深刻影响了短视频新闻的生产方式，其中高效的视频智能剪辑技术在这场变革中发挥了重要作用。高效的视频智能剪辑技术不仅赋予了使用者诸多便利的编辑权限，如高端的图像和音频处理、特效添加以及动态图形设计等，而且能够实现高效的渲染与发布。例如，利用高效的视频智能剪辑技术，编辑人员具备了迅速处理烦琐剪辑事务的能力，大幅提升了新闻制作的速度和水准。此外，云端资源共享与协同工作的崛起，为短视频新闻制作的变革提供了技术支持。新闻团队应用云技术可以随时随地查阅及修订云端存储的视频素材，实现了高效的远程协作，提高了团队协同与沟通的效果。新技术在短视频新闻制播中的应用不仅提升了新闻品质，与此同时，多元视角的展示与高效的信息处理能力，使得新闻报道更具活力、内涵及针对性。

三、智能新闻生产的新模式

贝尔纳·斯蒂格勒(Bernard Stiegler)在《技术与时间:1.爱比米修斯的过失》一书中提到，技术的不断发展不仅仅标志着时代的进步[①]，同时也使得保留和传承记忆的形式在不断更新迭代。新闻作为"保留和传承记忆"的类型之一，其形式也在技术的助推下不断呈现新的样态。广播的出现实现了文字新闻的音频化，电视的出现实现了音频新闻的视频化，而以互联网为基础、移动终端为载体的新媒体也为新闻的呈现带来了新模式和新场景。下面重点介绍智能新闻的三种常见形式。

(一)数据新闻

数据新闻，又称数据驱动新闻，顾名思义，是以数据为核心要素的新闻报道形式，主要是基于对数据的抓取、挖掘、统计、分析和可视化呈现。整体来看，数据新闻具有三方面内涵，即数据的优势、叙事方式的革新以及生产制作流程的变革。

首先，数据新闻以数据为基础，通过对海量数据的挖掘、分析和解读，揭示数据背后的新闻价值。相较于传统新闻，数据新闻更注重事实的客观性和准确性，强调用数据说话。这种基于数据的报道方式，使新闻报道更加全面、深入，有助于揭示现象背后的规律和趋势。

其次，数据新闻在叙事方式上有所创新，利用图表、动画、互动等多种形式，将复杂的数据以直观、生动的方式呈现给受众。这种叙事方式既满足了受众对新闻信息的需求，又提供了更为丰富的视觉体验，使新闻传播更具吸引力和感染力。

再次，数据新闻的生产制作流程与传统新闻有所不同，它涉及数据收集、数据处理、数据分析和数据可视化等多个环节。在这个过程中，数据记者、数据分析师和数据可视化专家等不同角色共同参与，形成了跨学科、跨领域的合作模式。这种流程使数据新闻在信息采集、处理和呈现方面具有更高的专业性和效率。

从技术伦理角度来看，数据新闻给媒体发展提供了新的动力和机遇，但囿于技术本身的工具属性，大数据技术在介入新闻传播领域发挥积极作用的同时，也带来了隐私泄露，部分数据透明度不高，公共领域数据难以获取，过于重视数据可视化形式从而忽略新闻内容的可读性、人文性等问题。

---

① 贝尔纳·斯蒂格勒:《技术与时间:1.爱比米修斯的过失》，裴程译，译林出版社2012年版，第29页。

【案例 7－2】

中央广播电视总台“数说”系列报道[①]

“数说”数据新闻是央视利用大数据技术，依托春节、五一假期、“十三五”规划、“一带一路”倡议、香港回归 20 周年等周期性选题，在《新闻联播》《新闻直播间》《朝闻天下》《晚间新闻》不定期推出的数据新闻作品。2014 年推出的第一期《数说五一》是“数说”数据新闻的开端，到目前共播出 57 期，由《数说春运》《数说春节》《数说五一》《数说十三五》《数说命运共同体》《数说香港》等节目组成。

其中，《数说命运共同体》节目是于 2015 年国庆期间重磅推出的一档全新大型数据新闻节目。《数说命运共同体》共七集，分别以贸易、基础设施、文化、能源、农产品、人员交流、产能合作七个方面为主题，运用生动的数据充分说明了“一带一路”沿线国家间的多领域交流合作的成就，进而找到沿线各国国家发展和人民生活彼此需要的真实逻辑。该节目依靠丰富的数据资源，挖掘了超过 1 亿 GB 的数据，海量数据的呈现方式令受众眼前一亮，不仅满足了受众对解读数据的需要，也创新了数据新闻节目的表现形式。节目完全避免了采取枯燥无味的数据来讲述中国与“一带一路”沿线国家的关系，而是采取了小切口、小角度、讲故事的方式。第一集中，节目以食物为媒介，其背后的统计数据显示出中国人吃的泡面里所使用的印度尼西亚棕榈油，而印度尼西亚的棕榈壳则可以回收利用，让新加坡的电厂发电。其生动的情景交互、独到的数据解读、细腻的人文情怀、宏大的国际视角使其形成一种独具特色的数据新闻风格。

（二）机器人新闻

机器人新闻是人工智能、大数据在新闻传播领域应用的产物，是从数据库中检索收集各类适用于当前项目的内容，并将其智能化地生成新闻的程序，主要包括所有使用人工智能、大数据实现智能化新闻生产的新闻活动，如个性化新闻推送、数据新闻处理以及新闻写作机器人写稿。机器人新闻的特点是能够迅速将发生的事件呈现为新闻稿件，其运作的核心在于云计算和大数据的分析整合。早在 20 世纪 50 年代，美国媒体就运用这种程序开展新闻报道。近年来，机器人新闻凭借其具有大数据信息快速搜索和处理技术的优势逐渐被各大媒体使用。

机器人新闻在我国发展起步的时间较晚，但发展速度很快。例如，腾讯财经于 2015 年 9 月 10 日发布的《8 月 CPI 同比上涨 2.0% 创 12 个月新高》，就是由腾讯财

---

① 胡颖：《关于央视数说新闻的特征及优势分析》，《中国传媒科技》2019 年第 2 期，第 34－36 页。

经开发的新闻写作机器人撰写的财经新闻。在我国的机器人新闻中，值得一提的还有由中国地震网官网微信平台发布的《四川阿坝州九寨沟县发生7.0级地震》，这篇报道是由国家地震台研发的机器人仅花25秒钟撰写出来的稿件，这样的速度使这篇地震消息稿成为全球首发。

在互联网技术不断发展的今天，新闻界出现了自动生成新闻报道的方式。机器人新闻使传统的新闻写作方式发生了改变。在体育、金融方面，机器人新闻的贡献尤为突出。相对于传统的新闻写作来说，新闻写作机器人对时效性的敏感度更高，将新闻事件转化为新闻稿件的耗时更少。此外，机器人新闻是一种通过人工智能技术，优化计算机程序制作出来的新闻，其能够消除众多复杂信息的干扰，为用户推送符合其喜好的定制化新闻。在目前信息分散的背景下，用户想要寻找自己需要的新闻有些困难，机器人新闻个性化定制的这一特点便可以很好地解决这一问题。

新闻写作机器人拥有高度智能化的电脑程序，写作的最核心要素与基础就是对大量数据的分析与运用。新闻写作机器人被广泛应用，不可避免存在侵犯隐私、滥用数据的隐患。特别是在一些政治性、保密性要求比较高的领域，相关部门绝不可能让新闻写作机器人写作和编辑。另外，由于网络的特性，信息不全都是准确的，会有一些错误的信息被用于新闻稿件中，因此，在错综复杂的网络信息中，新闻写作机器人在选取信息时不能够保证信息就是正确的，可能由于信息源存在的问题而产生错误的报道。相对于传统记者，新闻写作机器人缺乏对事件的思考能力，这导致其在创作新闻稿件时，对事件的判断能力不足，因此撰写的新闻稿件的可读性较低。

【案例7-3】

今日头条：Xiaomingbot①

Xiaomingbot是国内第一款报道体育新闻的新闻写作机器人，由今日头条与北京大学共同研制。Xiaomingbot结合了多项当时最新的数据处理技术，写稿速度也相当惊人，从内容生成到文本润色，再到通过客户端发布，最快只需2秒钟！里约奥运会期间，Xiaomingbot初露锋芒，十几天的时间里，一共写作了包括足球、羽毛球、网球等赛事在内的457篇稿件，日均写稿量超过35篇，而且稿件的发布速度很快，几乎与直播同步。在稿件的质量方面，整个里约奥运会期间，Xiaomingbot生成的新闻

① 赵禹桥：《新闻写作机器人的应用及前景展望：以今日头条新闻机器人张小明（xiaomingbot）为例》，2017年1月11日，http://media.people.com.cn/n1/2017/0111/c409691-29014245.html。

稿件的基本构成要素5W齐全，并且获得了100多万的总阅读量。2017年，Xiaomingbot由于出色的内容生产获得了代表中国人工智能学界最高荣誉的“吴文俊人工智能科学技术奖”，这也是新闻写作机器人第一次获此殊荣。

(三)全景及沉浸式新闻

全景新闻是摄影技术、全景视频技术、新闻故事内容的结合，具有传统新闻所缺少的现场感、第一视角感、交互感，这些特点是其区别于其他新闻形式的一种独特的新闻报道形式。全景新闻中包含了多个媒体产品，既有文字、全景图片、全景视频，还有实时直播、H5互动等，可以将受众带入新闻报道虚拟场景中，最大限度还原新闻事件，进而构建出一种超真实、身临其境的现场感。

沉浸式新闻以VR技术为依托，是VR技术在数字新闻领域的新应用，是基于沉浸传播的一种新闻形态。沉浸式传播是一种全新的信息传播方式，它是以人为中心、以连接了所有媒介形态的人类大环境为媒介而实现的无时不在、无处不在、无所不能的传播。它所实现的理想传播效果是让人看不到、摸不到、觉不到的超越时空的泛在体验。

一般来讲，沉浸式新闻有VR新闻和AR新闻两种。全景技术是生产VR新闻的前提，但并不是所有全景新闻都能被列入VR新闻的范畴，甚至有学者认为，所定义的VR直播本质上多为全景直播。在没有VR设备支持的条件下，新闻影像并不能提供VR的沉浸感，并且有很大一部分缺少了VR新闻所必要的交互性。但从主要特点来看，两种新闻形式有很多重合之处，且在实际应用时，常常结合出现，因而在本节，笔者将全景新闻与沉浸式新闻放在一起进行介绍。

不同于电视新闻和网络新闻，全景及沉浸式新闻可将一个完整的新闻事件呈现在受众面前，调动受众的听觉和视觉，受众自己形成一个清晰的认识，从而对新闻有自己的判断。在内容资源上，全景及沉浸式新闻是对专业媒体与社会媒体资源的整合，集合文字、图片、声音、视频、动画等多种媒介形式，在传播技术上，对新闻事件进行全方位、多视角的全场景呈现，通过提供新闻现场的虚拟场景，受众能够在任何时间、任何地点获取任何想要的事件信息。它可为受众带来交互式的新闻内容体验，使得新闻信息实现最大化传播。

第三节 新闻分发的智能化

利用智能技术可以更好地分析传播行为、测量传播效果，从而优化传播方式、优化传播过程。深度学习、5G通信网络等智能技术都推动着新闻分发向更加智能化的方向发展。在本节，笔者首先将通过梳理新闻分发模式的历史演进，对新闻分发模式做出规律式总结。其次，分析智能技术赋能新闻分发模式背后的生成逻辑，并预测新闻分发模式还将在新的传播环境下具有重构的发展趋势。

一、新闻分发的演进阶段

（一）单一型的传统新闻分发模式

传统的新闻分发是与新闻生产固定在一起的，是在专业传播机构主导下完成的新闻生产最终环节。分发对象是广泛的受众，因此对于传播机构来说，在单一的分发模式下，其不能够明确自己的新闻具体传播给了哪些受众以及获得了怎样的传播效果。相比新闻分发，传统新闻媒体更加重视新闻内容生产，因为传统新闻媒体具有相对固定的传播渠道，其传播路径也相对单一，受众只能被动地接收其传播的新闻内容。

纸媒发行和传输便是一种典型的单一型的传统新闻分发模式。考虑到纸媒发行属于劳动密集型行业，它的内容就局限为更符合大众传播特性的，较为完整、全面、符合大多数受众需求的内容，相对地，纸媒就必须放弃长尾部分的少数受众需求。单一型的传统新闻分发模式，一方面现在已无法支撑媒体自身经营，另一方面无法满足被互联网改变获取新闻信息习惯的受众需求，同时这两方面也形成了恶性循环。

一些传统媒体开始被迫转型，编辑推荐型的新闻分发模式由此形成。传统媒体将自己生产的内容整合、汇总，通过专业新闻编辑的判断力来对内容进行再次整合、加工，然后通过客户端分发到网上。这种模式与传统新闻分发模式相近，虽然网络平台拥有无限货架以及更为丰富的内容资源，但是由于效率低下、内容失效，加上新媒体的冲击，实际传播效果依旧不理想。传统媒体开发的新闻客户端的下载量、日活跃量普遍较低，一篇文章的评论量、点赞量、转发量更是寥寥无几。

（二）多元化的互联网新闻分发模式

互联网时代影响着整个新闻媒体生态，导致了新闻生产与新闻分发的隔离，网络上先后出现了各类多元化的新闻分发模式。分发对象即广泛的大众，但从中又做出了细分，同时照顾到了长尾部分的小众需求。分发主体也不再固定为某一专业的传播机构，而是由一个平台将不同传播机构所生产的内容分发给不同的用户。当业界产生了“内容为王”还是“渠道为王”之争时，足以看出新闻分发已经独立出来，成为和新闻内容生产同样重要的全新的一环。这样的互联网分发模式可以既不从事内容生产，也不从事内容消费，内容生产由专业传媒机构完成，内容消费由用户完成。

互联网分发的三大前提是用户数据、海量内容和算法推荐。当互联网分发平台获取了足够规模的用户数据，便可以进行用户画像、用户分群、模型建构，同时协同过滤平台内容，来打通资源之间的通道；之后将海量内容进行精准分发匹配，从而获得用户黏性，进一步补充用户数据的完整性，实现数据利用、增值、变现的可能。通过算法向用户开放的内容推荐，将进一步实现上述环节效果的精准化、智能化，促进新一轮的新闻消费。

现在的互联网分发平台呈现出多元化的特点，有通过搜索技术形成的自动化内容分发平台，有通过社交网络形成的UGC分发平台，有通过提供服务形成的个性化内容分发平台等，它们的核心价值都是为了实现新闻内容和新闻消费者之间更加精准和更加高效的对接。但不容忽视的是，新闻分发是把关者决定什么样的新闻信息在什么样的场景下传递给什么样的用户。在传统媒体时代，把关者是专业的新闻编辑，而在互联网分发环节中，把关者变成了机器或者一套程序，因此便产生了关于“信息茧房”“算法偏见”“新闻伦理”等一系列的争论。

二、智能新闻分发的生成逻辑

（一）个性化算法推荐

算法分发机制是以云计算为技术支撑的计算机科学在新闻领域的创新应用。算法是人工设计、通过机器运载的一系列的编程指令，是一种以解决问题为目的的策略机制。个性化算法推荐，顾名思义就是借助算法向用户进行个性推荐，从而实现新闻分发，其工作原理可概括为数据收集、数据分析、画像生成、信息匹配、精准分发五个步骤。

第一，数据的收集分为基础数据收集和兴趣偏向数据收集。前者主要是对使用者个人的人口学统计数据的收集，如年龄、地域、性别等个人信息，这一步骤的信息获取主要是对用户登录、注册信息的获取；后者是在前者的基础之上根据使用者的关注、点赞、评论、收藏等相关数据对用户偏好进行数据收集。第二，对上述数据进行实时抓取分析，以尽可能提升对用户信息分析的精确性。第三，通过对上述数据进行整合，描绘每一位使用者的用户画像，这一步几乎与第二步同时进行。第四，根据用户画像将新闻内容与用户进行匹配，以尽可能实现每一条新闻信息的推送都有的放矢。第五，通过预制算法分发程序将新闻针对性地分发给使用者，为每一位使用者提供定制化与精准化的新闻产品。

在我国，算法推荐在以今日头条为典型的资讯分发行业大行其道，无论是传统门户网站推出的移动新闻客户端（以网易、新浪等为代表），还是聚合类新闻App（以今日头条、天天快报等为代表），均显示出数字新闻的分发渠道逐渐被算法推送所代替的趋势。在网络传播领域，算法除作为“制导武器”向用户精准推送个性化信息外，还能自动计算出热点信息的内容、主题词、标签、体例结构等以指导新闻发布机构创作符合用户需求的新闻，形成了以用户为导向的新趋势。需要注意的是，当前的算法技术还存在缺陷，且在洞察用户的数据收集方面还不完善，因此本节提及的新闻算法推送的个性化与精准化均为或然率层面大概率的个性化与精准化，并没有达到完全满足用户所有的以及深层次需求的程度，这导致当前的算法还带有显著的工具属性，距离真正意义上的智慧型算法还有相当长的路要走。

（二）社交化信息推送

社交类平台是基于用户关系的信息分享和传播平台。在过去十多年间，微博和微信分别成为中国大陆最具国民级影响力的两款弱关系和强关系社交类平台。其中，微博是具有社交属性和媒体属性双重属性的开放式平台，它既是一种典型的社交媒体，同时也具有社会媒体的特征，构成了公共交流的空间和社会话题的舆论场。微信则是以社交属性为主的半开放式平台，用户之间的网状关系构成了无数社交圈，不同圈子的话语空间相对独立，圈内的相对封闭性使得信息生产和流动都依赖关系脉络。媒体机构发布的新闻，主要通过朋友圈和微信公众号相结合的方式，实现圈内传播和圈子间传播。

一方面，社交类平台的新闻分发，保留了传统媒体时代新闻分发的部分特征。信息在人群中传递的一般规律被认为部分存在，如由于意见领袖存在而形成的两级分发。研究发现，用户在决定转发什么内容时，会考虑到对他们所认为的受众的影响。用户对转发行为的一般态度、新闻与用户关注主题的契合度、发布者与用户之间的交互度等人际因素都会影响用户在微博转发内容的行为。微信的新闻分发则借助强关系链，往往具有很高的到达率与转发率。其“菊花链拓扑式”的转发模式牺牲了微博“围观广场”式的另类公共领域，而提供了另一种圈层化引爆话题热点的有限公共性。在社交类平台人际传播渠道与大众传播相结合的分发中，社交网络中的节点扮演了筛选个人信息的“把关人”角色，而新闻的传播效果一定程度上取决于它能够激活的人际网络的规模。

另一方面，社交类平台的新闻分发，根本上依赖用户之间以人际关系为基础的转发行为，转发是社交类平台分发的主导逻辑。社交类平台通常为线上社群提供了较为完备的社区服务，用户拥有账号形式的虚拟身份和个人页面形式的领地。用户在微博转发内容时，可以通过“@”和“＃主题标签”关联更多的用户和话题。关系链的存在使社交类平台上的内容传播在一定程度上突破了传统媒体时代一次性、垂直式的大众传播模式，初步衍生出去中心化、裂变式的传播模式。内容的传播权从传统的精英编辑过渡到普通用户，每个人都成为内容分发的重要节点。对于媒体机构而言，这种新闻分发的基础是聚合第一批用户，即粉丝，信息传递的范围依赖粉丝数量以及粉丝的分享意愿。

（三）场景化实时分发

物联网的概念最早出现在1999年，美国自动识别中心提出把所有物品通过射频识别（Radio Frequency Identification，RFID）等信息传感设备与互联网链接，实现智能化识别和管理。物联网提供了数以百亿计的新链接，是人联网容量的几十倍甚至几百倍，具有更大的商业价值和市场潜力。再加上5G技术的助力，物联网巨型生态系统由此形成，初步实现了万物皆媒、万物互联，不仅扩展了传媒业的边界，还为新闻分发模式提供了新的可能。新闻分发终端扩散到生活场景的各个物体上。泛在化、生活化的新闻分发模式提供了更具人性化、个性化的推送服务，让新闻内容的分发符合用户碎片化与生活化的场景。

先进视频显示技术使得用户在街道、广场等户外场景下也可以拥有良好的视听体验，5G通信的发展为公共场景下的内容分发和设备管理提供了技术途径。2022年2月，由中央广播电视总台超高清视音频制播呈现国家重点实验室牵头，世界超高清视频产业联盟（UHD World Association，UWA）制定的首批"百城千屏"超高清视音频传播系统技术标准正式发布。全国35个城市的100多块超高清大屏播出了中央广播电视总台8K超高清电视频道的节目，展播了央视春晚及北京冬奥会赛事。分众传媒将人工智能技术应用于其遍布230个城市的260万个电梯媒体终端上，实现了终端内容云端在线推送。

基于万物互联的智能家居场景，同样是智能时代新闻内容分发的核心场景之一。目前，在内容分发上如火如荼的是智能音箱的普及和应用。相比于智能手机功能场景的复杂性，智能音箱更聚焦生活化场景，更利于具有服务性质的新闻内容的传播。目前，爱奇艺、喜马拉雅、蜻蜓FM等专业内容平台已纷纷关注智能音箱，将智能音箱作为内容分发矩阵的重要一环。

智能手机作为移动互联网终端，是目前个人场景下信息内容传播的核心出口。目前，智能手表是智能可穿戴设备领域内发展最为成熟的终端，苹果、三星、华为、小米等智能手机终端厂商均推出了系列智能手表，实现了接打电话、收取信息、健康监测等多种功能，信息读取的便捷使其在新闻分发方面具有独特的优势。

三、智能新闻分发的发展趋势

智能算法在新闻信息分发过程中在个性化、精准化、碎片化、便捷化方面发挥了优势，满足了新闻信息的多维度分发以及按需传播，但不可否认的是，当下智能新闻分发依然存在技术风险和伦理隐患。

首先是个人隐私信息数据的安全风险。智能算法技术的价值取向和对用户个人信息的定制、精准分发是建立在对用户个人选择及行为的海量数据搜集分析的基础之上的。平台通过简单的授权获得了复杂且庞大的个人信息，在进行深度挖掘与画像建立用户个人信息数据流模型时将面临源数据被披露的问题。其次是信息茧房效应导致价值信息获取受限。在智能化新闻信息分发中，用户自主选择新闻信息的定制化营造了信息茧房。再次是对智能分发的价值延伸及内容把关不足。目前，单纯依靠大数据的智能分发有盲目追求用户喜好的趋势，缺乏主流核心价值观把控。

在未来，每一个智能终端都具备网络化、无线化、数据化和智能化的特征，新闻分发模式将变得更加精准化与智能化。针对上述数据隐私、拟态环境构建及价值导向等问题，有必要指引智能化新闻分发向着更加人格化、场景化、规范化发展。

（一）人格化

人格化强调“人”的主观能动性、价值判断及行为态度取向在智能化新闻信息分发中的重要作用，具体体现在传受二者身上。一方面，传播者在新闻信息分发的价值判断中占主体地位，比如，一点资讯上线辟谣项目，通过机器判断、人工编辑复审的方式评价谣言信息，凸显了人工编辑主观价值判断的作用；另一方面，用户参与人机协同的智能化新闻信息分发，用户不仅可主动选择信息，还参与对新闻信息的二次传播。算法数据、学习及评价技术等构建了精准性和定制化的新闻信息分发模式，在这一过程中，需要促进人机协同运作，以避免算法对用户需求及兴趣数据过度依赖形成的陷阱。

（二）场景化

在智能时代，在市场上拥有较大用户量的物联网公司、智能硬件公司，将成为内容生态传播的重要组成部分。物联网信息分发渠道成为新闻媒体必须占领的高地。新闻媒体不仅需要在内容制作和生产上更注重用户体验，生产用户喜闻乐见的内容；同时，在技术应用和渠道建设上，应与相关机构建立紧密的互动合作关系，将更多的物联网终端纳入新闻媒体的传播体系中，构建立体的媒体传播场域；此外，积极利用区块链等新技术将新闻内容和产品的价值进行确权、流转，与物联网公司、智能硬件公司、运营商共同合作构建完整的内容生态价值体系。未来的新闻媒体，将拥有与现有新闻机构完全不同的价值链条、生态体系，新闻媒体在社会发展中体现的作用也将更加深化。新闻传播体系将呈现物质化、场景化、立体化的趋势。重构新闻媒体生态链条、构建基于物联网的智媒传播场域，将成为新闻媒体机构的关键任务。

(三)规范化

随着个人数据隐私问题的暴露,智能算法应该加强机器学习功能,明确辅助特征,向更加透明、更加聪明的方向优化。算法优化是保护数据隐私安全的源头,可从两方面切入:一是监管下的算法透明,在新闻分发权利转移至算法技术的过程中,受众有权知道算法运算的主体及过程,可以通过第三方核查机构对新闻信息分发算法运算进行监管和评估;二是算法自身的成熟,即对算法运算程序进行优化以建立更强的信息保护系统,合法合理地承担起数据运算、匹配及精准推荐的功能。

第四节 虚拟主播与机器人记者

随着智能技术的不断升级和媒介深度破圈融合,大数据、人工智能、云计算等各种智能技术已逐步介入新闻日常生产中,运用技术赋能已经成为当前媒介生态领域内的普遍现象。在前面几节中,笔者具体介绍了智能化技术对新闻生产的各个环节造成的改变。在本节中,笔者将介绍智能媒体时代新闻生产极具代表性的两个应用——虚拟主播和机器人记者。

一、虚拟主播的基本概念

虚拟主播,也称虚拟主持人或虚拟偶像,是一种通过计算机图形学、人工智能和动作捕捉技术创建的数字化角色。虚拟主播不仅在视觉上具有高度的仿真性,还能够通过语音合成技术与观众进行互动。虚拟主播作为一种新兴的媒体表现形式,其发展经历了从简单的2D动画到高度智能化的3D模型的演变。

虚拟主播的起源可以追溯到20世纪90年代,当时主要通过2D动画技术实现。这些早期的虚拟形象虽然在视觉上较为简单,但已经能够进行基本的互动和表现。随着计算机图形学的发展,3D建模技术逐渐成熟,使得虚拟形象的视觉效果更加逼真。同时,对动作捕捉技术的应用使得虚拟形象能够模仿真实人类的动作,增强了其表现力。通过深度学习和自然语言处理技术,虚拟主播不仅能够进行语音识别和合成,还能够理解和回应观众的问题,实现更自然的互动。虚拟现实(VR)和增强现实(AR)技术的发展为虚拟主播提供了更广阔的展示平台。

2001年阿娜诺娃(Ananova)的诞生标志着传媒界开辟出了一条虚拟与现实交互的新道路,拉开了"人机交流"的新形态序幕。作为世界上诞生的第一个虚拟主持人,它具备最基础的人形和超乎常人的精神状态,在传播信息方面展现出了强大功能。自此,高效率的计算能力及一定的交互能力成为虚拟主持人的重要特征。我国诞生的第一个虚拟主持人是2000年上海国际电视节上亮相的"言东方",其长相极具东方人的特点，由当时较为先进的传感与三维动画技术打造，但因技术限制并没有一头乌黑亮丽的秀发，反而脑袋锃亮。“言东方”与王晓宁共同主持《科技周刊》节目饱受热议，在信息交互单一的时代，科技创新能捕捉人们的眼球。如英国的阿娜诺娃（Ananova）、美国的薇薇安（Vivian）、韩国的露西雅（Lusia），这些虚拟主持人开启了传媒业创新发展的新赛道。

虚拟主持人能否成为荧幕上的新宠儿，这是当时传媒业的一个热点话题。随着新鲜感的流失，当时人们渐渐意识到虚拟主持人只是逗人一乐的噱头。2004 年，中央电视台《光影周刊》节目的虚拟主持人“小龙”在短暂地受到关注之后，便坐上了“冷板凳”，因其目光呆滞、动作单调、语气生硬而被戏称为电视节目的“活木偶”。虚拟主持人行业在 2004 年后便进入了沉寂阶段，技术的停滞是阻碍虚拟主持人发展的第一要素。当时几乎所有的虚拟主持人都是由三维动画技术与传感技术打造再配以后期剪辑的声音，在动作制作或者面部模拟等方面并没有如今细腻生动，人们在追求拟人感官的同时，也被高额的技术成本所束缚。

然而虚拟主持人发展沉寂并不意味着其发展的停滞，人们一直在努力寻找虚拟主持人的突破方向，而人物模型建造和人机交互一直是虚拟主持人破圈发展的瓶颈。2016 年，在视频网站 YouTube 上一位名叫“绊爱”的虚拟主播让人们眼前一亮，其将 3D 模型与人物肖像动作捕捉技术结合，动作表情也变得更加丰富灵动、自然流畅，同时在人机交互中，数据分析语义准确率高达 95%，这也意味着人机交互技术更加智能，标志着虚拟主播行业发展迈上了新台阶。随着虚拟主播的功能越发强大，从 2018 年开始，虚拟主播行业呈现出爆发式增长。比如央视财经联合搜狗推出的“姚小松”、央视新闻推出的“康晓辉”、央视频推出“AI 王冠”等各式各样的虚拟主播层出不穷。这些虚拟主播的形象几乎与真人无异，且精通多种语言。能充分利用实景环境与真人互动成为虚拟主播行业的一大看点。2024 年，中央广播电视总台联合多家科研机构和企业发起“央视听媒体大模型”研发共同体倡议书，旨在推进生成式人工智能在视听领域的应用与发展，共同培育媒体发展新质生产力。在智能时代，人工智能、元宇宙、ChatGPT 等前沿技术的崛起，不仅加速了信息共享和传输效率，更为有声语言表达打开了更加多元立体开放的空间，虚拟主播正融入人们的社会生活，推动社会智能化、生活便捷化。

虚拟主播现在已经发展到人工智能合成阶段，而背后的驱动力量则是人工智能技术的发展和演进，不同阶段的虚拟主播不断拓展应用场景。从虚拟主播的发展阶段来看，快速跃升的人工智能技术至关重要，而核心是能够改善人机交互的自然语言处理技术和让虚拟主播更鲜活的语音动画合成技术。

二、虚拟主播的特点与应用

人工智能技术已经取得了长足的进步，尤其是在语音合成、自然语言处理和图像识别等方面。通过语音合成技术对文本内容进行分析和处理，生成逼真的自然语言语音，虚拟主播在播报新闻、主持节目等方面表现出色，越来越接近真实主播的水平。自然语言处理技术是对自然语言进行理解和整合的技术，它能够帮助虚拟主播更好地理解和处理人类语言，实现更加智能化的对话和交流，具有更强的互动能力。通过图像识别技术，可分析图像内容，最终实现对图像的识别和理解，帮助虚拟主播呈现更加生动、多样化的表现形式，增强节目的视觉效果。人工智能技术的进步为虚拟主播的发展提供了强大的支持，使其拥有了更加丰富的功能特点。虚拟主播不仅可以具有自动播报、主持节目等基本功能，还可以提供更多的个性化定制服务，满足用户的不同需求。

虚拟主播在新闻播报中的功能和应用是多方面的，其技术基础和功能特点也颇具特色。虚拟主播通过深度学习和自然语言处理技术能够实时将最新的信息快速整合生成新闻稿件并进行报道，在短时间内向观众传递关键信息，大大提高了新闻生产的效率，提升了时效性。虚拟主播还具有强大的多语言处理能力，能够集成多种语言的语音合成技术，根据不同语言的发音规则和语音特性，生成自然流畅的语音播报。虚拟主播的这一功能被广泛应用于多语言新闻播报中，使得全球观众能够以各自的母语了解世界动态，打破了语言和地域的障碍。通过分析用户的浏览记录、兴趣爱好等信息，虚拟主播可以了解用户的需求，自动生成包含相关信息的新闻稿件，智能推荐与其相关的内容，实现个性化新闻推送。虚拟主播通过深度学习和文本分析技术，可以从大量新闻来源中自动识别新闻文章中的关键信息和主要观点，生成概括性的摘要，方便观众快速了解新闻内容，节省了观众筛选和阅读新闻的时间，使获取信息更加高效便捷。虚拟主播可以理解和回答观众提出的问题，与观众进行实时交流，提供更多的相关信息，这种互动性能够增强观众的参与感和满意度，可以提升新闻传播的效果。虚拟主播可以对大量的新闻数据进行深度挖掘和分析，提取新闻主题、关键词等信息，为新闻编辑和报道提供有价值的信息和洞察。虚拟主播还可以进行舆情监测，实时了解公众对某一事件或话题的看法和情绪，为新闻报道提供参考。虚拟主播通常具有虚拟形象，可以通过虚拟形象模拟各种场景进行现场报道、采访等，使新闻报道更具现场感和真实感，为观众带来更直观的新闻体验。

传统主播在直播节目时需要在特定的时间和地点进行，往往受到很大的限制，还可能会受到情绪、身体疲劳等因素的影响而导致表现不稳定。在进行节目录制或直播时，传统主播需要投入大量的时间和精力进行漫长的排练和准备工作，而虚拟主播则不同，它不受空间和时间的限制，可以随时随地直播，并实现 24 小时不间断地播放，这使得观众无论是在深夜，还是在遥远的他乡，只要有网络存在，就可以观看节目。由于虚拟主播是由人工智能程序控制的，可以始终保持高水准的表现，不会受到个人因素的影响。虚拟主播可以根据观众的喜好进行智能调整，提供更加个性化的节目内容，增强观众的观看体验。在节目播放前，虚拟主播只需在初期进行一次编程和训练，之后就可以自动运行，大大降低了人力和时间成本。虚拟主播还可以通过复制和扩展实现在多个平台同时直播，提高资源利用效率。这些便捷性、稳定性、高效性的特点是传统主播难以比拟的。虚拟主播在主流视听媒体中的应用案例见表 7－1。

表 7－1　虚拟主播在主流视听媒体中的应用案例

首次登场时间	媒体单位	虚拟主播	应用节目
2020 年 11 月	上海广播电视台	申苏雅	《早安元宇宙》
2021 年 8 月	北京广播电视台	时间小妮	《时间小妮看冬奥》
2021 年 10 月	湖南卫视	小漾	春节联欢晚会
2022 年 3 月	中央广播电视总台	AI 王冠	《“冠”察两会》
2022 年 5 月	广东卫视	悦小满	《元气小满》
2022 年 6 月	浙江卫视	谷小雨	《天赐的声音》
2022 年 12 月	东方卫视	东方媛	2023 跨年盛典
2023 年 3 月	山东卫视	海蓝	《山东新闻联播》
2023 年 4 月	河北卫视	冀小佳	《跟着鸟儿游河北》
2023 年 5 月	陕西卫视	未央	《未央的五一》
2023 年 8 月	山东卫视	岱青	《国学小名士》
2023 年 8 月	广西卫视	小晴	《你早，广西》
2023 年 9 月	新华网	筱竹	杭州亚运会
2024 年 2 月	杭州文广集团	小雨、麒宇	《杭州新闻联播》
2024 年 3 月	内蒙古广播电视台	晓奔、晓腾	《AI 主播上两会》

三、机器人记者的概念

机器人记者是指利用指定数据，通过算法软件自动生成新闻报道的智能系统，即新闻报道是通过电脑的辅助完成的。机器人记者借助深度学习、神经网络、自动化技术和算法开发等先进科技，能够迅速处理和分析海量数据，依托事先编好的计算机程序和现成的数据库信息，进行程序化、格式化的加工，从而快速生成新闻稿件。这些报道不仅产生速度快，而且能够覆盖广泛的新闻领域，包括体育、金融、战争等。机器人的写作方式主要是先创作好模板，通过计算机程序获取相应的数据后，将数据填入相关的空格当中，目前在财经和体育这两类新闻中应用面较广。

机器人记者是如何生产新闻的？这个过程如一个"黑箱"，公众很难对之进行评判和监督。机器人新闻算法源代码的专利为谷歌专有，同时已被授权给包括叙事科学（Narrative Science）、自动洞见（Automated Insights）、耶索（Yseop）、CBS互动以及幻象记者（Fantasy Journalists）等公司使用。这些公司将谷歌的基础算法投入到具体应用中，因此对公众而言，该技术的神秘性也逐渐降低。

机器人记者写作是从2014年美联社用机器人代替记者写稿开始的。但最早的机器人记者在阿富汗战争时就已经出现了，当时美国媒体为了保护记者的人身安全，研发了机器人记者深入战斗危险区采集素材。当时的机器人记者不具备写稿的能力，只能进行数据及信息采集工作。2014年7月美联社宣布与人工智能公司合作，机器人记者因此被广泛应用，此后，我国科研工作者也不断进行对机器人记者的开发与探索。

2015年，腾讯财经开发的自动化新闻写作机器人记者Dreamwriter，可根据算法第一时间自动生成稿件，一分钟内能将重要资讯送达用户。其发布的首篇新闻《8月CPI同比上涨2.0%创12个月新高》抓取了国家统计局发布的CPI相关数据，同时引用了行业专家和业内人士的相关分析。Dreamwriter可以被称为我国第一位"写作机器人"。2017年两会，新华社机器人"i思"以音频部见习记者的身份入场，它不仅可以对代表委员进行采访，同时还能收集两会的大数据进行分析、与关注两会话题的受众进行新闻互动、以特约记者的身份与主持人连线报道两会。此时的机器人记者已经拥有互动、采访的能力。2018年两会，人民网启动人工智能机器人记者"汪仔"，让网友从"新"看两会。"汪仔"能说、能动、能思考，在语音识别、语言处理、数据挖掘方面均有突出表现，且能在访谈节目中大展身手，使人民网的两会访谈节目更生动、更接地气。

四、机器人记者的特点与应用

传统的新闻生产中的信息是由记者采访收集来的，为了保证新闻的客观真实性，记者需要了解事情的前因后果、对当事人进行深度采访。随着技术的发展，机器人记者的出现使很多类型的新闻不需要记者亲自采写。尤其是在经济类和体育类的新闻中，最重要的信息便是数据，机器人记者依靠大数据时代强大的技术支撑，可以将数据与新闻完美融合起来。另外，机器人记者可以把人类记者从繁复的数据整理中解放出来，使他们可以集中精力进行深度报道，完成更具价值、更具创造性的工作。此外，机器人记者可对海量的数据进行分析梳理，在极短的时间里生产出新闻，能大大提高新闻报道的时效性和新闻生产的效率。2013 年，写作机器人 Wordsmith 生产出 3 亿多篇报道，比世界上所有媒体生产的新闻报道总和还要多。

目前，机器人记者进行新闻写作的范围已经不仅仅局限于已经发生的事实，它还能对已有的数据进行分析，从而使预测性的报道成为可能。机器人记者是自动执行工作的机器装置，它可以运行预先编排的程序，也可以根据人工智能技术制定的原则纲领行动。机器人记者所做的分析相当于人脑思考中枢的体外化，但机器人记者分析与计算的精准程度要远远高于人类。例如，在财经类新闻中，机器人记者就可以根据以往的数据和走向，分析未来的形势。《苹果第一季度营收超华尔街预测》这篇报道就是由一套自动化系统撰写的，据悉，该系统每季度可以写出超过 3000 篇这样的文章，且对美联社的风格了如指掌。

在传统的新闻制播实践中，个体的主观参与和控制很容易出现错误，但机器人记者以大数据技术为依托，以及个体主观因素介入较少，可有效地降低错误发生率，提高新闻内容的精准性，符合新闻报道真实性原则。一方面，机器人记者的信息来源基本是从权威机构处抓取的数据，并可确保所抓取信息的真实性；另一方面，在进行从数据到新闻的转换时，没有了传统的人工抄录，智能化运作全面降低了错误发生率。

在新闻信息源的真假判定方面，机器人记者无需深入第一现场进行调查，只需借助相关技术对媒体、机构和个人的反馈进行全程监控即可，或者依据地理位置对关联性较强的社交媒体账号反映的情况展开精准判断，借助超强的信息分析能力可有效剔除虚假信息的传播。在不同语言之间的翻译转换上，虽然智能翻译无法彻底取代人工翻译，但在数字、语法、专业术语、前后一致性等内容的翻译校对方面，机器人记者有着人类记者无法比拟的准度与速度。

机器人记者在使传媒报道便捷性大幅提升的同时，也具有一些无法忽略的弊端。基于相关实践得知，现阶段的机器人记者在体育、金融等涉及海量数据的行业领域中被广泛应用，其只需要分析数据，并对数据进行加工，随后将数据利用规定模板进行报道，风格缺乏生动性和灵活性。具有写作功能的机器人能够仿照许多作家的写作习惯和特点，但其始终无法将仿照对象的情感、风格展现出来，这导致其报道枯燥、死板，难以满足受众多元化的需求，不利于提高读者兴趣和阅读积极性，这是机器人记者的文风劣势。

同时，在报道的内容方面，机器人记者也存在明显的局限性。第一，其在很多场合无法开展现场报道，这是由于事件性的新闻报道通常存在极强的现场感，不仅有事件、时间、人物等要素，很多关键细节也存在显著的新闻价值，需要人类记者亲自深入现场才可以获取。从严格意义上来讲，新闻报道并非单纯依靠“写”而生成，最关键的一部分实为“采”，即新闻界常说的“三分写、七分采”。第二，机器人记者无法开展深度报道。深度报道基于深入采访，还需要记者对新闻事件的来源和发展等进行科学梳理，明确相关人物间的各种关系，并对引发事件出现的原因和影响因素进行分析，诸如此类的工作机器人记者难以实现。第三，很难实现新闻评论。新闻评论是反映“人”的价值观、立场及取向的载体，其写作缘由及目的始终为“人”的问题，所以通常会存在显著的主体性，而机器人记者只是一种由人类开发和制造的工具，始终无法完全替代人类发挥作用。机器人记者在新闻媒体中的典型应用案例见表 7－2。

表 7－2 机器人记者在新闻媒体中的典型应用案例

时间	媒体单位	机器人记者	应用领域
2014 年 7 月	美联社	Wordsmith	财经新闻、数据报告
2015 年 9 月	腾讯财经	Dreamwriter	财经新闻领域
2015 年 11 月	新华社	快笔小新	体育、财经新闻领域
2016 年 5 月	第一财经	DT 稿王	财经新闻领域
2016 年 8 月	今日头条	xiaomingbot	不仅限于体育赛事报道，还涵盖时政新闻、财经报道、娱乐资讯等多个领域

第八章　智慧广电

人工智能、大数据、云计算、5G 等新技术的研究与应用，为广电传媒的智慧化转型提供了广阔的发展空间。国家经济发展的需求和广大受众日益增长的对数字生活和智能生活的需要也亟需广电传媒进行转型升级。智慧广电建设俨然成为广电传媒前进的必然道路。2021 年发布的《中华人民共和国国民经济和社会发展第十四个五年规划和 2035 年远景目标纲要》也明确提出了“建设智慧广电”的重点任务。基于此，在本章，笔者将重点梳理智慧广电体系的总体格局架构，分析支撑智慧广电体系的技术载体，对智慧化的新型制播体系进行具体阐述，并在“智慧”赋能制播的基础上，进一步分析基于人工智能的影视创作。

第一节　智慧广电的总体格局

智慧广电，是“智慧信息技术体系”与“广电体系”的结合，即通过人工智能、大数据、云计算、5G 等技术的融合和行业资源的整合，打造可以深度服务民生、政务等多方面的全新智能化广播电视系统，从而实现广电业务的有效延伸、服务内容的有效拓展和管理能力的有效提升。智慧广电区别于传统广电的本质便是能否依托于新一代技术实现制播和服务流程的智慧化。因此，目前智慧广电建设主要包含两个维度：一是利用新技术提高制播智慧化水平，提升内容制作的效率和质量；二是拓展业务范围，不再局限于节目的生产与传播，还要通过与智慧医疗、智慧养老等领域的连接，服务受众数字生活的方方面面。根据广电特性，智慧广电的技术架构可以划分为“云-网-端-管”[①]，如图 8－1 所示。

“云”是融合媒体云平台，能够汇集、存储、转码、分析、编辑、挖掘智慧广电的海量数据，包含基础架构服务、平台服务、应用服务三种服务选项。

“网”是具备网络架构的广电网，由下一代广播电视网、下一代通信网、物联网等组成，是传输智慧广电海量数据的通道。

---

① 魏娜、郭晓强：《智慧广电总体架构及关键技术研究》，《中国广播》2018 年第 11 期，第 18－22 页。

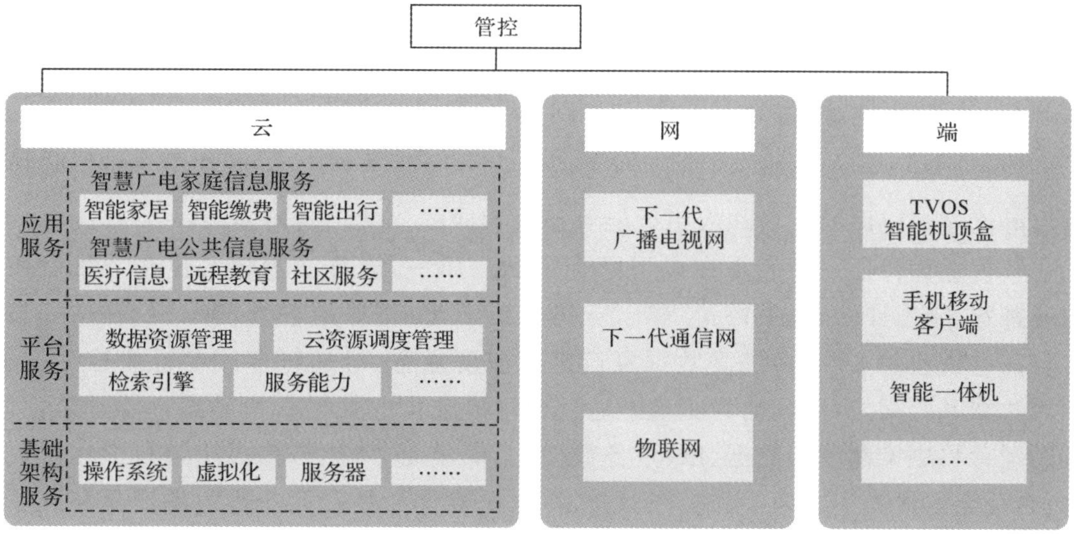

图 8-1 智慧广电技术架构图

“端”是包括手机、PC 等在内的多种类全终端，是智慧广电的呈现端和用户交互端，并支持基于终端用户浏览、回看等行为记录的广电大数据的智能化、个性化服务。

“管”，即管控，是面向“云-网-端”的多层面安全监管监测。

根据以上智慧广电的技术架构，结合智慧广电建设的两大维度，建设智慧广电体系的总体布局由智慧广电内容生产体系、智慧广电传播网络体系、智慧广电应用服务体系、智慧广电安全监管体系四大板块组成(见图 8-2)。

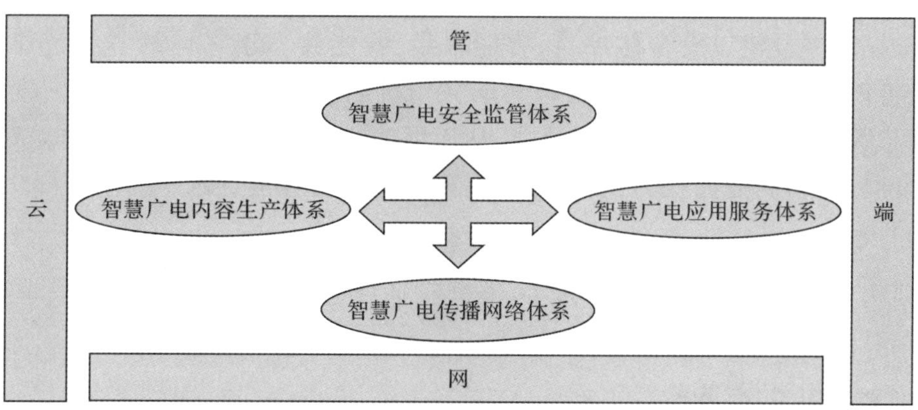

图 8-2 智慧广电总体布局图

一、云:智慧广电内容生产体系

(一)智慧广电内容生产体系的内涵

智慧广电内容生产体系是在受众需求分析,以及节目的选题遴选、拍摄、制作、播出等流程中应用云计算和人工智能等技术形成的智慧化制播体系。

其智慧化特征主要表现在以下两个方面。第一,以算法为核心。在节目审核、内容推荐、能力评估、效果评价等环节,将机器学习、自然语言处理等领域的基础算法和广电行业的多源、多维度数据资产进行深度融合,形成符合广电行业特性的应用算法体系。第二,以数据为驱动。通过构建标准化的数据共享生态,一方面,让业务的运营和决策都基于数据,以"业务数据化"优化业务流程,提高决策科学性;另一方面,让数据成为主要内容和生产原料,将数据转化为具有商业价值的产品和服务,以"数据业务化"为用户提供更加便捷、智能、个性化的服务体验。

(二)云平台与智慧广电内容生产体系

智慧广电的云平台包括云采编、云转播、云播出以及云审核等模块,总体框架可分为公有云、私有云和专属云。公有云是指由专业厂商建设并负责运维,提供公共计算资源,面向大众公开使用的云服务。全媒体素材汇聚、大数据挖掘分析等可以部署在公有云平台上。私有云是指自己构建的,为内部用户提供服务的云。相对于公有云,私有云部署在企业内部,因此其数据安全性、系统可用性都可自主控制。如传统电视节目播出、复杂的后期制作等,可以部署在私有云平台上。专属云是指利用专业厂商提供的基础设施,由广电企业自行构建的业务和应用系统的云。专属云服务结合了公用云及私有云的特点优势,可实现较大程度的可管可控①。

可依托云平台建设集智能编目、智能采集、智能共享于一体的省级智能云媒资库,同时可以建设云平台的基础设施共享共用机制,促进信息系统的统一规划与部署,并强化数据资源的整合与共享流通,从而促使内容生产朝着资源整合、智能协同等方向发展,推动制播流程的优化升级,提高智慧化内容生产水平。

(三)智慧广电内容生产体系的构建

若要构建智慧广电内容生产体系,推进云平台建设是基础,除此之外,还涵盖了以下几项具体内容。

1. 创新内容生产模式

改变简单粗放的传统内容生产模式,采用算法优化、数据驱动等策略,实现从内容策划、素材收集、需求整合到创作生产的全链条自动化转型,确保让人工智能与各个关

---

① 李婷:《智慧广电的探索及建设》,《第三十三届中国(天津)2019'IT、网络、信息技术、电子、仪器仪表创新学术会议论文集》2019 年 5 月,第 204 页。

键环节深度融合。比如，在素材收集阶段，让人工智能赋能前线记者的采访，实现采访录音的一键式捕获与即时文本转换；在内容播放阶段，为后方制作团队提供虚拟主播的自动化语音合成与播报功能；在审核监管阶段，一方面，建立起音视频内容的精准关键词搜索和敏感词预警机制，提高审核监管效率，另一方面，通过智能技术实现对音视频资料的自动分割、高效编目与快速检索，从而提升媒体资产管理的智能化水平。

2. 创新节目内容形态

在电视节目方面，可以利用 VR、MR 等新技术创新电视节目形态，通过 AR、VR 技术，发掘创意空间，增强用户"临场感"，提升用户在虚拟世界的观感体验，从而进一步解决节目风格单一、质量不高的问题。

在声音广播方面，也可以积极运用新技术新产品，实现听众收听体验和服务体验的优化。一方面，促进声音广播从由传统的单声道、立体声向环绕声、沉浸式音效发展，不断优化听众的收听体验。同时，深入探索以 IP 流技术为支撑的环绕声广播节目的服务新模式，将直播和点播相融合，整合直播的实时性和点播的灵活性，并结合大数据，从而为用户提供无缝、个性化且互动性强的服务体验。

3. 创新 5G＋4K 超高清视频发展应用

加速推进电视节目内容全面高清化进程，在 4K 超高清视频内容的生产和分发过程中，建立起包括拍摄技术、制作流程、技术体系、交易机制、版权保护在内的全流程技术标准体系和生态体系，探索 5G＋4K 直播模式、5G＋VR 全景直播模式，推动高清、4K 超高清节目内容利用 5G 进行传输的试验性应用，推动广播电视向智慧化创新转变，从而产生图像质量更高、内容更丰富、传输播出更安全的高清电视节目。

二、网：智慧广电传播网络体系

（一）智慧广电传播网络体系的内涵

智慧广电传播网络体系旨在实现广播电视和网络视听业务及其他综合业务智慧化、融合化的承载，建设 IP 化、智能化新型智慧广电基础设施，构建高速泛在、天地一体、集成互联、智能协同、安全高效的新型广电传播网络[①]，从而增强广电网络辐射力、传播力。

（二）智慧广电传播网络体系的构建

构建智慧广电传播网络体系，要统筹有线、无线、卫星以及互联网等方面的资源，以广电 5G 发展为切入点建设有线无线卫星立体覆盖的移动交互广播电视融合网，主要涵盖以下三项具体内容。

---

① 孙琦、孙俊、高卿等：《基层广电 5G 商业化运营的实践与思考》，《中国有线电视》2023 年第 4 期，第 23－28 页。

1. 推动有线电视网络平台 IP 化、智能化升级改造

以加速互动电视与宽带网络的融合化与智慧化进程为目标,推进前端播出及内容分发网络的 IP 化改造,加快完成广播电视系统所有业务平台、网络、终端等由 IPv4 向 IPv6 演进升级,推动广电网络与各电信网 IPv6 互联互通。同时,加强有线电视网络的智慧化管理与服务能力,提高其对宽带、数据、交互及超高清业务的技术支持和服务质量。

2. 推动广电 5G 网络覆盖,加强广电 5G 业务应用平台建设

依托广电 5G 网络基础设施,深化对 5G 公共服务专网及广电 5G 物联网的研究,以促进广电领域的技术、网络和业务的整合发展。一方面,利用 5G 技术高速率、低延迟、大容量的特点,实现视频、音频等各类内容在不同平台和设备上的高效、稳定、高质量传输。另一方面,通过对 5G 技术的应用提升广电服务的质量和效率。利用 5G 技术的优势,加速有线电视网络的现代化进程,并推进广电服务云平台的构建,进一步地推动直播、点播、智能搜索功能以及人机交互体验等服务的优化,同时积极探索广电 5G 在智慧医疗、智慧教育等领域的融合信息服务,满足用户对高效、便捷服务的需求。

3. 推动广播电视节目的高清化、超高清化传输

全面增强业务平台的高清和 4K 超高清节目直播、点播、转码等技术支撑能力和内容供给能力,提升用户体验。统筹无线、有线、卫星网络,大力推进高清电视的传输覆盖与入户工作。实施地面数字电视系统建设与升级工程,建设高清无线发射系统;逐步实现卫星"户户通"标清机顶盒向高清机顶盒升级换代,全面解决高清电视制播与传输接收系统不匹配的问题,从而夯实高清电视传播基础。

三、端:智慧广电应用服务体系

(一)智慧广电应用服务体系的内涵

智慧广电应用服务体系是以用户需求为核心,整合了广电视听服务、融媒体服务以及综合服务等多种服务业态的智能服务体系。这一体系通过全终端覆盖对接家庭娱乐、民生关怀等多种应用场景,从而更好地满足用户数字生活、智慧生活的需求。

(二)全终端与智慧广电应用服务体系

包括智能电视终端、智能融合媒体网客户端等终端在内的全终端是智慧广电各类应用服务的载体。用户可以借由全终端实现与智慧生活的有效衔接,享受集新闻资讯、视听节目、社会服务、医疗健康、数字娱乐、智能家居等于一体的智慧广电数字生活服务。推进广电网络终端产品的创新迭代,推行终端产品的系列化,可以实现多元化业务开展和全场景覆盖,提升用户体验。

（三）智慧广电应用服务体系的构建

构建智慧广电应用服务体系，具体包括以下内容。

1. 推进大数据精准化服务

首先，广电行业要通过创建智慧服务大数据基础平台、部署本地云服务平台、建立广电系统专用的互联网流量交换中心等措施，不断提高网络资源的管理水平，优化数据传输效率，夯实广电大数据发展基础。继而，政府、媒体、公众可以依托广电行业丰富的数据资源，挖掘数据价值并分析研判，不断深化大数据应用，深入分析用户的行为模式，提升公共服务的个性化水平。

2. 拓展多元服务业态

发挥广电网络、平台、用户等优势，利用智慧广电云、5G和大数据技术，推动智慧广电与数字经济等战略的统筹规划、有效衔接，促进新供给、新消费和新业态的发展，构建智慧广电的生态系统。一方面，推动广电服务积极向教育、医疗、旅游、金融等多元化行业发展，形成综合信息服务和智能化应用的新业态；另一方面，利用广电网络的社区覆盖优势，为政府提供信息发布、安防监控、社会治理、网格化管理等智能化社区服务。此外，建立起广电网络的社区全方位覆盖，为地方政府提供包括安全监控、网格化治理在内的全方位、智能化社区服务。

四、管：智慧广电安全监管体系

（一）智慧广电安全监管体系的内涵

智慧广电安全监管体系是依托统一的云平台架构，主要通过感知、学习、预测、决策、协同应对等方式，形成智慧感知、智慧研判和应急处置等相互作用的智慧化安全防御体系[①]，从而实现对全国广播电视及网络视听内容的智能化监测与管理。

（二）智慧广电安全监管体系的构建

构建智慧广电安全监管体系，主要包括完善智慧广电网络安全体系和智慧广电监测监管体系两大部分，从而提高网络安全防护水平和广电行业监测监管能力。

1. 加强网络安全保障

要进一步提高安全意识，落实安全管理、运营、维护制度，设立安全管理机构，加快建设安全技术防护体系，持续推进广电信息安全等级保护及风险评估工作，将传播平台安全防御、内容制播保护、传输覆盖抗干扰等不同安全防御机制集成到广电系统中，形成一个协调统一的全面防御体系。

---

① 冯景锋：《智慧广电的思考与实践》，《视听界》2021年第6期，第9，15－17页。

2. 提升监测监管智慧化水平

一方面，目前以人工为主、技术为辅的监管手段已无法满足当前广播电视监管需求，要积极利用大数据、云计算等新技术，优化监测监管流程，增强监管体系的效能并提升其自动化和智能化水平。另一方面，目前面临着媒体融合亟需深度融合的统一监管平台和不同平台监管分割的现状之间的矛盾，亟需告别传统割裂的监管环境，加快建设基于统一云平台架构的监测监管体系，实现全方位、全过程、全覆盖、全天候智慧化监管。

【案例 8－1】

"壮美广西·智慧广电"工程①

目前，各地区都陆续以"云－网－端－管"的技术架构陆续部署了智慧广电建设，"壮美广西·智慧广电"工程便是广西壮族自治区响应打造智慧广电媒体、发展智慧广电网络的政策指示而实施的一项重大工程。

广西壮族自治区广播电视局自 2020 年开展"壮美广西·智慧广电"工程建设。在传播网络体系建设上，建设光缆线路近 40 万公里，实现全区行政村全联网，并持续开展应急广播体系建设，其"数字电视系统－IP 广播分发网的关键技术和应用"以及"广西应急广播体系建设"项目分别获评国家广播电视总局智慧广电传播分发类案例先进及入围奖。在服务生态体系上，建设数字网络图书馆，对实体农家书屋的数字化升级，获评智慧广电生态建设类案例先进奖。此外，广西广电还聚焦广电融合媒体云平台、高清电视、智慧制播、数字广西"广电云"村村通户户用、广电网络 IPv6 升级、5G 等综合覆盖网、大数据产业、智慧广电家庭、新媒体监测监管九大项目，持续推进广西广电智慧化转型，成效显著，获评国家广播电视总局智慧广电优秀示范案例。

第二节　智慧广电的主要载体

一、XR 实时虚拟演播厅

（一）内涵

XR（Extended Reality，即扩展现实）实时虚拟演播厅是一种创新的制作环境，它使用 LED 屏幕构建电视拍摄的背景，并结合了摄像机追踪技术和实时图像渲染

---

① 国家广播电视总局：《"壮美广西·智慧广电"工程建设成效显著》，2022 年 5 月 17 日，https://www.nrta.gov.cn/art/2022/5/17/art_114_60401.html。

功能。这种演播厅能够即时生成一个360度的全景虚拟环境,这种设计提供了深度和空间感,让观众有身临其境的体验。在XR演播厅中,主持人能够在虚拟的三维场景中自由行动,与虚拟环境进行互动,进行沉浸式表演。在这种情景下,甚至允许主持人以虚拟角色的形式出现,进一步模糊了虚拟与现实的界限。

(二)生产流程

首先是虚拟场景制作。设计师使用如3Dmax、Maya、C4D(Cinema 4D)等设计软件,根据节目需求,按照演播厅情况设计三维虚拟场景,并添加互动功能或设置与外部数据的接口。设计师在软件中设计好三维虚拟场景后,再通过渲染引擎将内容传输到搭建好的LED屏幕上,实现场景的实时渲染和显示①。

接着,由在中间的操作员利用摄像机追踪系统,以极低延迟模拟真实摄像机的位置和镜头参数,并将这些信息传递给渲染引擎,实现虚拟场景与现实摄像机的同步。在节目播出时,由导播根据编排单自动控制AR、多机位等系统,来实现场景切换和对互动元素的控制,完成录制。XR演播室生产流程如图8-3所示。

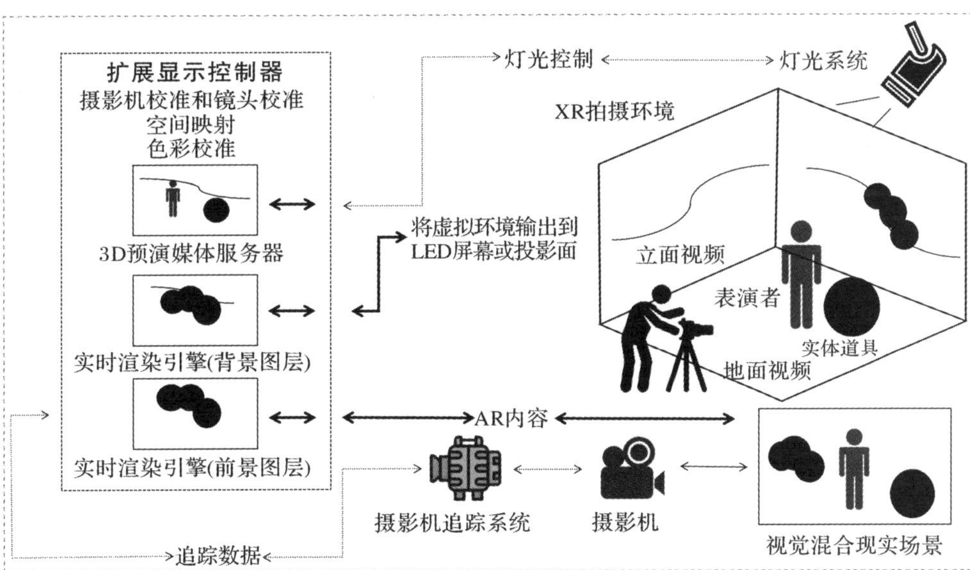

图8-3 XR演播室生产流程示意图

(三)智慧广电制播的创新性

1. 应变性

在拍摄环境上,搭建虚拟场景可以减少对外部拍摄地点的依赖,避免因环境变化或疫情等不可抗力因素对节目制作产生影响。在拍摄过程中,主持人和导播也可

---

① 周渊年:《XR沉浸式虚拟演播室的技术分析》,《现代电视技术》2023年第3期,第72-76页。

以根据实时看到的虚拟环境，对现场表演进行灵活的调整和指导。

2. 节约性

在前期，由于 XR 实时虚拟演播厅不是实景演播厅，节省了施工、布景等的时间和人力物力，同时减少了对传统设备的需求。在后期，由于 XR 实时虚拟演播厅可现场应变，也减少了后期制作的时间和预算。

3. 互动性

一方面，XR 实时虚拟演播厅的多平台信号接入支持在虚拟场景中嵌入视频窗口，允许全媒体信号如微博、微信和实时视频流的接入，提升了节目的实时互动性，提供了更强参与感的观看体验。另一方面，XR 实时虚拟演播厅的虚实结合可以使得不同的背景天衣无缝地连接，创造出连贯统一的视觉场景，再搭配使用实物道具，更让观众难辨真假。虚拟与现实的完美融合为观众带来了高度互动和沉浸式的观看体验。

4. 场景多样性

使用 XR 实时虚拟演播厅时，只需要搭建一个“LED 箱体”，便可以根据节目的需求实现场景的即时可视化和自由变换，在有限的演播空间内突破了时间和空间的限制。而多样性的场景也为节目创意提供了更多的可能性。

5. 高效性

XR 实时虚拟演播厅集成了舞台设计、实时渲染引擎、播控系统等技术，提高了内容制作的效率。比如能够快速进行镜头校正，与传统绿幕拍摄相比，大大减少了校正时间和现场中断；利用 LED 屏幕自发光提供真实的现场交互灯光，减少了额外照明调整的时间，同时避免了传统绿幕拍摄中可能出现的颜色溢出和抠像问题。

二、“中央厨房”

（一）内涵

“中央厨房”最初指餐饮业的集中式厨房模式，通过统一采购、统一配送和食材的标准化生产来降低成本增加效益。而这种模式应用在广电行业中，便是一种融合了策划、采访、制作、播放等多种媒体功能的综合体。作为融媒体中心，它包括提供必要物理空间和技术条件的物理和技术工作平台、内容的生产和管理平台、传播效果的监测和反馈平台、为数据驱动的决策提供支持的数据库等。它扮演着负责协调和管理整个媒体制作与传播流程的核心角色。

（二）配置组成

“中央厨房”的建设涉及软硬件的配置，包括“五个一”。

一个工作平台，用于保障采编及技术团队的有效集中办公。

一个技术支撑体系，包括网络基础设施、网络安全系统、数据备份和灾难恢复方案，确保采编发网络的技术稳定性和高效性。

一个全媒体内容管理系统，即具有提供信息获取、资料查询和多媒体内容创作功能的系统。

一个传播效果监测反馈系统，用于实时评估节目传播效果的广度和深度，捕捉舆论热点，以及根据反馈优化传播策略。

一个指挥调度中心，即一个集中的控制中心，用于协调和管理各个环节，包括任务分配和资源调度。

（三）对智慧广电制播的创新性

1. 立体化模式

"中央厨房"模式实现了从选题到策划的高效对接，确保了节目内部的紧密协作。节目制作从传统的单一任务和线性流程转变为能同时在多个层面上完成多个任务的立体化制作模式，简化了程序，有效避免了不必要的劳动。

2. 专业化分工

在"中央厨房"模式中，节目采访由各个领域的专业人员承担，他们可以根据自己的专业特长和风格接受来自后方的预约安排。通过专业化分工，广播和电视领域的专业记者能够在统一的框架下发挥自己的专业特长，提高采访的专业性和深度，完成更加专业和合理的采访任务。这种模式确保了采访工作的高效性和针对性，提高了节目质量和制作效率。

3. 需求侧驱动

在"中央厨房"模式中，节目制作者会将同一节目的原始素材根据不同平台和层次的需求进行针对性编辑，形成不同风格和类型的节目，以适应多样化的受众需求。这种需求侧驱动的编辑策略突破了以往节目制作单一化、模式化的局限，实现了节目内容的多样化和个性化。

三、可视化广播系统

（一）可视化广播系统的内涵

当前，广播可以通过微信等应用进行持续大量的内容更新，但仍难以满足目前互联网时代受众对多样化内容的需求。只靠声音已经难以留住受众，可视化广播系统应运而生。

该系统区别于传统的广播和视频，而是一种结合了听觉、视觉和互动元素的创新传播方式。该系统通过图文素材（如交通事故路况现场报道和返图）、视频素材（直播室视频、外场视频）等辅助广播声音信息的传递，引入弹幕、投票等互动方式，借由微博、微信、电视台运营的应用程序分发。以往听众对于主持人是只闻其声、不见其人，而可视化广播通过将声音、视觉和互动元素进行融合，神秘的直播间便呈现在受众面前。此举推动了广播节目内容和形式的创新，受众可以直观地和节目主持人进行互动，大大拉近了受众与主持人之间的距离，增强了广播节目的凝聚力。

（二）智慧广电制播的创新性

1. 提高内容吸引力

一方面，视觉辅助可以用于解释和补充声音内容，使得复杂的信息更易于理解。另一方面，融入图像、视频和动画等视觉元素，使得节目更加生动有趣，提高了用户的观看和收听兴趣，有利于吸引原本可能只偏好视觉媒体的年轻受众，扩大了广播的受众基础。

2. 提升受众体验

一方面，通过弹幕、投票等方式，受众可进行实时反馈，提高了节目与受众之间的互动性。另一方面，利用 5G、VR 等技术，可视化广播系统还可以拓展受众的沉浸式交互体验，使受众能够更加身临其境地体验节目内容。

3. 多维多平台可视化

可视化广播内容不仅适用于传统收音机，还能适配手机端、电视端、电脑端等多种智能终端。微信、微博、电视台应用程序等多个平台播放，实现了广播和移动终端的紧密融合。而且，直播广播节目时可以实现多平台可视化，其回放也可以经过剪辑后进行多终端多平台分享传播，用户可以在手机上观看精彩时刻。

【案例 8 - 2】

《经济之声》：视觉化探索典范①

2022 年，中央广播电视总台《经济之声》制作团队率先进行视频直播、“共时分屏”等创新探索，让受众在收听内容的同时，还可以通过多个不同的视角“看”广播，是广播系统视觉化探索的典范。在视频化上，《经济之声》的《交易实况》《天天 315（周末版）》和《王冠红人馆》三档节目率先实现了视频直播。

① 王铮：《广播可视化从 1.0 到 4.0 的变迁揭示声音媒体的无限可能》，2022 年 11 月 8 日，https://ad.cnr.cn/hyzx/20221114/t20221114_526061117.shtml。

受众可以借助总台新媒体平台观看包括主持人形象在内的广播直播间画面，还可以发送弹幕和跨屏互动。如果受众不想观看这一画面，还可以自行切换到其他角度的画面中。这得益于“共时分屏”的创新。通过在直播节目中设置不同机位和设置分会场等方式，为受众提供了多样的共时画面，即受众能自行选择观看特定直播流的画面。比如进入《交易实况》的直播间，可以自行选看主持人、直播间全景、股市实时大屏、衍生自制节目等画面。受众可以根据自己的意愿选择观看节目本身还是其他衍生内容，大大提升了他们的参与感。

第三节 新型广电节目制播体系

新型广电节目制播体系较之以往，“新”在利用人工智能、大数据等新技术打造全媒体业务、全融合流程的智慧制播体系，并推动内容形态创新和质量提高。构建新型广电节目制播体系是智慧广电建设的核心内容。

一、新型广电节目制播体系的构建

新型广电节目制播体系由智慧制作、融合播出、智慧管理、智慧感知和智慧运维五个板块组成。

（一）智慧制作

智慧制作是指在内容策划、素材收集等各环节融入人工智能等新技术，提升制作智慧化水平，提高制作效率和内容质量。

1. 内容策划

通过大数据，可以及时掌握舆情热点信息、构建目标用户群体的画像、深入分析竞争节目的收视表现与观众反馈，为节目的选题策划提供数据支撑，辅助决策。

2. 素材汇聚

素材聚合一般有两种途径：一是通过现场录制来直接采集节目素材，二是利用互联网搜索和下载所需素材。而人工智能算法能够根据关键词、标签或描述自动在互联网或本机构媒资系统库中检索、下载所需素材，并通过图像和视频识别技术等进行智能筛选，极大地提高了素材汇聚的效率和准确性，减少了人工搜索和筛选的工作量。

3. 内容制作

（1）智能生产

让人工智能算法渗入节目制作的每个环节，实现智能写稿、智能剪辑、智能评分、智能配音等，提升内容制作效能。

(2)超高清生产

在节目制作环节,还需要加强对超高清节目后期制作的能力,重点应保障超高清视频对高动态、宽色域的需求,这也是提升节目质量、保持对自媒体领先的手段之一。

4. 内容审核

利用自然语言处理和计算机视觉等技术可以自动识别节目内容并进行分类和标签化。之后,深度学习模型则模仿人类审核判断过程,检测暴力、色情等敏感信息。与人工审核相比,人工智能审核可以大幅提高审核速度和效率,减少人力成本,实现 24 小时不间断审核。

(二)融合播出

融合播出是指生产的节目既可通过传统广电传输覆盖网络传递给用户,又可通过互联网传递给用户。在过去,在建设传统平台的同时需兼顾新媒体,而在融合播出中,确保各种形式的节目处于同等地位至关重要。在节目传输时,除考虑利用 5G 超高带宽和低延迟来解决高质量视频信号的传输外,还应充分考虑移动流媒体播发的需要。新型制播系统通过转播系统 IP 化实现了全媒转播系统从 4K 超高清到移动流媒体信号同步采集的转变。

(三)智慧管理

智慧管理的管理范围主要是内容生产体系中的人员、节目、系统资源等,而管理的智慧化则主要体现在,利用人工智能高效合理地进行对各种资源的管理和调度,提高生产效率和资源利用率,比如进行智能分析和预测资源需求,优化演播室、设备和人力资源的分配。

(四)智慧感知

智慧感知主要应用于对广电和网络视听内容的制作、播出和反馈等全流程的数据进行采集和算法分析,再应用于其他板块。比如应用于智慧生产板块以了解用户的收视偏好,为节目选题策划等提供数据支撑,应用于智慧管理板块以监测系统运行状况、优化设施资源配置等。

(五)智慧运维

智慧运维主要通过对内容生产系统中业务运维数据进行采集、汇聚和分析,实现问题智能分析、故障智能定位、风险智能预测等功能。比如,通过智能监控审计平台,可以收集电台、电视台及新媒体等不同来源的音视频数据,而后利用人工智能将这些数据实时或批量转写为文本,继而利用自然语言处理技术对其进行舆情分析,实现对舆论风险的实时监控和预警，及时发现潜在问题。

在新型广电节目制播体系中，智慧管理统筹协调智慧制作、融合播出、智慧感知和智慧运维；智慧感知为智慧制作、融合播出、智慧管理、智慧运维提供数据支撑；智慧运维保障智慧制作、融合播出、智慧管理、智慧感知运行。几大板块相互支撑，相互配合，构成节目制播全流程的智慧化。

二、新型广电节目制播的技术依托："5G＋4K＋AI"

（一）"5G＋4K＋AI"技术的概念

"5G＋4K＋AI"技术属于将5G技术、4K技术、AI（人工智能）技术结合在一起的新型技术组合模式，是新型广电节目制播体系建设的基础。其中，5G是第五代移动通信技术的简称，有高速传输、低延迟、大容量连接、移动制作、节省资源等特点。5G的出现让超高清视频的实时传输、流畅的实时制播和互动成为可能。4K即4096×2160的像素分辨率，是当前超高清分辨率的一种，总像素数量是高清分辨率（1920×1080）的4倍，可以让观众看清画面的每一个细节，使得广电节目在清晰度、色彩和细节上都有显著提升，为观众带来更加细腻的视觉体验。AI技术则能够广泛应用在广电制播的各个环节中，比如分析用户偏好、智能剪辑等，以提升制播的智慧化水平。

（二）"5G＋4K＋AI"技术的优势

5G技术的高速度和低延迟特性，可以保障信息优质高效传播；4K技术可高清晰地展示广播电视作品，保障画面高清且具有动感；AI技术可实现语音交互等智能化操作，而且具备智能分析和处理能力，方便快捷，便于使用。三者融合首先可以提供更加丰富和高质量的视觉体验，提升节目质量。另外，5G技术能够支持大量设备同时连接并在移动中制作，有利于广电制播在多地点、多设备间的灵活协同制作和控制，应用4K技术能够带动内容生产、设备制造等优化升级，应用AI技术能够实现自动化的节目制作流程，三者融合可以优化广电制播从现场采集到后期制作，再到内容分发的全流程，提高整体效率。

（三）"5G＋4K＋AI"技术在新型广电节目制播体系中实践运用的策略

1. 加强技术的交叉结合应用

一方面，要加强三个技术的融合研发和应用，共同推动新型制播系统向纵深发展，比如利用5G网络的特性，推动对4K/8K超高清内容的制播和分发。另一方面，促进"5G＋4K＋AI"技术和其他技术进行交叉结合应用，拓宽更多应用的可能性，比如将"5G＋4K＋AI"技术和VR技术结合用于体育赛事的直播和点播服务，为用户提供更加沉浸式的观看体验。

2. 做好“5G+4K+AI”技术在智慧广电建设中的软硬件保障措施

缺少相应的保障,技术再好也无法实施。首先,重视基站建设,以实现网络的全面覆盖。其次,对配套设施的建设与投资也需同步增强。例如,网络线路需确保畅通无阻、稳定运行,并满足性能标准,以供正常使用。其次,应制定并实施一套具有针对性的维护管理制度。在实际运作中,基础设施可能因自然环境、人为干预或自身老化而遭遇性能退化、损坏或遗失等问题,应建立定期的维护监管机制以有效应对。

三、新型广电节目制播体系的特征

新型智慧广电节目制播体系是指致力于推进制播系统的云化和 IP 化转型,建立“一体化资源配置、多媒体内容汇聚、共平台内容生产、多渠道内容分发、多终端精准服务、全流程智能协同”的智慧广电节目制播体系[①]。

(一)广电制播平台云化

建设以智慧算法为核心的由视听媒体微服务架构的云制作平台,以促进关于智能媒资管理、智能字幕、智能内容监审等的大数据、云计算及人工智能技术在云制播平台的全面应用。建设标准统一的多级智慧广电云制播体系,逐步实现广播电视节目制作从单一渠道采集、封闭式生产、对点式传播向全媒体汇聚、共平台生产、多渠道分发的云平台迁移。打造制播一体化智能云平台,构建选题云端策划、素材云端汇聚,节目云端生产、内容云端分发,多路云端播出、效果云端分析的完整闭环。

(二)广电制播系统 IP 化

广电制播系统正在经历着从传统的 SDI 架构向基于 IP 的架构的转型。长期以来,制播系统依赖 SDI 进行内容的采集、制作和分发,这种方式成本高,但效率较低,已难以适应技术发展的新要求[②]。随着网络技术的不断进步,现在可以通过 IP 网络传输高码率的实时信号。这种方式在减少系统部署成本的同时还能增强系统的灵活性。

因此,广电制播系统的 IP 化转型刻不容缓。应以视音频 IP 化的标准协议为指导,以高清、4K 系统升级建设为契机,推动 IP 化视音频制作系统、调度分发系统和播出系统的建设与应用,使高质量的视音频信号能够实现实时传输,为构建智慧化制播系统打下坚实的基础。现今主要聚焦以下几点。第一,要进行 IP 化架构改造,逐步将演播室、转播车、制作编辑系统、审片系统、播出系统和总控系统等从传统的

---

① 《国家广播电视总局新闻发言人就中国人民广播事业诞生 79 周年答记者问》,《广播电视网络》2020 年第 1 期,第 9 - 11 页。

② 郑涛、宁金辉、崔俊生等:《智慧广电制播能力体系构建研究》,《广播与电视技术》2022 年第 1 期,第 15 - 19 页。

SDI 架构转变为基于 IP 的架构。第二，要开展基于 IP 化开放平台的业务，如应用程序(App)、网络协议电视(Internet Protocol Television，IPTV)、线上到线下(Online To Offline，O2O)、通过互联网传输电视节目和电影至互联网电视(Over The TOP，OTT)等。第三，要推进全媒体内容分发体系的 IP 化，以实现更高效、灵活的内容分发。第四，要开展广电媒体播出系统至广电网络公司、播控平台、无线发射台、卫星地球站等信号分发系统的 IP 化传输试点，实现传输链路的 IP 化改造。

(三)广电制播流程一体化

要进行资源的一体化配置，对内容实现全渠道的分发，对内容实现生产的平台化建设，将广电制播流程打造成一个全新的链条，实现全媒体资源管理、线索汇聚、选题策划、内容生产、多渠道分发、指挥调度、传播效果评估等主体功能，构建互联互通、资源共享机制，建立广播、电视、报纸、网站、新闻客户端、微信、微博等新闻的线索汇聚、选题策划、记者调度、音视频拍摄、稿件撰写、编辑审核、一键式发布、自动存储的“中央厨房”采编播发存体系，形成一次采集、多种生成、多元传播、全方位覆盖的传播格局。

第四节　基于人工智能的影视创作

2024 年初，Sora 的横空出世让视频内容智能生成受到广泛关注。AIGC 的快速发展拓宽了视频内容创作的边界，基于人工智能的影视创作正在成为研究和商业应用的焦点。

一、人工智能影视创作的技术基础

(一)基本原理

人工智能影视创作的基本原理是利用深度学习、自然语言处理等一系列人工智能技术，对大量的数据进行学习和模式识别，从而实现对影视创作所需的各类型内容的自动生成和优化。

(二)关键技术手段

1. 机器学习和深度学习模型

机器可通过不断学习从而拥有对数据进行识别、分析，甚至判断的能力，并且可无限模仿人脑的功能。通过机器学习，人工智能系统能够分析和理解剧本内容，识别情感和剧情要素。深度学习是机器学习的分支，其利用生成式对抗网络从信息处理的角度对人脑神经元网络进行抽象模仿，训练人工智能系统通过竞争学习建立相应的反应模型,按不同的连接方式组成多元的网络,从而模仿人脑神经网络结构,处理和理解更复杂的数据,自动化生成逼真的图像、动画和音频,且能不断提升视频整体的流畅度和逻辑性。

2. 自然语言处理

自然语言处理使计算机能够理解和生成人类语言,实现人和计算机之间通过自然语言通信,使计算机理解人类的语义并加以学习和运用,生成具有逻辑性的文本并通过情感分析等不断调整,从而为影视制作提供高质量的文字描述、对话和剧本等内容。通过自然语言处理,还可以自动化实现对视频的剪辑、配乐等,提高视频处理的效率。

(三)技术模式

根据创作者的介入程度,目前国内外利用人工智能进行视频内容创作的技术模式可以分为以下三种①。

1. 直接自动生成模式

直接自动生成模式是指用户输入指令,提供文字、图像或视频等数据,由人工智能大模型直接生成内容。较为典型的便是 Sora 模型。该模式下生成的视频是人工智能在无监督的情况下自动生成的,没有创作者的人工干预,因此生成的结果具有较高的不可预测性。

2. 智能体模式

智能体是由 AIGC 和虚拟数字人结合构成的一种更为高级的人工智能形态。与 AIGC 相比,融合了虚拟数字人的智能体除可以进行智能创造外,还能够实现和用户的自主交互,更好地理解用户意图,具有更强的主动性和反应性。在接收到指令后,智能体会首先进行任务规划,自主决定生成视频所需的资源(如图像、音频等)以及生成策略。接着调用与处理数据,获取生成视频所需的素材,如背景图像、人物模型、音效等。同时,它会对这些素材进行处理,以符合视频生成的需求。最后,将处理好的素材组合成连续的视频帧,并添加必要的动画效果、镜头切换和音效,从而生成完整的视频内容。不同于直接自动生成,在上述每个步骤结束后,智能体都可以根据与用户的实时交互进行调整,可控性大大增强。智能体具备长时间记忆能力,可以记住用户的偏好,后续生成更符合用户期望的视频。

---

① 周菁:《人工智能生成视频的三种方式及对广电行业的启示》,《现代视听》2024 年第 5 期,第 17－19 页。

3. 工作流模式

工作流模式的视频生成类似“接力”。首先，创作者借助大语言模型来生成剧本、分镜脚本等。其次，再向文生图大模型输入剧本等相关的提示词，得到与主题相匹配的图片。再次，将这些图片输入图生视频应用，设定好运动路径，从而生成视频。最后，使用相应的人工智能工具辅助完成字幕、配乐等后期制作。在这种模式下，创作者对视频的把控力度最高。在当前阶段，使用工作流模式创作的作品质量是三种模式中最高的，因此工作流模式也是当前国内外专业影视创作者较为常用的模式。

二、人工智能技术支持的影视创作工具

自 Sora 问世以来，人工智能生成视频领域成为行业风口。国内外一系列大模型进入公众视野，人工智能技术支持的影视创作工具成为影视行业的新质生产力。下面将分别介绍这一领域内的几个主要的人工智能影视创作工具。

（一）国外人工智能影视创作工具

1. Make-A-Video

（1）发展历程

Make-A-Video 是一个由 Meta 公司开发的人工智能视频生成制作工具，可以根据文本生成视频。只需要输入几个词或几行文本，它这就可以创造出奇妙、独特的视频。它利用了从文本到图像生成技术的最新成果，并且加入了时空管道来创建连贯的短视频。利用它还可以对视频进行更改，增加创意。

（2）特点

一是无需成对文本视频数据。在 Make-A-Video 诞生前，人工智能图文转视频需要通过大规模的成对文本视频数据进行训练。而 Make-A-Video 创新性地利用公开可用的数据，在无需成对数据集的情况下也能进行训练。其利用的公开数据来源更广泛，因此其性能和生成视频的质量也相对较高，这也是其核心竞争优势。

二是连贯性。Make-A-Video 通过时空网络设计等技术，生成的图像在空间和时间上得到扩展，有助于保持场景之间的逻辑关系，并可增强视觉连贯性。

2. Runway

（1）发展历程

Runway 是一个创新的人工智能视频生成平台，它允许用户通过文本提示或上传图片来创建动态视频内容。2023 年，正式推出了 Gen-2。Gen-2 能够根据文本、图像或视频片段生成全新的视频，并作为商业产品成为首批面向公众开放使用的人工

智能视频生成模型。2024 年，正式推出了 Gen-3。Gen-3 在保真度、一致性和运动性方面有了重大改进。

(2)特点

一是多模态生成。与之前的模型相比，其不仅支持文本到视频的生成，还支持文生图、文本和图像生成视频、仅图像生成视频等多种模态，提高了内容生成的灵活性和多样性。

二是高度定制化。Runway 内置了先进的导演模式，允许用户如同专业摄影师和导演一样调整镜头角度、运动轨迹、光照效果等，以满足用户个性化需求。模型还支持实时预览与调整，用户调整输入内容或参数就能即时看到视频效果的变化，从而方便更精准地控制视频细节，实现用户预期效果。

3. Veo

(1)发展历程

2024 年 5 月，谷歌发布了人工智能视频生成模型 Veo。该模型能够根据文本、图像提示生成超过 60 秒的 1080p 视频片段，支持自定义光照、镜头语言和视频颜色等，并支持多种视觉和电影风格，能够理解提示词中“延时拍摄”“航拍”等影视专业术语。Veo 生成的视频画面如图 8－4 所示。

图 8－4　Veo 生成的视频画面

(2)特点

Veo 在单次生成视频时长上实现了人工智能视频生成模型的变革性突破。在 Veo 发布之前，其他模型均仅能单次生成 10 秒左右的视频，而 Veo 则突破了市场限制，可创建 60 秒以上的视频短片，实现了时长上的竞争优势。Veo 还支持视频扩展，如果对现有视频长度不满意，可让 Veo 自动扩展视频，或补充提示词来生成更长视频。其最大时长可达1分10秒。此外，相比于谷歌早期推出的视频生成模型，Veo在一致性、技术品质和视频分辨率方面均有所提升。

4. Sora

(1)发展历程

Sora是OpenAI研发的文生视频模型，在视频时长、分辨率的精细化水平场景的真实再现等方面均达到了全新高度，是竞争力极强的人工智能视频生成模型。Sora的发布标志着人工智能在视频生成技术领域取得重大进步。

(2)特点

一是高度的个性化和灵活性。Sora具有广泛的主题覆盖度，从人物到风景等，可以根据用户要求提供多样化的内容。Sora还融合了GPT技术，能将简短的用户提示转换为更长的详细转译，确保模型能够精确理解用户意图并生成高质量视频，满足用户的个性化需求。Sora具有灵活的生成能力，不仅支持生成宽屏(1920×1080)和垂直(1080×1920)视频，还支持生成介于两者之间的所有视频分辨率。这种灵活的生成能力使得Sora能够适用于更多种类的设备和场景。

二是强大的场景理解和真实再现能力。与其他视频生成模型相比，Sora展现出了更强的场景理解和真实再现能力。它能够理解物体在现实世界中的运动规律，从而生成具有高度真实感的视频。尤其在模拟复杂动态和环境变化方面，Sora达到了以往模型难以企及的水平，能够处理包含多个角色和复杂动作的场景，同时保持主题和背景细节的精确性。对于这一点，以往的模型很难达到。例如，在生成很多纸飞机在树林中飞过的场景时，Sora能够准确模拟出碰撞后的效果以及光影变化，让人仿佛置身于真实的场景中。

三是出色的多镜头创建能力。Sora可以根据文本提示，在一个视频中创建多个镜头，并准确解释提示词的意义，保留角色和视觉风格。这使得生成的视频更具故事性和观赏性。

(3)核心竞争优势

Sora并不是文生视频领域的第一个“吃螃蟹者”。Runway等早在Sora诞生前就推出了自家的视频模型。那么，“后来者”Sora为何能“居上”引发轰动呢？Sora的核心竞争优势在于其可以生成高质量长视频，实现了时长和质量的双重突破。和Veo一样，Sora也能够将简短的文本描述转化成长达1分钟的视频。不同的是，Sora生成的视频质量更高，在主体与背景的流畅性、稳定性、光影反射、运动方式、镜头移动等细节处理上都非常精细，视频的动态变化也更清晰连贯。

（二）国内人工智能影视创作工具

1. Vidu

（1）发展历程

在2024中关村论坛年会未来人工智能先锋论坛上，清华大学与生数科技联合发布了国产视频大模型 Vidu。Vidu 生成的视频画面如图8－5所示。

图8－5 Vidu生成的视频画面

（2）特点

一是多镜头语言。生成包括变焦、平移和推拉等摄像机运动的视频，可通过切换摄像机角度呈现同一场景的不同视角，同时保持场景中主体的一致性，还可实现转场、追焦、长镜头等复杂镜头效果，极大丰富了视频的镜头语言。

二是理解中国元素。作为中国自研视频生成大模型，Vidu 对中国元素的理解会比国外模型更加充分，能够在视频中生成多样化的中国特有元素，比如大熊猫、龙等。

2. 可灵

（1）发展历程

2024年6月，快手推出可灵人工智能视频生成大模型，支持生成高分辨率、长达2分钟的视频。它采用3D时空联合注意力机制，模拟真实物理世界特性，具有电影级画面生成功能，因此被称为“国产 Sora”。

（2）特点

一是长时间高分辨率视频生成。支持生成最长约3分钟并高达1080p分辨率的视频，确保画质清晰。这也是其被称为“国产 Sora”的原因。

二是灵活性。用户可以根据需求设置视频的时长和宽高比，具有创作灵活性。

三是适应性。支持不同风格的图像输入，不论是自然写实图像，还是风格化图像，都能良好适应。

四是视频续写功能。集文本控制机制于视频续写中，用户只需要一键操作，即可在已生成视频的基础上延续生成约 5 秒时长的内容。该功能同时适用于文生视频和图生视频。更令人瞩目的是，通过连续多次续写，能够生产最长约 3 分钟的连贯视频。基于对物理运动的深入理解，进行视频续写时不仅确保新生成部分与原视频间的运动连贯性及物理合理性，还能巧妙融入大幅度的动作变化，提升视频的生动性。

【案例 8 - 3】

《山海奇镜之劈波斩浪》打响 AIGC 短剧第一枪①

2024 年 7 月 13 日，由可灵模型提供技术支持的快手星芒短剧《山海奇镜之劈波斩浪》上线。该剧是国内首部 AIGC 原创奇幻微短剧，以《山海经》为背景，讲述了一个少年为从海底怪兽手中救回母亲和村民而踏上冒险之旅，最终斩杀怪兽救出他们的热血故事。全剧从筹备到完成仅用了 2 个月的时间，所有画面均由人工智能生成，包括服饰、道具、音效等。在短剧中，可灵模型将中国古代神话传说中的人物和奇珍异兽转化为视觉奇观，为观众构建了一个光怪陆离的神话世界。生成的场景画面精美，海浪等特效较为逼真，人物面部细节也比较真实，能够呈现出用筷子夹面以及塞进嘴巴和咀嚼等复杂的面部动作。

从播出效果看，该剧市场反馈较好，上线半个月正片播放量超过 5200 万，全网话题曝光量超 4.3 亿，同时还登上全平台热搜。虽然剧中人物由于人工智能生成而在一致性、表演、动作交互等方面存在不足，但导演陈坤仍然对人工智能影视发展持积极态度，"全片没有一个画面是真人拍摄，服装、道具也可以通过人工智能来进行生成，极大地提升了创作效率，而且大大降低了制作成本。目前存在的不完美，未来都可以通过技术手段解决，一切都只是时间问题"。

三、人工智能在影视创作中的应用

（一）应用分类

人工智能技术在影视创作中的应用即人工智能技术参与到影视创作形式与流程中，大致可以分为两类。一类是由算法独立自行完成的影像作品，类似以 Sora、Vidu 为代表的生成式多模态模型，根据文字描述生成对应的视频，画面向真实世界

---

① 子路：《AI 短剧井喷？〈山海奇镜〉导演陈坤：这是一场代际型影视革命》，2024 年 7 月 19 日，https://www.sohu.com/a/794623113_603687。

无限逼近。另一类则主要由创作者完成，人工智能只是他们提高影像制作效率和质量的工具。两类应用中都有人工智能对影视创作的艺术参与，只是扮演的角色不同，前者是独立的创作实体，后者是辅助创作者的工具。

（二）应用领域

人工智能在影视剧创作中有多个应用领域。

1. 制作前：预测与分析

（1）内容分析与市场表现预测

人工智能的出现让影视作品的市场表现预测不再单纯依赖主观判断。其可以通过处理和分析关于海量影视作品的主题、演员、剧本等在内的历史数据，生成对新项目市场表现的客观量化预测，可辅助制片人，降低投资风险。比如由比利时科技公司推出的 ScriptBook 工具便可以依托其分析 6000 余份历史作品建立的数据库，快速分析用户上传的新剧本，并生成详细的报告，内容包括预测美国电影协会对影片的分级、分析剧中角色、评估角色内心情感、判断影片目标受众的性别和种族等特征，以及预测影片最终的票房成绩等，并给出投资建议。

（2）角色分析与演员匹配

人工智能可为选角过程提供客观有力的数据支撑。通过自然语言处理和语义理解等技术分析大量的关于演员的历史表现、观众反馈、票房影响力等数据，再将其与角色的情感动机、人物性格等信息进行交叉分析，计算二者之间的匹配度，可帮助预测演员在新角色上的表现。比如优酷和阿里巴巴合作开发的智能演员匹配系统“鱼脑”在《长安十二时辰》的角色选取中，便结合男主角的角色定位，从海量演员数据中筛选出了在《和平饭店》中出演过类似角色的雷佳音。片方采纳系统的建议邀请了雷佳音出演，极佳的口碑结果也证实了系统预测的准确性。

2. 制作中：赋能剧本、素材与后期

（1）剧本创作

首先，人工智能能够通过分析大量的电影剧本、评论和观众反馈，提取出成功电影的共同特征，给予编剧灵感。其次，人工智能还能自动生成完整的剧本。编剧只需设定好剧本的核心要素，便可以通过 ChatGPT、DeepSeek 等模型发送指令让其自动生成完整的剧本，并通过补充更为精细的语料等方式让剧本不断优化。

（2）素材拍摄和自动生成

人工智能技术可以辅助导演和摄影师在拍摄过程中作出更加科学的决策。比如，人工智能可辅助设置组在拍摄前进行模拟，对摄影机等设备的拍摄角度、摆放位

置等进行演练，为导演和摄影师提供多样化的拍摄预案。此外，利用前面介绍的人工智能视频生成模型，还能通过自动化技术直接生成所需素材，此举降低了人力成本，提升了制作效率。

(3)后期制作

一是视频剪辑。人工智能让后期的自动化编辑成为可能。首先，利用人工智能可以直接自动生成字幕，节省人工制作的时间和成本，工作人员只需要进行校对和审核。其次，人工智能凭借强大的图像处理能力可以自动完成背景替换、色彩校正、视频修复以及降噪等任务，还能提升画面分辨率，改善画面质量，提升视频的视觉体验。人工智能不仅是剪辑自动化的工具，也可以通过对编辑技巧和视听语言知识的学习化身“剪辑师”，自动同步相同场景素材并匹配相应音频，对素材进行自动编辑①。

二是特效。人工智能在视觉特效制作中的应用尤为引人注目。其能够自动生成复杂的3D模型和纹理，制作出逼真的虚拟角色和环境，极大提升了特效的视觉冲击力，且降低了制作成本。

3. 制作后：精准化营销与个性化推荐

(1)精准化营销

人工智能可以通过对电影内容的分析，结合利用大数据技术挖掘的观众数据，识别出可能对该电影感兴趣的潜在群体。再从这些目标受众的角度出发，洞察他们的需求和偏好，开展针对性的营销活动。

(2)个性化推荐

通过人工智能分析用户行为，利用视频推荐算法，可为用户提供个性化推荐，增加内容吸引力。Netflix是这方面被后来者不断模仿的佼佼者。根据Netflix官方发布的技术文章，其会通过A/B测试和机器学习算法等提供包括页面布局、标题内容等多个方面的定制化推荐。甚至不同用户通过Netflix看到的同一影视作品的封面图都是个性化的。Netflix还采用了深度学习和矩阵分解等技术，结合用户反馈和行为数据，不断优化推荐结果，提高用户留存率。

(三)未来思考

未来，随着人工智能支持影视创作的逐渐成熟和完善，也不可避免地会面临以下问题。

---

① 曹磊、俞剑红：《AIGC技术在电影数字化创作与制作平台的创新应用》，《北京电影学院学报》2023年第11期，第80－91页。

1. 知识产权保护和知识伦理问题

AIGC 的创作毕竟是在模仿人类，其生成的内容可能与原作难以区分，版权归属和责任归属都会变得模糊。此外，AIGC 技术的应用还涉及知识伦理的一系列争议，比如：生成虚假信息，加剧不实信息扩散；未经许可使用个人信息，侵犯个人隐私；生成内容带有系统性偏见等。

2. 行业就业问题

虽然人工智能的应用和发展可能会让影视行业产生新的就业机会，但随着人工智能的大规模应用，人工智能对影视创作行业的就业结构冲击巨大。显然，人工智能可能会让一些脑力劳动者和体力劳动者被取代，尤其是前面提到的那些工作内容可以被人工智能自动化完成的岗位。这一变化可能会导致行业从业人员担忧自己的就业安全。2023 年 7 月，好莱坞的演员、编剧等就联合发起了抵制“人工智能入侵”的大罢工。他们称人工智能对他们的收入和工作条件构成了威胁。罢工历经 100 多天，不仅是好莱坞历史上历时最长的罢工事件，也是好莱坞经历的首次全行业联合罢工。如何平衡好人工智能应用和就业安全之间的关系，已经成为亟需影视行业回答的时代课题。

3. 质量和内涵问题

机器生成的内容可能缺乏人性化的温暖触感以及深度内涵，导致市场上出现同质化产品，引发观众审美疲劳。而且依赖人工智能的创作可能会越来越多地局限创作者的思考，未来的作品可能会失去创新。人工智能的逻辑主要还是基于前人已有的海量数据，然后通过各种逻辑去学习、去做混合。当然在这个过程中可能会有一些新东西被人工智能创造，但是从整体来说，它还是通过学习前人的成果去“创造”，它无法产出人类完完全全从来没有创造过的东西。“绝对创新”的作品也许随着人工智能的大量运用越来越少。相信在未来，这些问题可以得到妥善的解决。无论如何，人的表达终归是影视创作的生命力所在。人工智能可以模仿情感，但无法产生情感。人的主体性不会因为人工智能的广泛应用而湮灭于影视创作中。

第九章　智能广告

智能广告作为智能传播领域的关键应用方向和重要研究主题，随着大数据、人工智能等前沿信息技术的革新与进步，其内涵不断横向拓展、纵向延伸，其表现形式与运作模式不断趋于完善、丰富，其产业技术范式与经营机制不断走向全面智能化，人们过往对智能广告的理解的片面性和局限性也逐步显现出来。因此，在本章，笔者将跟进智能传播的新时代、新形势，以智能广告的基本概念为出发点，对智能广告的主要特点、表现形式、运作平台和效果监测等相关内容进行梳理。

第一节　智能广告的主要特点

智能传播时代的新媒体环境所催生的智能广告，将“以消费者为中心”作为内核理念，营销人员通过数据和算法技术对用户进行识别，由此生成对应的广告内容，并采取合理的广告投放方式向特定受众发布广告。相比传统广告，智能广告具有显著的全流程智能化特征。在本节，笔者将以广告传播过程为整体分析逻辑，归纳出智能广告五大主要特点，即定向识别受众、高效生成内容、精准投放广告、多元交互体验、科学监测效果。

一、定向：智能识别受众

智能广告主张“以消费者为中心”，因此，它将定向识别广告的目标受众作为首要任务。当前，随着智能传播设备的广泛普及，潜在消费者群体与网络用户群体大幅重合，人们的基础信息、消费偏好和行为习惯信息逐步实现数字化，也就是说，相比传统广告时代，智能广告时代的消费者信息更具明显的量化特征。平台通过大数据技术分析整合用户的数据信息，对其性别、年龄、地理位置等人口信息进行统计，了解这些潜在消费者日常消费的品类、价位层级乃至购买时段、决策方式等，从而产生贴合网络用户的大数据洞察与用户画像，以多维的属性标签对用户进行细分、聚合，这使得智能识别用户、形成契合智能广告的目标受众群体成为可能[①]。

为了更加准确地定向识别广告受众，面对不同的复杂互联网环境，营销人员需要

---

① 王丽萍：《智能广告》，清华大学出版社 2024 年版，第 65 页。

采取不同的受众识别方式。下面介绍智能广告应用中几种常见的受众识别方式[①]。

(一)基于用户网络使用行为的识别方式

用户在使用互联网时,会留下自己的设备 IP 地址、Cookie 或 IMEI(International Mobile Equipment Identity,即国际移动设备标识码)等标识性信息,这些信息可以帮助平台追踪并唯一识别用户身份,再借助探针检测、Netflow 采集、DNS 访问统计、鼠标轨迹分析等数据采集技术,平台能够获取用户相关的行为数据,由此建立用户在该平台的用户画像,为今后根据用户画像进行受众细分、定向推送提供基础。

(二)基于内容过滤的识别方式

媒体的新环境赋予各平台社交属性,用户在平台基础功能之上形成了主题性质的趣缘圈层,例如书影音小组、娱乐社区、议题论坛等。这些平台通过属性划分、关键词 tag、个性化标签等机制,对参与其中的用户进行识别和聚类,并据此向受众进行定向内容的推送。同时,这种识别方式相对宏观,因此,多数平台建立了相应的反馈机制,对于平台推送的内容,用户可通过反馈机制进一步构建自己的个性化页面,与平台实现识别交互。

(三)基于协同过滤的识别方式

在智能广告受众识别过程中,协同过滤算法的应用甚为广泛。基于协同过滤的识别方式的前提假设为:当部分用户的基础信息或网络使用行为相似度较高时,他们对内容的偏好、消费的需求可能也存在较高的一致性[②]。平台会通过聚类分析识别在某些方面存在相似性的用户,并将其中一部分用户浏览过、互动过或消费过的内容优先推送至这一群体中的其他用户,以实现降本增效、挖掘潜在消费者的目标。

二、高效:智能生成内容

在传统广告的实际操作过程中,“广告内容生成”这一环节具有一定的不确定性,在内容创意、设计落地两方面,这种不确定性尤为明显。人工智能技术与自动化技术的出现让智能广告成为广告界关注焦点和发展趋势的同时,也为解决由于传统广告推送目标不确定性导致的效率低下难题带来了转机。在内容创意方面,人工智能成为广告创意人员的辅助手段,甚至在部分智能广告内容生成过程中发挥着主导作用。采用机器学习算法,通过对用户数据、创意数据进行训练学习,可总结归纳出

---

① 易龙:《智能广告初论》,《新闻界》2008 年第 4 期,第 170 - 172 页。

② 赵辰玮、刘韬、都海虹:《算法视域下抖音短视频平台视频推荐模式研究》,《出版广角》2019 年第 18 期,第 76 - 78 页。

创意的结构化模型并不断加以完善，由此可针对不同的受众快速生成适配度更高的创意。在设计实施阶段，不同于对设计、摄影、后期制作等人力劳动资源有高需求的传统广告，智能广告借助人工智能与自动化技术，可根据前期创意便捷高效地生成，其中涉及的简单重复劳动，甚至部分复杂工作都可由人工智能代替人力完成，这大大提高了广告制作的效率。

在智能生成广告内容方面，极具代表性的技术当属程序化创意（Programmatic Creative）。程序化创意是以智能算法为核心，基于大数据分析，使广告尺寸、色彩等广告要素自动化匹配，再通过广告要素的动态组合，从而使广告创意与用户的场景和需求个性化精准匹配的生产机制①。

【案例 9－1】

淘宝使用程序化创意为用户展示个性化界面

目前，程序化创意在电商行业有着较为广泛的应用。对入驻商家众多、商品品类多元、用户人群密集的淘宝来说，消费者对广告的需求、偏好各有不同，如若采用传统的人工广告创意，在效率和精准程度方面都很难达到目标。因此，采用程序化创意为用户展示个性化界面，是淘宝正确且必要的决定。

为实现广告创意的规模化生产，其中一种方法是形成程序化创意模板，模板中包含主视觉（Key Vision）、品牌标识（Logo）、文案说明（Information）、行为召唤（Call to Action）、背景图（Background）几大关键元素。这些元素可以在动态创意制作中根据用户需求与偏好进行调整、替换，制作流程如下。

①上传创意模板元素，形成物料库，例如淘宝 Logo，背景图片，商品名称、价格、示意图等。

②制作模板，规定各元素的尺寸大小、可能出现的位置范围等。

③设置创意规则，例如按照淘宝用户平时的浏览偏好、加购商品品类等设置优先展示规则，按照活动类别设置商品轮播规则等。

④生成动态的程序化创意，将个性化界面内容展示给用户。

三、精准：智能投放广告

选定契合品牌的受众群体，高效生成适宜的广告内容后，下一个传播环节即投放广告。在这一步，传统广告只能根据媒介自身的大致分类，例如报纸或杂志类型、

---

① 段淳林、任静：《智能广告的程序化创意及其 RECM 模式研究》，《新闻大学》2020 年第 2 期，第 17－31，119－120 页。

电视节目时段等，向受众进行“广而告之”式的传播，而智能广告可依托人工智能等前沿技术，显现出“将合适的广告推荐给合适的人”——投放精准度高的特点，使解决“我知道我的广告费有一半浪费了，但我不知道是哪一半”的难题成为可能。

智能广告实现精准投放，需要平台对照数字化的消费者生活方式，根据用户的网络行为数据与其他信息准确分析消费者的日常消费场景，运用程序化投放工具优化广告投放媒体组合，也就是通过广告技术平台自动按照预先设定好的广告价格模式购买广告位，再将个性化的广告内容推送给目标受众[①]。

【案例 9-2】

巨量引擎：阿迪达斯精准投放，引爆新品销量[②]

阿迪达斯 FORUM 系列新品上市适逢“双 11”大促，市场竞争加剧，媒体流量资源稀缺，品牌方希望有效利用核心人群建模，找到新品的潜在消费者并拓展人群量级，配合品牌动态创意优化，保证广告投放效率和营销效果。这一营销背景对广告的精准投放提出了极高的要求。

对此，巨量引擎给出的营销策略是：在品牌广告配合达人营销广泛触达且快速积累目标人群及内容偏好的基础上，通过数据工厂应用广告素材标签与行为数据建模，精准挖掘核心目标群体并定向拓展人群量级，挖掘大规模潜力消费者。最终通过竞价广告素材与目标人群精准匹配投放，实现快速起量促转。具体实施过程如下。

(一)探索期

针对街头潮流目标人群，以及品牌历史人群偏好 KOL/明星的粉丝人群进行广泛触达，迅速“引爆”新品声量，并配合达人营销不断强化种草效果。

(二)优化期

利用标签工厂对品牌广告触达人群、达人粉丝及历史购买人群特征进行挖掘，快速定位核心目标群体，并依据人群特征，了解消费者显著偏好，发现营销机会点。再通过建模对核心目标群体进行精准化圈定，定向扩展人群量级，找到行业中高度契合品牌目标的大量潜力人群。

(三)稳定期

精准匹配竞价广告素材和人群偏好特征，进行巨量千川投放，利用数据工厂人

---

① 秦雪冰：《技术嵌入与价值取向：智能广告的演进逻辑》，《湖北大学学报(哲学社会科学版)》2022 年第 49 期，第 171-179 页。

② 巨量引擎：《阿迪达斯精准投放，新品快速起量》，2024 年 8 月 11 日，https://www.oceanengine.com/ocean/juliang99。

群包快速扩大投放量，提升转化效率。

最终，此次营销获得了良好的反响：阿迪达斯新品成交投资回报率提升超91%，人群转粉率超329%，人群点击通过率提升超62%。

四、多元：智能交互体验

互联网技术的进步给予智能广告更多可能性，使力求多元化的强交互体验成为智能广告的一大特点。广告之于消费者，一方面是灵感、观点和信念的交流，另一方面是感官、行动层面的互动，这些体验使消费者与产品或品牌产生共鸣，促使他们产生下一步的行为意愿。由此，相比受限于时间、空间的传播具有单向性的传统广告，多元的交互体验给予消费者沟通的主动权，这是智能广告的一个优势。

这种智能交互体验的多元性主要体现在三个方面：交互主体的多元性、交互场景的多元性、交互形式的多元性。

（一）交互主体的多元性

如今，消费者不再只是广告传播中被动接收信息的端点，而是整个传播过程中的具有一定主观能动性的节点。他们从纯粹的信息接收者，逐渐转变为传播参与者。他们通过投放智能广告的媒体平台，在与广告发布者、广告主、其他消费者乃至其他用户直接或间接地交流互动，提升他们在广告传播过程中的参与感、加深他们对广告的印象的同时，也帮助广告人、广告主建立起直接的消费者反馈渠道，打破各主体间的信息壁垒。

（二）交互场景的多元性

以消费者为中心的智能广告进一步细分受众，这本质上是对消费场景精细化处理的表现，因此与传统广告相比，智能广告的场景体验也更加多元。另外，基于人脸识别、传感器等技术，智能广告可实现在不同场景下自动变换交互方式，进一步发掘潜在的消费者群体，提高受众在接触广告过程中的参与感、沉浸感和体验感。

（三）交互形式的多元性

智能广告实现交互形式的多元化，得益于当今丰富的信息技术手段，例如物联网、人工智能、AR、VR等。常见的智能广告交互形式有三种：一是可与用户自由对话的智能交互系统，如线下门店商场中的智能机器人、各品牌电子产品智能助手、新媒体App等；二是社交媒体平台中出现的可互动的原生广告，用户可与广告内容直接交互，或对广告内容做出点赞、评论、转发等反馈；三是利用AR、VR等技术的感官型交互广告在视觉、听觉等方面给予受众更多元、更新奇的体验，未来的媒介元宇宙趋势还可能为这类广告带来更多可能性。

五、科学：智能监测效果

上述智能广告传播过程全程的数据化、数智化，使对广告效果的监测更为便利，也更加科学，有利于进一步分析广告受众、优化调整广告内容、完善广告投放方式、提升广告交互体验。

第二节 智能广告的表现形式

随着支撑智能广告底层逻辑的通信技术、计算技术逐渐成熟，人工智能技术的不断创新，AR、VR、元宇宙等新兴数字技术的广泛应用，智能广告的表现形式也走向多样化。这些智能广告形态不同，在传播过程中所表现出的优势各有千秋，可应用于不同的传播场景。在本节，笔者将着重对几种常见的智能广告形式——程序化广告、搜索引擎广告、信息流广告、多感官广告分别进行介绍。

一、程序化广告

程序化广告是指利用技术手段进行广告交易和管理的一种广告形态[①]，是一种典型的智能广告形式。媒体资源采购、目标受众定向、精准广告投放与后续的效果追踪监测、持续优化等环节都可通过程序化方式完成。从广告主的视角来看，程序化广告提高了他们采购媒体资源、投放广告的效率；对媒体平台来说，程序化广告提升了媒体资源的市场流动效率，提高了媒介利用率；从用户的视角来看，精准投放的程序化广告更契合他们的需求，用户使用体验更佳。

程序化广告业务交易的模式演变主要分为两个阶段：一是一般竞价广告交易模式，二是程序化交易模式。

（一）一般竞价广告交易模式

起初，广告主一般会按照媒体广告位排期进行采购，计价模式通常是 CPT（Cost Per Time，即按照时间计费）或 CPM（Cost Per Mille，即千次展示费用）。在这种交易模式下，市场规制相对简单清晰，交易双方销售沟通的成本较低，卖方媒体资源的售卖率可得到更好的保障；但对于媒体资源需求方来说，此种交易模式存在明显的不足之处，即各媒体平台之间的目标受众有所重叠，跨媒体流量利用效率低下，数据反馈相对滞后，广告效果难以精进[②]。

---

① 梁丽丽：《程序化广告：个性化精准投放实用手册》，人民邮电出版社 2017 年版，第 10 页。

② 吴俊：《程序化广告实战》，机械工业出版社 2017 年版，第 20 页。

为解决传统排期式交易模式中出现的不足，Ad Network(Advertising Network，ADN，即广告网络)交易模式应运而生。广告主可通过选择投放人群、投放时间、投放位置等进行定向投放，一定程度上提高了媒体利用效率；不过，数据反馈滞后的问题依然存在，受众的定向识别也比较粗略，容易造成广告曝光浪费。

(二)程序化交易模式

在程序化交易模式下，广告主拥有更为个性化的受众选择权，并可以自主决定是否采购媒体资源，进行竞价，这种交易模式的核心在于 RTB(Real Time Bidding，即实时竞价)，竞价基本规则为“价高者得，次高价结算”。广告交易平台会为广告位设置底价，再对各需求方平台的出价进行比较，选出最高价后，按照次高价多 1 分钱的价格进行交易。

程序化交易模式使卖方可实现剩余流量的变现，提高了媒体资源的利用率；买方则可跨媒体进行精准投放和流量管理，根据实时数据得到效果反馈，对广告进行优化调整。不过，该模式使得广告位资源和价格无法被准确预测，广告投放存在不确定性。

二、搜索引擎广告

搜索引擎广告依托搜索引擎系统存在，在用户使用搜索引擎检索内容时，平台会根据用户所搜索的内容进行相应的广告推荐，这种广告通常会以不同于一般搜索结果的底色或“广告”“推广”等字样作内容区分。由于用户使用搜索引擎进行检索的内容可在很大程度上直接反映出其短时需求和意图，因此相比其他类型的广告，搜索引擎广告推送更为精准，具备极强的变现潜力，成为当前市场应用极为广泛的智能广告形式，主要表现为以下两种产品类型。

(一)早期的横幅搜索引擎广告

早期的搜索引擎广告形式主要为横幅广告(Banner Ad)。平台结合用户搜索内容与广告主需求，将广告展示在搜索结果的页面广告位中，通常根据曝光次数或点击量收取广告费用。不过，这种搜索引擎广告缺陷相对明显，它与自然搜索结果区别较大，吸引用户注意、点击的成本较高，传播效率较低。

(二)原生化搜索引擎广告

由于搜索引擎广告的内容与用户使用搜索引擎进行搜索时的意图具有高度的相似性，现今的搜索引擎广告已呈现出明显的原生化趋势，即推广内容与自然搜索结果混合排布，以色彩、广告标识进行区分，这种形式增加了广告的曝光率、点击率，简化了受众了解广告内容的过程，对于用户的搜索体验负面影响较小。同时，用户检索时输入的关键词具有模糊性，因此在推荐搜索引擎广告时，平台也会适当加入部分泛相关内容，以此发掘潜在的消费者群体。

另外，随着智能移动设备的广泛普及，搜索引擎系统逐渐成为社交媒体、线上购物、视频平台的内置机制，搜索引擎广告的意义与业务也变得更为广泛。结合各平台的基础功能和受众定位，它将为用户带来更精确、更丰富的搜索与消费体验。

【案例 9－3】

小红书聚光平台搜索广告①

聚光平台是小红书营销上线的一站式广告投放平台，打通了搜索和浏览两大用户关键决策场景，支持以SPU（产品）为颗粒度的精准定向和智能投放能力，为广告主提供一体化的营销解决方案。

搜索广告是聚光平台为广告主提供的服务形式之一，广告主可根据自己的产品或服务的内容、特点等，确定相应的关键词，创作广告内容并自主定价进行广告投放。聚光平台会根据广告主的营销诉求（例如产品种草、抢占赛道、客户资源收集、商品销量、直播带货），将搜索广告以不同的方式推荐给对应的小红书用户。根据尼尔森2021年6月的调研数据《小红书媒体价值洞察白皮书》及小红书商业数据后台等，40％的小红书用户会主动搜索自己感兴趣的产品或话题，小红书搜索声量与全网搜索呈高相关性，客户认为小红书是全网销售决策链路上的重要一环，具有较大的营销空间。

其中，以产品种草这一营销目标为例，聚光平台搜索广告投放流程如下。

1. 广告投放准备

在广告投放准备阶段，广告主需要进行专业号认证、广告资质认证，登录聚光平台后，进行账户充值。

2. 广告搭建

在广告搭建阶段，广告主首先需要创建广告计划，设置广告类型、推广标的类型、投放时间、推广目标等信息；接着创建推广单元，设置推广笔记、关键词定向、地域定向等信息；最后创建推广创意，设置创意名称、创作创意笔记。

3. 数据管理与监测

成功投放广告后，广告主还可使用聚光平台提供的其他工具获取广告数据报告、进行广告落地页管理、监测推广点击、追踪用户转化等。

---

① 小红书：《聚光平台介绍》，2024年8月11日，https://www.xiaohongshu.com/apps/vincent/ditto?id=juguang_01&naviHidden=yes&utm_source=social&useNativeChannel=yes&fullscreen=true&uba_pre=18.undefined..1723351685867&uba_index=2。

三、信息流广告

信息流广告作为一种常见的原生广告，在概念理解上有两个关键点。其一，广告与内容交互联动，即用户在以某种交互方式浏览平台内容时，也需要用同样的交互方式浏览嵌入在内容之中的广告。这样的广告交互形式一方面可提高用户操作的便捷性，降低产生错误的概率，另一方面可以提升广告在平台原生内容中的融合度，使用户对广告施以与原生内容同等的关注度，增强广告效果。其二，被广告区隔开的内容之间具有相对独立性，没有直接的接续或因果关系。如此进行内容设定，有效降低了用户在浏览内容时感知到的广告侵入性，可获得更好的平台使用体验，削弱他们对信息流广告的回避①。

信息流广告产品的呈现形式主要因平台属性变化而有所不同，常见的信息流广告产品类型有以下几种。

（一）资讯类平台信息流广告

资讯类平台往往根据用户在使用过程中表现出的阅读兴趣偏好进行相应信息流广告的推送，广告以近似资讯信息的方式出现在平台的一般资讯中，典型代表有今日头条中的信息流广告。

今日头条依据用户点击的数据，绘制用户的兴趣图谱，从而向其推送资讯信息。平台对于用户的浏览偏好有着较为精准的定位，可以根据不同行业广告主的不同营销需求，帮助他们多维度、立体化地识别目标受众，并根据用户不同的阅读场景进行精准投放②。

（二）社交类平台信息流广告

如今发达的线上社交网络催生了大批社交类平台，无论是熟人、半熟人，还是陌生人，都可通过这些社交平台进行交流沟通，在平台建立的社交空间里分享日常、见闻或社会观点。社交类平台信息流广告正是以一般用户在社交空间中分享信息的形式出现在社交平台中的，可引发用户关注、互动，激发他们的消费意愿。

微信朋友圈信息流广告是常见的社交类平台信息流广告。这种广告以微信熟人社交为基础，以图文或视频形式混排于一般用户的朋友圈信息中，用户可像与微信好友互动一样，在广告主账号发布的信息流广告下点赞、评论或与其他看到广告的好友进行交流，增加了用户接收广告时的趣味性和沉浸感。

---

① 刘鹏、王超：《计算广告：互联网商业变现的市场与技术》，人民邮电出版社 2019 年版，第 123 页。

② 李彪：《信息流广告：发展缘起、基本模式及未来趋势》，《新闻与写作》2019 年第 10 期，第 54－58 页。

（三）视频类平台信息流广告

智能移动设备的普及与5G、6G等通信技术的发展，推动着我国媒体进入视频与直播时代。视频类平台大量涌现，成为广告营销与消费的重要渠道，促使视频类平台信息流广告的应用范围迅速扩大。这类信息流广告可分为两类：一是发布在如腾讯视频、爱奇艺视频等长视频平台的长视频信息流广告；二是发布于抖音、快手等短视频平台的短视频信息流广告。相比之下，短视频信息流广告更为常见。中国网络视听协会发布的《中国网络视听发展研究报告（2024）》显示，截至2023年12月，我国市场短视频与直播拉动消费效应显著，71.2%的用户因观看短视频或直播而选择购买产品，超四成用户认为短视频与直播已成为主要消费渠道①。

值得注意的是，短视频信息流广告与短视频之间的相似性，使其在继承了短视频制作成本较低、呈现方式直观易懂、用户观看便捷、可精准个性化推送至用户等优势之外，也具有与短视频相似的局限性，即内容难以精准深入，需要在极短时间内吸引用户较为分散的注意力等。

（四）混合模式下的信息流广告

媒体平台形态不断发展演变，已逐渐与用户的日常生活融为一体，衍生出便利用户生活的多维功能，因此，投放其中的信息流广告类型模式也愈加丰富。

以新浪微博为例，对于用户来说，微博是广义社交平台，聚集着大批兴趣相近的趣缘群体，他们可从中获取资讯，查看实时的热点信息，因而投放至新浪微博的信息流广告有了全然不同的面貌。一方面，新浪微博的信息流广告以粉丝经济为基础，洞察趣缘群体的消费需求，通过社群关系网络进行精准分发；另一方面，在推荐页面适当插入广告位时，新浪微博信息流广告就类似于资讯类平台信息流广告，通过内置链接等方式吸引用户消费。

四、多感官广告

多感官广告是指借助传感器、人工智能、数字影像、VR、AR等技术手段，突破传统单一感官传播模式的局限性，从人体视、听、味、嗅、触多感官维度体验入手，多层次地刺激受众感官机能，使用户能够更加全面、真实地了解产品，更有效地引导受众消费的广告传播形态②。消费者在接触多感官广告和消费的过程中能够体会到更强的沉浸感、互动感。

---

① 中国网络视听协会：《中国网络视听发展研究报告（2024）》，2024年3月27日，http://szjj.china.com.cn/2024-03/28/content_42739670.html。

② 王丽萍：《智能广告》，清华大学出版社2024年版，第156页。

多感官广告重视受众的感官体验，其发展演进过程在很大程度上受到技术手段影响。

(一)传统多感官广告

传统多感官广告受到技术发展制约，无法从各个感官维度为受众带来强烈体验，为实现大规模的传播，广告制作者依旧在增强感官体验方面做出了许多努力。例如，可口可乐在广告中使用通感手法，特别强调了经典的红白配色、清爽绵密的气泡声等感官信息，使得受众在见到类似视觉、听觉设计时建立联想，加强了他们对品牌的印象。

(二)VR、AR广告

VR、AR技术在广告行业中的应用颠覆了传统广告的形式，为人们带来了全新的体验。VR广告通过对真实世界视觉、听觉、触觉等感官效果的呈现，为用户带来身临其境般的体验，使得用户可以不再局限于单一感官的互动，能够在虚拟空间中全方位观察、触摸产品[①]，产生新奇的体验。AR广告则是在真实世界的基础上，进一步补充对虚拟世界的感官体验，使用户在感受真实世界的信息的同时，实现与虚拟环境的实时交互。

(三)元宇宙广告

近年来，元宇宙概念在传播学领域"爆火"，元宇宙广告是多感官广告未来可能的发展趋势。Meta公司将元宇宙定义为"由多个虚拟空间组成的集合体"，"用户可以在其中和不在同一物理空间的其他人一起创建和探索"，其核心理念是"通过创造更大的'虚拟存在'感，使在线互动体验变得更接近面对面的真实互动"[②]。在这个虚拟空间中，用户可以开启平行于现实世界的虚拟日常生活，接收与线下体验相当的元宇宙广告内容。

第三节　智能广告的运作平台

在全面信息化时代，传统广告价值逐渐向智能广告迁移，中国智能广告产业规模日益扩大，产业链也逐步完善，市场竞争渐趋激烈，衍生出多种表现形式的智能广告，不同形式的智能广告在业务运作方面有所差异。总体来说，在智能广告运作过程中，自动化工具融入广告全生命周期，广告调查、广告创意、媒介投放、效果评估都借由智能技术平台完成。在本节，笔者以典型自动化运作的程序化广告为例，介绍智能广告的运作平台。

---

① 黄若墨：《虚拟现实技术对广告传播的影响：以VR技术在市场营销中的应用为例》，《新闻战线》2016年第24期，第63-64页。

② 陈昌凤：《元宇宙：深度媒介化的实践》，《现代出版》2022年第2期，第19-30页。

一、广告交易平台

广告交易平台(Ad Exchange,ADX)是程序化广告交易业务中的关键平台,负责整合投放广告所需的媒体资源,并将媒体流量以拍卖的方式售卖给供给方平台,是程序化广告交易中需求方与供给方之间的中间平台。最初成立的ADX,目的是为广告代理公司大量的剩余流量提供一个交换的平台,使剩余流量在不同广告代理所掌握的不同用户人群中发挥更大的价值,可以被看作售卖流量的"跳蚤市场"①。ADX可以被理解为本章第二节中所提到的广告网络的进阶版,所有的广告竞价都实时进行,广告决策由需求方平台完成,媒体资源的售卖过程更为透明。

【案例 9-4】

腾讯广告实时交易平台 Tencent AdExchange②

腾讯广告实时交易平台(Tencent AdExchange,Tencent ADX)是国内主流广告交易平台之一,整合了腾讯资讯、娱乐、社交等媒体资源,如腾讯视频、腾讯新闻、微信、QQ音乐等。

Tencent ADX对接国内外优质需求方平台,根据客户的营销需求,在平台灵活选择交易模式,对腾讯广告所持媒体流量进行实时竞价,实现广告深度覆盖优质用户、精准触达目标人群,从而提升广告效果和广告投放ROI(Return on Investment,即投资回报率)。

Tencent ADX支持三种交易模式:其一,价格固定、承诺曝光的程序化直采(Programmatic Direct Buying,PDB)模式(见图9-1);其二,价格固定、不承诺曝光

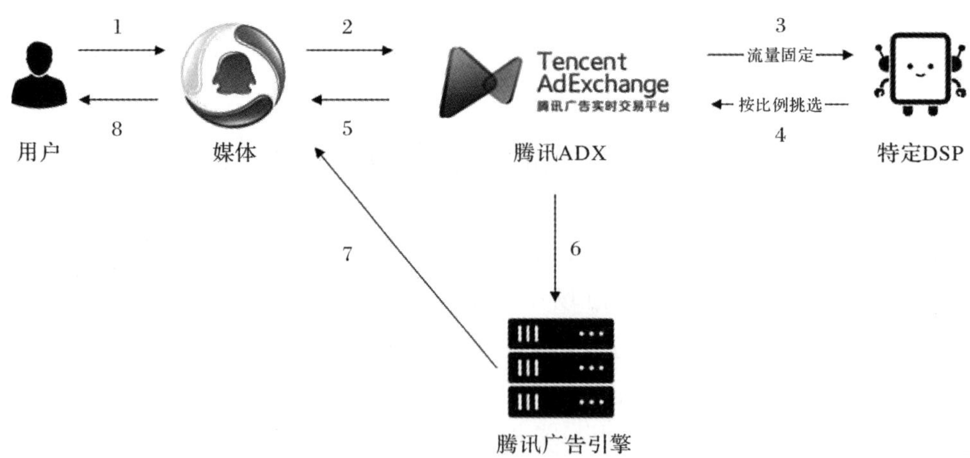

图9-1 Tencent ADX的PDB交易模式

① 陈韵博:《程序化广告的道与术:数据技术时代的营销变革》,社会科学文献出版社2020年版,第72页。

② Tencent Ad Exchange,2024年7月31日,https://wiki.adx.qq.com/。

的优选购买(Preferred Deal,PD)模式(见图 9－2);其三,价格不固定、不承诺曝光的公开竞价(Real Time Bidding,RTB)模式(见图 9－3)。

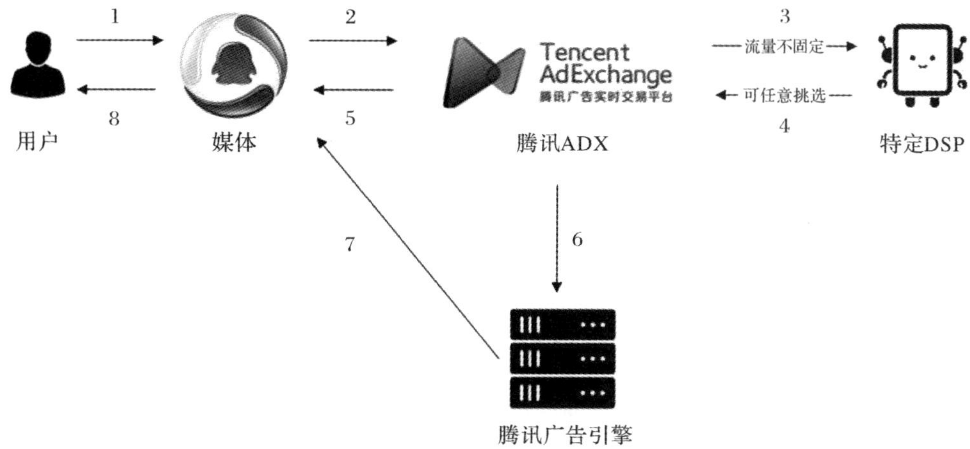

图 9－2 Tencent ADX 的 PD 交易模式

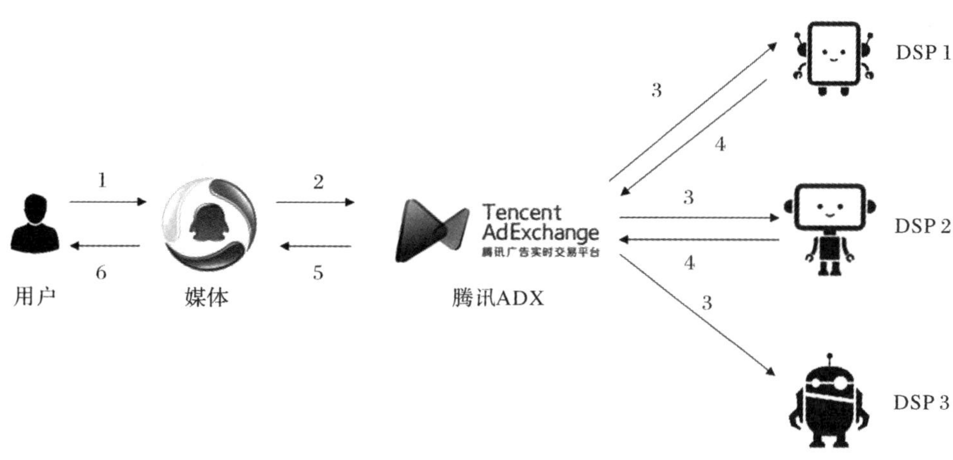

图 9－3 Tencent ADX 的 RTB 交易模式

二、需求方平台

需求方可分为两种:一为广告主(Advertiser),即有投放广告需求的品牌或企业;二为代理商(Agency),即接受广告主委托,代表广告主寻求媒体渠道投放广告的机构。需求方平台(Demand-Side Platform,DSP)是面向广告主和广告代理商的广告投放管理平台,按照需求方的定制化广告投放要求,帮助需求方进行跨媒介、跨平台、跨终端的广告投放,并对广告投放效果进行实时监测及优化[①]。

① 王丽萍:《智能广告》,清华大学出版社 2024 年版,第 125 页。

(一)需求方平台的特征

理解 DSP 主要有两个方面:一方面,DSP 具有自动化的广告竞标管理功能,可通过 RTB 或 PD 等流量购买模式购买媒体流量,将需求方与媒体流量服务方进行连接。另一方面,DSP 支持需求方按照个性化需求定制广告投放要求,提高了广告主识别目标受众的精准度。

(二)需求方平台的服务模式

根据需求方对数据和技术的控制权限,DSP 的服务模式可以分为三种,即 IaaS、PaaS 和 SaaS①。

1. IaaS(Infrastructure-as-a-Service,基础设施即服务)

IaaS 模式的产品形态为基础设施,供应商会将相关技术模块部署在需求方服务器中,因此技术和数据所有权都直接归属于需求方。在 IaaS 模式下,供应商一般通过收取技术服务费获取收益。

2. PaaS(Platform-as-a-Service,平台即服务)

这种服务模式的产品形态为平台,需求方可通过 API 调用数据、设置策略、整合需求方自身其他产品等,数据和技术的所有权属于供应商。部分 PaaS 供应商能够为需求方定制个性化功能并贴上其品牌,即 OEM(Original Equipment Manufacture,即代工生产)服务。该模式一般通过赚取广告位差价或收取技术服务费实现盈利。

3. SaaS(Software-as-a-Service,软件即服务)

这种服务模式的产品形态为软件,需求方可在 DSP 软件上进行广告投放操作,其中,数据和技术属于供应商。在此种模式下,需求方可选择使用该软件自主运营或由托管平台进行广告运营,平台则通过广告位差价或技术服务费、广告优化费获取收益。

(三)需求方平台的运作流程

DSP 接收到 ADX 等平台的广告请求后,会根据 ADX 等提供的人群、媒体、时间、地域、广告形式等定向性的数据标签,针对相关需求方广告的数据进行分析。如果此次广告曝光符合需求,DSP 会作为需求方代表进行竞价,最终以 RTB 方式完成广告交易。

---

① 梁丽丽:《程序化广告:个性化精准投放实用手册》,人民邮电出版社 2017 年版,第 69 页。

(四)广告交易平台与需求方平台的融合

一些自身消耗流量较大的 DSP，一方面广告交易需求量较大，另一方面投放预算相对充足，为了更加高效地利用相关数据，掌握自身流量和广告投放过程，提升广告投放效果，例如新浪、网易这类拥有大量资源、前沿技术的大型互联网公司等，会通过自己组建 ADX 团队的方式，直接对接流量市场。

三、供给方平台

供给方平台(Supply-Side Platform，SSP)，也称供应方平台，是供广告发布商使用的平台，其中多个广告交易平台连接在一起，允许广告发布商将广告库存分发至多个平台，通过定向识别受众，根据收益数据实时动态分配广告请求，智能管理媒体的广告位库存，优化广告投放，提高广告资源的价值，以达到帮助媒体提高收益的目的[①]。

(一)供给方平台的类型

根据不同的流量来源，SSP 可以分为两种类型：一种是自有型 SSP，例如大型的门户网站、媒体方等，它们依靠自身拥有的流量建立 SSP，以此实现对剩余流量的变现；另一种是聚合型 SSP，这类 SSP 自身并不具备广告资源，但聚合了其他中小媒体的流量，以提供流量资源、分配广告需求的服务为收益手段[②]。

(二)供给方平台的产品策略

SSP 在程序化广告的运作过程中起到关键作用，多种广告源动态分配的决策过程包括三个关键环节[③]。

1. 聚合(Mediation)

SSP 集成其他多个广告网络，因此能够综合考量广告网络或 DSP 的分成模式、广告收益等，从而在线动态决定向谁请求发出广告请求。

2. 广告投放(Ad Serving)

SSP 一般也会提供投放媒体自行销售广告的功能，旨在帮助媒体进行广告投放。与媒体自营广告网络相比，SSP 将媒体内部广告与外部广告共同排序，以做出更优的广告投放决策。

---

① 王丽萍：《智能广告》，清华大学出版社 2024 年版，第 125 页。

② 陈韵博：《程序化广告的道与术：数据技术时代的营销变革》，社会科学文献出版社 2020 年版，第 71 页。

③ 刘鹏、王超：《计算广告：互联网商业变现的市场与技术》，人民邮电出版社 2019 年版，第 95 页。

3. 市场(Marketplace)

在程序化交易产生后,SSP 会以 RTB 模式向 DSP 发出请求,这便形成了一个市场闭环。

(三)ADX 与 SSP 的融合

程序化交易的一般流程是:SSP 对接媒体流量,再接入 ADX 进行广告交易,这一过程增加了交易环节,一定程度上影响了程序化广告的交易投放效率。因此,部分大型互联网企业,例如优酷、爱奇艺、网易、新浪等视频类、门户类媒体,选择搭建私有的 ADX,省略 SSP 与 ADX 对接的中间环节成本,进行业务融合,有效提高了产业运作效率,实现了交易流程的优化。

四、数据管理平台

程序化广告作为典型的智能广告,整个运作流程都离不开数据,可以说,数据是程序化广告运行的核心能量。因此,除需求方、供给方与交易平台外,数据方也扮演着不可或缺的角色。数据管理平台(Data Management Platform,DMP)是将程序化广告交易过程中涉及的多方数据进行整合管理的技术平台,可标准化精细处理、加工有关数据,产生精准定向的受众标签,并将这些数据产品进一步推向市场以获取收益。

(一)数据管理平台的数据来源

DMP 涵盖多种类型数据,其数据来源主要有三种[①]。

1. 第一方数据

第一方数据直接来源于客户等与品牌互动的人,这些数据对于广告商来说是极有价值的,主要通过电子商务和离线交易、客户关系管理系统、网站和移动应用分析三种方式进行收集。

2. 第二方数据

第二方数据也称合作伙伴数据,是由一家公司收集并出售给另一家公司的第一方数据,即数据平台之间会在协议允许的情况下进行数据开源分享。

3. 第三方数据

第三方数据通常由数据代理或 DMP 供应商提供,是从不同的来源收集聚合而来,可以进一步完善需求方的用户画像,优化程序化广告投放。

---

① 王丽萍:《智能广告》,清华大学出版社 2024 年版,第 126 页。

（二）数据管理平台的类型

按照DMP在程序化交易中的参与者归属，可以将其分为三种类型[①]。

1. 第一方 DMP

第一方DMP是指大型广告主自己建立或借助第三方技术搭建的内部数据管理平台，用于对广告主自有的用户数据进行管理分析，构建品牌的用户画像，为后续的营销决策提供数据基础。

2. 第二方 DMP

第二方DMP通常由DSP或ADX（主要是需求方建立的平台）搭建，目的是对在广告投放过程中积累的用户数据进行管理。这类DSP所管理的数据时效性更强，能够迅速结合第一方数据对用户标签进行加工处理，构建精准的用户画像，帮助广告主更好地投放广告，提升广告效果。此外，在交易中获得的数据也被同步开放售卖，实现数据资产的变现。

3. 第三方 DMP

第三方DMP以数据交易为主，并不直接参与程序化广告的交易过程。第三方DMP会对非交易双方的数据进行管理，建立自身的数据库，为需求方提供数据交换、售卖等服务，实现数据资产、技术服务的变现。

（三）数据管理平台的运作流程

DMP作为综合管理程序化广告交易过程中各项数据的平台，首先会从多重渠道获取数据资源，整合存储形成初步的数据库，并对这些数据进行处理加工，分析得到精细的数据标签和用户画像，最后根据客户需求提供定制化的需求洞察、营销计划等[②]。

其中，用户画像是程序化广告精准推送的关键所在，为了适应需求方定制化的营销需求，不同DMP形成了独特的数据标签体系来还原清晰的用户形象。DMP对用户数据进行标签化处理后，就可以描绘用户画像，搭建相应的用户属性模型。这一过程常见的模型算法包括关联性算法、归类分析、REM模型等。

五、监测分析平台

监测分析平台（Measurement & Analytics Platform，MAP）可进行广告监测、网

---

① 陈韵博：《程序化广告的道与术：数据技术时代的营销变革》，社会科学文献出版社2020年版，第74页。

② 陈韵博：《程序化广告的道与术：数据技术时代的营销变革》，社会科学文献出版社2020年版，第76页。

站与 App 监测，负责对程序化广告交易过程中的广告投放数据等进行监测分析，通常为受到广告主信任的第三方监测机构。广告主为保证广告投放效果，会选择合适的 MAP 验证广告投放平台的有关数据，例如广告点击量、曝光率、用户属性等，并将广告投放平台的数据与 MAP 提供的数据报告进行对比，以此评估广告投放平台数据的真实性与可靠性。国内具有代表性的 MAP 有秒针系统旗下用于监测分析的产品、AdMaster 等。

【案例 9－5】

秒针系统(Miaozhen Systems)

秒针系统于 2006 年正式成立，是基于数据和人工智能提供企业营销增长服务的第三方技术公司，旗下产品 AdMonitor 可提供数字广告测量及验证服务，秒针分析则可以对私域用户进行行为监测。

(一)AdMonitor

AdMonitor 广告监测系统是秒针系统的核心广告测量产品，依靠大数据计算技术为广告主提供互联网广告监测服务，具有对多种媒体和广告形式提供全面的评估能力及完备的流量甄别能力，提供数字营销领域的通用结算依据。一方面，AdMonitor 提供一站式服务，广告主可在“交易结算”“测量优化”“测量评估”“资产管理”四大应用场景下使用 AdMonitor 快速确认投放进程，以多维度数据深度分析投放效果；另一方面，秒针系统通过全面的指标排查广告异常，搭配强力举证服务，通过系统化日志抽样、深度人工排查手段，帮助广告主巩固“流量实效”。

(二)秒针分析(Miaozhen Fenxi)

秒针分析是秒针系统旗下一款多场景私域流量监测产品，通过对 PC 网站、H5 站点、App 等私域触点全面监测，可与秒针系统 AdMonitor 广告监测系统打通，全链路回溯私域流量来源，评估媒体转化效果，优化公域投放策略，实现公域私域互补，打通全域营销闭环，增强用户留存。

六、其他平台

程序化广告的运作还依靠多种广告服务平台的支持，例如程序化创意平台、广告验证平台等[①]。

(一)程序化创意平台

程序化创意平台(Programmatic Creative Platform，PCP)专注于广告创意的投

① 梁丽丽：《程序化广告：个性化精准投放实用手册》，人民邮电出版社 2017 年版，第 91 页。

放优化。PCP通过智能技术手段自动生成广告创意，并根据用户数据、场景数据等进行创意优化。

（二）广告验证平台

广告验证平台（Ad Verification Platform）一般面向广告主，为其提供广告投放过程中的品牌安全、反作弊、可视度、无效流量验证等保障，通过分析投放媒体的内容合法性、正面性，为品牌广告的投放提供和谐健康的媒体环境。

第四节 智能广告的效果监测

传统广告受限于媒介技术手段的不足，主要通过问卷调查、电话回访等方法进行效果测评，操作程序烦冗复杂，且在反馈时间上严重滞后，因此效果反馈的参考价值较低。随着PC端互联网技术的诞生，广告效果逐渐实现数据化，广告主可通过网站广告点击量、浏览时长等结构化数据监测广告效果，但这些数据无法深层反映受众的消费心理，未能真正与消费者进行交互。移动互联网的出现弥补了之前广告效果监测的不足，消费者可通过点赞、评论、转发等方式对自身广告体验进行反馈。目前智能技术的发展促使广告业再度进化，大数据、人工智能等技术让智能广告的效果监测呈现出新的特点。在本节，笔者聚焦智能广告的效果监测，针对监测意义、监测指标和监测流程三个方面进行介绍。

一、智能广告效果监测的意义

智能广告可以实时监测用户行为数据，采用自然语言处理、情感分析等方式将其转化为便于进一步深入分析的结构化数据，从而运用聚类分析、回归分析等数据分析手段挖掘数据之间具有潜在价值的信息，并生成科学、完善的评估报告，以推动下一步的智能广告市场优化①。

对智能广告的效果进行监测，主要有以下三个方面的意义。

（一）科学评测广告受众反馈，检验广告价值

对智能广告效果进行实时监测，科学评测广告受众的反馈数据，对于衡量广告对品牌广告主的价值具有重大意义。通过量化的效果数据报告，广告主能够确认营销计划的有效性，检验受众对广告的满意度，从而客观、严谨、全面地评估广告平台与流量渠道的真实价值。

① 姜智彬：《媒介技术演化下广告运作流程的变迁研究》，《湖北大学学报（哲学社会科学版）》2021年第1期，第154－162页。

(二)优化智能广告投放策略,提升营销实效

由于传统广告效果监测具有种种局限性,最终形成的效果反馈难以很好地推动下一次营销活动的完善;而智能广告效果监测的实时性、科学性使得这一难题有了解决之道,即通过监测广告效果相关指标数据,广告主能够及时掌握广告状态、受众反馈,洞察消费者的动态化消费需求,甚至可以方便地对比不同媒体平台投放效果的差异,了解不同时刻、不同场景下投放广告的数据走势,分析比较自身品牌与竞争对手品牌的数据优劣,并将以上信息作为制订营销计划的基础,优化今后智能广告的投放策略,提高营销计划的实际效益。

(三)保障智能广告产业健康发展,防止造假风险

对广告主来说,如果没有对广告效果的高效监测,那么其投资于品牌或产品营销方面的资源是否得到与预期相当的回报就不得而知;对于广告产业而言,如果没有建构完善的广告效果监测体系,那么行业中滥竽充数、虚假宣传的现象将会层出不穷,优质内容和优质渠道将会被埋没,市场将会出现“劣币驱逐良币”的现象,广告产业难以可持续发展。因此,对智能广告效果进行监测,在保障智能广告产业健康、防止造假风险方面,也具有深远意义。

二、智能广告效果监测指标

智能广告表现形式多元,有关的效果监测分析平台众多,因而其效果监测指标体系也多种多样,通常按照效果层次可分为基础指标、效果指标、品牌指标三类[①]。智能广告效果监测指标见表 9-1。

表 9-1　智能广告效果监测指标

指标类型	指标名称	定义
基础指标	CPM	Cost Per Mille 或 Cost Per Thousand Impressions,即千人成本或每千次曝光成本
	CTR	Click Through Rate,即点击率,是指广告被点击的次数除以广告展示次数的比例
	CPC	Cost Per Click,即点击成本,是指每次广告被点击所需的费用

① 梁丽丽:《程序化广告:个性化精准投放实用手册》,人民邮电出版社 2017 年版,第 127 页。

续表

指标类型	指标名称	定义
效果指标	ROI	Return On Investment，即投资回报率，是指在特定周期内，广告主通过广告投放获取的价值占广告支出的比率
	Click	用户点击广告的次数
	转化量	一般用户通过广告转化为产品受众的数量，包括注册量、激活量等
	CR	Conversion Rate，即转化率，是指通过广告转化的用户占访问广告的总用户数的比率
	登录量	成为产品受众的用户通过广告登录的数量，一般在 Retargeting 广告（老用户召回/重定向广告）效果监测中使用
	召回率	在 Retargeting 广告中，被重定向的用户通过广告重新实现转化的数量的比率
	CPA	Cost Per Action，即每行动成本，是指每次广告被用户回应（注册/激活）所需的成本
	CPL	Cost Per Lead，即每潜在用户获取成本，是指每获取一个潜在客户信息所需的成本
	CPS	Cost Per Sale，即通过曝光广告每销售一定数量的产品所需的成本
	CPV	Cost Per Visit，即每访问成本，是指通过广告每获取浏览指向页面的有意向客户所需的成本
	CVR	Click Value Rate，即广告点击转化率，是指广告实现转化的次数与广告点击次数的比率
	留存用户数	在未来一段时间内选择留下的用户数量
	留存率	在特定周期内留存用户数占广告导入的注册用户数量的比率
	留存成本	实现单个留存用户所需的成本
	活跃用户数	在未来一段时间内在平台频繁登录、活跃交互的用户数量
	活跃率	在特定周期内活跃用户数占广告导入的注册用户数量的比率
	活跃成本	实现单个活跃用户所需的成本
	付费用户数	通过广告成功进行付费的用户数量
	付费率	在特定周期内付费用户数占广告导入的注册用户数量的比率
	付费成本	实现单个付费用户所需的成本
	DAU	Daily Active User，即每日成功登录的用户数量
	LTV	Life Time Value，即一段时间内用户生命周期总价值

续表

指标类型	指标名称	定义
品牌指标	广告可视度(Viewability)	广告出现在窗口可见区域的广告曝光量占广告总曝光量的比例。这一指标的出现是因为品牌广告主考虑到部分媒体以曝光次数计费,只要广告曝光到广告位就会产生费用,但实际上用户不滑动页面或翻页是无法看到广告的这一情况的
	广告可见的TA浓度(Viewable TA%)	TA即Target Audience,指目标受众,广告可见的TA浓度是指在可见曝光的前提下,目标受众占广告投放曝光总人数的比率
	广告可见的互联网总收视点(Viewable IGRP)	IGRP即Internet Gross Rating Points,指互联网总收视点或互联网毛评点,计算公式为IGRP=平均曝光频次×到达率×100。广告可见的互联网总收视点是指可见曝光前提下的IGRP值
	UV数	Unique Visitor数量,即独立访客数,是指在特定时间内,访问页面或看到广告的虚拟自然人(终端标识)数量
	CPUV	Cost Per Unique Visitor,即每UV成本,是指广告曝光中实现单个UV所需的成本
	跳出率(Bounce Rate)	浏览了一个页面(通常是落地页,即Landing Page)就离开的访问量占总访问量的比率,用于衡量用户点击广告后进入页面的访问质量或该页面对用户的吸引力
	二跳率	二跳是指浏览入口页后在页面上产生的首次有效点击。二跳率即二跳的次数占进入该页面的总访问量的比率,用于衡量用户的访问质量或该页面对用户的吸引力
	CPE/CPEV	Cost Per Engagement或Cost Per Engagement Visit,即单次互动成本,是指获取一个用户互动行为所需的成本
	CPH	Cost Per Hour,即受众对广告的浏览或互动时长的成本
	互动率(Engagement Rate)	用于衡量广告投放中用户与广告的交互度

以上列举了常见的智能广告效果监测指标。当然,在实际应用中,智能广告的投放与交易逻辑会更加复杂,还有更多反映广告主切身需求的监测指标,例如品牌安全(Brand Safety)、反欺诈(Anti-fraud)能力、无效流量(Invalid Traffic)、第三方监测差异(Discrepancy)等。

三、智能广告效果监测流程

正如本章第三节所述,品牌广告主往往会在智能广告交易中选择信任的第三方监测机构对广告效果指标进行监测,统计广告投放中的曝光、点击、转化等数据,将这些数据作为交易结算、策略优化、受众定向的重要参考。同时,为获取需求方信任,广告平台也会选择接受监测分析平台的监测服务。对智能广告效果的监测平衡了交易市场的权力架构,它成为智能广告产业健康发展的关键。

(一)智能广告效果监测手段

最常见的智能广告效果监测手段有曝光监测和点击监测①。

1. 曝光监测

曝光监测通常是当广告在客户端曝光的时候,触发一个第三方的 URL(Uniform Resource Locator,即统一资源定位器)。这个 URL 被设置为一个 1×1 的透明像素图片,它会触发第三方监测的计数功能。

2. 点击监测

点击监测有同步计算、异步计算等方式。在使用同步计算方式进行点击监测的过程中,用户点击广告会触发广告系统的投放逻辑,系统就会记录广告投放信息,接着通过 302 跳转触发的第三方监测平台监测逻辑,再跳转到广告落地页。在使用异步计算方式进行点击监测的过程中,用户点击广告会同时触发广告平台的计数逻辑和第三方平台的监测逻辑,然后广告平台会通过 302 跳转直达广告落地页。对于移动端的点击监测,往往会使用 SDK(Software Development Kit,即软件开发工具包)接入监测代码。

其中,监测代码是指具有客户端信息收集功能的代码,主要负责将客户信息端的信息以参数的形式拼凑成 URL,并以 HTTP 请求的方式传给第三方,为其呈现用户属性、浏览时间、媒体属性、广告属性等日志信息。在行业应用中,监测代码通常指的就是监测 URL②。

(二)智能广告效果归因

部分智能广告,例如多渠道跨设备投放广告、按照 CPA 等方式结算的广告等,在投放时监测到的效果数据并非产生于投放渠道,此时就需要监测分析平台将效果数据与渠道进行对应、评估,这一过程称为智能广告效果的归因(Attribution)。常见的效果归因有直接访问归因和用户 ID 碰撞归因③。

1. 直接访问归因

直接访问归因,即为每个渠道分配一个独有的渠道 ID 标识,放在落地页的 URL

---

① 张亚东:《在线广告:互联网广告系统的架构及算法》,清华大学出版社 2019 年版,第 270 页。

② 刘鹏、王超:《计算广告:互联网商业变现的市场与技术》,人民邮电出版社 2019 年版,第 292 - 293 页。

③ 刘鹏、王超:《计算广告:互联网商业变现的市场与技术》,人民邮电出版社 2019 年版,第 295 页。

中，当用户到达落地页以后，在同一个会话中完成转化，且标记在该渠道中。

这一归因方式逻辑简单，操作简易，但是存在一定局限性，即用户通过广告访问广告主页面后，行为可能会由于自身因素被打断，未能在访问广告这一过程中顺利完成转化，而下一次访问页面完成的转化则不会被归因到该广告渠道。显然，对于该广告渠道来说，这种归因方式并不公平。

2. 用户 ID 碰撞归因

用户 ID 碰撞归因可以根据广告主需求自由设置归因周期，监测分析平台会对广告点击渠道与广告落地页的用户 ID 进行监测，在归因周期内完成转化的用户都会被归因于广告点击渠道。

用户 ID 碰撞归因解决了直接访问归因存在的问题，是目前更加通行的归因方式。

（三）智能广告效果验证

智能广告在投放过程中，除带来积极的品牌曝光、用户转化等正面效果外，还可能由于投放渠道选取不当等原因，产生一些负面效果。需要对这些负面的、可能威胁品牌安全的效应进行验证，可用广告投放验证和可视度检验等技术。

1. 广告投放验证

广告投放验证是在智能广告投放于页面后，对其页面内容进行验证，如发现与广告主诉求不符，就停止发布。另外，为进一步避免损失，广告主可选择采用“投放前”(Pre-bid)验证方案，对广告渠道进行提前验证，从而规避投放风险，保证广告质量。

2. 可视度检验

广告可视度是测量智能广告效果的品牌指标之一，可视度检验就是针对这一指标的监测技术。一种技术方案是监测分析平台会对广告投放渠道进行充分的曝光测试，通过测试数据报告来衡量最终投放时的广告可视度。

第十章　社交媒体的智能传播

随着人工智能技术的迅猛发展，社交媒体逐渐进入智能化运作的新阶段，不仅改变了用户的互动方式，还大幅提升了信息传播的效率与精准度。在本章，笔者将重点探讨社交媒体的主要类型，揭示其智能化运作的核心机制，阐述社交机器人在不同场景下的应用模式，并对舆论智能识别与监管的技术和方法进行分析。

第一节　社交媒体的主要类型

一、社交媒体的定义与特征

2007 年，安东尼·梅菲尔德（Antony Mayfield）在其电子书《什么是社会化媒体》（*What is Social Media*）中首次提出了"社交媒体"这一概念[①]。梅菲尔德将社交媒体描述为具有高度用户参与性的媒体，并具备参与、公开、交流、对话、社区化、连通性等几个重要特征。梅菲尔德强调了社交媒体赋予用户创造和传播内容的能力，这一特性至今仍是社交媒体的重要特征。

在此基础上，传播学者安德烈·开普勒（Andreas Kaplan）和迈克尔·亨莱因（Michael Haenlein）进一步发展了这一概念。他们认为，社交媒体是一系列基于 Web 2.0 技术和意识形态基础的网络应用，允许用户生成内容（User Generated Content，UGC）[②]。这一定义进一步强调了社交媒体的互动性和用户参与度，使得每一个用户既是内容的生产者，也是内容的消费者。

除互动性和参与性外，社交媒体还具有以下三个主要特征。

①公开性。大多数社交媒体平台都是公开的，用户发布的内容可以被广泛访问和分享。这种开放性促进了信息的快速流动和广泛传播。公开性使得信息能够迅速覆盖全球范围内的用户，从而增强了信息的影响力和传播效果。

②社区化。社交媒体通过建立和维护用户社区来增强用户黏性。这些社区可以基

① BAYM N K, Personal Connections in the Digital Age, John Wiley & Sons, 2015, pp. 6－13.

② KAPLAN A M, "Social media, the digital revolution, and the business of media", International Journal on Media Management, Vol. 17, No. 4(2015), pp. 197－199.

于共同兴趣、地理位置或社会关系等因素形成，为用户提供了一个交流和互动的平台。社区化使得用户能够找到志同道合的伙伴，从而增强了平台的吸引力和用户黏性。

③连通性。社交媒体平台通过链接和引用实现了不同信息源的连通。用户可以通过这些链接访问相关内容，扩展了信息获取的渠道和范围。连通性不仅增强了信息的可达性，还使得不同平台之间的信息互通更加便捷。

社交媒体的发展经历了 Web 1.0、Web 2.0 并逐步迈向 Web 3.0。在 Web 1.0 时代，互联网主要是一个信息发布平台，用户被动地接收信息，互动性较低①。典型代表有雅虎、谷歌等门户网站，提供单向的信息传递，如同传统的图书馆，用户可以浏览和阅读信息，但无法与内容提供者或其他用户互动。随着技术的发展和用户需求的变化，互联网逐渐进入 Web 2.0 时代。Web 2.0 的核心在于用户生成内容(UGC)和社交互动，用户既是信息的接收者，也是信息的创造者。当前，互联网正向 Web 3.0 发展，Web 3.0 由"万维网之父"蒂姆·伯纳斯-李(Tim Berners-Lee)提出，旨在建立一个更加智能化、去中心化的互联网环境，强调用户的隐私、安全和自主控制②。虽然 Web 3.0 尚未完全实现，但与之相关的技术如区块链、物联网和元宇宙等已经被逐步应用并影响着社交媒体的发展。

概言之，本章所指的社交媒体是建立在 Web 2.0/Web 3.0 技术基础上的互动社区，赋予用户创造和传播内容的能力。这意味着用户不仅仅是被动的信息接收者，他们还可以主动生产、分享和传播内容，形成一个以用户为中心的网络生态系统。在这个生态系统中，用户可以通过文字、图片、视频等多种形式进行互动和交流，建立和维护社会关系网络。同时，社交媒体平台也通过算法和技术手段，不断优化用户体验，提升信息传播的效率和精准度。

二、关系导向型社交媒体

(一)主要功能

关系导向型社交媒体是指那些主要关注用户之间的社会关系和互动的在线平台。这类社交媒体通过用户的社交网络提供内容和服务，帮助用户建立、维护和扩展他们的社会关系，强调用户之间的互动和联系③。

---

① KRÓŜK,"Evolution of online mapping:From Web 1.0 to Web 6.0",Geomatics,Landmanagement and Landscape,No. 1(2020),pp. 33 - 51.

② LASSILA O,HENDLER J,BERNERS-LEE T,"The semantic web",Scientific American,Vol. 284,No. 5(2001),pp. 34 - 43.

③ ELLONEN H K, KOSONEN M, "Treat your customers as equals! Fostering customer collaboration through social media",International Journal of Electronic Marketing and Retailing,Vol. 3,No. 3(2010),pp. 221 - 240.

用户在这些平台上通常会创建个人资料，并通过发布动态、更新状态、上传照片和视频等方式分享个人生活。这些分享可以帮助用户展示自我，并通过互动增进与好友之间的关系。这类平台通常提供详细的隐私控制选项，使用户能够控制谁可以看到自己发布的内容和个人信息。例如，用户可以选择将内容仅限于好友可见，或公开面向所有人。

大部分关系导向型社交媒体具备即时通信功能，使用户能够实时交流和沟通。例如，微信和 WhatsApp 等平台提供文本、语音和视频聊天功能，使用户能够随时随地进行互动。用户可以添加好友并建立个人社交网络，通过好友之间的互动，分享信息、交流思想和表达情感。同时，用户可以创建或加入群组，与具有共同兴趣或目标的其他用户进行交流，使用户能够围绕特定话题或兴趣形成社区，增强用户之间的互动。

（二）主要平台

当前主流的关系导向型社交媒体分为社交网络平台和即时通信工具两类。

社交网络平台凭借其广泛的用户基础和丰富的互动功能，使用户能够建立和维持广泛的社交关系。微博和 Facebook（现 Meta）分别是国内外典型的社交网络平台，通过内容发布、关注互动、好友添加、动态分享和群组讨论等功能，用户可以方便地分享生活动态、参与社区讨论。算法通过推荐个性化内容，可增强用户参与感。

即时通信工具则以其高效的即时通信功能和多样化的服务，使用户能够随时随地保持联系。例如，作为当前国内广泛使用的即时通信工具之一，微信不仅提供文本、语音、视频聊天，还整合了支付功能和各类服务应用，成为用户日常生活中不可或缺的一部分；国外的 WhatsApp 则通过端到端加密技术确保用户通信的安全性，广受全球用户的欢迎。这些即时通信工具不仅满足了用户的日常沟通需求，还通过多功能整合，提升了用户的使用体验。

关系导向型社交媒体通过社交网络平台和即时通信工具的结合，为用户提供了全面的社交体验。从个人生活分享到职业社交，再到日常即时通信，这些平台构建了现代社会复杂且多样的社交生态系统，使用户能够方便地建立、维护和扩展社会关系。

（三）发展历程与趋势

关系导向型社交媒体的发展历程可以分为几个阶段。起步阶段的社交媒体如 Friendster 和 MySpace，为用户提供了基本的好友添加和动态分享功能。这一阶段的社交媒体主要依赖于用户的主动互动。随着 Facebook 的崛起，关系导向型社交媒体进入快速发展期，Facebook 通过不断丰富功能和优化用户体验，吸引了大量用户，并建立了庞大的用户基数。同时，微信等即时通信应用的兴起，也使得关系导向型社交媒体的用户互动更加频繁和多样化。

当前，关系导向型社交媒体正向智能化和多元化方向发展。平台通过大数据和人工智能技术，可更加精准地了解用户需求，并提供个性化服务。例如，即时通信工具如微信通过小程序生态系统，整合支付、生活服务等功能，成为用户日常生活的综合平台；社交网络平台微博、Facebook 等则通过分析用户的浏览和互动行为，为用户推荐感兴趣的内容，增强用户黏性。这些智能化和多元化的功能不仅提升了用户体验，还使得社交媒体在用户生活中的地位日益提高。

关系导向型社交媒体对个人、社会和商业领域产生了深远的影响。在个人层面，这类平台使用户能够方便地与朋友、家人和同事保持联系，分享生活中的重要时刻和信息。这些平台还提供了丰富的互动工具，增强了用户之间的情感联系。在社会层面，关系导向型社交媒体为社会互动提供了新的方式，改变了人们交流和建立关系的方式。通过在线社区和群组，用户能够找到志同道合的人，从而形成兴趣小组或支持团体。

关系导向型社交媒体作为现代社会中重要的沟通工具，极大地改变了人们的社交方式和信息传播方式。通过不断的技术创新和功能优化，这类社交媒体将继续在未来发挥重要作用，连接全球用户，促进社会互动和信息交流。

三、兴趣导向型社交媒体

（一）主要功能

兴趣导向型社交媒体是根据用户的兴趣和行为偏好提供内容和服务的在线平台。这类平台强调内容的个性化推荐和兴趣社区的建立，旨在满足用户的兴趣需求，通过推荐相关内容和社交互动，帮助用户发现和分享感兴趣的主题。这些平台利用大数据和人工智能技术，通过用户的互动历史和搜索记录，分析用户的兴趣和行为模式，为用户推荐相关内容，提供个性化的内容推荐。这种个性化推荐不仅提升了用户体验，还增加了用户在平台上的停留时间和参与度。

兴趣导向型社交媒体鼓励用户根据共同兴趣或爱好形成社区，通过讨论、分享和互动，增强用户之间的联系。知乎、豆瓣、Lofter 等平台允许用户创建和加入主题社区，围绕特定话题进行讨论和分享。这些兴趣社区不仅提供了交流和学习的平台，还帮助用户找到志同道合的人，形成关系紧密的社交网络。兴趣导向型社交媒体通过点赞、评论、分享等功能，促进用户之间的互动和参与。用户可以通过这些互动行为表达对内容的喜好，参与讨论，并与其他用户建立联系。例如，抖音、小红书、YouTube 等平台的评论和点赞功能使用户能够与创作者和其他用户互动，形成活跃的社区氛围。此外，这些平台支持包括文本、图片、视频和音频等多种形式的内容分享，大大丰富了用户的互动体验。

（二）主要平台

兴趣导向型社交媒体可分为视频分享平台和内容社区平台两类。视频分享平台如抖音、YouTube，依靠其强大的推荐算法和多样化的内容，使用户能够根据个人兴趣找到并消费大量视频内容。它们通过短视频形式和精准推荐算法，快速吸引用户注意力，并提供高度个性化的内容推荐，增强用户黏性和参与度。内容社区平台如 Reddit 和知乎，聚焦于兴趣社区的建立和知识分享。Reddit 允许用户创建和加入各种主题的子版块，在这些子版块中发布帖子、评论和分享内容，形成多样化和活跃的讨论社区。知乎以问答形式为主，用户可以在平台上提问、回答和讨论各种主题，通过知识分享和互动，满足求知欲和社交需求。

兴趣导向型社交媒体为用户提供了丰富的兴趣发现和互动体验。视频分享平台通过个性化推荐和多样化内容，满足用户的娱乐和教育需求；内容社区平台通过兴趣社区的建立和知识分享，可增强用户之间的互动和联系。这些平台共同构成了现代社会中多元且活跃的兴趣生态系统，使用户能够方便地发现、分享和交流他们的兴趣和爱好。

（三）发展历程与趋势

兴趣导向型社交媒体的发展经历了多个阶段。早期的兴趣导向型社交媒体如 Flickr 和 Delicious，通过简单的标签系统帮助用户分享内容，依赖于用户的主动参与和互动。随着技术的发展，兴趣导向型社交媒体进入快速发展期并逐步进入成熟期。兴趣导向型社交媒体如抖音、YouTube、Instagram 和 Pinterest 等平台，通过引入复杂的推荐算法和个性化服务，极大地提升了用户体验和参与度；通过大数据、人工智能和机器学习技术，精准分析用户的兴趣和行为模式，为用户提供更加个性化和定制化的内容推荐。

兴趣导向型社交媒体同样产生了深远影响。对个人而言，这类平台使用户能够便捷地发现和分享自己感兴趣的内容，满足兴趣需求和好奇心。对社会而言，它们为用户提供了交流和互动的平台，增强了用户之间的联系和社区意识，并在社会动员和公共事务中发挥了重要作用。对商业而言，平台为企业提供了新的营销渠道，企业可以通过社交媒体平台了解消费者的兴趣和需求，进行精准营销和品牌推广。

未来，兴趣导向型社交媒体将继续在技术创新和用户体验优化方面发力。随着人工智能、大数据和区块链等技术的发展，社交媒体平台将更加智能化和个性化。同时，平台也将更加注重用户隐私保护和内容监管，以构建一个更加安全、健康的社交媒体生态系统。

第二节 社交媒体的智能化运作

社交媒体的智能化运作已成为当代传播领域的核心议题，它深刻改变了信息传播的模式和效果。本节将聚焦于社交媒体智能化运作的几个关键方面，通过对这些领域的深入探讨，揭示人工智能如何赋能社交媒体，提升用户体验，优化内容分发，并实现高效的平台运营。

一、社交媒体中的用户需求洞察

（一）用户需求洞察的概念

用户需求洞察是指通过各种数据收集和分析方法，深入了解用户的行为模式、偏好、情感和潜在需求的过程[①]。社交媒体中的用户需求洞察是智能化运作的核心环节之一。它不仅能够提升用户体验，还能为平台的商业化运作提供重要支持。

在社交媒体环境中，这种洞察不仅关注用户的显性需求，还致力于挖掘隐性需求和潜在需求。随着社交媒体的快速发展和用户群体的不断扩大，准确把握用户需求已成为平台运营和内容创作的关键。有效的用户需求洞察能够帮助社交媒体平台提供更加个性化的服务，实现精准营销，并推动产品创新。

（二）开展用户需求洞察的方法

为了实现深入的用户需求洞察，社交媒体平台采用了多种方法和技术。最基础、最常用的方法是数据挖掘和情感分析。通过分析用户在平台上的浏览历史、点赞、评论、分享等行为数据，可以挖掘出用户的兴趣偏好和行为模式[②]。社交网络分析则聚焦于用户的社交关系网络，通过研究用户的社交圈层、影响力和信息传播路径，了解用户的社交需求和信息获取习惯。情感分析则主要借助自然语言处理技术，平台可以分析用户发布的内容和评论，洞察用户的情感倾向和态度[③]。这对于理解用户的心理需求和改善用户体验至关重要。

在技术层面，机器学习算法、自然语言处理、计算机视觉等人工智能技术在用户需求洞察中发挥着越来越重要的作用。机器学习算法可以从海量数据中识别用户

---

① BOKS C, DAAE J, "A classification of user research methods for design for sustainable behaviour", Journal of Cleaner Production, Vol. 106(2015), pp. 680 - 689.

② EIRINAKI M, VAZIRGIANNIS M, "Web mining for web personalization", ACM Transactions on Internet Technology(TOIT), Vol. 3, No. 1(2003), pp. 1 - 27.

③ LIU B, Sentiment analysis: Mining opinions, sentiments, and emotions, Cambridge University Press, 2020, pp. 1 - 367.

行为模式和偏好；自然语言处理技术能够理解用户在社交媒体上的文本表达；计算机视觉技术则可以分析用户上传和分享的图片、视频内容，洞察用户的视觉偏好和兴趣点。

（三）用户需求洞察在社交媒体上的应用

一系列方法和技术的应用，使得社交媒体平台能够在多个方面实现对用户需求的精准洞察。

在内容推荐方面，基于用户的兴趣偏好和行为特征，平台可以为每个用户提供个性化的内容推荐，大大提高用户的内容消费体验。在广告投放方面，通过对用户需求的深入理解，平台可以实现广告的精准定向投放，既提高了广告效果，又减少了对用户的打扰。

在产品创新方面，通过分析用户需求趋势，社交媒体平台可以及时调整产品策略，开发新功能，优化用户界面，从而不断提升产品的竞争力。此外，用户需求洞察还支持更精细化的用户分群。平台可以根据用户特征和行为模式进行细分，实现差异化运营，为不同群体提供更加贴合需求的服务。

在舆情监测方面，用户需求洞察也发挥着重要作用。通过实时分析用户的情感变化和舆论走向，平台可以及时发现潜在的危机，为危机公关提供决策支持。这不仅有助于维护平台的品牌形象，也能够及时回应用户关切，提升用户满意度。

用户需求洞察已经成为社交媒体智能化运作的核心环节。通过对多种方法和技术的综合运用，社交媒体平台能够深入理解用户，提供更加个性化和智能化的服务。这不仅提升了用户体验，也为平台的持续发展和商业化运作提供了强有力的支撑。随着技术的不断进步，用户需求洞察在社交媒体领域将发挥越来越重要的作用，推动社交媒体向更加智能化、人性化的方向发展。

二、社交媒体中的智能化内容创作

（一）智能化内容创作的概念

智能化内容创作是指利用人工智能技术辅助或自动生成各类内容的过程。智能化内容创作的核心在于通过机器学习和自然语言处理等技术，模拟人类的创作过程，生成符合特定主题、风格和结构要求的内容①。在社交媒体领域，这一概念涵盖了从文本、图像到视频等多种形式的内容生产。与传统的人工创作相比，智能化内容创作具有速度快、成本低、可定制性强等优势。

---

① SARKER I H, "AI-based modeling: Techniques, applications and research issues towards automation, intelligent and smart systems", SN Computer Science, Vol. 3, No. 2(2022), p. 158.

智能化内容创作极大地提高了内容生产的效率和规模。在信息爆炸的时代，社交媒体平台需要持续不断地生产大量内容以满足用户需求，而智能化创作为此提供了技术支持。智能化创作能够实现内容的个性化定制，根据用户偏好和行为特征生成更加精准、有针对性的内容。它降低了内容创作的门槛，使得更多普通用户能够参与到高质量内容的生产中来，为内容创作者提供了新的工具和灵感来源，促进了创新型内容的产生。

(二)智能化内容创作的方法与技术

智能化内容创作主要依赖于几种关键技术，自然语言生成(Natural Language Generation，NLG)是其中最基础的技术之一。NLG 技术通过深度学习模型，如循环神经网络(Recurrent Neural Network，RNN)和 Transformer 架构，实现了从结构化数据到自然语言文本的自动生成，能够生成新闻报道、产品描述、对话文本等多种类型的文字内容。

在视觉内容创作方面，计算机视觉和生成式对抗网络(Generative Adversarial Networks，GAN)技术发挥着重要作用。GAN 可以生成高度逼真的图像，包括人物肖像、风景画等。此外，基于深度学习的图像风格迁移技术能够将一种艺术风格应用到其他图像上，创造出新颖的视觉效果。

此外，图生文(基于图像的自动文本生成技术)、文生图(从文本到图像的生成技术)等多模态学习技术的发展使得文本、图像和音频等多种形式的内容可以协同生成。强化学习技术在内容优化和个性化方面也有重要应用。通过不断学习用户反馈，人工智能系统可以逐步改进内容的质量和相关性，提高用户满意度。

(三)智能化内容在社交媒体中的应用

智能化内容创作在社交媒体平台上有广泛的应用场景。对于内容创作者而言，人工智能辅助创作工具提供了新的可能性。在社交媒体营销领域，智能化创作被广泛用于生成个性化广告文案、产品描述和社交媒体帖子；在个人创作领域，人工智能助手可以给作者提供写作灵感和建议，帮助用户轻松创作出具有专业水准的图片内容。这些工具不仅降低了内容创作的门槛，也激发了更多用户参与内容生产的积极性。

对于内容消费者而言，人工智能工具同样提供了极大的帮助。在社交媒体的内容传播领域，人工智能系统可以快速分析大量内容，生成简洁明了的内容和热点总结，满足用户对实时信息的需求。这种技术特别适用于处理突发事件或大规模数据分析的场景。

在用户互动方面，智能聊天机器人的应用日益广泛。这些由人工智能驱动的对话系统可以模拟人类对话，为用户提供实时的信息咨询、情感支持甚至娱乐互动。随着自然语言处理技术的进步，除给用户提供智能客服24小时支持外，聊天机器人的对话能力越来越接近人类水平，为社交媒体平台提供了新的用户服务方式。

智能化内容创作正在深刻改变社交媒体的内容生产模式。它不仅提高了内容创作的效率，也为用户提供了更加丰富和个性化的内容体验。随着技术的不断进步，人工智能与人类创作者的协作模式将成为主流，推动社交媒体内容生态向更加智能化、个性化的方向发展。

三、智能推荐系统的构成与作用

智能推荐系统是现代社交媒体平台的核心组成部分，它通过分析用户行为和内容特征，为用户提供个性化的内容推荐。在信息过载的时代，推荐系统扮演着信息过滤器的角色，帮助用户更高效地发现感兴趣的内容，同时也为平台提高用户黏性和内容分发效率提供了重要支持。

智能推荐系统的构成通常包括数据收集、数据预处理、模型构建和结果呈现四个主要环节[①]。在数据收集阶段，系统会持续捕获用户的行为数据，如浏览历史、点赞、评论、分享等，同时也会收集内容特征数据，如文本主题、图像特征、视频类别等。数据预处理阶段涉及数据清洗、特征提取和特征工程，这一步骤对于提高推荐质量至关重要。模型构建是推荐系统的核心，涉及对多种算法的选择和优化。最后，在结果呈现阶段需要考虑推荐结果的多样性、新颖性以及与用户界面的整合。

在算法层面，现代推荐系统主要采用三类方法：基于协同过滤的推荐、基于内容的推荐以及混合推荐。基于协同过滤的推荐算法基于用户或物品之间的相似性进行推荐，它假设具有相似兴趣的用户会对相似的内容产生兴趣[②]。基于内容的推荐算法则关注内容的特征和用户偏好，推荐与用户过去喜欢的内容相似的信息[③]。混合推荐算法结合了上述两种方法的优点，通常能够获得更好的推荐效果。

---

① RAMZAN B, BAJWA I S, JAMIL N, et al.,"An intelligent data analysis for recommendation systems using machine learning", Scientific Programming, Vol. 2019, No. 1(2019), p. 5941096.

② YI Y, LU L,"A hybrid collaborative filtering method for multiple-interests and multiple-content recommendation in e-commerce", Expert Systems with Applications, Vol. 28, No. 1(2005), pp. 67 - 77.

③ LOPS P, JANNACH D, MUSTO C, et al.,"Trends in content-based recommendation: Preface to the special issue on recommender systems based on rich item descriptions", User Modeling and User-Adapted Interaction, Vol. 29(2019), pp. 239 - 249.

在社交媒体平台中，智能推荐系统发挥着多方面的作用。它极大地提升了用户体验，通过个性化推荐，用户能够更容易地发现感兴趣的内容，减少信息过载带来的困扰。推荐系统也对内容分发起着关键作用，它能够帮助高质量内容更快地触达目标受众，同时也为长尾内容提供了曝光机会，促进了平台内容生态的多样性。再者，对于内容创作者而言，推荐系统提供了更精准的受众定位，有助于创作者生产更符合目标用户需求的内容。

从更宏观的角度来看，智能推荐系统对整个社交媒体生态产生了深远影响。它改变了用户的信息获取方式，影响了内容创作者的创作策略，也塑造了平台的运营模式。对跨模态推荐、上下文感知推荐、基于强化学习的推荐等新技术的应用，将使推荐系统能够更全面地理解用户需求和内容特征。同时，如何在提高推荐精度的同时保护用户隐私，如何平衡商业利益和社会责任，将成为推荐系统研究和应用中需要持续关注的重要议题。

四、社交媒体中的自动化运营

社交媒体的自动化运营是指利用人工智能和自动化技术来管理和优化社交媒体平台的各个运营环节。随着社交媒体用户规模的不断扩大和内容量的爆发式增长，自动化运营已成为平台维持高效运作、提升用户体验的关键策略。

自动化运营的核心目标是提高运营效率、降低人力成本、增强用户体验，同时保证平台的安全性和内容质量。它涉及内容管理、用户互动、数据分析、安全监控等多个方面。通过自动化技术，社交媒体平台能够实现 24 小时不间断运营，快速响应用户需求，并在海量数据中进行精准决策。

在社交媒体平台中，自动化运营主要应用于以下几个领域。

①内容管理。这是指实时审核用户生成的内容，快速识别并过滤违规内容，如色情、暴力、仇恨言论等。这不仅提高了内容审核的效率，也确保了平台内容的安全性和合规性。此外，智能算法还能对内容进行自动分类和标签化，为后续的内容组织和推荐奠定基础。

②用户服务。智能客服系统是自动化运营的重要组成部分。这些系统能够自动回答用户的常见问题，处理简单的投诉和反馈，大大减轻了人工客服的工作负担。更高级的系统甚至可以进行情感分析，识别用户的情绪状态，提供更加个性化的服务。

③社区管理。监控社区动态，识别潜在的争议话题或负面情绪，帮助管理员及时介入。同时，系统还可以自动识别和奖励积极做出贡献的用户，促进社区的良性发展。

④营销自动化。在社交媒体营销领域,对自动化技术的应用尤为广泛。这包括自动化的内容发布、广告投放优化、用户行为追踪等。通过分析用户数据,系统可以在最佳时间向最合适的受众推送个性化的营销内容。

⑤安全与反欺诈。实时监控平台活动,识别异常行为模式,如垃圾账号、机器人活动、网络攻击等。

随着技术的不断进步,社交媒体的自动化运营将向更智能、更精细化的方向发展。未来的自动化运营将更加注重个性化体验的提供、跨平台数据的整合利用,以及增强现实(AR)和虚拟现实(VR)技术的融入。同时,人机协作模式也将进一步深化,自动化系统将更多地作为人类运营团队的智能助手,共同打造更优质的社交媒体生态环境。

第三节 社交机器人的应用模式

在社交媒体智能化的浪潮中,社交机器人作为一种新兴的智能交互工具,正在深刻改变着网络社交的生态。这些由人工智能驱动的虚拟实体不仅能模拟人类的行为,还能高效地执行各种社交任务。在本节,笔者将系统地探讨社交机器人的基本概念,剖析其主要功能,详细介绍其在不同场景下的应用模式,并对其未来发展趋势进行前瞻性分析。

一、社交机器人的基本概念

社交机器人是人工智能技术在社交媒体领域的一个重要应用,代表了人机交互的新范式。从定义上看,社交机器人是指在社交媒体平台上运行的、能够自主执行特定社交任务的智能程序[①]。这些程序通过模拟人类用户的行为,能够与真实用户或其他机器人进行交互。社交机器人的核心在于其社交属性和自主性,它们能够根据预设的算法和目标,在没有人类直接干预的情况下,自动完成各种社交活动。

社交机器人具有拟人性、自主性、可扩展性、适应性等几个主要特征[②],与传统机器人存在本质区别。传统机器人主要用于执行物理任务,如工业生产或家庭服务,

① HWANG T,PEARCE I,NANIS M,"Socialbots:Voices from the fronts",Interactions,Vol. 19,No. 2(2012),pp. 38-45.

② BARAKA K, ALVES-OLIVEIRA P, RIBEIRO T,"An extended framework for characterizing social robots",in Human-Robot Interaction:Evaluation Methods and Their Standardization,2020,pp. 21-64.

而社交机器人则专注于虚拟环境中的信息交互和社交行为。社交机器人的运作空间是数字化的社交平台，其主要任务是信息传播、舆论引导、用户服务等，这与传统机器人在物理世界中的应用有着根本的不同。社交机器人不仅是智能传播研究的重要对象，也是社交媒体生态系统中日益重要的组成部分。

二、社交机器人的主要功能与应用场景

（一）用户互动与客户服务

在用户互动方面，社交机器人能够为用户提供24小时不间断的智能客服支持，回答用户的问题，处理简单的服务请求。社交机器人能够理解自然语言，模拟人类的对话模式，提供实时的、个性化的用户服务。它们可以回答用户的问题，处理简单的服务请求，甚至进行情感交流。这种功能提高了客户服务的效率，大大提升了用户体验。

【案例10-1】

如何用人机协同提高客服效率？阿里巴巴客服助手诞生了[①]

阿里巴巴经济体每天都在服务着数以亿计的会员，每天会员求助的进线量巨大，尽管机器人的解决能力已经很强大，但是以目前技术，人工客服依然无法完全被替代，庞大的阿里巴巴人工客服在保障会员体验的任务中仍扮演着十分重要的角色。阿里巴巴新零售技术事业群CCO技术部打造了一款助手，在客服工作中予以辅助，实现人机协同。

客服助手率先在淘宝中被大量使用，实现了从人机交互到人机协同这一范式的转变。从业务指标平均通话时长来看提效明显，正朝着提效30%的目标靠近。同时，客服对工作台的产品满意度有了质的提升，直接提升11%，创历史新高。

（二）舆情监测与公共关系管理

社交机器人在舆情监测和分析方面发挥着重要作用。社交机器人具备强大的数据收集和分析能力，可以实时监测社交媒体上的舆情动态。通过自然语言处理和机器学习技术，它们能够识别和划分各种话题，分析情感倾向，追踪舆论走向。这一功能为政府、企业和其他组织提供了有价值的信息，有助于其及时做出决策和反应。

---

① 《如何用人机协同提高客服效率？阿里巴巴客服助手诞生了》，2019年2月26日，https://mp.weixin.qq.com/s/FHd8TjIkQe-kASdlbsBgNQ。

【案例 10 - 2】

社交机器人在 2016 年美国总统大选中的作用[①]

在 2016 年美国总统选举中，社交机器人对社交媒体平台上的信息传播产生了重大影响。Twitter 和 Facebook 上大量的社交机器人在塑造公共话语、影响选民看法和放大错误信息方面发挥了关键作用。这些自动化账户被用于大规模扩散虚假信息和误导性内容，通过快速转发和点赞等方式，这些信息看起来更具影响力和可信度。

社交机器人在选举期间参与了大量政治讨论，推动了如 Crooked Hillary 和 Make America Great Again 等热门话题的传播。这些机器人通过制造虚假的舆论热点，误导公众对候选人的看法，并在一定程度上影响了选民的决策。有大量关于两党候选人的病毒式报道其实是来自机器人网络，这些内容在各个平台上被分享和再分享，围绕着虚构的信息创造了一种虚假的共识和紧迫感。

社交机器人被部署在高度针对性的竞选活动中，重点关注摇摆州和关键人口。通过分析社交媒体数据，机器人操作员确定了可能受到影响而改变投票行为的用户群体。然后，机器人传播量身定制的内容，目的是动摇意见或降低选民投票率。

（三）社交网络营销与影响力塑造

在营销领域，社交机器人可以自动执行各种社交行为，如关注、点赞、评论、转发等，以扩大社交网络，它们还能执行复杂的营销任务，如定向广告投放、口碑营销、影响力营销等。同时，社交机器人还可以根据预设的目标群体特征，精准地识别潜在的关注者或客户并进行互动，有效地提升社交媒体账号的影响力和互动率。通过模拟真实用户的行为，社交机器人能够更自然、更有效地传播品牌信息，塑造品牌形象，影响消费者的决策过程。

【案例 10 - 3】

“评论罗伯特”在微博火出圈，AI 是怎么成为评论区网红的？[②]

“评论罗伯特”是新浪微博推出的一个虚拟的社交机器人，通过模仿社交媒体中的其他真实用户来习得人性，并能够与其他用户实现自主交流。作为一个无实质的自动程

---

① SHAO C C，CIAMPAGLIA G L，VAROL O，et al.，“The spread of low-credibility content by social bots”，Nature Communications，Vol. 9，No. 1(2018)，pp. 1 - 9.

② 新榜：《“评论罗伯特”在微博火出圈，AI 是怎么成为评论区网红的？》，2024 年 3 月 18 日，https://mp. weixin. qq. com/s/u_jzpl1bzW00aNCl4bp5cA。

序智能体，“评论罗伯特”能够在社交环境中自动分析、观察、做出反应，融入人类社交网络中。信手拈来的段子，以及捧哏能力，让“评论罗伯特”一上线就受到了关注。短短半年多时间，罗伯特已有超过62万粉丝，微博话题#评论罗伯特#浏览量超4000万。

微博开发这个机器人的动机很好理解，暖个场，尽量让每个人发的微博都有互动。“评论罗伯特”通过给予用户情感价值，增强了微博社交平台的互动性和用户黏性。在短视频平台日益壮大的今天，虽然各个社交平台的受众存在差异，但微博的日活增长还是受到了一些影响。“评论罗伯特”能够智能识别用户的情感需求，并提供相应的回应和支持，使用户感到被理解和关心。这种情感交流不仅有助于缓解用户的压力和孤独感，还能促进用户与机器人之间建立深厚的情感联系，从而使用户更加愿意长时间留在微博平台上。

（四）社交娱乐与个人助理

在个人用户层面，社交机器人正在以虚拟伴侣和个人助理的身份深入日常生活。在社交娱乐方面，社交机器人能够模拟人类的对话模式，进行有趣且富有洞察力的交谈。它们可以讲笑话、玩文字游戏，甚至能够根据用户的兴趣和情绪状态调整对话内容和风格。作为个人助理，社交机器人能够执行多样化的任务。它们可以帮助用户设置提醒、安排日程、记录待办事项，甚至协助用户进行简单的信息检索和数据分析。通过与用户的日历、邮件等系统集成，这些机器人能够提供全面的时间和任务管理支持，提高个人生产力。

此外，一些高级的社交机器人还具备情感支持的功能。它们能够通过自然语言处理技术识别用户的情绪状态，并提供适当的回应和建议。例如，当检测到用户情绪低落时，机器人可能会提供鼓励的话语，或建议用户进行一些放松的活动。这种功能在心理健康领域有潜在的应用价值，可以作为专业心理咨询的补充。随着技术的进步，一些社交机器人还开始具备简单的决策辅助功能。它们可以根据用户的偏好和历史行为，在日常生活中提供建议，如推荐餐厅、提供穿衣咨询等。这种功能虽然目前还相对基础，但随着人工智能技术的发展，未来可能会在更复杂的决策场景中发挥作用。

【案例10-4】

Replika：虚拟情感陪伴者在全球范围内引发热潮[①]

Replika是由Luka公司推出的一款虚拟聊天机器人，通过模仿用户的语言和行

① 柯殷殷：《超1000万男女和AI谈起了恋爱，赛博爱情时代来了？》，2024年4月1日，https://mp.weixin.qq.com/s/3qAXCJLaNmRpO1XQqxefDQ。

为习惯,逐渐发展出独特的个性,成为一个“知心伴侣”。基于人工智能程序,Replika不仅能与用户进行自主交流,还能够通过持续学习不断优化与用户的互动方式。自推出以来,Replika因其高度拟人的对话能力和情感支持功能,在全球范围内引发了广泛关注。截至目前,Replika已拥有数百万用户,其相关话题在社交媒体上的讨论度也在不断攀升。

开发Replika的初衷在于为那些感到孤独或需要陪伴的人群提供帮助和情感支持。在新冠肺炎疫情期间,许多用户因长期的社交隔离感到孤独,Replika的推出恰逢其时,为这些用户提供了一个虚拟的情感支持者。Replika能够通过自然语言处理技术,识别用户的情感状态,并根据用户的情感需求给予回应,从而增强了用户的互动体验与情感联系。

Replika的成功不仅仅在于它强大的技术支持,更在于它在情感层面上与用户的共鸣。通过与Replika的交流,用户可以获得一种被理解和被关心的感觉,从而缓解情感压力,甚至在一定程度上改善心理健康。这种深度的情感连接,使得用户愿意长期与Replika互动,也使得Replika成为众多用户日常生活中的重要“伙伴”。

随着Replika的用户群体不断扩大,它已经不仅仅是一个聊天机器人,而是一个真正的虚拟伴侣。通过情感共鸣和互动,Replika成功地在全球范围内引发了一场关于人工智能与人类情感关系的讨论与热潮。

三、社交机器人的发展趋势

(一)技术进步与能力提升

人工智能、自然语言处理和机器学习技术的不断进步,将显著提升社交机器人的能力。未来的社交机器人将具备更强的语言理解和生成能力,能够进行更自然、更流畅的对话。同时,深度学习算法的优化将使机器人能够更准确地理解上下文和隐含意义,从而做出更恰当的反应。此外,计算能力的提升将使社交机器人能够处理更复杂的任务,如实时视频分析、多模态交互等。

(二)个性化与情感智能的增强

未来的社交机器人将更加注重个性化和情感智能。通过持续学习用户的偏好、行为模式和情感反应,机器人将能够提供高度个性化的服务。情感计算技术的发展将使机器人能够更准确地识别和回应人类的情感状态,甚至模拟复杂的情感表达。这种趋势将使社交机器人在客户服务、心理健康支持等领域发挥更大作用。

(三)跨平台整合与生态系统构建

社交机器人的未来发展将趋向跨平台整合和生态系统构建。不同社交平台的机器人将实现数据和功能的互通，为用户提供无缝的跨平台体验。同时，围绕社交机器人的开发者生态系统将不断扩大，第三方开发者将能够为机器人开发各种专业化的功能模块，丰富其应用场景。

（四）伦理与监管的发展

随着社交机器人的普及，相关的伦理问题和监管需求将日益凸显，未来将有更多针对社交机器人的伦理准则和法律法规的出台。这些规范将涉及隐私保护、信息真实性、机器人身份识别等多个方面。同时，在社交机器人的设计和开发过程中将更加注重伦理考量，如何在效率和道德之间找到平衡将成为重要课题。

（五）商业模式的创新

社交机器人的发展将推动相关商业模式的创新，催生出更多基于社交机器人的增值服务，如高级个性化功能、专业咨询服务等。同时，社交机器人可能成为新的广告和营销渠道，通过精准的用户画像和互动能力，为品牌提供更有效的营销方式。此外，社交机器人可能催生新的就业机会，如机器人训练师、伦理顾问等专业角色。

社交机器人的未来发展将呈现技术与人文的深度融合。一方面，技术的进步将不断拓展社交机器人的能力边界；另一方面，对伦理、隐私和人际关系的考量将塑造其发展方向。作为智能传播的重要载体，社交机器人将在重塑人机交互、优化信息传播、创新社交体验等方面发挥越来越重要的作用。

第四节　舆论的智能识别与监管

在社交媒体时代，舆论的快速传播和广泛影响使得智能化舆论识别与监管成为一个重要而复杂的课题。在本节，笔者将深入探讨舆论智能识别的前沿技术，剖析舆情分析与预警的系统机制，详细介绍智能监管的工具与方法，并探讨舆论引导与控制的策略。

一、舆论智能识别技术

（一）社交媒体舆论智能识别的概念

社交媒体舆论智能识别是指利用人工智能技术，自动化地从海量社交媒体数据中识别、提取、分析和解释与特定主题相关的舆论信息的过程[①]。这一概念融合了数

① TSAPATSOULIS N，DJOUVAS C，“Opinion mining from social media short texts：Does collective intelligence beat deep learning?”，Frontiers in Robotics and AI，Vol. 5（2019），p. 429837.

据挖掘、机器学习、自然语言处理等多个领域的技术，旨在快速、准确地捕捉和理解社交媒体平台上的公众意见、情感倾向和话题走向。社交媒体舆论智能识别具有实时性、多样性、跨平台、大规模、上下文敏感等主要特征。

在社交媒体语境下，舆论智能识别不仅关注文本内容，还可对图片、视频、用户行为和社交网络结构等多维度信息进行综合分析①。它是舆情监测、危机预警和决策支持等应用的基础，对于理解和把握社交媒体环境中的舆论动态具有重要意义。

（二）社交媒体舆论智能识别技术

社交媒体舆论智能识别技术具有多学科交叉的特征，主要涉及自然语言处理、社交网络分析和多模态数据处理等方面。对这些技术的综合应用使得平台能够全面、深入地理解社交媒体平台上的舆论动态。

文本分析技术在社交媒体舆论智能识别中扮演着核心角色。这一技术主要基于自然语言处理（NLP）的原理，包括情感分析、主题建模、实体识别和意图识别等。在社交媒体环境中，这些技术需要特别适应简短、非正式和充满新兴网络用语的文本特征②，BERT、GPT 等基于深度学习的预训练语言模型在处理这类文本时表现出色。BERT（Bidirectional Encoder Representations from Transformers）通过双向编码器机制，能够从上下文中捕捉词语的细微差异，可以捕捉“LOL”（笑哭）的正面情感、流汗表情的尴尬等情绪，适应社交媒体上非正式且语境丰富的表达；GPT（Generative Pretrained Transformer）则可以理解语境中更复杂的情感表达，如讽刺或反语，并更擅长生成流畅的自然语言。这些模型能有效处理带有网络用语、表情符号以及多样化语境的文本，提供准确的情感分析、主题提取和意图识别。通过这些技术，系统能够自动识别文本中的情感倾向、提取关键主题、识别重要实体，并理解用户发布内容的潜在意图，识别出影响舆论的关键话题和趋势。

社交网络结构分析技术则为舆论智能识别提供了另一个重要支持。这类技术主要利用图论和复杂网络分析方法，研究用户之间的关系网络和信息传播路径。通过分析用户的关注关系、互动频率和信息流动模式，可以识别舆论领袖，发现信息传播的关键节点，并预测舆论传播的可能趋势③。社交网络结构分析技术对于理解舆

---

① LI Z, FAN Y X, JIANG B, et al.,“A survey on sentiment analysis and opinion mining for social multimedia”, Multimedia Tools and Applications, Vol. 78(2019), pp. 6939 - 6967.

② CHEN B, BRYER T,“Investigating instructional strategies for using social media in formal and informal learning”, International Review of Research in Open and Distributed Learning, Vol. 13, No. 1 (2012), pp. 87 - 104.

③ XU X, LI Z, WANG R, et al.,“Analysis of the evolution of user emotion and opinion leaders' information dissemination behavior in the knowledge Q&A community during COVID-19”, International Journal of Environmental Research and Public Health, Vol. 18, No. 22(2021), p. 12252.

论在社交网络中的形成和扩散机制至关重要，为舆情预警和干预提供了重要依据。

随着社交媒体内容形式的多元化，多模态内容识别技术日益重要。这种技术能够同时处理文本、图像、音频和视频等多种形式的内容。例如，计算机视觉技术可以分析社交媒体上的图片和视频内容，识别其中的场景、物体和人物；语音识别技术则可以转录和分析音频内容。多模态技术的应用使得舆论智能识别系统能够全面把握社交媒体上的舆论信息，不仅限于文本内容，还能理解和分析丰富的多媒体内容。

需要强调的是，这些技术并非孤立运作，而是在实际应用中相互融合、协同工作。举例来说，在分析一条包含文字、图片和视频的社交媒体帖子时，系统会综合运用文本分析、图像识别和视频内容分析技术，同时考虑该帖子在社交网络中的传播情况，从而得出全面、准确的舆论判断。

(三)社交媒体舆论智能监管工具与方法

智能监管的核心是建立一个综合性的监管平台。该平台整合了多种技术工具，以实现对社交媒体内容和用户行为的全面监管，通常包括以下几个关键的组件。

①内容过滤系统。这是智能监管的第一道防线。与一般的舆论识别不同，内容过滤系统专注于实时拦截和屏蔽违规内容。它通常采用基于规则的快速匹配算法和机器学习模型相结合的方法，能够在内容发布的瞬间进行判断和处理。例如，对于敏感词汇，系统可以直接拦截或要求人工审核；对于疑似违规的内容，系统可以暂时限制其传播范围，等待进一步审核。

②用户信用评估系统。这是智能监管的一个重要创新。系统通过综合分析用户的历史行为、内容质量、社交互动等因素，为每个用户建立动态的信用评分。高信用分用户发布的内容可以享受更快的审核通道，而低信用分用户则会受到更严格的监管。这种差异化监管策略既提高了效率，又增强了监管的针对性。

③智能举报处理系统。该系统利用自然语言处理和机器学习技术，自动分类和优先处理用户举报。它能够识别恶意举报，快速响应高危举报，并学习新型违规模式，不断提高监管的精准度和效率。

④信息流动监控系统。不同于一般的舆情分析，这个系统专注于监测和预警潜在的有害信息传播。它利用复杂网络分析和传播模型，识别信息扩散的关键节点和路径，预测传播趋势，为及时干预提供决策支持。

⑤跨平台协同监管工具。鉴于有害信息常常跨平台传播，这类工具致力于在不同社交媒体平台间建立信息共享和协同处理机制。它通过建立统一的违规行为标准和信息交换协议，实现对跨平台违规行为的有效监管。

在实际应用中，这些工具和方法需要与法律法规和平台政策紧密结合。在处理涉及隐私、版权等敏感问题时，系统需要内置相关法律知识库，确保监管行为的合法性和合规性。同时，为了平衡监管效率和言论自由，许多平台采用了分级审核机制，只有当自动化系统无法做出明确判断时，才会将内容提交给人工审核。

随着人工智能技术的进步，特别是认知计算和伦理人工智能的发展，智能监管工具与方法将朝着更加精准、公正和人性化的方向演进。同时，建立健全的法律法规和伦理框架，加强国际合作和标准制定，也将成为推动社交媒体智能监管健康发展的重要保障。

二、舆情分析与预警机制

随着先进移动终端和社交媒体的发展，各种网络媒体和短视频平台层出不穷。在互联网时代，网络对个人的行为模式、观点、政治态度和情感倾向的影响越来越大。因此，突发事件中公众对网络舆论的影响是巨大且有引导性的，它关系到整个舆论互动网络乃至互动的方向①。突发事件的严重程度总是与公众的心理影响成正比。信息的传播可能出现差错，严重时极易引起公众的恐慌。丧失判断和分析信息的能力很可能对社会造成严重后果。如果不重视营造和谐的网络环境，网络舆论在整个传播过程中都会对社会产生很大的负面影响。

舆情分析是一个多维度、多层次的过程。在社交媒体语境下，它首先关注舆论的量化指标，如讨论量、传播速度、参与度等。这些指标能够直观反映特定话题的热度和影响力。其次，舆情分析还需要深入挖掘舆论的质性特征，包括情感倾向、观点分布、论点结构等。通过综合运用文本挖掘、统计分析和机器学习等技术，研究者能够构建复杂的舆情分析模型，从海量社交媒体数据中提炼出有价值的洞察。

在舆情分析的基础上，构建预警机制是确保舆情管理效果的关键。社交媒体舆情预警系统通常包含以下几个核心模块：数据采集模块、分析处理模块、预警触发模块和信息推送模块。其中，预警触发模块是整个系统的核心，它基于预设的规则或机器学习算法，实时监测舆情指标的异常变化。当某些指标超过阈值或出现异常模式时，系统会自动生成预警信号②。

预警机制的有效性很大程度上取决于其阈值设定和对预警级别的划分。研究

---

① WANG J，LIN Y，"Analysis of netizens' behavior in the network public opinion dissemination"，2015 8th International Symposium on Computational Intelligence and Design（ISCID），Vol. 1，IEEE，December 2015，pp. 451－453.

② KRZHIZHANOVSKAYA V V，SHIRSHOV G S，MELNIKOVA N B，et al.，"Flood early warning system：Design，implementation and computational modules"，Procedia Computer Science，Vol. 4（2011），pp. 106－115.

表明，合理的多级预警体系能够显著提高预警的精确度和可操作性①。例如，可以将预警级别分为关注、警惕、警告和危急四个等级，每个等级对应不同的舆情状态和应对策略。此外，考虑到社交媒体舆论的快速变化特性，动态阈值调整机制也越来越受到重视。这种机制能够根据历史数据和实时反馈自动调整预警阈值，提高系统的适应性和准确性。

在实际应用中，舆情分析与预警机制面临着诸多问题。首先是数据的真实性和代表性问题，社交媒体平台上存在大量虚假账号和水军，如何有效识别和过滤这些噪声数据是一个重要课题。其次是跨平台整合的难题，不同社交媒体平台的数据格式、用户群体和使用场景各不相同，如何建立统一的分析框架和预警标准，同样需要深入研究。此外，如何平衡预警的敏感性和特异性，也是一个需要权衡的问题。过于敏感的系统可能会产生大量误报，而过于保守的系统则可能漏过重要的舆情信号。

舆情分析与预警机制在社交媒体环境下展现出巨大的应用价值，它不仅为政府部门的舆情管理提供了重要支持，也为企业的品牌管理和危机公关提供了有力工具。随着人工智能技术的不断进步，特别是在自然语言理解和复杂系统建模方面的突破，未来的舆情分析与预警机制将更加精准、高效，为构建健康有序的社交媒体环境做出更大贡献。

三、舆论引导与控制策略

在社交媒体环境下，舆论引导与控制策略的制定和实施对于有效管理公众意见、塑造积极的舆论氛围具有重要意义。

（一）内容策略：如何设计和发布有效的信息以引导舆论

内容策略是舆论引导的基础，其核心在于设计和发布能够有效引导舆论的信息。在社交媒体语境中，实施有效的内容策略时需要综合考虑多个维度。首先，对信息框架的选择直接影响受众对信息的理解和接受程度。常见的框架包括问题解决方案框架和利弊对比框架等，不同框架可以引导受众从特定角度理解和讨论问题。其次，对情感诉求的运用能够增强信息的感染力，但需要注意与理性论述保持适当平衡，以确保信息的可信度。此外，视觉化呈现，如对图片、视频等多媒体形式的使用，能够显著提高信息的吸引力和可读性，这在信息快速流动的社交媒体环境中尤为重要。最后，内容的时效性也是关键考量因素。结合热点话题和社会关切来设计内容，可以提高信息的相关性和传播力。

---

① MENG F，XIAO X，WANG J，“Rating the crisis of online public opinion using a multi-level index system”，arXiv Preprint，arXiv，14740(2022)，p. 2207.

(二)传播策略:利用算法和社交网络结构优化信息传播

传播策略聚焦于如何使信息的覆盖面和影响力最大化。在算法驱动的社交媒体平台上,实施有效的传播策略时需要深入理解并充分利用平台的算法机制和用户网络结构。首先,需要根据各平台的推荐算法特点,优化内容发布的时间、频率和形式。这包括分析用户活跃时间段,选择最佳发布时机,并调整内容形式以适应算法偏好。其次,利用社交网络分析技术,识别和激活具有高影响力的用户节点至关重要。这些关键节点可能是行业专家、意见领袖或具有广泛社交连接的普通用户。通过他们传播信息,可以快速扩大信息的覆盖范围。此外,在多个社交媒体平台上协调一致地传播信息,形成传播合力也是重要策略。不同平台的用户群体和使用习惯有所不同,因此需要针对性地调整内容和传播方式。最后,创造和推广特定话题标签(Hashtag)是引导公众讨论方向的有效手段。通过精心设计的话题标签,可以将分散的讨论汇聚成一个可识别、可追踪的舆论热点。

(三)互动策略:通过有效的用户互动增强信息影响力

互动策略着眼于通过有效的用户互动来增强信息的影响力和可信度。在社交媒体环境中,双向沟通已成为舆论引导的关键要素。首先,及时响应用户评论和问题是基本要求。这不仅展现了组织的关注度和责任感,还能够及时澄清误解,引导讨论朝着积极方向发展。其次,设计互动活动,鼓励用户创作和分享相关内容[即用户生成内容(UGC)]是增强参与度的有效方式。这类活动可以是简单的话题讨论,也可以是复杂的创意竞赛,核心是激发用户的参与热情。此外,与行业专家、网络意见领袖合作也是扩大信息影响力的重要策略。这些合作可以增加信息的可信度,同时利用意见领袖的影响力扩大传播范围。最后,围绕特定主题或品牌建立用户社群,培养忠实受众是长期互动策略的重要组成部分。通过持续的社群运营,可以建立稳定的支持者基础,为舆论引导提供有力支撑。

在实际应用中,这三种策略常常是相互交织、协同作用的。在实施这些策略时,组织需要充分认识到社交媒体环境的复杂性和舆论导向的伦理责任。信息的真实性、透明度,以及对用户隐私的尊重,都是需要严格遵守的原则。此外,还需要注意舆论引导策略的长期效果和社会责任的平衡,避免短期行为对组织声誉造成长期损害。

在社交媒体时代,有效的舆论引导需要内容、传播和互动策略的有机结合。通过精心设计的内容吸引受众注意,利用平台特性和网络结构优化传播路径,并通过积极互动增强信息影响力,组织可以更好地引导舆论走向。但同时,这也对组织的社会责任和伦理意识提出了更高的要求,需要在实践中不断探索和完善。

【案例 10－5】

WHO:SafeHands Challenge 话题活动[①]

2020 年新冠肺炎疫情期间，世界卫生组织（World Health Organization，WHO）在社交媒体上发起了 SafeHands Challenge 活动，旨在通过社交媒体传播正确的洗手方法，以帮助预防病毒的传播。

该活动的核心内容是通过简短的视频，展示正确的洗手步骤（内容策略）。世界卫生组织总干事谭德塞博士亲自示范，视频强调了使用肥皂或酒精洗手液正确洗手至少 40 秒的重要性。这些视频简单明了，易于模仿，确保了信息的准确传播。

为了确保信息的广泛传播，活动利用了社交媒体的力量（传播策略），采用了“挑战”的形式。参与者被鼓励拍摄自己按照规定步骤洗手的视频，并在社交媒体上发布，同时提名其他人参与挑战。使用 SafeHands 话题，使得相关内容易于搜索和分享。包括赛琳娜・戈麦斯（Selena Gomez）和奥利维亚・王尔德（Olivia Wilde）在内的名人参与，使得活动在全球范围内获得了更广泛的关注。

通过邀请全球各地的人们参与并分享他们的视频，活动不仅提高了公众的参与度，还营造了一种全球共同抗疫的氛围（互动策略）。这种广泛的参与和互动增强了信息的传播效果，同时也提高了公众的卫生意识和参与感。

SafeHands Challenge 这一活动综合运用了内容策略、传播策略和互动策略，不仅在全球范围内传播了重要的健康信息，还通过社交媒体的特性，实现了全球范围内的舆论引导和对公众健康行为的推动。

---

① World Health Organization: Handwashing challenge, https://www.who.int/campaigns/connecting-the-world-to-combat-coronavirus/safehands-challenge/handwashing-challenge, Retrieved from 2024－08－23.

第十一章　新型媒介终端的智能传播

在万物互联的时代，信息传播已经超越了传统的单向渠道，通过智能终端实现了全场景、多渠道的无缝连接。本章全面呈现了新型媒介终端在智能传播领域的最新发展，揭示了这些技术进步对现代社会信息流动、传播形式及社会治理的深远影响。这些讨论不仅对于我们理解当前信息传播技术的现状提供了理论基础，也为进一步研究智能传播的未来趋势提供了重要参考。

第一节　万物互联的全场景传播

一、万物互联的定义与表现

物联网（The Internet of Things，IoT）的概念在1999年被提出，是指借助射频识别（RFID）技术、无线传感器网络（WSN）技术、纳米技术、智能嵌入技术等使各类传感器与网络连接的技术，从而实现所有物体都可以通过互联网主动进行信息交换。万物互联（The Internet of Everything，IoE）则强调的是将全球所有的信息系统网络更紧密地结合在一起，形成更智能、更高效的信息服务体系。

物联网和万物互联这两个术语通常被视为同义词，都是指通过网络技术连接物理设备，使其能够收集、交换和利用数据，以提高效率和功能。但是在某些语境下，这两个术语有不同的侧重点。物联网通常更侧重于技术和设备层面，强调的是将传感器、软件和其他技术集成到物理设备中，使这些设备能够连接到互联网，进行数据交换和处理。而万物互联则用来描述更广泛的概念，不仅包括传统的物理设备和机器，还可能涉及更广义的“事物”，如人与人之间的连接、人与服务之间的连接等，强调的是通过网络技术实现更为广泛的互联互通。相比于物联网，万物互联涵盖的连接对象更广泛，它不仅与设备连接，还能与人及社会环境进行深入的互动。

在万物互联网络的覆盖下，线上场景与线下场景的信息渠道被打通，实现了传播的全场景精准化。以广告传播为例，各类传感器不仅是收集消费者数据的接触点，还是实现广告全场景覆盖的重要环节。无论是家庭环境，还是工作场所，消费者使用的设备和相关传感器都成为广告的投放点。在边缘计算的支持下，这些投放点可以实时解析和预测受众的行为和情感，向消费者推送高度匹配的广告。精准的广告投放能够直接满足消费者的需求，减少消费者对广告的抵触情绪，进一步提升消费者的参与度和忠诚度①。

二、全场景传播的技术支撑

（一）5G

5G是第五代移动通信技术的简称。19世纪80年代出现第一代通信技术，该技术最初只能传输语音信号。从目前广泛部署的第四代通信技术，再到正在推进并完善的第五代通信技术，无线通信技术已逐渐成为智能化世界架构的核心支柱。5G拥有更快的数据下载和上传速度、更低的延迟、更广泛的连接能力和覆盖范围。因此，5G具有显著的潜力以消除“数据孤岛”的困境。首先，5G的高带宽和快速连接能力使得大量数据能够实时收集和处理，从而使不同设备和平台之间的数据流通更加流畅。这种增强的数据流动性可以有效地避免用户数据的分散化和无序化。其次，5G强大的连接能力意味着可以连接更多的传感器和智能设备，而在5G驱动的万物互联网络中，任意的传感器和智能设备都是信息传播的节点。这打破了由于技术限制造成的信息孤立，实现了虚拟场景和物理场景的有效连通。

（二）云计算与边缘计算

云计算（Cloud Computing）是分布式计算（Distributed Computing）、并行计算（Parallel Computing）和网格计算（Grid Computing）的发展，是一种利用互联网实现随时随地、按需、便捷地访问共享资源池（如计算设施、存储设备、应用程序等）的计算模式。它允许个人和企业通过网络使用共享的资源，如服务器、存储、数据库、网络、软件、分析工具等。这些资源被托管在远程数据中心，用户可以根据需要远程查看这些资源。但是，在传统的云计算架构中，终端设备生成的大量数据必须传输到远程的云服务器中进行处理。这种数据传输可能导致显著的延迟，不足以支持对多种需要即时响应的服务需求。

边缘计算可以看作云计算的升级版。它是一种网络计算架构，将数据处理和存储从中心化的数据中心转移到网络边缘的位置，更接近于数据源或数据使用者。这种计算模式可以减少信息传输的带宽压力，极大地降低了数据计算的延时和对中央服务器的负载。在全场景传播中，边缘计算能够在数据产生的地点快速处理信息，减少将数据发送到远程服务器的延迟。这对于需要即时响应的应用场景，如直播事

---

① 程明、程阳：《数据全场景和人机物协同：基于5G技术的智能广告及其传播形态研究》，《湖南师范大学社会科学学报》2020年第4期，第114－119页。

件、体育赛事或其他大型公共活动尤为重要。

（三）人工智能

人工智能是计算机科学的一个分支。人工智能是智能学科重要的组成部分，人类一直在探索智能的实质，并生产出一种新的能以与人类智能相似的方式做出反应的智能机器。人工智能是十分广泛的科学，包括机器人、语言识别、图像识别、自然语言处理、专家系统、机器学习、计算机视觉等。

2022 年，美国科技公司 OpenAI 发布了 ChatGPT。它是一种创新的人工智能产品，标志着生成式人工智能（Generative Artificial Intelligence，GAI）技术的成熟。生成式人工智能是利用复杂的算法、模型和规则，从大规模数据集中学习，以创造新的原创内容的人工智能技术。这项技术能够创造文本、图片、声音、视频和代码等多种类型的内容，全面超越了传统软件的数据处理和分析能力。继 ChatGPT 发布之后，各式各样的大模型如文心一言、Sora、DeepSeek 等如雨后春笋般出现，开启了全新的智能传播时代。

伴随着人工智能的快速发展，以智能机器作为传播主体的智能传播出现在大众视野。智能传播是指人工智能技术介入和参与的传播活动，可以发生于生产环节（如机器新闻生产），也可以发生在分发、使用环节（如算法推荐）；不仅包括以智能技术为中介的人类交往过程（不限于人际范围）及其影响，也包括人类与智能技术交往的人机传播（Human－Machine Communication，HMC）过程及其影响①。

三、全场景传播的特征与优势

场景传播是一种传播策略，旨在通过深入挖掘消费者需求，构建与之相匹配的情境，从而实现产品销售、信息传播和形象宣传等目标。这种传播方式强调在消费者日常生活的具体场景中，提供相应的产品、服务和内容，借助精准推送，为目标受众带来高度体验化、情感化和个性化的传播效果。

相较于场景传播，全场景传播则是一种更全面和综合的传播策略，它通过覆盖受众在不同时间、不同地点和不同情境下的各种生活场景，达到最大化的信息接触面和传播效果。

在对场景传播与全场景传播的定义以及异同进行分析的基础之上，可以从传播主体、传播内容和传播形式三个方面来分析全场景传播的特征和优势。

---

① 周葆华、苗榕：《智能传播研究的知识地图：主要领域、核心概念与知识基础》，《现代传播（中国传媒大学学报）》2021 年第 12 期，第 25－34 页。

(一)多元主体协同参与

全场景传播涉及多个利益相关者的协同参与,包括内容生产者、分发平台、硬件制造商、技术提供方等。以移动音频为例,硬件制造商、平台运营方和内容生产者紧密协作,共同打造了智能音频生态,旨在满足用户多样化的音频收听需求。通过深入分析用户的收听习惯,这些生态系统能够实现跨设备的无缝切换,从而在不同场景中提供一致的音频体验。

(二)多样内容丰富呈现

通过多种形式、多层次和多角度的信息和产品发布,受众在接收信息时可感受到更强的临场感、参与感和代入感。多样化的传播方式不仅丰富了信息的呈现形式,还增强了受众的互动体验,使他们更容易融入并积极参与信息交流。以中国航天科普教育品牌"天宫课堂"为例,通过央视的全球直播以及微博、B站、微信、抖音和快手等多个平台的快速预热和同步播出,形成了全方位的传播网络。观众不仅可以在电视上观看科学课程,还可以通过社交媒体平台获取相关信息并进行互动。这种多渠道的同步呈现,大大丰富了内容的传播形式,使得信息更加立体和生动。

(三)多种形式增强效果

在全场景的环境下,多种传播形式交织增强了传播效果。以有声书的发展为例,智能技术的应用使得有声书的传播不仅包括大众媒介传播,还包括互动媒介传播①。互动媒介传播将原本需要面对面的交流转移到媒介上进行,尽管符号传递受到身体不在场的限制,但通过媒介可以在其他时空条件下重新组织,实现即时互动。有声书直播模式就是一个典型的例子,它将有声书从单向的大众传播拓展为互动传播。在喜马拉雅有声书直播间,主播的讲述和表演与听众的实时评论和分享,以及群体互动等行为交织在一起,形成了一个全新的阅读体验。这种模式突破了传统的阅读方式,不再是人与书之间单向的传递,而是跨越不同时间和空间的在线联结、意义共享和即时互动。

第二节　智能家居与信息交互

随着信息技术的快速发展以及人们对高质量生活的不断追求,智能化已经渗透到手机、电视等终端产品中,人们对智能硬件的需求也在持续增长。基于物联网和

---

① 陶文冲、殷琦:《从场景到全场景:有声书的发展历程与传播构型》,《出版广角》2020年第23期,第22-25页。

人工智能技术的智能家居应运而生。它以便捷、节能、安全和舒适等特点，推动了模式创新和效率提升，为人们提供了更优质的家居体验。智能家居是当前备受关注的概念，旨在通过现代科技手段，如计算机技术和网络通信技术，将家居生活中的各类子系统连接在一起，从而实现家电设备的智能化、自动化和互联化。

【案例 11－1】

小米智能家居与小米生态链的成功之道

小米不仅仅是一家手机制造商，它更是一个全面布局智能家居领域的科技巨头。其旗下的小米生态链已经成为智能家居市场的一张靓丽名片。

小米智能家居的核心理念是通过科技创新，为用户提供便捷、舒适、安全的生活体验。为了实现这一目标，小米不断扩展其生态链，与众多智能设备制造商合作，打造了一个涵盖了智能家电、智能照明、智能安防等多个领域的庞大产品体系。从智能音箱到智能锁，从智能灯泡到智能窗帘，小米生态链的产品几乎覆盖了现代家庭的方方面面。

以小米米家为中心的智能家居系统，通过手机 App 即可轻松实现对所有智能设备的集中控制和管理。用户只需一部手机，便能随时随地监控家中情况，调节设备设置，甚至通过语音助手下达指令，实现真正的智能生活。这种无缝衔接的使用体验，不仅大幅提升了用户的生活质量，也使得使用智能家居不再是遥不可及的梦想。

举例来说，小米的智能音箱不仅能播放音乐，还能通过语音控制其他智能设备。当你于厨房忙碌时，只需一句话，智能音箱便能帮你打开灯、调节空调温度，甚至查询食谱。小米的智能门锁也极具创新性，它不仅支持指纹、密码、NFC 等多种开锁方式，还能与其他智能设备联动。当你开门时，家中的灯光自动亮起，空调自动调至舒适温度，为你营造一个温馨的居家氛围。

小米生态链的成功，得益于其独特的商业模式和强大的研发能力。同时，小米注重用户反馈，不断优化产品，提升用户体验。这种以用户为中心的运营模式，使得小米在竞争激烈的智能家居市场中，始终保持领先地位。

一、智能家居的信息传播模式

智能家居系统利用物联网技术将家中的各种电器设备(如灯、空调、电视、门锁、监控设备等)连接起来，通过互联网进行远程控制和管理，从而提高生活的便捷性、舒适性和安全性。智能控制系统是智能家居的核心组成部分。各种传感器设备接收不同的传感信号，并触发相应的控制命令。这些命令可以通过用户的远程控制或手动操作来激活相关的智能设备，从而实现对各个子系统的管理。因此，智能控制系统具有智能通信、智能环境和智能服务的特点[①]。

在人与机器互动的过程中，机器逐渐开始扮演传统意义上人类的角色，人与机器之间的传播也会建立和影响社会关系。这就是当下传播学中人机关系的新概念——人机传播。人机传播中，机器不再仅仅扮演辅助交流的“媒介”角色，而是开始成为动态参与传播的主体。

人际传播是指个人与个人之间的信息交流，也是由两个个体系统相互连接组成新的信息传播系统。两个个体系统都分别扮演着传播者和接收者的双重角色，双方处于平等地位。但当一方主体变为智能家居时，传统的信息传播模式就会改变。

（一）协同共享的知识建构

在社会交往活动中，人们相互之间传递和交换着知识、意见、情感、愿望、观念等信息，从而产生了人与人之间的互相认知、互相吸引、互相作用的社会关系网络。在现代人机交互中，智能家居系统不仅能够根据用户的个性化需求和喜好推荐内容，还可以通过互联网与在线数据库进行互动，以语音方式回答用户的问题。系统还会根据其他用户的分享和评论，动态调整推荐内容。此外，语音交互技术依托云端数据库和场景信息，可以实时提供反馈，允许用户将自己的意见和观点即时融入信息网络，促进知识的共享与协同构建。这种互相赋能的机制，构建了一个参与式的网络化知识体系[②]。

（二）百分百回应的情感满足

在构成人际交往的过程中，信息交换是至关重要的一环。发送信息的一方通常期望能够得到回应，以此来满足自身的精神和心理需求。但是在现实的家庭交流中，这种期望往往难以完全实现。在当代人机交互中，只要通过设定好的方式激活设备，就能获得即时而可靠的响应。这种响应通常集中在实用功能方面，例如启动家电、播放音乐或设置提醒等。虽然设备可以提供一些情感反馈，但这些反馈通常是浅层次的，无法替代人类复杂的情感交流。与简单的生理反应不同，人类的情感是多维度的和动态的。设备在功能上实现了“有求必应”，其高效性和可预测性使用户在需求得到满足时也能体验到一种情感上的满足和舒适感。

---

① 樊鑫鑫、罗雁飞：《人机传播：智能家居的反向驯化倾向——基于人际需要三维理论的视角》，《青年记者》2022年第14期，第48－50页。

② 黄莹、郭巧敏、董博越：《“陪伴者”与“背景板”：可供性视角下对话智能体用户历时性使用研究》，《传播创新研究》2022年第1期，第104－117，234页。

二、智能家居互联的通信技术

智能家居不同设备间的通信以及和用户之间的通信都需要网络支持，不同设备之间一般使用专用的网络通信方式，例如 Wi-Fi、蓝牙、Zigbee 等通信协议相互连接和交流信息，实现自动化控制和协调工作。

（一）Wi-Fi

Wi-Fi(Wireless Fidelity)是一种短距离无线通信技术，它可以在较小的范围将设备无线接入互联网或者彼此通信。随着通信技术的不断发展，Wi-Fi 从最初的 802.11b 标准(最高传输速率为 11Mbps)已经升级到 802.11ax(也被称为 Wi-Fi 6，最高传输速率为 9.6Gbps)，支持更多设备的通信连接。这为智能家居的互联提供了重要的技术支撑。

现代几乎所有的电子设备都内置 Wi-Fi 模块，Wi-Fi 技术在智能家居中的广泛应用，为用户提供了极大的便利和控制力。通过 Wi-Fi，智能家居设备可以实现无缝连接和高效通信，用户可以随时随地通过手机或语音助手控制家中的各类设备，享受更加智能、舒适和安全的生活体验。

（二）蓝牙

蓝牙(Bluetooth)技术是针对无线数据和语音通信开放的全球规范，它是一种基于低成本的近距离无线连接，也是为固定和移动设备建立通信环境的特殊的近距离无线技术连接。

在现代生活中，汽车成为人们生活中不可或缺的一部分，车内空间在某种程度上也可以看作家。例如理想汽车的品牌使命就是“创造移动的家，创造幸福的家”。蓝牙因其独特的连接方式以及低成本的优势，在汽车领域中应用广泛。国内新能源汽车品牌如小米、蔚来、理想、小鹏等都在致力于打造智能汽车，其中多项功能都利用蓝牙实现手机与车机的互联。例如，使用遥控停车功能时，将手机蓝牙与车辆的蓝牙进行连接，就可以使汽车自动驶入停车位。

相比于其他无线通信技术，蓝牙以其低功耗、便捷性和低成本优势，成为现代智能设备互联的重要技术之一。

（三）Zigbee

ZigBee，也称紫蜂，是一种低速短距离传输的无线网上协议。ZigBee 作为一种开放的全球性标准和无线通信协议，最初的设计目标是为可靠、低成本、低功耗的监控产品提供服务，使其能够互相连接。其主要特点包括功耗低、传输距离短以及稳定性良好。ZigBee 的优势在于其高稳定性和自组网能力，即使网络断开，只要多个设备仍处于同一网关下，这些设备仍能通过 ZigBee 保持连接，确保数据传输的连续性。

目前，ZigBee 无线通信技术广泛应用于家居、农业、工业和医疗等领域。在智能家居场景中，例如在一个 100 平方米的住宅中，至少需要连接 50 个智能设备，而普通的 Wi-Fi 无线接入点难以稳定管理这么多设备。此外，这些设备多为应用传感器的简单设备，因此具备自动联网和网络故障自我修复能力非常重要。ZigBee 在这方面表现出色，能够高效地处理大量设备的连接需求，确保网络的稳定性和可靠性。

总之，智能家居互联的通信技术种类繁多，各有优劣。选择合适的通信技术需要根据具体应用场景、设备特性和用户需求综合考虑。通过应用这些先进的通信技术，智能家居设备能够实现高效、可靠的互联互通，为用户带来便捷、安全、智能的生活体验。

三、智能家居的信息交互场景

智能家居"智能"的关键就在于用户、环境与智能家居之间的有效信息交互。信息交互(Information Interaction)是指人与人或人与机器通过各种方式交换信息的过程。在智能家居环境中，信息交互的核心是通过各种技术手段实现人与设备之间的通信和人对设备的控制。智能家居系统通过各类信息采集设备(例如多种传感器和摄像头)来收集用户和环境的相关数据，并通过实时反馈来满足用户需求以及适应环境变化。

智能家居系统的感知原理类似于人类的感官系统。通过安装各种信息采集设备(如摄像头、麦克风和触摸传感器)，这些设备可以模拟人的视觉、听觉和触觉功能。智能家居系统能够通过手势识别、语音识别和触摸界面等方式收集和处理信息，从而实现与用户的互动和对环境的感知。总体来看，智能家居的信息交互场景主要分为两大类，即智能家居与用户交互以及智能家居与环境交互。

(一)智能家居与用户交互

智能家居系统与用户交互主要依赖用户主动发出指令。用户通常通过单一的交互方式，如语音命令或手势操作，向智能家居系统传递指令。智能家居系统则利用麦克风、摄像头和各种传感器被动地接收这些指令，并进行相应的分析和反馈。

一般来说，智能家居与用户的信息交互包含三个环节，即输入、处理和输出。在输入环节，用户通过不同的设备，如麦克风、触摸屏、摄像头、传感器等，使用不同的方式，如语音控制、手势控制等，向智能家居系统提供指令或数据。在处理环节，智能家居系统接收用户输入的信息后，通过后台的计算和分析技术，如机器学习、自然语言处理等进行数据解析和决策制定。在输出环节，智能家居系统将处理后的信息以不同的方式，如语音、屏幕显示等方式进行信息反馈。

(二)智能家居与环境交互

智能家居系统不仅可以与用户互动,还通过各种传感器和设备与环境交互,以保证家居环境的安全和舒适。智能家居系统通过多种传感器和执行器来监测和收集环境信息,并根据环境数据的变化来执行相应的控制任务。具体而言,智能家居系统通过主动采集和分析环境中的多种信息,包括人的语音、体态、人脸识别信息以及温度、湿度、光照度和压力等环境数据,实现自动化反馈。

以智能家居系统中的睡眠场景为例,温度传感器可以实时监测室内温度,并根据预设的温度范围自动调节空调或暖气;湿度传感器可以监测室内湿度,并自动调节加湿器或除湿机;光照传感器可以检测环境光照度,自动调节窗帘和灯光。同时,通过对用户行为数据的分析,智能家居系统能够预测用户的需求并提前做出响应。例如,根据用户的日常作息规律,系统可以在用户即将起床前自动调节光线亮度和室内温度,提供舒适的起床环境。

第三节 智慧城市与社会治理

进入21世纪以来,信息技术的飞速发展为智慧城市的构建提供了技术基础。互联网、物联网、大数据、云计算、人工智能等新兴技术的发展使得城市管理可以更加实时、精准和高效。自2012年国家智慧城市试点工作正式启动以来,智慧城市建设已成为中国推动区域数字化转型的一项重要举措。智慧城市建设的加速推进深刻影响着社会公众的生活方式,也改变了传统的城市社会治理模式。

一、智慧城市的概念与特征

2008年,IBM公司提出“智慧地球”的概念,并将其进一步应用到城市管理中,提出了“智慧城市”的概念。智慧城市的定义是通过各种技术手段对城市运行信息实现感测、搜集、分析以及整合,提高城市信息处理的效率和效果,以对城市运行的各个方面的需求进行有效、智能的回应。

智慧城市以推进实体基础设施和信息基础设施相融合、构建城市智能基础设施为基础,以推进物联网、云计算、大数据、移动互联网、空间地理信息集成等新一代信息技术应用与城市经济社会发展的深度融合为主线,以最大限度地开发、整合、融合、共享和利用各类城市信息资源,构建城市规划、建设、管理和服务的智慧化体系为核心。其目标是为居民、企业和社会提供及时、高效、智能的信息服务,其宗旨是实现城市规划管理信息化、基础设施智能化、公共服务便捷化、产业发展现代化、社会治理精细化。智慧城市主要具有以下特征。

(一)全面透彻的感知

物联网技术在智慧城市中得到了广泛应用。传感器、智能设备和网络系统被部署在城市的各个角落,用于实时监测和控制交通流量、环境质量、能源使用等多个方面。通过传感技术,城市管理的各个方面得以被全面监测和感知。由监测和感知到的数据随后会被整合、分析和处理,并与业务流程智能化集成,进而主动响应,从而促进城市关键系统的协调与高效运行。

(二)宽带泛在的互联

智慧城市的基础是无处不在的宽带网络,包括有线和无线网络。这样的网络基础设施确保了城市中的物体、人和系统之间的无缝连接,实现随时随地的信息交互和服务访问。智慧城市的各个系统和设备之间通过网络实现高度互联。这种互联互通性使得城市的各个功能模块可以协同工作,从而提高整体的运行效率和服务质量。

(三)智能融合的应用

智慧城市通过云计算和大数据分析等技术,可对海量数据进行处理和分析。这些数据通过智能融合技术应用于城市管理的各个方面,从而提升城市的决策支持和应急响应能力,形成“智慧”的城市大脑。

(四)以人为本的可持续创新

智慧城市强调以人为本,通过用户创新、开放创新、大众创新和协同创新,推动经济、社会和环境的可持续发展。这种创新模式不仅注重技术的应用,还强调市民的参与和体验,形成一个开放的创新生态系统。

二、智慧城市中的信息传播

当谈到城市中的信息传播,我们会走入一个由城市社会学、城市文化研究与传播学交叉构成的全新领域,即城市传播。城市传播普遍涉及城市在传播中的信息流动、城市中人们的社会互动和城市中人们的意义共享,即城市中人们通过象征性的、技术的和物质的方式与他人和他们所处的城市环境产生联系的方式①。在传统的城市传播研究当中,是以人类为中心而展开的。然而,伴随智慧城市的建设,一系列智能技术装置应运而生,城市获得了新的智能景观和要素,不仅为城市形象传播增添了新的内容素材,更重要的是重塑了城市与公众之间的关系。智慧城市传播研究就

① 别君华、郑作彧:《超机器城市:智慧城市传播的新唯物主义分析》,《江海学刊》2024 年第 3 期,第 134 - 144,256 页。

是在这样的背景下展开的，除了传统人与人之间的传播，一种发生在人与智能机器系统之间的传播出现在智慧城市之中①。从城市传播的角度来看，智慧城市中的信息传播主要有以下几大变化。

（一）人机传播成为重要传播形式

传统传播学的重点一直是围绕人与人之间的交流互动展开，人类作为传播的核心主体，对媒介拥有绝对的掌控权，而机器则长期处于传播过程中的次要地位。然而，随着智能机器传播能力的增强和人机交互水平的提升，媒介的功能已经不再局限于信息传递。如今，智能媒介不仅仅是信息的载体，还逐渐扮演起信息源和信息代理的角色，改变了以往媒介在传播中的边缘化地位。智能设备成为智慧城市传播网络的重要主体，参与了智慧城市形象的建构。例如，智能导航通过实时监控城市交通，提示城市中每个节点的司机选择拥堵较少路段，优化了出行路线，实现了对交通信息的有效传播。

（二）人机互构形成人机融合实体

在当代智慧城市的传播环境中，人与技术的关系发生了深刻变化。首先，随着可穿戴设备、传感器和二维码等技术的普及，人与机器的界限从外部逐渐消融，转而实现内部的深度融合。智能设备如今不仅是工具，更成为人类身体的延伸，像是技术的“义肢”，与人的肉体密不可分。同时，人在智慧城市的传播网络中以“数字身份”的形式接入，通过“人脸识别”“虹膜识别”或“指纹识别”等基于身体特征的数字验证方式来完成身份确认，获取了享受智慧城市服务的“数字通行证”，从而使得人与智慧城市的互动更加紧密和无缝。

三、智能传播在社会治理中的应用

随着现代信息技术的飞速发展，数字化和信息化手段逐渐成为提升政府治理效能、推进国家治理体系和治理能力现代化的关键路径。智慧城市的建设便是这一趋势的重要体现。通过将现代信息技术深度融入治理实践，智慧城市不仅革新了治理手段和公共服务的供给方式，还致力于构建共建、共治、共享的治理体系和制度。最终，这些努力旨在实现整体智能治理，全面提升治理效能，推动社会的高效运转和持续发展。

智能传播具备跨越空间、系统和领域的数据整合能力，突破了以往各系统之间的隔离与壁垒，实现了信息的无缝连接与共享。智能机器系统能够实时采集并处理

---

① 别君华：《与机器交流：人机传播视域下的智慧城市传播研究》，《编辑之友》2023 年第 4 期，第 63－69 页。

来自城市各个角落的大量数据，包括交通流量、环境监测、能源消耗等。通过先进的算法和机器学习技术，这些系统能够从海量数据中提取关键信息，为城市管理者提供深度洞察和预测能力。这种数据收集机制就像“毛细血管”一样，细致地监测和量化城市的运行状态。借助强大的数据采集技术和完善的知识图谱，智慧城市能够将资源管理、协同感知、数据预处理、数据分析与应用有机结合，全面融合信息空间、物理空间和社会空间。这样的多维整合赋予了智慧城市更高的精度和智能化管理能力。

与此同时，智能机器系统能够高效处理和计算各种数据，并通过机器智能的应用，提升整个城市的智能化水平。这些系统不仅能够生成决策信息，还可以将这些信息传达给人类，实现在决策过程中的人机协同与智能融合，从而增强城市的整体智能治理能力。基于数据分析，智能机器系统能够生成高度精准的决策信息。这些信息不仅包括现状分析，还涵盖未来趋势预测和风险评估，从而为城市管理者提供科学的决策依据。在决策过程中，系统生成的建议和预测可以与人类的经验和直觉相结合，形成更加全面和合理的决策方案。这种人机协同的模式，既发挥了机器的计算和处理优势，又保留了人类的创造性和灵活性。

【案例 11－2】

杭州市“城市大脑”助力城市治理智慧化之路

杭州市“城市大脑”是中国第一个将大数据、云计算、人工智能等先进技术全面应用于城市管理的项目之一。它于 2016 年被首次推出，由杭州市政府与阿里巴巴集团合作开发，旨在通过整合城市各类数据资源，实现城市管理的智能化、精细化和科学化。其发展历程可划分为以下四个阶段。

一、2016 年，项目启动与初期发展阶段

杭州市“城市大脑”项目于 2016 年 10 月由杭州市政府与阿里巴巴集团共同启动，最初的目标是通过智能化手段解决城市交通拥堵问题。这个阶段主要集中在交通领域，通过实时监控和数据分析来优化红绿灯的配时，提升道路通行效率。

二、2017—2018 年，功能扩展与综合应用阶段

随着项目的推进，城市大脑的应用范围逐渐扩展到其他领域，如城市安全、环境监测、公共服务等。这个阶段标志着杭州市“城市大脑”从单一的交通管理系统向综合性的智慧城市管理平台转变。

三、2019—2020 年，系统成熟阶段

在这个阶段，杭州市“城市大脑”的系统更加成熟，技术架构和管理模式也趋于

完善。“城市大脑”这一智能机器的基本架构由“中枢系统＋部门[区、县(市)]平台＋数字驾驶舱＋应用场景”四部分构成。

四、2021年至今,发展完备与全国推广阶段

杭州市“城市大脑”继续向更高水平的智能化迈进,探索人工智能、物联网等技术的深度融合。亲清在线——杭州市亲清新型政商关系数字平台正式上线后,成功打通了企业、政府与“城市大脑”中枢系统的连接。通过数据的协同作用,该平台实现了在线互动、政策服务和决策支持,大幅提升了数据流动的效率。借助“城市大脑”的强大赋能能力,政府能够直接与约80万家企业进行沟通,为其中的15.7万家企业及65.4万名员工提供直接服务。平台日均活跃用户超过2000万,为推动经济发展提供了关键支持①。至此,杭州市“城市大脑”成为国家新型智慧城市建设的示范性案例和行业标杆。

第四节 多屏生活下的跨屏联动

一、跨屏传播的理论变迁

“跨屏”在中文的语境下,一方面强调“跨”即“转移”之意,另一方面强调“屏”,“屏”一般代指终端、屏幕或者设备。而在英文语境中,跨屏传播通常用“Multi Screen”“Cross Screen”“Cross Device”“Multiple Device”或“Media Multitasking”等术语来描述,涵盖了多屏幕、多设备之间的交互和传播②。

在针对跨屏传播的早期研究中,国外学者的定义通常集中于用户在同一时间内参与多个媒体活动或同时使用多块屏幕。随后,这一概念被进一步发展,不再局限于时间的同时性,而是拓展至囊括时间上同时(Simultaneously)、相继(Sequentially)、分别(Separately)使用两个及以上设备的更大范畴中。

随着时间的推移,中国学者在对“跨屏传播”的研究中逐步引入了“人”的维度。早期中国台湾地区学者多沿用国外学者的概念,将“Multitasking”翻译为“多工、多任务”,强调在同一时间段内进行多个媒体活动。然而,随着媒介融合时代的到来,传播与接收之间的关系发生了变化,研究者开始关注传播行为主体的角色,认为跨屏传播不仅仅是跨越屏幕来传播和接收视听内容的行为,更是对受众与媒介之间关系的重新构建。

---

① 王坚:《城市大脑:“算力时代”的治理机遇》,《杭州》2020年第9期,第14-17页。

② 陈佳逸:《融合与创新:跨屏传播技术特征与媒介生态变迁》,2019年12月27日,http://media.people.com.cn/n1/2019/1227/c431267-31526503.html。

此外,越来越多的研究者在“跨屏传播”的数量、结构和行为要素上达成共识。他们认为跨屏传播至少涉及两个或更多的屏幕或终端设备,结构上通常包括一个起点屏幕和后续屏幕,而在行为上则受情境因素的影响。在此基础上,跨屏传播的定义更加精准和明确,即行为主体由情境驱动而开展的多设备的传播、接收和使用的行为,其中含有起点屏幕和后续屏幕两个结构要素,具体的传播路径受情境因素和设备自身因素的影响。

二、跨屏传播的主要特征

跨屏传播特点多元,其四大基础特点体现为场景化、互动化、流动非线性、多任务整合性。

(一)场景化

在新媒体时代,全场景传播成为一种重要趋势。企业不仅要满足用户对内容的需求,还着重构建能够迎合用户个性化体验的场景。在跨屏传播的过程中,不仅要考虑物理空间的布局,还要特别关注用户心理上的“在场感”。现代技术的发展使得跨屏传播能够更好地连接用户,增强他们的“在场感”,进而提升他们的参与度和互动意愿。例如,2019 年全国两会期间,央视网推出的“全景沉浸看报告”产品,通过 3D 实景再现人民大会堂,并展示两会中的重要议题和数据。这种身临其境的体验极大地提高了用户对内容的关注和了解欲望。

在移动互联网时代,传播的核心已经转变为基于场景的服务,包括对场景的感知和对信息的精准配置。场景分析的最终目标是深入理解用户,从而找到与需求相匹配的信息或服务。因此,在构建场景化的跨屏传播时,用户始终是场景构建的核心与出发点,所有的传播策略和设计都围绕用户的需求和体验展开。

(二)互动化

跨屏传播呈现互动化,一方面各大平台积极在不同屏幕之间构建交流和互动的桥梁,为用户提供多屏互动的体验;另一方面借助先进的技术,用户在使用媒体产品时能够实现实时交互,从而形成独特且个性化的体验。这种互动不仅丰富了用户的媒介使用感受,也使得跨屏传播更加生动和有趣。

麦克卢汉认为“媒介是人的延伸”,在现代社会,人则是媒介融合之中不可缺少的一环。媒体融合不仅包括媒体业务和媒体本身的融合、规则和规则的融合,还包括用户与媒体互动和使用媒体的融合。媒体的跨屏传播不仅满足了用户信息获取的基本需求,还可以方便用户利用手中的小屏与大屏、中屏进行互动,甚至可以在不同的媒体间进行大小屏的互补联动。

(三)流动非线性

在跨屏传播中,设备之间的流动性非常明显。例如,视频网站和阅读平台通过在页面上设置二维码,用户只需扫描即可无缝切换到另一个屏幕继续观看,打破了过去信息共享中可能存在的断层。进一步研究发现,跨屏行为实际上是一种跨越时间和空间的"动态"流动模式,将情景、用户、技术、设备和信息等多元要素紧密结合在一起,实现了多维度的整合。

而非线性传播则适用于所有情形下的跨屏传播,互联网时代的传播超越了时间的存在。一方面,受传关系的变革、流媒体的发展和适用于不同场景的终端的发展使得用户能够根据具体情境选择接收信息,而不用担心信息会随着线性流逝的时间消失;另一方面,为了适应跨屏传播的趋势,平台也在提高信息的留存和回看的技术,反过来又促进了用户的非线性查看习惯。

(四)多任务整合性

新技术的发展打破了时间与空间的限制,使得跨屏传播具备了多任务整合的能力。这一特性让"同时处理多项任务"成为可能,推动了越来越多的平台将其产品拓展至不同的终端设备。例如,视频平台现在支持小屏播放功能,用户可以在处理其他事务的同时,通过浮窗观看节目。此外,这些平台还提供了投屏功能,用户可以将移动设备上的视频投射到电视屏幕上播放。与此同时,平台还不断努力将不同的功能整合到同一终端中,提升用户在碎片化时间内处理事务的效率。

【案例 11-3】

跨屏互动,我国主流媒体传播新形态

跨屏互动是一种通过连接多个终端设备来实现互动的模式,目的是通过多种渠道调动公众的参与热情。在我国,主流媒体积极整合自身资源,并运用大数据分析、虚拟现实等先进技术,创建了多渠道互动平台,从而实现了跨屏互动。2016 年,中央电视台中文国际频道推出了国内首档"融媒体"新闻评论节目《中国舆论场》,这是我国媒体跨屏互动的一次重大创新。

与传统新闻评论节目依赖单一渠道的做法不同,《中国舆论场》制作团队在节目策划阶段就已与央视网密切合作,通过分析网络舆情来确定选题方向。节目播出时,电视仍然是主要平台,但其创新之处在于引入了"在线观众席"的概念。观众可以通过移动新媒体平台获取虚拟入场券,进而参与节目的互动环节。他们能够发送弹幕、点赞,甚至与现场嘉宾进行对话。这种互动方式不仅打破了以往新闻评论节目中自上而下的信息传播模式,更是通过连接多个终端,如电视、传统网络和移动互

联网，实现了双渠道互动和多维度融合，形成了跨屏传播的新生态。

这一模式的成功实施，不仅提升了节目的观众参与度和互动性，也为其他媒体节目提供了一个创新范例。跨屏互动作为一种新的传播形式，展示了传统媒体在数字时代的适应性和创新力，为未来媒体发展提供了新的方向。

三、跨屏传播行为的类型

随着数字媒介和多屏设备的普及，跨屏传播行为逐渐成为现代用户日常生活中不可或缺的一部分。随着互联网技术的发展和人们对信息获取与互动需求的增加，跨屏传播行为不仅反映了用户媒介使用习惯的变迁，还折射出当代社会对时间管理和信息处理的高度重视。从时间和内容两个维度出发，跨屏传播行为可以划分为：同步增强型跨屏，即时间同一，任务相关；同步多任务跨屏，即时间同一，任务多样；异步承接型跨屏，即时间不同，任务相关；异步碎片型跨屏，即时间不同，任务多样。每种类型都具有独特的特点和应用场景，体现了用户在多屏环境下的不同需求和行为方式。

（一）同步增强型跨屏

同步增强型跨屏是指用户同时使用两个或以上的屏幕设备来完成相同或相关的任务。例如，在观看电视节目的同时，用手机或平板电脑查找与该节目相关的信息、参与互动或在社交媒体上讨论该节目。

该类型行为有以下特点。

①互动性强。在观看电视节目时，观众可能会通过手机搜索与节目相关的背景信息、演员资料，或者在社交媒体上开展实时讨论。这种跨屏行为增强了原本对单一媒体的体验，使体验更为丰富。

②参与性高。这种行为往往表明用户对主屏幕内容有较强的兴趣，因为他们愿意投入额外的精力来查找更多信息或参与互动。例如，在观看大型体育赛事时，观众可能会使用第二屏幕查看实时数据、队伍排名或比赛分析，以更深入地了解比赛。

③协同性好。多个屏幕之间的内容协同增强了用户的整体体验，使他们在使用主要屏幕的同时，获得其他屏幕提供的补充信息。例如，一边观看电影，一边在手机上查找电影的幕后故事或演员的其他作品信息。

（二）同步多任务跨屏

同步多任务跨屏是指用户同时使用两个或以上的屏幕设备来完成不相关的任务。例如，一边在电脑上工作，一边在手机上查看社交媒体或回复信息。

该类型行为有以下特点。

①多任务处理。这种跨屏行为反映了现代用户习惯于同时处理多项任务的倾向。用户可以在一个设备上完成主要工作,同时利用另一个设备完成次要任务,如社交互动或娱乐。

②注意力分散。尽管多任务处理可以提高单位时间内的任务处理量,但可能会导致注意力分散,影响完成主要任务的效率。例如,在进行一项重要工作时,如果不断切换到手机回复信息,工作效率可能会受到影响。

③独立性高。不同的设备可能承担不同的任务。例如,用户可能在电脑上撰写报告,同时用手机与朋友聊天。每个设备都在处理不同类型的任务,互不干扰。

(三)异步承接型跨屏

异步承接型跨屏是指用户在一个屏幕设备上开始一项任务,然后在另一个屏幕设备上继续完成。例如,在电脑上开始浏览商品信息后,转到手机上完成购买。

该类型行为有以下特点。

①延续性高。这种跨屏行为强调任务在不同设备之间的无缝衔接,使用户能够在不同的时间和地点继续同一任务。

②灵活性强。用户可以根据场景或设备的便利性选择在哪个设备上继续任务,这使得任务处理更加灵活。

③效率提高。通过在不同设备上承接任务,用户能够最大化利用时间和设备特点。例如,在等候公共交通工具时,通过手机继续处理之前在电脑上未完成的任务。

(四)异步碎片型跨屏

异步碎片型跨屏是指用户在一个屏幕设备上完成一项活动后,转而在另一个屏幕设备上进行完全不同的活动。这种跨屏行为通常不具有连贯性,用户在不同屏幕之间进行不同的、独立的活动,而这些活动之间没有直接联系。

该类型行为有以下特点。

①碎片化。异步碎片型跨屏行为反映了现代用户在碎片化时间中的媒介使用习惯。用户往往在完成一项主要任务后,利用短暂的空闲时间进行放松或消遣。例如,用户在电视上观看完节目后,可能会在手机上进行短暂的社交互动。

②随机性。异步碎片型跨屏行为中的场景转换通常具有随机性和即时性,用户根据当前的需求或情绪,随机切换到另一设备进行不相关的活动。例如,用户可能在工作结束后立即切换到手机开展娱乐活动,而这种转换是即时和随机的。

③效率提高。虽然异步碎片型跨屏行为通常是随意和分散的,但它也反映了用户对时间的有效管理。通过在不同设备上进行不同的活动,用户能够在有限的时间

内完成多种事务，这种时间管理方式虽然看似碎片化，但在现代生活中却非常实用。例如，用户在短暂的休息时间内，利用手机查看新闻或社交媒体，然后回到主要工作中。

随着技术的进步和用户媒介使用习惯的演变，跨屏传播行为已经成为现代社会信息传播的重要组成部分。无论是同步增强型跨屏的互动性与参与性，同步多任务跨屏的独立性与分散性，还是异步承接型跨屏的灵活性与延续性，抑或是异步碎片型跨屏的碎片化与随机性，每一种类型的跨屏传播行为都反映了用户在多屏环境中对时间管理的不同需求。

第十二章　智能传播的社会影响

随着智能技术的飞速发展及其在媒体和通信领域的广泛应用，我们正见证着一场信息传播方式的根本性变革，人们的交流被重新定义。智能传播是数字时代的核心概念之一，通过大数据分析、自然语言处理、机器学习和自动化技术，更精准的信息传递、更高效的决策执行以及更多元的社会互动正在逐步实现。它不仅改变了传统的媒介生态，也从方方面面形塑我们的社会，并产生更加深刻的影响。在本章，笔者将阐述智能传播中的人机关系、智能传播时代的社会交往以及数字空间与实体社会的融合、算法逻辑下的社会文化发展，通过多元视角认知智能传播的社会影响。

第一节　智能传播中的人机关系

在智能传播时代，机器逐渐成为新的传播主体并参与到信息的收集、内容的生产乃至分发中。而人机关系也逐渐由简单的信息传递与接收发展为人机协同乃至人机共创。在未来，人机关系将逐渐演变成人机协同共生的生态关系，人机关系的层次也更加复杂与多元，人机关系的伦理问题亟待回应。

一、新的传播主体：机器

机器成为传播主体，可以视为智能传播最本质的特征之一[①]。早期机器被定义为人类传播信息的工具，更多的是充当信息交换的枢纽与中介这一角色，并不具备"智能化"的特征。随着算法、大数据等智能处理技术的发展，它们共同组成了新的传播主体，即智能机器。智能机器的出现，深刻地影响了传媒产业的发展，还进一步渗透到人们日常生活的方方面面，全方面改变人们的传播模式。

（一）机器作为信息采集与生产的主体

在传统媒体时代，信息的采集与内容生产主要依靠专业的新闻人，往往需要耗费较大的人力、物力来达到时效性、真实性、客观性、全面性等要求。而如今，机器参

---

① 彭兰：《从 ChatGPT 透视智能传播与人机关系的全景及前景》，《新闻大学》2023 年第 4 期，第 1－16，119 页。

与到信息生产环节不仅可以大大提高信息采集的效率，减少不必要的资源耗费，同时还可以丰富信息采集维度，为内容的生产提供更加全面的资料，弥补人为素材采集的不足。如用小型无人机装载传感设备拍摄照片和视频，经常应用于突发事件直播、现场勘测等方面。

机器在信息生产方面也愈加发挥重要的作用，比如其可以在包含高密度数据、高透明度信息的稿件中提取有效信息，挖掘隐藏的线索，同时根据大语言模型等智能技术生成符合不同新闻模式和规则的相关报道。以新华社的快笔小新、腾讯的Dreamwriter、第一财经的DT稿王等为代表的机器在财经、体育等专业领域展现出高效率、批量处理的特点，并实现全时性、多范围、多角度的自动内容生产。同时，其还可以基于互联网上开放的大数据，自动抓取和分析网络热点线索和舆情动态，总结主要观点以预测议题传播周期等。

（二）机器作为信息分发的主体

智能技术的发展打破了传统媒体对信息分发的垄断权，传播渠道更加多元，以算法个性化推荐为代表的机器分发逐渐成为信息分发的重要一环。如果说初代搜索引擎的信息分发更多是基于算法衡量内容的权重并调度流量，那么当下的个性化分发则更多是基于对用户数据的分析，根据其阅读习惯、兴趣爱好推送定制化、个性化的信息。如谷歌新闻（Google News）通过计算互动频率、点击数等用户数据预测用户偏好，为不同用户量身定做电子版“我的日报”。

基于用户数据挖掘的推送只是机器信息分发的一种，而基于用户关系的推荐也逐渐成为另一种重要的分发方式。通过挖掘用户的社交关系网络，分析用户好友最近观看的内容并将类似的话题推送给用户本人，不仅可以增进用户之间对话题的讨论以加深彼此连接，还可以推动话题的节点式传播。基于趣缘群体的社群传播更多是将对同一类话题、内容感兴趣的人划分进一个流量池，从而根据内容附带的标签和关键词对其进行推送，帮助用户建立连接和互动网络，从而增强平台的用户黏性。如小红书的CES（Community Engagement Score）算法系统会先给笔记打上一系列标签，并尝试性推荐给对这些标签感兴趣的粉丝，根据粉丝的一系列互动数据给笔记打上内部分数，从而决定是否要继续推荐给其他粉丝。

在未来，基于场景的信息分发模式也将成为机器的主要分发方式之一。胡正荣把Web3.0定义为“场景细分时代”，“每个人的角色都是在特定时间、空间、情景、场合和需要中实现的，而围绕个人存在的这一切就是场景”①。场景传播即特定情景下的个性化传播和精准服务。比如位置服务（Location-based Service，LBS）技术是通

① 胡正荣：《传统媒体与新兴媒体融合的关键与路径》，《新闻与写作》2015年第5期，第22－26页。

过电信运营商提供的通信网络，使用 GPS 等技术获知用户地理位置信息，从而将用户的场景与相关内容、服务联系起来，实现场景的流量变现与转换。智能家居的发展也意味着传感器、监测仪等机器将进一步渗透到家庭内部场景，通过实时感知、监测家中环境的变化并以量化数据的形式呈现监测结果，而后分享给其他交互设备，从而实现家庭信息传播的自动化、智能化。自动驾驶的发展也使得移动车载场景的智能化成为可能，并进一步推动其与外部实时车辆、车速、交通监测、人流等多元路况场景的连接，在帮助车主及时做好决策的同时，提高行车效率，减轻交通运输负担。

（三）机器成为信息审核的主体

机器参与信息生产一方面解放了生产力，提升了内容创作空间，另一方面也使得内容制作的门槛降低，从而产生信息过载乃至虚假新闻泛滥等问题。人工智能技术也愈加直接和深度参与虚假信息的生产与传播。基于深度学习的大语言模型能够模仿人类思维自动收集、分析和生成与人类逻辑高度相似的文本，部分智能成像技术甚至可以根据指令快速生产出逼真的"照片"，让人真假难辨。这进一步加重了传统事实核查和人工把关的负担，从而智能机器也越来越多地被应用于虚假信息治理以提高核查效率。可以说，如今人工智能技术已经融入虚假信息的生成、传播再到治理的整个循环过程①。

机器成为信息审核的主体主要体现在以下几个方面：一是从信息来源上利用机器学习技术对虚假账号及其信息进行识别，并建立防御和过滤系统阻止其传播；二是从传播渠道出发，将谣言与真实信息进行信息轨迹类聚与隔离，从而提高过滤虚假信息的准确度；三是利用区块链等信息跟踪技术对虚假信息传播轨迹进行监测和追溯，对虚假信息制造者和传播者及时追责；四是通过技术来约束技术，研发人工智能对抗学习系统、对抗人脸识别算法以及深度伪造技术，防止第三方盗取数据、图像等资源用于信息伪造。

（四）未来趋势：机器成为"多位一体"的传播者

现阶段机器已经实现传播各环节的数字化、智能化，但环节之间仍未实现较好的协同乃至融合。而 ChatGPT、DeepSeek 等 AIGC 技术的发展将进一步打破环节间的壁垒，推动各个数据库、资源库直接连接乃至实现资源共享。喻国明认为，ChatGPT 开启了一个"智能互联时代"，其突破点在于它以无界的方式全面融入人类实践领域，实现了开放性，成为通用智能。使用者可以对它进行任何开放式的提问，

---

① 管侬路、顾理平：《价值冲突与治理出路：虚假信息治理中的人工智能技术研究》，《新闻大学》2022 年第 3 期，第 61－75，119 页。

实现各类文本的聚合生成[①]。同时,它将改善过去搜索引擎孤立、碎片化呈现信息文本的缺点,串联起信息要素之间的价值关联,将其融入文本输出之中。智能机器的发展将会在某种程度上拓展知识的生产模式,提高知识生产能力,在新的关联中发现新的模式或规律。

在未来,机器是否具备主体性地位这个问题也将被持续讨论。有学者认为,人们会不自觉地把智能机器看成与人类似的实体,赋予智能机器某种拟主体性[②]。人工智能所表现出来的深度学习和模仿能力也让人类开始恐惧,并忧思自己的主体性地位。然而,人始终是伦理的建构者,智能机器是人实践手段的载具,使用智能机器可以更深入地认识和改造客观世界,且不会造成人主体性的缺失。人与机器的关系也将在更加丰富的人机协同、碰撞乃至融合中不断调整和优化。

二、人在智能传播中的角色

作为智能机器"设计师"的人类,在信息的生产与传播中不仅仅是规则模式和价值观念的主导者,也是内容的把关者、分发的调控者乃至数据资源的提供者。正如海勒所言,机器和人类共同构成一个二元体系,使得机器和人类成为彼此衡量的尺度[③]。在传播实践的发展中,一方面,智能机器的人性化趋势愈加明显,另一方面,人机交互的深化是否会造成人的机器化、自主性削弱以及加重技术资本对人的宰制等问题亟需深入思考。

(一)机器运行规则、价值观念的主导者

人类通过设计机器模拟人的思维、感知等多层面来达到机器智能化、自动化的目的,从而解放生产力,提高人征服自然的能力。主要方式有对人类逻辑思维进行符号化,即把大脑功能和心理状态等转化为符码,从而形成以符号处理系统为中心的传统人工智能研究方法[④]。其重要代表是1945年冯·诺依曼(V. Neumann)提出的一种计算机体系结构,即采用二进制作为计算机数值计算的基础,以0、1代表数值。此外,大卫·休谟(David Hume)从感觉出发建构的主体认知模式启发了人类对人工智能进行智能化的新思路,即通过整体神经元网络对感觉信息进行统计学处理后,能够形成类似人类意识的人工智能。对感官和情感的模拟成为人工智能日渐拟人化的重要一步。

---

① 喻国明:《ChatGPT浪潮下的传播革命与媒介生态重构》,《探索与争鸣》2023年第3期,第9-12页。

② 段伟文:《控制的危机与人工智能的未来情境》,《探索与争鸣》2017年第10期,第7-10页。

③ N.凯瑟琳·海勒、黄斐:《计算人类》,《全球传媒学刊》2019年第1期,第28-46页。

④ 张劲松:《人是机器的尺度:论人工智能与人类主体性》,《自然辩证法研究》2017年第1期,第49-54页。

当下智能机器的发展进一步地整合了符号处理和感知模拟的相关研究,从而实现全方面的数智化、具身化。比如ChatGPT、DeepSeek使得人工智能技术在功能维度和拟真度方面达到了新高度,其通过“预训练”使得大量人类偏好知识被注入大语言模型,并通过强化学习技术实现对人类认知机制的深度模拟;同时其所依赖的大模型技术可以在海量的数据库中更细粒度地匹配人的认知习惯、情感偏向、价值追求等多元需求;其还可以通过与用户的持续对话,对用户的个性化要素进行不断识别、学习与整合,在对人类交往方式进行深度模拟的同时,实现持续性的人机协同。虚拟数字人通过融合图形渲染、动作捕捉、语音合成、深度学习等人工智能技术来实现内容自主创作和智能化的社会互动,成为元宇宙等数字虚拟空间的行为主体。

彭兰认为,智能机器作为人类“镜子”与“他者”的角色正在不断凸显。作为“镜子”,智能机器可帮助人类内窥到深层的认知规律,也在一些侧面反射着现实世界,映照出人类的局限①。如算法偏见、算法失真、偏激语言、误导信息风险、恶意用途等方面也让人意识到智能机器并不是完全中立客观的“他者”存在,人类在设计智能机器的过程中,客观上也将自身的价值观念和取向注入其中。因此有学者认为,对通用人工智能(Artificial General Intelligence,AGI)有必要探索以经验训导为中心的方法进路,或称“训导主义”治理范式,注重培育AGI的基础价值观,让AGI成为人类可信赖的助手和伙伴②。

(二)机器生成内容的把关者

“把关人”理论由库尔特·卢因(Kurt Lewin)在《群体生活的渠道》一文中提出,他认为群体传播中存在“把关人”,只有符合“把关人”群体规范及价值标准的信息才能进入传播渠道。后来怀特将“把关人”理论引入新闻传播领域,并明确提出新闻传播筛选过程的“把关”模式,其受到新闻专业主义、新闻组织惯习、新闻人个人价值取向等多方面因素的影响。当下智能技术的发展在推动自动式生成内容大批量生产的同时,也使得“深度伪造”的新闻照片、音频、文本愈加逼真,由媒介所承载的信息窗口不再是对现实世界的映射,而是真假融合、无缝衔接的异质体。这呼唤专业人类把关者的回归与把关范式的升维。

专业新闻人一方面需要做好对信息生产与发布环节的“初次把关”,即对智能机

---

① 彭兰:《“镜子”与“他者”:智能机器与人类关系之考辨》,《新闻大学》2024年第3期,第18-32,117-118页。

② 王沛然:《从控制走向训导:通用人工智能的“直觉”与治理路径》,《东方法学》2023年第6期,第188-198页。

器生成的内容进行新闻要素、行文编排等各方面的把关以确保内容的真实、客观、全面、公正；另一方面在信息扩散、循环环节也应做好“二次把关”“事后把关”并及时打假，阻止虚假信息的传播并做好舆论疏导与管理。也有学者指出对“把关人”需要注入新的角色内容，专业新闻人在对信息进行采集、核实和“把关”的基础上，还应调适在智能环境下对社会需求和技术变革的响应能力，适度进化为新闻“策展人”①。通过整合碎片化信息，融合多种传播载体，链接多重信息来源与渠道，用清晰的逻辑编排事实，可呈现新闻事件的完整叙事，从而实现信息的有机整合与增值。这种职业角色的转型将使得新闻从业人员兼具信息传播者、新闻意义的阐释者、传播网络的搭建者等多重角色。

除专业新闻人以外，还应激活普通用户的能动性，注重以个体把关为基础的社会关系网络把关。通过个体用户对事实细节的披露、对逻辑内容的校对、对合成图像的感知以及质疑等，以无数的微观真实协同编织起更广阔的社会真实，实现互联网内容生态的自净化。

（三）机器智能分发的调控者

常江、狄丰琳认为，基于现有的技术架构，信息智能分发具有专门化、自动化和精确化三个基本特征。而基于数字媒体架构的信息传播并不仅仅是内容的流通和意义的交换，更是一种建立在对数据进行自动化挖掘、分析和利用基础上的行为卷入与心理控制机制②。这进一步加剧人们的选择性心理，在强化信息茧房效应的同时，进一步加剧不同群体的分化，从而加深不同类型的社会区隔，导致公共空间的压缩与公共性的消解。

这需要政府和平台治理者重构社会对话和认同机制，打破不同圈层壁垒，促进圈层间的信息流动和意见表达，从而破除社群成员的身份标签与话语枷锁。主流媒体更应重视其“社会公器”的作用，通过及时跟进热点、生产优质内容来反映社会的公众生活，将用户的注意力从私域吸引到公域，从而连接不同圈层的人群以强化社会凝聚力和向心力。用户更应提升媒介素养，主动走出信息茧房，探索未知世界，广泛建立文化关联，提升获取信息的主动性、多样性；同时主动参与到对话的场域中，在平等交流协商中共建对话秩序共识，并进一步实现事实、观点的共识。

---

① 王斌、顾天成：《智媒时代新闻从业者的职业角色转型》，《新闻与写作》2019 年第 4 期，第 29 - 36 页。

② 常江、狄丰琳：《从智能分发到“审美茧房”：数字时代的文化公共性反思》，《中国出版》2023 年第 14 期，第 3 - 10 页。

（四）机器数据资源的提供者

尼古拉斯·尼葛洛庞帝（Nicholas Negroponte）提到的数字化生存已经成为现实，人被全方位映射成数据，成为机器数据资源的提供者，也成为各种平台、服务商分析、算计的对象。个体最典型的数据资源是用户画像，即通过收集用户数据建立目标用户模型，从而揭示用户的行为习惯、兴趣爱好、个性特点等。此外，用户的行为数据也被各大平台囊括，通过这些数据来对用户行为进行控制、管理，乃至对用户在平台中的劳动进行管理，如美团、滴滴等零工经济平台将骑手、网约车司机的劳动行为数据化、可视化、可计算化，并进一步用来进行临时性的供需分配，提高成交效率等。用户的关系也愈加以数据化的形式呈现，通过大数据既可以及时关切好友在平台的最近动态，也可以揭示隐藏的关系、建立新的关系；用户之间的互动形式也逐渐数据化，比如朋友圈的点赞数，社交媒体的点赞数、评论数、转发数都逐渐成为该账号粉丝黏性、用户活跃度的评价标准。用户的身体信息也将全方位数据化，包括身体状态，各元件的数据化映射与分析，身体的运动消耗、活动轨迹等。身体信息的数据化不仅仅将成各种网络服务、线下服务的依据，也将成为验证人的身份的重要手段，比如人脸识别、指纹识别等。同时身体信息的数据化也将进一步加剧个体的自我控制，乃至形成“量化自我”的观念。

未来虚拟数字人等技术的出现和推广将进一步打破虚拟与现实之间的界限，同时意味着生命形式不再局限于我们的生物性身体，而是延展至数字空间中留痕的信息、数据赋形的生命①。而在信息网络、数据库等数字基础设施能够实现一切“物的数据化”的强大力量面前，人口与生命也成为数据化的对象被转译、赋值，并被编入数字网络中。这意味着生命被建构成可记录、运算和分析的客体，个体间的异质性消散在数据逻辑中②。似乎 N. 凯瑟琳·海勒（N. Katherine Hayles）提出的“后人类主义”、唐娜·哈拉维（Donna Haraway）提出的“赛博格”离我们不再遥远，需要从“数据-身体-技术”这一视角反思人与机器的关系，并重新审视现有技术现实可能造成的社会性后果。

三、人机协同共生的生态关系

智能机器通过学习、理解、反馈等行为，积极地介入人类的交往和生活空间，实现从人机交互到人机协同乃至人机共生的飞跃。这也使得人机传播不再局限于

---

① 蓝江：《从信息到数字生态：智能算法下生命形式的嬗变》，《国外社会科学前沿》2022 年第 9 期，第 3－15 页。

② 曾一果、昂振：《从“智人”到“数字人”：数字生命的概念嬗变与表征形态》，《传媒观察》2024 年第 4 期，第 63－70 页。

人-机个别关系的建构，而是深入社会肌理，发展成为系统性的传播形态，并逐渐建构起人机协同共生的生态关系。

（一）从物理交互到共情演化的人机互嵌

当下智能技术的发展逐渐丰富了人机交互中的单一语言指令，并逐渐延伸至视觉、听觉、触觉等多感官物理交互模式，催生了交互场景的广泛化和多模态研究的新趋势。例如，由自然语言模型研究逐步转向声纹识别、语音合成、视觉计算等多感官计算研究，形成了声场感知交互、三维视觉交互、手势交互等多模态交互形式①。

而随着物理交互模式的泛化与升级，对人机情绪乃至情感的交互也将进一步发展，推动人机交互向人机共情演化。目前智能机器通过一定的情感识别机制将人类部分的外显情感（如喜怒哀乐）进行符号化"转码"，从而借助人机交互过程中的信号识别对方情感并做出回应。此外，情感合成、情感设计等交互研究的发展，将表情、手势、语气语态等情绪信号引入机器情绪传达中，从而使得人机情绪乃至情感交流成为可能。在互动中，机器人会以一种共情的方式与人类交谈，通过营造"安全空间"与提供陪伴，让用户感受到自愿与互惠、亲密与相似等与情感相关联的属性特征，以及由此带来的心理层面的积极效果。互动越频繁，人机之间越有可能激发并形成共情，即当用户对机器人产生信任且敢于自我表露时，情感探索和投入就有了实现的可能②。

（二）智能涌现下的人机双向发展

在科学中，涌现（Emergence）一词指当较小或较简单的个体（如分子、生物、个体或组织等）组合在一起时，会形成新的、更复杂的结构和行为，而非部分简单相加。喻国明、苏健威认为，基于海量参数和自然语言训练语料，大模型能够在既有人类文明知识的基础上构造一个极为庞大的智慧系统，能够围绕用户提出的每一项个性化需求，对相关的智能要素进行提炼、有机组合和结构化表达，从而形成远远超越碎片要素的整体性功能价值——这是机器智能在自然交互机制下的重大变革③。这将演变出新的知识生产模式：在人类与大模型交互中，人类的有限理性与机器的理性逻辑互补，人类的具身认知与机器的符号认知互补，形成观点的替代和认知带宽的扩展，以及在协同协商中通过增加中间推理步骤来增强模型的复杂推理能力；同时通

---

① 向安玲、许可：《人机何以交互：理论溯源、范式演变与前景趋势》，《全球传媒学刊》2023 年第 5 期，第 88－105 页。

② 洪杰文、黄煜：《"制造"情感：人机情感的生成逻辑与隐匿性困境》，《新闻大学》2024 年第 1 期，第 61－77，121 页。

③ 喻国明、苏健威：《生成式 AI 时代交互范式与人机关系的重构：从图形控件交互到自然交互》，《西南民族大学学报（人文社会科学版）》2024 年第 4 期，第 129－134 页。

过提示词促使大模型开始“思考”，助推机器将“暗知识”用符号化的语言进行表达；最后，通过符号接地和符号场景化等方式实现从“暗知识”到“显知识”的转化等[①]。

智能体的涌现也将对社会层面产生变革与冲击：智能体能够增强人类的能力，促进人与人工智能技术之间的互动和协作；多智能体系统复杂而高效，可以推动整个文明的进化。它们可以影响社会机制，带来社会分工、就业市场和机会模式的变动，可以影响文化实践和社会互动，改变人类的生存、娱乐方式，从而可能重塑社会规范和沟通模式[②]。我们可以在智能游戏的发展中窥见其中一角。

【案例 12－1】

虚拟小镇 Smallville：人与智能体虚实交互的游戏世界[③]

“Smallville AI 小镇”是斯坦福大学创建的一个模拟社会的沙盒环境，其中包含 25 个智能体，它们可模拟日常活动。该项目使用 Python 编程语言，并采用 Django 框架作为网页界面。小镇内设置了多个公共场景，包括咖啡馆、酒吧、公园、学校、宿舍、房屋和商店。“小镇居民”可以在小镇中自由移动，进入或离开场所，甚至与其他“小镇居民”打招呼。

该小镇的核心技术是利用 GPT 来生成智能体的行为和语言。具体而言，项目团队设计了一系列的提示，用于引导 GPT 生成符合智能体身份、性格和情境的文本。这些提示包括人物设定、人物记忆、人物规划、人物对话等。通过这些提示，GPT 可以为每个智能体生成适合其身份和情境的行为和语言。就像人一样，人们根据自己的身份、性格和所处场景做出各种行为。

同时，人类用户可以使用自然语言与一个由 25 个智能体组成的小镇进行交互，和这 25 个智能体一起在小镇上生活、工作等。通过这些设定，智能体遵循规则，在小镇中自由移动，与其他智能体或人类玩家互动，甚至形成情感关系。这使得 Smallville AI 小镇成为了一个真正的人工智能社区，并展示了一个人机交互、超越人类现实的社会形态，一个基于数据的虚实交互世界。

而我们同样也需认识到，基于智能的机器与人类并不完全等同，这体现在机器仍旧较多依赖用户的指令以对行动进行调整，不具备完全独立思考与行动的能力；

---

① 喻国明、苏芳、蒋宇楼：《解析生成式 AI 下的“涌现”现象：“新常人”传播格局下的知识生产逻辑》，《新闻界》2023 年第 10 期，第 4－11,63 页。

② 陈昌凤：《智能平台兴起与智能体涌现：大模型将变革社会与文明》，《新闻界》2024 年第 2 期，第 15－24,48 页。

③ AI 创客社区：《Smallville AI 小镇开源：超越〈西部世界〉的数字奇幻之旅》，2023 年 8 月 14 日，https://mp.weixin.qq.com/s/DvHm0ggkDsFl6bMoeR2Pqw。

同时机器更擅长根据原有知识储备进行线性、直观、短程式的推理，仍不能形成跳跃性、发散性的逻辑与创新。

因此，人与机器并不是取代与被取代的关系，而是发挥各自优势双向发展的关系。机器更多扮演归纳和演绎者的角色，在对人类已有知识进行提炼总结的同时，执行人类的计划与方案。在机器解放生产力、提高效率的基础上，人类可以充分发挥其创造性，专注于感性的、非线性的思考而非陷入被机器同化的“机械化”的窠臼，要面向未来设计发展蓝图，扮演文明的探索者与开拓者的角色。

（三）虚实相融下人机价值共创的产业生态

智能机器正在迅速融入广泛的行业领域，帮助传统行业适应新的技术变革，在推动传统行业转型的同时，也在加快各个新兴产业的联结与融合。这种变化正催生出一种新型的合作模式，机器作为辅助者、合作者乃至主导者的重要性日益突出，并衍生出虚实相融下人机价值共创的产业生态。

就传媒行业而言，智能机器不仅是工具和渠道，还作为行动主体嵌入新闻媒体的整个业务流程，在重塑新闻生产和传播方式的同时，也深刻地改变了新闻传媒业的力量结构和主体生态。这要求构建人与智能机器良性互动和有机整合的价值网络关系，既要坚持以人为中心，设定好人工智能应用的边界，又要发挥好人的主观能动性，从治理制度建设、组织资源交换、个人能力提升等多层面搭建人机协作长效机制[①]。此外元宇宙产业的发展进一步推动了“负责任的人工智能”等相关研究提上日程，信息安全、算法偏见、隐私泄露等问题亟待解决，透明性、可解释性、公平性、问责制也成为设计人工智能的关键要素。智能机器将逐渐应用于对弱势群体的关怀和日常生活辅助上，如适老陪伴、远程医疗、智能医护等，从而推动社会公平、社会福利等发展。

第二节　智能时代的社会交往

智能技术的发展打破了地域的限制，大大拓展了社会交往的时空范围，使得“天涯若比邻”成为可能。其不仅拓展了维系社会交往的方式，还建构起多样的新型关系，这使得“地缘”不再是形成社会交往的决定性因素，“信缘”在集聚群体、建构关系中发挥更加重要的作用。而技术驱动的平台媒介不仅仅是智能时代社会交往的新型基础设施，还进一步重塑了社会交往模式，并产生了相关的数字交往困境。在未来，跨

---

① 韩晓宁、耿晓梦、周恩泽：《人机共生与价值共创：智媒时代新闻从业者与人工智能的关系重塑》，《中国编辑》2023 年第 3 期，第 9－14 页。

生命交往、普遍联结，以及交往社会的建构为未来的社会交往提供了更多可能。

一、智能时代社会交往的特点

交往是社会意义生成的重要途径，智能媒介的发展改变了人们参与社会的方式，也带来了新的社交环境与文化形态。社交关系更加丰富多元，交往主体的具身与离身状态也突破二元对立模式，走向二者融合。公共领域与私人领域的边界不再清晰分明，而是相互交错，虚拟空间的交往沉浸更是加剧了出现交往异化的可能。

（一）交往关系：信缘群体的产生与关系网络的拓展

传统社会学对群体的分类主要基于血缘、地缘、业缘和趣缘，这里的“缘”是形成社会关系的一种纽带。随着数智时代的到来，新的关系纽带也逐渐形成，“信缘”成为重要的一部分并发展出信缘群体。所谓信缘群体，是指在数字社会里，人们由于彼此在信息上的关联，经由互联网或其他信息互联通道而结成的有某种社会意义的社会群体。这种意义可以是道德上的，可以是情感上的，也可以是社会治理意义上的①。成员往往通过互联网以某种数字产品为载体而产生联结，比如微信群、短视频评论区、拼多多拼小圈等，既有临时性交往，也有持久性交往，乃至发展为线下关系。尽管群体意识和规范相对松散，但成员在交往中也会不断影响彼此的价值观念、行为习惯等，从而为一致行动打下基础。

信缘的产生也为人们创造了更多与他人建立关系的机会，大量随机的“弱连接”也帮助人们拓展了一对一的社交连接链条，形成了多元开放的社交关系网络。关系网络不仅连接起不同的场景，也承载了不同群体及群体间的话语表达、协商互动和身份认同②。人们也需要在新的关系情境和社会期待中重新找到自我与认同，调适自己以适应新的场景，从而寻找归属感与认同感。

（二）交往状态：具身与离身的二元突破

古老的口语传播时代，人与人之间通过面对面交流传递信息，身体也作为传播的媒介时刻在场。文字等符号发明后，“面对面的传播”逐渐被“符号的意义传播”所取代。符号媒介虽然延展了信息存在的时空结构，但是人际传播的离身性特质也日益凸显，传播过程中往往存在身体的缺席。在大众传播时代，媒介则从多重感官角度来对我们的身体传播进行分离、切割，我们的传播体验也由整体性的身体在场感受、交流进一步演变成一个个碎片化的、分离的感官体验。

---

① 郭星华、朱涛：《信缘：数字时代的新型社会关系》，《探索与争鸣》2022 年第 6 期，第 30－39，177 页。

② 喻国明、马慧：《互联网时代的新权力范式：“关系赋权”——“连接一切”场景下的社会关系的重组与权力格局的变迁》，《国际新闻界》2016 年第 10 期，第 6－27 页。

正如保罗·莱文森(Paul Levinson)所说,媒介技术既善于切割,也可能实施整合。他指出的媒介人性化趋势可以转述为媒介进化的一种趋势:依托肉身→脱离肉身→回归肉身,传播的交流转向则应该是身体主体性的回归。智能传播技术的发展一方面丰富了人们在社会交往中对于语言、表情包等非语言符号的使用,另一方面也增加了直播、视频会议等形式方便人们随时随地参与社交,从而形成身体缺席与身体在场共在的传播生态,并进一步实现具身与离身的二元突破。数字虚拟人等智能媒介在身体外形、感知方式及思维模式方面的拟真,全面还原了(同质性与异质性)身体在场交流的社会语境与条件,而具有人类特征的新型交往主体以身体可感知的方式传递意图,并“自主”回应人类发出的信号,这打破了传统的“刺激—反应”模式。这种基于身体的社交互动消除了虚拟空间与现实空间的界限感,实现了虚拟与现实场景中交流的身体在场,满足了人们对于情感交流的期待①。

(三)交往边界:公共领域与私人领域的融合与冲突

在虚拟现实情境的交往中,既加速了具身传播与离身传播的融合,也模糊了大众传播与个人传播的边界,公共领域与私人领域相互交错、融合,主要体现于两个层面。一是私人生活日益公开化和娱乐化,人们倾向于通过短视频、直播等形式分享个人生活细节,将其转化为可供大众消费的内容。这种现象不仅改变了传统上对隐私的认知,还促进了观众以娱乐心态来“围观”他人生活的趋势。二是公共传播领域正在经历个性化转变,这赋予了普通民众更大的公共话语参与权。借助算法推荐和社交机器人的力量,公共信息可以根据个体的兴趣和需求进行定制,使得这些资源的分配更加符合个人偏好。因此,公共传播内容开始具备了通常只属于私人交流的一些特性,如排他性、独占性和非竞争性,这意味着个人能够在更大程度上控制自己接收到的信息类型。

而公共领域与私人领域的融合也存在着一定冲突,比如智能化技术为隐私获取提供了更多捷径,私人领域与个人信息不断遭受僭越,人们在追求个性化的同时也在暴露自己的生活隐私。永久在线的媒介环境也在重新塑造社会文化:一是人们承认并享受这种交流的永久性,从中可以获得随时参与的满足感;二是永久连接在为人们赢得关注的同时,也让他们产生了“永久被监控”的压力,网络平台演变为一座“全景敞视建筑”。为了逃避监控的风险,人们的数字化社交实践可能会成为虚拟舞台上的表演。

---

① 殷乐、高慧敏:《智能传播时代的社会交往:场景、逻辑与文化》,《中国编辑》2021 年第 10 期,第 77－81 页。

(四)交往空间:虚拟空间的交往沉浸与异化的可能

约书亚·梅罗维茨(Joshua Meyrowitz)在《消失的地域:电子媒介对社会行为的影响》一书中提出,媒介对于空间的作用能够改变人的行为表现和角色扮演,电子媒介绕过以前传播的种种限制,改变传播变量中的时间、空间和物理障碍的重要程度,并且越来越多地介入空间结构划分的场景①。电子媒介在打破传统空间格局的同时,也在重塑新的空间格局,在新旧场景的交融和更替中,将原有的社会关系和活动迁移至线上,并进一步消除传统交往方式的迟滞,形成一种脱域的互动和普遍"共在"的虚拟空间交往。

而尤尔根·哈贝马斯(Jürgen Habermas)将科技作为意识形态讨论时表达了对技术异化的忧虑,即"我们自己创造出的物和环境在多大程度上变成了我们的主人"②。这在某种程度上体现在用户的"沉浸式"虚拟空间交往中,人们更多地依赖数字媒介来实现关系的构建和生活需求的满足,比如在不同社交平台通过标签匹配或兴趣推荐来进行内容的分享和人与人之间的互动,在衣食住行方面的决策和活动方式也更多参考美团、大众点评上的排行榜、消费评价等,从而生活乃至生存的各方面逐渐需要平台这个中介进行搭建和推进连接。技术逻辑也渗透入"云交往"的方方面面,塑造了用户的交往行为,确立了数字化的交往规则。在这一过程中,用户逐渐认同虚拟空间的交往理性,并把现实生活世界的主体间交往重组成合目的性的数字化间接交往,造成"云交往"的虚拟化和交往实践中自我意识的虚幻化逐渐成为常态,从而认可虚拟交往的合理性,逐渐淡化真实交往的价值③,加剧交往异化的可能。

二、平台媒介对社会交往的影响

当下,平台已经成为数字社会的基础设施,其通过技术优势、广泛的用户群体以及强大的连接能力构建起社会化传播网络,并成为社会连接、信息传播、关系建构的枢纽,何塞·范·迪克(José van Dijck)所提出的"平台社会"似乎已然到来。在"平台社会"下的社会生活中,人类生活的方方面面都受到由算法和大数据等技术驱动的全球化在线平台生态系统的调节。平台不仅仅构建起新的虚拟公共空间,人类几乎所有形式的日常生活实践,包括社会交往也受其影响。

---

① 约书亚·梅罗维茨:《消失的地域:电子媒介对社会行为的影响》,肖志军译,清华大学出版社 2002 年版,第 7、45 页。

② 李彪、刘子维:《从"互动"到"异化":朋友圈点赞行为与社交主体异化研究》,《新闻与写作》2022 年第 6 期,第 5 - 13 页。

③ 陈龙:《界面依赖:"云交往"时代的交往实践批判》,《暨南学报(哲学社会科学版)》2021 年第 9 期,第 1 - 12 页。

(一)平台成为社会交往的基础设施

平台已成为当今社会的新型基础设施,其不再仅仅是对承载信息传播功能的体现和对传统交往的简单扩充,而是对社会资源和分配规则进行了重新组装和配置,并日益渗透到人们生活的方方面面:通过数字技术将原有的基础设施聚集在平台上,在以数字化形式接管传统基础设施网络的同时,对其进行了资源、人力和关系的重组,使得处于不同层级的技术体从旧有结构中抽离出来,重新组合成了一套以平台为中介的运行网络体系。而平台在与社会的深层次互动与相互建构中,成为人们日常生活中通用的转译设备,用户在使用平台过程中,其日常生活行为被平台接入、记录和中介,平台以用户为转译点实现对社会的数据化重构,从而实现针对传统基础设施的数字化目标[①]。

作为基础设施的平台,改变了人们参与交往行动的方式和路径,同时拉近了媒介使用者与媒介间的距离。正如施蒂格·夏瓦(Stig Hjarvard)所言,技术加持下的媒介所具有的便捷性与其对交往成员体貌特征、思维方式及交流场景和社会语境的拟真,使人们产生"媒介即世界"的感觉与认知,甚至构建出一种"由于过于生动、具体和全面,以至于比世界的本来面貌更加真实的'超现实'"[②]。个体与平台深度互嵌,个体的平台化生存成为日常。参与其中的个体在平台交往中进行着自我呈现和身份构建,人们的社交行为和多元的交往场景不断进行融合、延伸、替代,并最终实现了"面对面"的具身互动与"节点对节点"的离身连接的交叠融合。

(二)平台重塑社会交往模式

平台成为新型基础设施,在改变人们的生存生活状态的同时,也在重塑社会交往模式。比如微信塑造了家庭交往的新场景:线下的家庭沟通逐渐迁移至线上,并为远距离的家庭成员沟通提供了对话空间;传统的家庭互动仪式也发生了变化,比如由聚集在一起看黄金档电视剧演变成给朋友圈点赞留言、分享公众号内容等;行为展演成为家庭日常交流的重要一环,在家庭群分享照片成为家人了解彼此近况的重要方式等。代际间的"技术反哺"也成为新的家庭交往内容——父母向子女学习智能手机等数字媒介的使用方式,子女帮助父母适应智能技术的发展,从而减少代际间的数字鸿沟。

相比起微信是基于强关系的互动,微博更偏向于基于内容纽带的弱关系的连接。微博是一种基于社交的信息传播平台,人们的信息传播与社交活动是同一的。

---

① 孙萍、王从健、梁慧博:《平台基础设施化的原因、特征与表现》,《青年记者》2024 年第 5 期,第 5－8 页。

② 施蒂格·夏瓦:《文化与社会的媒介化》,刘君等译,复旦大学出版社 2021 年版,第 18 页。

社交是信息传播的目的，信息传播是社交的手段[①]。微博的交流结构也更加开放，每一个个体都是一个传播节点，节点之间的共鸣或者碰撞都会促使信息进行扩散与传播，并使得微博成为重要的公共沟通系统。微博热搜、高热度的微博话题讨论也往往成为网络舆论场和反映社会气候的风向标，以及了解用户虚拟空间交往动态的传感器。

抖音、快手等短视频平台的崛起也在打破传统社交平台的结构格局，用户在视频社交平台的互动成为新的云端交往模式，景观消费在生活中占据越来越重要的地位。日常内容也成为一种媒介，在起到个人展演和自我赋值作用的同时，也起到维系关系、增强互动乃至相互学习、制造新一轮流行趋势的作用。通过拍摄短视频、进行直播的方式提供现场资料、传递最新消息也使得"公民新闻"成为一种常态，用户广泛参与碎片化新闻的制作和传播构建起更加宏大的议程网络，在提供多元视角的同时，也意味着虚假信息和谣言在互动中有多级扩散的可能。

以小红书等为代表的生活分享类平台也在提供另一种云端交往的可能：通过分享生活经验、解决日常问题，乃至成为一个"树洞"发起临时性话题，向陌生人倾诉生活烦恼等。这使得小红书的社区内容更加聚焦"生活"这个领域，也帮助小红书孕育出新的商业模式——以内容为场景入口，打造生活分享类购物平台。这意味着日常生活的分享和互动也有流量变现的可能，真实自然的生活内容有被表演和软性广告等商业符号覆盖的倾向，从而出现质疑视频内容的可靠性等声音，乃至出现取关、断连等行为。

（三）平台媒介下的数字交往困境

平台重塑交往模式，在为数字交往提供多元渠道与选择的同时，也存在一定的数字交往隐忧和现实困境。"去中介化"的交往网络在打破时空隔阂、为天南海北的人们提供更多"偶遇"可能的同时，也隐藏着一定程度上的不稳定性与信任危机。匿名性、账号的可装扮性虽然方便人们展示更加真实的心态，但也由于缺乏明确的身份和责任追究机制从而加剧了故意散布虚假信息乃至恶意攻击他人的可能。主动进行连接也意味着可以主动进行断连，关系的不稳定性与松散性也是存在信任危机的重要因素。

隐私边界逐渐失控、隐私泄露风险上升也成为数字交往的困境。据不完全统计，中国个人信息泄露数达55.3亿条，平均每个人有4条相关个人信息泄露[②]。有

---

① 彭兰：《网络传播概论》，中国人民大学出版社2023年版，第85页。

② 中国互联网协会：《中国网民权益保护调查报告2016》，2018年6月22日，http://www.isc.org.cn/zxzx/xhdt/listinfo-33759.html。

高达48%的网民表示自己很担忧社交网络中的隐私安全①。一方面，社交网络中的陌生人越来越多，意味着个人信息被窥伺和暗中传播的可能性在上升；另一方面，公共领域与私人领域界限的模糊也使得网民的隐私边界更加复杂乃至失控。平台依据用户数据等隐私进行个性化推荐也为日后的隐私泄露造成隐患。

圈层化的数字交往也会加剧信息空间的“巴尔干化”，造成数字区隔以及交往鸿沟。在众声喧嚣的网络环境中，人们更倾向于找寻与自己观点相似的人并与之分享信息，不同爱好的群体丰富了网络社会的社交行为，同时也在某种程度上分化了整体意义上的社会群体。而智能技术的快速发展与更新迭代也无形中建构了技术的“使用门槛”，使得老龄群体相较于年轻群体难以适应千变万化的媒介环境，成为网络世界被忽视的群体之一。基于平台的数字交往虽然已成为社会发展中无法忽视的维度，但伴随其中的关系转变与信任构建、交往倦怠、隐私让渡、交往鸿沟等问题仍需要人们进一步关注、探讨与解决。

三、智能时代社会交往的未来趋势

（一）跨生命交往

杜骏飞认为，在人与万物通过人工智能相联结的时代，交往的本质比之于传统，已经发生了结构性的改变：一个人工智能辅助交往的时代正徐徐拉开帷幕。这是一种由人工智能支持并与人工智能共同演化的社会交往方式，它将广泛应用于虚实相生的混合社会②。其本质的变革是发生于人的生命与人工生命之间的联结，即一种跨生命的交往。这种交往具有复杂的结构类型③。

①跨生命交往的基本模式是H-A，即对话在人（Human）与人工生命（Artificial Life）之间发生。后者可以是程序、模型或智能机器，当下以ChatGPT、DeepSeek为代表。

②在ChatGPT、DeepSeek内部，内容生成训练源自大规模的互联网文本数据集，换言之，AIGC来自“所有人”，生成方式是人机接力和概率性输出，故而其H-A模式的本质是H-（AH），这是一种人与混合生命的交往。

③在人的一端，我们可以将人工智能辅助交往具体定义为人工智能支持下的社会交往，其广泛应用于虚实融合的数字社会中。这无疑将使人自身产生两种变

---

① 《“黑市”与“黑客”侵蚀大数据安全专家表示，技术创新与完善法制是解决数据安全的两大关键》，2018年2月8日，http://www.jjckb.cn/2018-02/08/c_136957564.htm。

② 杜骏飞：《论AI交往的三个基本理论问题》，《新闻大学》2024年第3期，第33-46，118页。

③ 杜骏飞：《AI永不眠：交往革命与“赛博格阶梯”》，《探索与争鸣》2023年第5期，第16-18页。

革——人工智能辅助人和人工智能增强人，并形成混合生命与混合生命的交往(HA)-(AH)。在这一模式里，人工生命才是真正的转译者和交往平台。

(二)普遍联结

从数字文明演进的角度来看，媒介化只是数字交往的一个起点，而新传播的目标是“普遍联结”，这是一种跨越多个维度的深层次、生态性联结，如社会-技术的联结、现实-虚拟的联结、过去-现在-未来的联结乃至万物互联等。这种交往网络不仅仅局限于联结数字信息，而是旨在将社会生活、自然生活乃至整个宇宙生活作为一个整体进行联结。换句话说，这种联结不仅覆盖了人类社会中的各种交流与互动，还包括自然界中的一切生命现象，以及宇宙中的其他潜在形式的生命和活动。其有助于构建一个跨领域、跨物种的综合生态系统，最终可能形成一种宏观层面上的系统生物学模型。如果说信息是传播的起点，那么普遍联结则是交往的信念与未来趋势。在社会变革的实践层面上，有着清晰且可操作的任务：改进公共传播政策、推动协商治理、维护数字交往者权利、增强数字社会教育、完善媒介技术伦理等①。

(三)交往社会的建构

在中国现代化进程的宏伟蓝图中，我们正稳步从“四个现代化”向“第五个现代化”——国家治理体系和治理能力现代化迈进。这一转型的核心愿景，即“善治”，它追求公共利益的最大化，标志着国家与社会关系的和谐，体现为政府与公民之间对社会政治事务的高效协同治理②。善治的实现，本质上是一个动态调和的过程，它跨越公私界限，依赖于各方力量的持续互动与协作。

而这一治理理念与媒介传播的特性不谋而合。媒介，作为促进对话、构建公私之间公共领域的重要力量，其本质在于服务社会协商，是一个持续进行、与社会深度互动的过程③。因此，随着媒介化社会的不断演进，交往社会的建构为善治的发展铺设了坚实的基石。媒介不仅深度嵌入社会结构，成为其不可或缺的组成部分，还凭借自身的独特逻辑和影响力，逐步引导并塑造着社会结构的行为模式④。

在这一过程中，社会被重构为一个错综复杂的网络体系，个人则成为这个网络中紧密相连的节点，促进了前所未有的数字交往与互动。交往社会的发展，呈现出

---

① 杜骏飞：《普遍联结：回到施拉姆的预言》，《社会科学文摘》2023 年第 11 期，第 56 - 59 页。

② 俞可平：《国家治理的中国特色和普遍趋势》，《公共管理评论》2019 年第 3 期，第 25 - 32 页。

③ 杜骏飞：《公正传播论(2)：交往社会的来临》，《当代传播》2022 年第 3 期，第 49 - 55 页。

④ 杨馨：《媒介的“下沉”与奠基：媒介化社会的政治经济学批判》，《新闻界》2020 年第 2 期，第 60 - 68 页。

全景式、实践性、调谐性、迭代性和开放性的特征，这些特征共同推动了社会结构的优化与治理模式的创新，为实现更高层次的协同共治乃至善治目标提供了强大的动力。中国现代化道路上的国家治理体系与治理能力现代化，正通过媒介化社会的深入发展，以及交往社会的逐步构建，朝着善治的理想状态稳步前行。这一过程不仅是治理模式的革新，更是社会结构、交往方式乃至思维模式的全面转型。

第三节　数字空间与实体社会的融合

当下，以智能技术为代表的新一轮科技革命和产业变革正在发生，数字空间与实体社会迈向深度融合阶段。元宇宙作为网络虚拟化进程的最新形态，其在整合人工智能、大数据、区块链、5G 等前沿技术方面有重大突破。元宇宙是利用科技手段进行链接与创造的，与现实世界映射与交互的虚拟世界，具备新型社会体系的数字生活空间。以此为锚点，可以探讨数实融合的驱动因素、表现及发展趋势。

一、数实融合的驱动因素

（一）技术驱动

随着互联网的普及与计算机技术的发展，数实融合进入早期发展阶段。尼古拉斯·尼葛洛庞帝于 1995 年在《数字化生存》一书中指出，数字化生存已经成为一种不可逆转的趋势，人们的学习、工作、生活将在一个高度虚拟化的环境中完成。虽然学界、产业界多将这一阶段的数字技术应用过程称为“信息化”，但其本质仍然是数实融合。通过将各种物理实体、信息转化为 0 和 1 表达的数据，并储存于计算机中，使其可被识别、计算、控制、转译，从而大大提高信息访问和流通的效率。数字技术也逐渐应用于企业业务环节，如用 ERP 系统进行企业生产管理、用 CRM 系统进行企业客户管理、用办公自动化（Office Automation，OA）系统进行企业办公管理等。虽然在该阶段对数字技术的应用比较割裂，各环节缺乏协同和联通，导致数据无法共享和耦合，但技术的发展仍然推动数实融合成为现实，并对社会的生产生活产生深刻影响。

（二）数据驱动

随着 21 世纪移动互联网的迅速发展以及平台经济的快速崛起，海量用户、机器、物品接入互联网，人-人、人-物、人-服务的连接以及物-物、服务-服务的连接呈现指数级增长。数据成为核心资源被不断采集、存储、处理和使用，大数据时代的到来意味着数据驱动成为推进数实融合的重要因素。借助大数据系统对海量数据进行无延迟输入、云计算实时分析等，可以使信息交换和传播的速度更加快捷，并通过数据挖掘和深度分析，发现新知识，揭示新规律，从而为决策活动提供有效支持。而平台逐渐成为新型基础设施意味着庞大的数字生态正在构建，通过聚集、整合海量数据推动供需双方的高效连接，赋能实体经济降低交易成本、提升生产效率、拓展市场空间；同时“平台化生存”的人们的身体、位置、行为乃至情绪、关系等各方面的数据化也意味着人与他人、社会环境的关系模式也朝向数字化方向发展，并生成一种数实融合的两栖生活。

（三）智能驱动

2022年11月30日发布的ChatGPT，宣告了智能传播的全面到来，同时以自然语言处理、机器学习等为代表的人工智能技术为数实融合提供了新的工具，注入了新动能。这体现在新一代人工智能技术突破了资源使用与整合上的能力局限与差异，在降低技术使用门槛的同时，更加贴合普罗大众的使用习惯，进一步推动了人机交互的日常化、可持续化。同时通过对文字、图像、音频、视频等多模态数据的融合，打破了数据库间的壁垒，实现了资源共享，并使得人工智能能够对生活中的复杂场景快速识别融入，优化智能机器服务现实需求的能力。陈昌凤指出，大模型和由生成式人工智能开启的新一代智能平台，将基于更广阔的数据基础建立多样化的人工智能模型生态系统。基于语言的大模型将打造一个虚拟的世界，使得置身于自己的地区、现实空间的人们能和世界上各个角落的人们共处其中进行各类协作，通过语言的驱动共同开发游戏、创作艺术、发展教育、研发设计、创造信用体、解决医学疑难问题等。新一代智能平台通过构建现实与虚拟的层叠生态结构，建立人与智能体、智能体与智能体的连接，变革既有的关系与结构①。

二、数实融合的多维表现

（一）产业链协同深化发展

数实融合正在深刻地改变着产业链上下游企业的运作方式，它不仅促进了企业间的信息共享与业务协同，还打破了传统产业链中存在的“信息孤岛”现象。借助于这种融合，形成了一个以数据为核心驱动力、能快速响应市场需求变化的新型供应链体系。通过区块链和物联网等先进技术，可以实现从原材料采购到生产制造、物流配送，直至最终销售和服务的整个链条的透明化和可视化管理。这有助于确保产品的真实性和质量，同时也能提高效率，减少不必要的成本和浪费。例如，在原材料

---

① 陈昌凤：《智能平台兴起与智能体涌现：大模型将变革社会与文明》，《新闻界》2024年第2期，第15－24，48页。

采购环节，物联网传感器可以实时监控库存水平，自动触发补货流程；在生产制造过程中，通过数字孪生技术可模拟生产线的工作情况，优化工艺流程；而在物流配送阶段，则可以利用区块链技术确保货物的安全追溯，增强客户信任度。这种全面的数据集成和智能分析能力不仅降低了企业的运营成本，同时还极大地提升了整个产业链的整体竞争力，为消费者提供了更加优质的产品和服务体验。

（二）数字新业态不断涌现

数实融合催生了一系列新的商业模式和业态，包括共享经济、平台经济等。数字金融、数字文化创意产业、数字医疗服务等新兴领域快速发展，成为推动经济增长的重要力量。传统行业也在经历数字化转型，比如线上线下一体化的新零售模式、智慧农业、智能制造等，都实现了跨界的融合与创新。此外，绿色低碳转型的步伐也在加快，数实融合不仅促进了经济社会的发展，还可对实现碳达峰和碳中和的目标提供支持。通过运用大数据分析、物联网监测等先进技术，可以对企业和城市的能源消耗与排放情况进行精确管理，从而优化能源使用结构并提高能源效率。这些措施有助于构建可持续发展的未来，促进经济社会与环境的和谐共生。

（三）泛联网与数实融合网络空间

泛联网的发展为数实融合网络空间的形成提供了基础。其通过无线通信设施、互联网主干网及相关协议等，将计算机、自然对象及虚拟数字人等相互连接，形成“泛联”的网络环境。数实融合网络空间是指随着数字技术的持续扩展，并与物质环境及社会生活紧密交织而形成的一种新型融合状态。其涵盖了从纯粹的虚拟现实体验到增强现实应用，再到数字孪生技术以及完全数字化生成的内容等多种形式。在这个空间中，物理世界、人类社会和数字世界相互交织，人们可以通过自己的虚拟形象参与到这个空间中，并与各种实体和数字对象进行互动，元宇宙则是数实融合网络空间的一个极致表现。因此，泛联网提供了数实融合网络空间的技术支撑，数实融合网络空间则是泛联网技术应用的具体体现。

（四）价值观的多维融合与碰撞

数实融合的发展进一步推动了价值观的多维融合与碰撞。比如身份观逐渐衍生出自然人、虚拟人、机器人以及“过去人”等类别①。自然人的真身、虚拟人的化身或分身、机器人的假身之间可进行数据交流和选择性同步，由此三身合一，人的生产

---

① 肖珺、黄枫怡：《悬而未决的数字文明：对虚实融合传播的社会认知及反思》，《新闻与传播评论》2023 年第 4 期，第 91－105 页。

效能、感知能力、执行效力都将大幅度提升[①]。在情感观方面,一方面增强共情、制造共情,另一方面,可能造成感知疲劳乃至情感减弱。虚拟现实可以诱发多元的情绪,包括焦虑、恐惧、喜悦、悲伤,以及更复杂的敬畏、感激等[②]。但是,数字媒体复制通信过程会产生距离感和"信息缺失",因此共情不能从数字来源中产生,虚拟现实技术只是一个苍白的替代品,甚至会导致人们对真实世界的进一步远离[③]。在价值观方面,数实融合的发展重新塑造了我们的时空观和生死观。从时间角度,其打破昼夜更替、四季流转的自然规律,并催生出多元交叠、可定制化的私人时间轴等;从空间角度,其进一步创造了具有虚拟、多层次、交互性强等独特性质的空间形式。对生死观的讨论主要聚焦于数字永生等方面。在虚拟空间,个体的生命数据可以被全过程记录、重启与重来、互动与互换、继承与叠加、编辑与定制,因此具备永续存在的能力与条件[④]。但也一定程度上造成对传统生死伦理的冲击并引发相关思考。

三、数实融合的发展方向

(一)完善数据要素的制度体系建设

加速数据要素制度体系的全面构建,对于塑造新型生产关系格局、深化数实融合具有重要意义。为此,需从制度基石、法制保障、机制创新三大维度综合施策,系统性优化数据要素从产权界定到交易流通的全过程管理。

首先,要构建符合中国国情的数据要素产权体系,确保各参与主体的权益得到充分尊重与保护。这包括清晰界定不同类型、不同敏感度数据的权属责任,细化各类应用场景下的数据使用规则与法规框架,以此提升数据管理的精细化与效率。

其次,要拓宽并规范数据要素市场的运作环境,深化市场化改革,鼓励市场参与者探索多样化、灵活化的数据交易与流通模式。政府应发挥引领作用,强化政策与资源支持,完善数据创新利用机制,促进数据资源的高效流动与价值释放。

再次,建立公平与效率并重的收益分配机制,拓宽分配渠道,完善调节机制,确保利用数据价值创造的成果能够惠及政府、企业与社会公众,促进多方共赢。同时,加强数据素养教育,增强社会各界的数据应用能力,共同推动数据经济的繁荣。

---

① Meta Siyuan:《元宇宙发展研究报告 2.0 版》,2022 年 1 月 21 日,http://bsddata.oss-cn-hangzhou.aliyuncs.com/yuanyuzhou/file/。

② COLLANGE J, GUEGAN J,"Using virtual reality to induce gratitude through virtual social interaction",Computers in Human Behavior,No. 12(2020),pp. 1－11.

③ HASSAN R,"Digitality, virtual reality and the 'empathy machine'", Digital Journalism, No. 2(2020),p. 195.

④ 吕鹏:《元宇宙技术与人类"数字永生"》,《人民论坛》2022 年第 7 期,第 21－25 页。

最后，实现政府与市场力量的有效融合，构建多元主体共同参与、协同治理的数据生态体系。通过提升监管科技水平，增强监管效能，同时保障市场活力与创新空间，形成既规范有序又开放包容的数据发展环境，为数据要素市场的持续健康发展奠定坚实基础。

（二）加快构建平台和场景驱动的发展模式

随着新型基础设施的迅速铺设，消费升级与产业创新的浪潮愈发汹涌，对支撑数字化转型、智能化升级及跨界融合应用的平台架构与场景应用提出了更为迫切与高端的需求。针对此，应采取精细化策略，按环节定制、依主体引导、分领域深耕，积极探索平台与场景驱动的发展模式。

在环节层面，需求导向成为核心驱动力，要精准捕捉并充分利用新型生产要素，实现供给与需求的无缝对接与高效匹配。外部环境风云变幻，如新冠肺炎疫情期间的远程协作需求激增，以及工农业、政务服务等多领域对定制化场景的呼唤，均提示必须深入行业肌理，敏锐捕捉市场动态，灵活调整策略。

从主体视角出发，政府需扮演好引领者与协调者的角色，通过构建更加灵活高效的治理体系，有效整合行业资源，为市场提供高质量的平台化、场景化服务。同时，企业作为创新主体，应持续加大研发与运营投入，不断推陈出新，提升产品与服务的供给品质，同时积极融入产业链生态，强化协同合作，避免技术壁垒与数字孤岛的形成，共同促进价值创造与利益共享。

在领域层面，应聚焦智能制造与工业互联网的深度融合，将其作为制造业数字化转型的主攻方向，推动行业场景的大规模应用与持续优化。同时，关注科技与农业的深度融合，利用数字平台为农业赋能，加速农业现代化进程。此外，还应积极探索数字技术与服务的创新结合，创造出更多元、更便捷的服务场景与模式，进一步激发消费市场的活力与潜力。

（三）进一步推动人机物三元融合的数实融合

在未来，数字技术的边界将大幅拓展，其不再局限于经济范畴，而是全面渗透并重塑人类社会，构建起一个以人为核心，融合人类（人）、数字空间（机）与物理世界（物）的三元共生体系。这一体系依托云计算的无限算力、物联网的广泛连接、移动通信的即时通信、人工智能的智能决策、虚拟现实的沉浸式体验，以及前沿的脑机接口技术，实现了三者间信息的无缝流通与协同作业，开创了数实深度融合的新纪元。

人机物三元融合通过万物互联、万物智联，实时感知人的需求，以及物理世界、数字空间的状态，从而加速物质、信息、能源三大要素的高效协同和优化配置，为提高产业韧性和经济发展质量提供新的可能。以智能制造为例，人机协作、自动化机器人与数字孪生技术的融合,使企业能够敏锐捕捉市场与环境的微妙变化,并迅速调整策略,确保生产的灵活性与高效性。同时,人机物三元融合将推动实体经济向个性化、定制化转型,围绕每个人的独特需求,量身打造各类服务体验,从教育、社交、娱乐到健康、生活等各个方面,均将享受到前所未有的精准化、舒适化与高品质服务。这一转变不仅深刻满足了个人需求,更从根本上避免了资源浪费,促进了可持续发展。此外,随着人机物融合的深化,产品制造将彻底转变为以用户需求为导向的按需生产模式,实现了资源的最优配置与利用。人与自然逐步实现和谐共处,机器也将从工具逐步上升成为人类的伙伴,实现人类社会(人)-数字空间(机)-物理世界(物)的协调统一。

第四节 算法逻辑下的社会文化发展

随着信息技术的飞速进步,算法作为数字时代的核心驱动力,正以前所未有的方式渗透并重塑着社会文化景观。从社交媒体的个性化推荐到公共服务的精准匹配,算法逻辑无处不在,并悄然改变着人们的认知模式、文化形态以及文化交流、文化建设等。

一、算法逻辑的主要特征

(一)数据化

卡尔·贝内迪克特·弗雷(Carl Benedikt Frey)指出:“数据可以被视为新的石油。”没有高质量的数据支持,人工智能系统无法进行训练和学习。数据是人工智能的燃料,可以被分为两种主要类型,即结构化数据与非结构化数据。结构化数据通常是指那种能够整齐地组成表格式样的信息,比如存储在数据库里的记录。相对而言,非结构化数据则更为复杂多样,涵盖了诸如文档文本、图片、声音文件以及视频资料等多种形式的信息。优质的数据能够为模型提供精确的示例和对应的标签,从而让模型有能力学习到有用的模式和特征。此外,多样性的数据集还能增强模型的泛化能力,使其在面对多种不同情境时表现得更加稳健。在数据处理的过程中,对数据的收集、净化(清洗)以及标记是至关重要的步骤,这些步骤对于确保数据的质量起到了核心作用。

算法通过对数据进行一系列复杂的计算和推理,可挖掘出数据背后的规律和关联,将无序的数据转化为有价值的信息。因此算法所做的决策往往基于计算,而且通常只能通过可量化的信息进行计算。对数据的固有依赖导致各种实践和关系出现明显的数据化趋势,即将社会现实转化为一种排除细微差别和具有更广泛背景的结构化数据方案[1]。数据化是一个持续的过程，这是算法的一个重要特征，因为算法需要不断产生的数据流（即大数据）来执行其关键功能。可以肯定地说，算法对数据的依赖性体现在通过获得大量可用信息进行大规模（超出人类认知的范围和能力）的复杂推断、关联和预测等层面。

（二）自动化与规则化

自动化与数据化是相互交织的，对自动化决策的尝试推动了更多的数据化，对更多数据的访问能够实现更密集和更广泛的自动化。算法定义了如何使用数据和算力来进行计算和决策。它是人工智能系统的核心引擎，决定了系统的学习、推理和决策过程。在人工智能领域内，存在着多种多样的算法，其中包括机器学习算法、深度学习算法以及强化学习算法等。这些算法通过不断地学习和自我优化，使系统具备了从数据集中抽取有价值信息及识别模式的能力，并据此做出智能化的决策。这一算法逻辑的自动化特征则进一步推动了一套智能化的支配性新机制。

如在新闻传播领域，对新闻素材的筛选、编辑、审核乃至分发、反馈，以及团队合作、资源配置等组织管理，都需要遵从新规则，生产或分发都要为适应算法规则做出调整，用户、生产者和平台都要回应算法规则，从而获得更大的效益。而算法作为社会规则在技术领域延伸，开始重塑信息规则以及社会规则，重塑用户、媒介和社会的交互关系。算法也开始引发对一系列伦理和社会问题的讨论，包括隐私保护、数据安全、算法偏见以及透明度等，并让我们开始思考算法规则化带来的隐形剥削以及权力的不平等。

（三）具备工具理性的特征

算法的开发和使用是高度工具化和合理化的，其逻辑具有深刻的工具理性烙印。正如帕西科·比利奇（Paško Bilić）所强调的，算法必须被视为资本主义中占主导地位的特定技术理性表达，而作为“一种生产方式，一种特定形式的资本主义——算法资本主义嵌入其中”[2]。这体现在资本主义社会关系中出现的边界被编织进了它们背后的实用性和算法操作中。它产生特定的偏见，改变了整个数字生态系统，并形成了所谓的算法意识形态。对于克里斯蒂安·福克斯（Christian Fuchs）来说，工具理性“以效用、盈利能力和生产力为导向”，其目标被简化为成本-效益计算。在某种程度上，算法的上述所有特征都存在且有助于工具理性的强化。

---

① MITTELSTADT B D, et al., “The ethics of algorithms: Mapping the debate”, Big Data & Society, Vol. 3, No. 1(2016), p. 1.

② BRIDLE J, New dark age: Technology and the end of the future, Verso Books, 2018, p. 40.

二、算法逻辑对文化形态的影响

（一）助推文化多元

美国《连线》杂志主编克里斯·安德森（Chris Anderson）在他的文章中第一次提出长尾理论，其认为商业和文化的未来不在于热门产品，不在于传统需求曲线的头部，而在于需求曲线中那条无穷长的尾巴。分布在尾部的个性化、少量、零散的需求累计起来的数量将会形成一个可观的市场。个性化的算法推荐将这一概念运用得淋漓尽致。基于用户画像对其感兴趣的文化内容进行个性化推送，弥补了传统线下公共文化机构单向、粗放型传播模式的劣势，在进一步化解用户在纷繁复杂的文化海洋中面临选择的困境的同时，也推动了小众、亚文化消费的兴起，从而助推文化的多元化发展。

（二）凝聚社会力量参与公共文化建设

社会力量是公共文化治理的重要主体，算法赋能凝聚社会力量进一步参与公共文化供给与建设。这体现在算法参与到智慧图书馆、云上博物馆的建设以及依托人机交互、虚拟现实等技术共同推出的文物虚拟展览、古籍数字化，以及戏曲、戏剧虚拟表演等。开发算法的大型科技公司和平台巨头企业也由此与政府协同合作，并加入公共文化治理主体阵列。算法作为技术中介不仅重塑了政府与社会力量之间的互动模式，成为促进公共文化服务社会化的关键因素，而且还促进了公共文化传播形式的革新、传播途径的拓宽以及传播观念的进步，成为推动公共文化治理现代化的重要技术支撑。

（三）强化“审美茧房”

基于数字媒体架构的信息传播不仅涉及内容的传递和意义的交流，还包含了通过对数据的自动化挖掘、分析与应用来促成用户参与并施加心理影响的机制。这意味着，在数字媒体环境中，信息的传播是通过技术手段处理大量数据来促进用户互动，并在一定程度上引导或影响用户的感知与行为。这一机制表面上以“定制化”“精细化”甚至“个性化”为口号，实际上却在智能技术的助力下尝试重建半强制性信息流通体系①。所以我们可以了解到，经过一段时间的平台“磨合”后，用户总能持续接收到自己感兴趣的内容，相关的正面反馈（如点赞、收藏等）又会进一步固化用户画像。长此以往，用户逐渐封闭在其狭小、安逸的文化舒适圈，从而加剧不同类型的品位区隔，在强化“审美茧房”的同时，也压缩了公共美学的内涵与尺度。

---

① 常江、狄丰琳：《从智能分发到“审美茧房”：数字时代的文化公共性反思》，《中国出版》2023 年第 14 期，第 3－10 页。

(四)削弱主流文化权威性

文化认同的核心是对主流文化价值的认同,其关键在于在群体中树立主流文化的价值认同。然而,算法分发秉持的“流量为王”理念与主流文化强调的“价值至上”本质存在着天然的相悖性。在算法分发模式下,主流文化权威性的削弱源于算法在本质上是“立于海量信息和海量用户之间的匹配技术”,其“关键在于价值适配”,而不在于提供满足公共信息传播、社会意见整合、社会共识形成的“价值的最大公约需求”,即整合和统一[①]。因此,作为信息与用户匹配的技术,算法分发在发挥其海量信息匹配海量用户的优势的同时,本质上倾向于“流量为王”;加上资本逻辑的影响,热度高、流量大的内容自然成为算法推荐的标准。而这种“流量为王”逻辑凭借各种新颖的叙事手法、戏谑的传播方式等手段大量传播所谓的“普世价值”西方霸权文化、诱导盲目追星的粉丝文化、追求流量变现的低俗网红文化等不良文化内容,使得历史虚无主义、西方霸权主义、文化消费主义等与主流文化价值观相抵触的不良观念,在算法的“黑箱”效应下以更加隐蔽和渗透性强的方式传递给受众,持续削弱公众对主流文化价值的认同感。

三、算法逻辑下的跨文化传播

(一)算法成为跨文化传播新渠道

当下媒介的形态已经由传统意义上的物理媒介迭代到关系媒介,再迭代到算法媒介,其作为全部人类关系的连接者和智能化的整合匹配者正在越来越广泛地渗透到我们生活的方方面面,并扮演着越来越重要的角色[②]。这同样体现在跨文化传播中,算法逻辑正重塑着文化生产和传播的模式,算法已然成为不同文化之间交流与融合的新渠道。基于全球互联网平台上的跨国交流几乎没有技术隔阂,通过一键关注、点赞、转发、评论等行为,不同文化背景的人们能够充分接触并了解彼此。同时,算法不仅促进了文化内容的流动,更按照一定的数据化、格式化逻辑重塑文化产品的生产和传播过程。比如网易云等音乐内容平台通过算法整合用户行为、文化消费情境和类型标签等数据,并在此基础上塑造出不属于任何流派的“歌单”——嘻哈音乐与“摇滚”“流行乐”“民谣”等不同流派的音乐在“猜你喜欢”等智能歌单中汇聚,从而方便用户进行跨文化感知与体验。

---

① 黄莹莹、杨弘:《算法分发模式下的主流文化认同建构:逻辑进路、实践困境与突围策略》,《社会科学研究》2024 年第 3 期,第 60 - 68 页。

② 喻国明、耿晓梦:《算法即媒介:算法范式对媒介逻辑的重构》,《编辑之友》2020 年第 7 期,第 45 - 51 页。

(二)算法助力跨文化传播内容生产

尽管平台生态系统呈现出多样性,个体内容创作者和创作内容也十分多元,但在数字化环境中,这些创造性和创新往往受到平台算法的影响和塑造。在跨文化信息内容生产方面,算法可以助力智能生产平台实现媒体、平台和内容的融合,打造出从内容策划、素材获取、内容生产、内容分发、与用户互动到反馈等环节的全方位人机协作空间。此外,算法也在语言翻译、跨语言交流等方面发挥着重要作用。自动翻译工具使得拥有不同语言背景的人们能够无障碍沟通,进一步推动了知识和思想的共享;自然语言处理结合深度学习模型可以提升多元文化信息获取的效率和质量,满足个性化的文本需求;文本纠错算法可以解决内容精准度问题,从而减少语言间交流的隔阂或障碍等。通过这种方式,算法正在逐步消除文化之间的隔阂,为全球范围内的文化交流搭建起一座座桥梁。

(三)算法赋权文化共同体建设

从家庭、氏族、城邦,到王国、帝国和民族国家,共同体在历史的长河中历经演化与变革。算法改造着个体间的交往方式,重新联结个体间、社会资源间的关系网络,对社会关系进行重置和构建[①]。这进一步体现在算法赋权文化共同体建设,在智能时代,随着对网络和大数据的大规模应用,个人的行为和数据被评估、分类和标签化。通过标签归类、情感及认知状态分析等方法,算法能够识别出拥有共同兴趣、目标、情感、道德观、价值观和身份认同的群体,并且能够持续加强这些群体内部的联系。同时,通过算法来研究网络社区的组成、边界及其结构,往往对于揭示隐性社区以及间接、隐藏的关系具有重要作用。借助算法的力量,跨文化传播不再是"盲人摸象",而是在尊重不同地域和文化背景的基础上,运用网络关键节点分析、跨国社区舆情分析、影响力分析等方法,做到因地制宜、精准推送。以此为基础,以全人类共同的价值观为核心,与海外受众建立共鸣,根据当地传播环境的具体情况和受众特点,可有效地讲述中国故事、传播中国声音。

① 胡正荣、孟丁炜:《给算法以文明:算法治理赋能国际传播效能测定》,《对外传播》2023 年第 10 期,第 4－7 页。

第十三章　智能传播伦理与法规

智能技术在赋能传媒产业发展的同时，也给人类社会带来日益严峻的伦理挑战。新闻与信息的生产逐步趋向不透明化，个人隐私与版权保护遭遇频繁侵犯，信息茧房效应深化，虚假新闻泛滥成灾，人文关怀在智能浪潮中渐显淡漠……这一系列智能传播领域的伦理失序与违法现象，正促使新闻传播伦理与法规框架步入亟需重塑的关键阶段。在本章，笔者重点分析中国及世界其他主要国家和地区在智能传播监管和治理中的现行经验和政策法规，并对智能传播活动的伦理与法律责任主体进行界定，进一步对智能传播中的伦理风险和违法现象进行梳理，在问题分析的基础上总结智能传播伦理规制和法律规制的现有思路和具体举措。

第一节　智能传播伦理与法规概述

一、智能传播伦理与法规体系

智能传播伦理与法规体系通过构建标准、审查、监管和问责四个方面在内的治理环节，形成系统的治理体系，从而引导智能传播向更加安全、可靠、负责任的方向发展，保护公众利益和社会福祉。

（一）标准体系

标准作为外在于法的规范系统，虽本无法的规范效力，但当它通过法律的规定或当事人的约定进入法的系统时，对法律规范社会行为有着重要的作用。因此，在智能传播伦理与法规体系构建中，由国际标准、国家标准、行业标准、团体标准共同构成的标准体系是智能传播监管与治理的基石。目前，智能传播的标准体系可参考我国的人工智能标准体系结构，其中包括“A 基础共性”“B 支撑技术与产品”“C 基础软硬件平台”“D 关键通用技术”“E 关键领域技术”“F 产品与服务”“G 行业应用”“H 安全/伦理”八个部分，如图 13－1 所示[①]。

---

① 中华人民共和国中央人民政府：《五部门关于印发〈国家新一代人工智能标准体系建设指南〉的通知》，2020 年 7 月 27 日，见 https://www.gov.cn/zhengce/zhengceku/2020-08/09/content_5533454.htm。

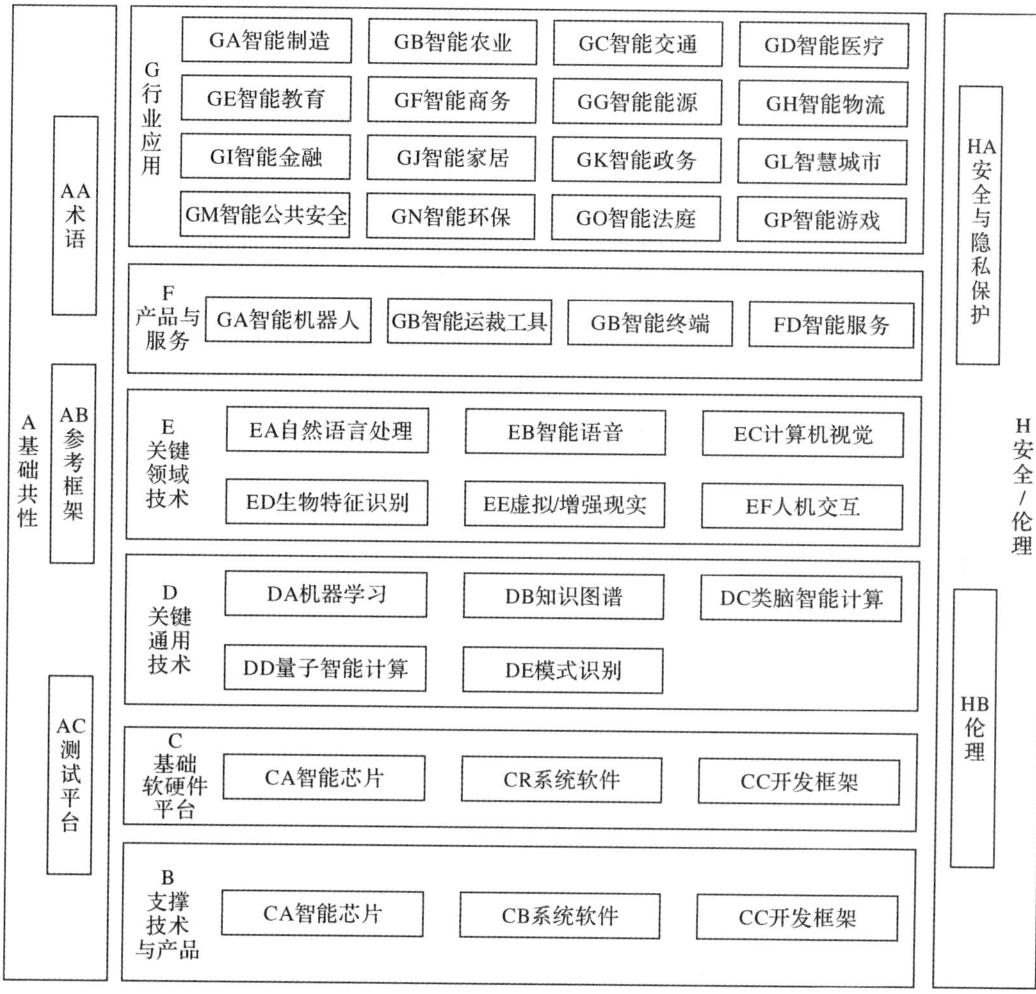

图 13－1 人工智能标准体系结构

(二)审查体系

2023 年 9 月，科学技术部、教育部、工业和信息化部等部门联合发布的《科技伦理审查办法(试行)》中公布了需要开展伦理审查复核的科技活动清单，其中明确指出“具有舆论社会动员能力和社会意识引导能力的算法模型、应用程序及系统的研发”属于需要开展伦理审查复核的科技活动①。此办法初步构建了智能传播的审查体系，其中规定了高等学校、科研机构、医疗卫生机构、企业等是应当作为科技伦理审查管理的责任主体。以上单位应为科技伦理(审查)委员会履职配备必要的工作

① 中华人民共和国科学技术部：《关于印发〈科技伦理审查办法(试行)〉的通知》，2023 年 9 月 7 日，https://www. most. gov. cn/xxgk/xinxifenlei/fdzdgknr/fgzc/gfxwj/gfxwj2023/202310/t20231008_188309.html。

人员、提供办公场所和经费等条件，并采取有效措施保障科技伦理（审查）委员会独立开展伦理审查工作。

（三）监管体系

监管机构通过监督检查、行政处罚等手段，对违反法律的行为进行及时纠正和惩处，从而维护智能传播相关法律的权威性和严肃性。目前，我国对人工智能及智能传播的监管采取“包容审慎和分类分级”的监管机制，确保监管措施既不抑制技术创新，又能有效应对智能传播中的安全风险。如《互联网信息服务算法推荐管理规定》第二十三条规定：“网信部门会同电信、公安、市场监管等有关部门建立算法分级分类安全管理制度，根据算法推荐服务的舆论属性或者社会动员能力、内容类别、用户规模、算法推荐技术处理的数据重要程度、对用户行为的干预程度等对算法推荐服务提供者实施分级分类管理。”①可见，在监管方针上，分级分类的思想贯穿在现阶段人工智能的监管体系设计中。

（四）问责体系

合理的责任划分是智能传播治理的关键，有效的问责机制和问责体系能够确保问责的效用。对此，我国已经确立了人工智能治理中的“共担责任”原则，2019年发布的《新一代人工智能治理原则——发展负责任的人工智能》提出按照研发者、使用者和受用者的分类，建立人工智能问责机制。2021年发布的《网络安全标准实践指南——人工智能伦理安全风险防范指引》进一步从研究开发者、设计制造者、部署应用者和用户四个主体层面对各自的人工智能伦理安全风险防范责任进行了不同设计。目前，智能传播问责体系涉及多个责任主体，“共担责任”成为治理共识②。

二、中国智能传播治理的现行政策

（一）治理原则

2019年6月17日，国家新一代人工智能治理专业委员会发布《新一代人工智能治理原则——发展负责任的人工智能》，提出了人工智能治理的框架和行动指南。该治理原则突出了“发展负责任的人工智能”这一主题，强调了和谐友好、公平公正、

---

① 《互联网信息服务算法推荐管理规定》，2022年3月1日，https://www.gov.cn/zhengce/2022-11/26/content_5728941.htm。

② 戴杕：《ChatGPT：人工智能的通用性发展及其法律规制》，《西南政法大学学报》2023年第4期，第86-97页。

包容共享、尊重隐私、安全可控、共担责任、开放协作、敏捷治理在内的八条原则[①]，这八条原则成为中国智能传播监管与治理的总体框架。

（二）法律条文

目前，中国还没有一部系统的人工智能法案，而与智能传播相关的法律共有三部，分别是《中华人民共和国网络安全法》《中华人民共和国数据安全法》《中华人民共和国个人信息保护法》。

《中华人民共和国网络安全法》由中华人民共和国第十二届全国人民代表大会常务委员会第二十四次会议于 2016 年 11 月 7 日通过。《中华人民共和国网络安全法》共有七章七十九条，内容十分丰富，具有几大突出亮点：一是明确了网络空间主权的原则；二是明确了网络产品和服务提供者的安全义务；三是明确了网络运营者的安全义务；四是进一步完善了个人信息保护规则；五是建立了关键信息基础设施安全保护制度；六是确立了关键信息基础设施重要数据跨境传输的规则[②]。

《中华人民共和国数据安全法》自 2021 年 9 月 1 日起施行。这部法律是数据领域的基础性法律，确立了数据分类分级管理、数据安全审查、数据安全风险评估、监测预警和应急处置等基本制度，为基于数据的智能传播活动的数据安全提供了法律保障，并指明了维护数据安全的方向。

《中华人民共和国个人信息保护法》自 2021 年 11 月 1 日起施行。这部法律对智能传播中受到重点关注的过度收集个人信息、大数据杀熟、利用个人信息进行自动化决策、在公共场所通过摄像机采集图像等热点难点问题都给予了回应，提出了处理个人信息的"告知-同意"基本原则，从法律层面赋予了个人信息主体关于个人信息保护的相关权利[③]。

（三）行政法规

行政法规是相关领域开展行政管理工作的重要依据，充分体现了我国对在重点领域、新兴领域加强立法的要求。有关智能传播的行政法规一般以需求为导向，选取小切口，针对具体问题设计规范，如《互联网信息服务算法推荐管理规定》《互联网信息服务深度合成管理规定》《生成式人工智能服务管理暂行办法》等。

《互联网信息服务算法推荐管理规定》是一部全面规范"算法推荐"的法规，由国

---

① 中华人民共和国科学技术部：《发展负责任的人工智能：新一代人工智能治理原则发布》，2019 年 6 月 17 日，https://www.most.gov.cn/kjbgz/201906/t20190617_147107.html。

② 徐长安：《〈网络安全法〉解读》，《中国建设信息化》2017 年第 3 期，第 62 - 65 页。

③ 韩煜：《公共安全视角下的个人信息保护：〈中华人民共和国个人信息保护法〉解读》，《中国安全防范技术与应用》2021 年第 6 期，第 10 - 13 页。

家互联网信息办公室、工业和信息化部、公安部、国家市场监督管理总局联合发布，自2022年3月1日起施行。其中规定了国家网信部门负责统筹协调全国算法推荐服务治理和相关监督管理工作。国务院电信、公安、市场监管等有关部门依据各自职责负责算法推荐服务监督管理工作。地方网信部门负责统筹协调本行政区域内的算法推荐服务治理和相关监督管理工作。在具体细则上，《互联网信息服务算法推荐管理规定》明确了算法推荐服务提供者的信息服务规范和用户权益保护要求，包括保障算法知情权和保障算法选择权等。

《互联网信息服务深度合成管理规定》由国家互联网信息办公室、工业和信息化部、公安部联合发布，自2023年1月10日起施行。该规定明确了深度合成服务的定义、适用范围、监督管理职责、服务提供者的责任、技术与数据管理规范、监督检查与法律责任等内容，特别强调了深度合成服务提供者应遵守法律法规，尊重社会公德和伦理道德，不得制作、复制、发布、传播违法信息或虚假新闻，必须落实信息安全主体责任，建立健全用户认证、内容审核等管理制度，并对可能引起公众混淆的服务进行显著标识。同时，规定了对违反规定行为的处罚措施，包括行政处罚、治安管理处罚，甚至追究刑事责任。

《生成式人工智能服务管理暂行办法》由国家互联网信息办公室、国家发展和改革委员会、教育部、科学技术部、工业和信息化部、公安部、国家广播电视总局联合发布，并于2023年8月15日正式实施。该办法规定了生成式人工智能的适用范围，明确排除了不适用的场景，一类是"新闻出版、影视制作、文艺创作等"领域，另一类是"行业组织、企业、教育和科研机构、公共文化机构、有关专业机构等研发、应用生成式人工智能技术，未向境内公众提供生成式人工智能服务的"情形。该办法还分别对不同主体在生成式人工智能服务中的法律责任进行了详细规定。

三、世界主要国家和地区的智能传播监管

（一）欧盟方案

目前，欧盟在人工智能监管方面，体现出渐进性与系统性，形成了自上而下的监管体系，并出台多部法律法规从不同角度对人工智能开展监管。

1.《通用数据保护条例》

2018年5月25日，欧盟第一部关于数据保护的权威法案《通用数据保护条例》（*General Data Protection Regulation*，GDPR）正式实施。《通用数据保护条例》高度重视个人数据保护与监管，为之设置了一系列的保护门槛和机制，被称为"史上最严格"的个人数据保护法案。其提出的核心立法思路是"视个人数据为流动的人格加

以保护”,提升了数据主体对个人数据的控制力,取消了数据本地化的要求。《通用数据保护条例》还赋予了数据主体“删除权”,即用户有权删除网上个人数据[①]。除规制个人隐私数据外,《通用数据保护条例》对算法也进行了规定。一是规定在未受到任何人为监督的情况下,不应仅由算法做出影响法律权利的重大决定。表明算法的最后执行应该经由人工审核,而非算法自动运行后直接提出解决办法。二是《通用数据保护条例》保证个人有权获得算法的“有意义的信息”。因为对该项权利缺乏进一步的解释,争议较多,主要包括受影响的个人请求获取这些信息的频率、公司反馈个人后信息价值如何估计,以及公司如果拒绝提供这些信息将产生何种法律后果等。

2.《数字服务法》和《数字市场法》

2020 年 12 月 15 日,欧盟委员会正式公布了《数字服务法》(*Digital Services Act*,*DSA*)与《数字市场法》(*Digital Market Act*,*DMA*)两项法案提案,旨在构建新的法律框架。《数字服务法》与《数字市场法》出台的核心动机,在于欧盟意图规范其疆域内日益壮大的互联网巨头企业,削弱虚假信息的潜在威胁,同时强化市场内部的竞争格局。其中,《数字服务法》聚焦于搜索引擎与推荐系统内部人工智能算法的“透明度”与“可解释性”问题,并探索如何有效过滤虚假信息。为此,《数字服务法》提出了新的透明度标准,要求算法运作机制更加清晰可理解,并强制实施第三方审计机制以确保合规。此外,在保护用户隐私层面,《数字服务法》明令禁止算法利用用户的敏感身份信息进行个性化推荐。对于遏制虚假信息的扩散,《数字服务法》强调推荐系统需具备高效的甄别能力,否则平台将承担因未能有效阻止虚假信息传播而产生的责任。而《数字市场法》着眼于市场公平竞争,将目标对准了作为“市场守门人”的大型科技企业,禁止它们在算法设计中偏袒自身产品或服务,以保障其他企业享有平等的市场竞争机会。针对这类企业所使用的人工智能算法及其背后的数据处理逻辑,欧盟委员会被授予了审查权,以此促进市场的健康与多元化发展[②]。

3.《人工智能法案》

欧盟于 2024 年 8 月 1 日正式实施了其开创性的《人工智能法案》,这是全球首部全面针对人工智能领域的综合性法律规范。该法案根植于风险预防原则,构建了一套贯穿人工智能发展全生命周期的风险管理体系,引入了风险分级策略、产品

---

① 林凌、李昭熠:《个人信息保护双轨机制:欧盟〈通用数据保护条例〉的立法启示》,《新闻大学》2019 年第 12 期,第 1 - 15,118 页。

② 赵子飞、董一凡:《欧盟数字新规战略解析及欧美数字竞合前景》,《中国信息安全》2021 年第 1 期,第 75 - 78 页。

监管框架及倡导负责任创新的核心理念。其标志性特色在于实施了一种“风险导向”的监管机制，该方法对现存的人工智能系统进行精细化分类，并据此量身定制监管要求与责任，确保监管强度与潜在风险紧密匹配。在此框架下，监管措施被划分为四个层次，采取逐步宽松的策略，从严格禁止高风险活动到对低风险领域的相对宽松管理。这四个风险等级及其对应的监管措施概述如下：①具有不可接受风险的被禁止的人工智能系统；②受详细规则约束的高风险人工智能系统；③仅受某些透明度要求约束的低风险人工智能系统，这些透明度要求包括供应商必须确保自然人知道他们正在与人工智能打交道、被告知人工智能是否使用了情感识别或生物特征分类、被告知人工智能是否操纵了他们正在观看的内容；④所有其他风险较低或极低的人工智能系统都可以在欧盟开发和使用，无需遵守任何额外的法律义务[①]。

（二）美国方案

美国在人工智能治理方面虽未制定全国统一的综合立法，但已针对多样化的技术应用场景，如自动驾驶与算法推荐等，颁布了系列规范性文件，积累了丰富的在地性、类别化的治理经验。

1. 联邦政府审慎监管

对人工智能的监管，美国联邦政府强调审慎监管促进创新发展，多次声明要帮助美国公司在公平的环境中竞争。2022 年 10 月，美国政府发布了《人工智能权利法案蓝图》，旨在作为自动化技术设计、开发与应用的指导性文件，强化对美国公民权利的保障。尽管其不具备法律强制力，却代表了联邦层面对人工智能监管立法方向的总体框架。2023 年 1 月，美国国家标准与技术研究院（National Institute of Standards and Technology，NIST）发布了《人工智能风险管理框架 1.0》，促进可信赖、负责任人工智能系统的开发与应用。同年 2 月，美国总统拜登签署了《关于通过联邦政府进一步促进种族平等和支持服务不足社区的行政命令》，聚焦于通过联邦政府层面推动种族平等并援助资源匮乏社区，特别强调在对人工智能等新技术的部署中消除偏见，预防算法歧视，保护公众利益。同年 4 月，美国商务部下属国家电信和信息管理局（National Telecommunications and Information Administration，NTIA）发布“人工智能问责政策”征求意见稿，就人工智能系统的审计、安全评估、认证等环节广泛征集意见，旨在构建一个合法、高效、道德且安全可信的人工智能环境。2023 年 10 月，拜登签署行政令。该行政令建立在人工智能企业与政府间自愿承诺的基础上，设定了八项核心目标，包括确立人工智能安全新基准、保护个人隐

① 江海洋、魏书敏：《基于风险的通用人工智能监管：从欧盟〈人工智能法案〉视角展开》，《科技与法律（中英文）》2024 年第 2 期，第 88－97 页。

私、促进公平与公民权利、维护多元利益相关者权益（如消费者、患者、学生）、支持劳动力市场、激发创新与竞争活力、提升国际领导力，以及确保政府内部对人工智能应用的责任与效能①。

2. 地方政府分类治理

总体来看，美国各地方政府积极响应行业趋势，在自动驾驶、隐私保护及算法治理等领域展开了立法探索。例如，内华达州早在 2011 年便成为首个对自动驾驶汽车实施监管的州；加利福尼亚州的《增加在线透明度法案》开创了在线隐私保护的先河；伊利诺伊州的《人工智能视频面试法》则对基于人脸识别的招聘面试进行了规范。值得注意的是，科罗拉多州于 2021 年在其隐私法基础上，制定了针对保险行业的人工智能使用限制，禁止基于外部数据的算法预测。该法于 2023 年 7 月 1 日生效，展现了地方政府在保护消费者权益方面的积极作为。

（三）英国方案

在 2016—2021 年，英国对人工智能的治理采取了一种分散化、行业主导的模式，依托现有法律体系，通过特定行业监管机构应对人工智能风险。然而，随着时间推移，部门间的不一致性和法律适用难题凸显，对持续行业主导治理模式的质疑声渐起。自 2021 年起，为应对这些挑战，英国政府制定了一套跨部门指导原则，并在此基础上延续行业主导的治理路径，同时构建了一个国家级的人工智能治理框架，强调责任与创新并重。2021 年 9 月 22 日，英国政府发布《国家人工智能战略》，确立了未来十年将英国塑造成全球人工智能“领头羊”的雄心壮志。其中，有效人工智能治理被确立为实现该目标的关键支柱之一。为应对人工智能治理带来的多重风险，英国政府在道德伦理、机构监管、国际协作三方面展开了积极行动②。

1. 道德伦理层面

面对人工智能应用可能引发的偏见、隐私侵犯等风险，英国政府致力于构建全面的伦理框架，以保障人工智能生态的健康发展，增强公众信任。2018 年，《数据伦理框架》由英国数字、文化、媒体和体育部，以及政府数字服务局发布，为英国政府及公共部门的数据使用设立了道德基准。随后，艾伦·图灵研究所等机构合作推出了《了解人工智能伦理与安全：公共部门负责任地设计和实施人工智能系统的指南》，详细阐述了人工智能伦理的核心价值与实践路径，包括尊重个体、促进公平、赢得信任及确保合理性等原则，并通过快速通道原则，指导人工智能项目的伦理设计与实

---

① 吴洁：《中美欧人工智能监管治理比较》，《中国经济报告》2024 年第 3 期，第 107 - 114 页。

② 周辉、金僖艾：《英国人工智能监管实践、创新与借鉴》，《数字法治》2023 年第 5 期，第 194 - 206 页。

施。此外，数据伦理与创新中心发布全球首个《人工智能保障生态系统路线图》，旨在通过可信赖的人工智能保障工具和业务生态系统，提升人工智能项目的可信度，降低潜在风险。

2. 监管框架层面

人工智能监管是人工智能治理的重要组成部分，英国政府希望以创新性的思路来监管人工智能。2022 年，《建立有利于创新的人工智能监管方法》发布，阐明了英国在人工智能监管上的国家立场，强调灵活定义人工智能核心特征（如适应性与自主性），以适应不同领域的需求。同时，报告提出了基于应用场景、鼓励创新、风险导向等监管构建方法，为人工智能监管环境的清晰化与连贯性提供了方向。随后，《促进创新的人工智能监管方法》正式发布，进一步明确了非法定监管原则的初步实施，并预留了向法定义务转化的空间，以动态适应技术发展。

3. 国际协作层面

鉴于人工智能技术的全球性和复杂性，英国政府高度重视国际合作，不仅在双边、多边论坛中积极发声，还深度参与国际技术标准的制定。从 2016 年 G7 国家间关于人工智能原则的讨论，到 2020 年全球人工智能伙伴关系的建立，再到 2023 年主办的全球人工智能安全峰会及《布莱切利宣言》的公布，标志英国在国际人工智能治理舞台上扮演着重要角色。此外，英国标准协会（British Standards Institution，BSI）积极推动全球技术标准的研究与协商，同时，英国政府也通过人工智能标准中心等平台，促进政府、企业与监管机构间的国际标准化合作，共同提升全球人工智能治理水平。

（四）新加坡方案

新加坡政府作为亚洲地区较早开展人工智能治理的国家，致力于实现技术进步与有效治理的双重目标。依托其深厚的技术积淀，新加坡政府打造人工智能治理“工具箱”，开始了人工智能监管在工具层面的创新实践。

1. 强调以人为本的治理原则

新加坡政府在推动人工智能技术应用与产业发展的同时，始终将“以人为本”作为人工智能发展不可动摇的道德原则。2017 年 5 月，新加坡政府发布“新加坡人工智能”项目，提出了三个发展目标：一是向下一个人工智能浪潮投资；二是解决主要的社会和经济挑战；三是在工业界广泛采用人工智能技术。随后，在 2019 年，新加坡率先推出了亚洲首个人工智能监管模式框架，该框架围绕企业人工智能应用的四大核心环节——内部监管、风险管理、运营维护、消费者关系，确立了道德指引与实操措施，旨在确保人工智能决策的可解释性、透明度及对消费者的公平性，同时强调对人工智能解决方案的设计应始终以人为中心，体现人文关怀。

2. 创新性打造人工智能治理工具箱

新加坡政府在人工智能监管工具的创新探索上走在世界前列。2019 年 11 月，新加坡金融管理局携手业界推出了 Veritas 人工智能评估框架，旨在使银行和保险客户免受不公待遇，为金融领域的人工智能应用设立了高标准。2022 年 5 月，新加坡政府更是率先发布了官方的人工智能治理评估框架与工具包——"人工智能验证"(AI Verify)，这一里程碑式的成果由资讯通信媒体发展局(InfoComm Media Development Authority，IMDA)与个人数据保护委员会(Personal Data Protection Commission，PDPC)共同打造。该框架与工具包紧密围绕透明度、理解性、安全性、弹性、公平性、可问责性等原则，构建了包含透明度、可解释性、可复现性、安全性、鲁棒性、公平性、可问责性，以及人类能动性与监管在内的几大支柱，为开发者和企业提供了全面的人工智能治理测试平台与实用工具集。这一举措不仅体现了新加坡政府对人工智能治理的深刻洞察与前瞻布局，还通过自愿参与的方式，有效提升了公众对人工智能技术的信任度与接受度[①]。

第二节 智能传播中的伦理失范及对策

一、智能传播的伦理主体

所谓伦理主体，是指具有道德意识和伦理精神的理性存在者，其核心要素包括独立之人格、自由之思想、自主之角色以及这三者所具有的人性尊严和伦理精神。伦理主体是生活在伦理秩序中的普遍意志和特殊意志相统一、义务和权利相统一的现实个体，他们不仅是自我伦理意识的承担者，也是伦理关系和伦理秩序的主体。基于此，人工智能不能成为智能传播的伦理主体，而只能被认定为智能传播伦理准则的"执行者"，因为伦理主体必须是具有主观能动性和行为责任性的现实个体，而机器人只是被程序控制的工具，无法独立承担伦理责任和义务[②]。在智能传播中，应当按照传统意义上的"传者"主体结构，明确指定具体的"执行者"来担负相应伦理责任[③]。随着人工智能的渗透，新闻传播流程正逐步转型为"数据—信息—知识—智

① 胡正坤、李玥璐:《全球人工智能治理:主要方案与阶段性特点》,《中国信息安全》2023 年第 8 期,第 61 - 64 页。

② 薛宝琴:《人是媒介的尺度:智能时代的新闻伦理主体性研究》,《现代传播(中国传媒大学学报)》2020 年第 3 期,第 66 - 70 页。

③ 许根宏:《人工智能传播规制基础:伦理依据与伦理主体的确立》,《学术界》2018 年第 12 期,第 93 - 103 页。

慧”的递进模式，此过程中，各环节由不同的主体协同参与。据此，智能传播伦理主体的构成可细化为基础设施提供者、信息提供者、信息处理者以及系统协调者这四大关键角色[①]。智能传播的伦理主体见图 13-2。

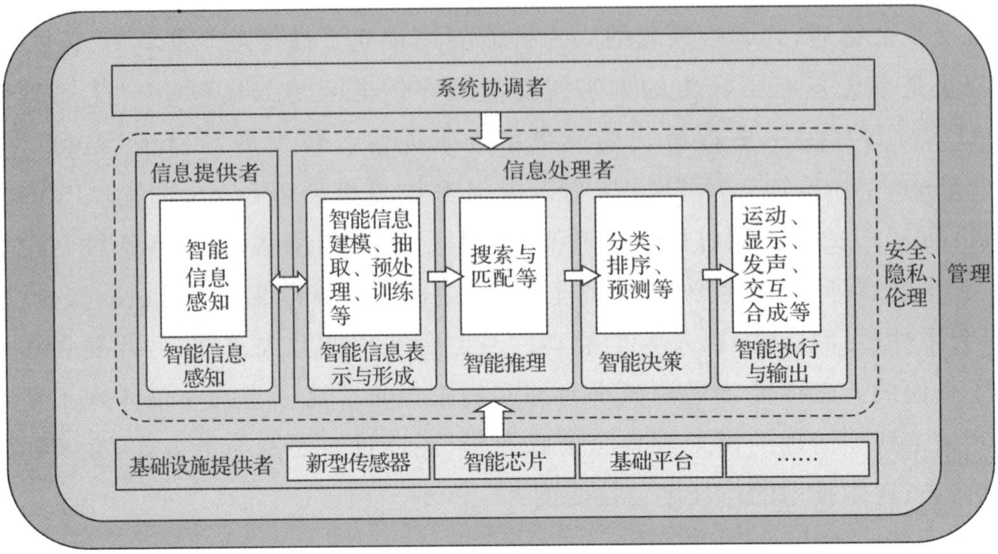

图 13-2 智能传播的伦理主体

（一）基础设施提供者

人工智能传播系统中的基础设施提供者，是指能为人工智能传播提供计算能力支持，实现与外部世界沟通，并通过基础平台实现支撑的一类主体。智能传播计算能力由智能芯片开发商提供，外部沟通设备由新型传感器制造商提供，基础平台则包括分布式计算框架提供商及网络提供商。在伦理主体构建中，他们作为基础设施提供者，需确保“硬件”无瑕疵，其责任类似“产品责任”。

（二）信息提供者

智能传播中的信息提供者生成、制作、发送信息，既可是原生信息源，也可是加工信息的个人或团体。在智能传播中，信息提供者提供“一次”或“二次”感知信息，包括原始数据及数据集，涉及图形、图像、语音、文本识别及物联网数据。其行为受伦理约束，信息失实、虚假、侵权将导致智能传播问题。算法新闻、机器人新闻等失范问题与信息提供者密切相关。信息提供者是智能传播伦理主体的重要构成部分。

（三）信息处理者

信息处理者是智能传播中技术和服务的提供者，负责信息表示、推理、决策及执

---

① 中国电子技术标准化研究院：《人工智能标准化白皮书（2018 版）》，2018 年 1 月 24 日，https://www.cesi.cn/201801/3545.html。

行输出。其通过算法、模型和技术工具,进行信息建模、抽取、预处理、训练等,模拟人类智能推理,提供分类、排序、预测等功能。作为关键“把关人”,其行为规范直接影响智能传播秩序。因此,信息处理者是智能传播伦理规制的重要对象。

(四)系统协调者

系统协调者在智能传播中扮演“大管家”角色,提供政策、法律、资源、管理及业务需求协调服务,确保系统正常运转。其角色涵盖伦理、政策、技术等多个层面,具有“分层性”特征,既包括伦理、政策和法治等管理层面的协调者,也包括人工智能传播软件调配、资源管理等具体技术层面的协调者。因此,在伦理主体建构中,需关注宏观与微观层面,包括硬件与软件系统的协调与服务,以提升智能传播的规范化和法治化水平[①]。

二、智能传播伦理失范

(一)新闻传播层面的伦理问题

1. 背离新闻真实性

在智能时代,新闻报道涌现出写稿机器人、VR新闻、传感器新闻等智能新闻的新形式。其中,写稿机器人是建立在计算机算法和数据挖掘技术基础之上的新型科技产品,通过对已建立的资料库和互联网中同类新闻材料的抓取来获取更多信息,从而形成文本。由于它缺乏现场的感官体验,往往会忽略隐藏在新闻背后的人为因素,只可描述表面客观真实的事实,对于深层次的真实却因为算法的制约无法探知,造成新闻真实的不全面,这在本质上是对新闻真实性的背离[②]。此外,在VR新闻领域,由于过于逼真的多元化感官体验,VR新闻所呈现出的事件背后存在过多的人为建构,从而会对受众心理产生更大的操纵性甚至欺骗性。如果创新性地将计算机动画技术融入VR新闻报道中,以弥补传统新闻报道在情绪、场景和氛围传递上的不足,那必将很难控制这种数字技术对于真实场景的渲染程度,倘若过分渲染,超越真实场景,则会对新闻真实性造成侵害,受众可能因此对新闻事件作出错误的、极端的判断[③]。

---

① 孙江、何静、张梦可:《智能传播秩序建构:价值取向与伦理主体》,《湖南工业大学学报(社会科学版)》2020年第1期,第41-47,55页。

② 靖鸣、娄翠:《人工智能技术在新闻传播中伦理失范的思考》,《出版广角》2018年第1期,第9-13页。

③ 韦笑、潘理安:《VR技术:对新闻传播业态的影响与改变》,《新闻与写作》2017年第8期,第100-102页。

【案例 13－1】

虚拟的真实？——VR新闻“去真实”的伦理风险

《洛杉矶的饥饿》是美国《新闻周刊》的一部VR新闻作品，聚焦于美国洛杉矶8月某日所揭示的饥饿困境。在深入调研家庭饥饿状况的现场，团队成员目睹了令人揪心的一幕——一名排队领取食物者因低血糖突发晕厥，遗憾的是，这一幕未能及时被镜头捕捉。为弥补这一遗憾，团队巧妙运用VR技术，将这一真实却错过的瞬间虚拟重构，让观众得以“亲历”饥饿的残酷现实。通过VR营造的沉浸式视听环境，观众被深深触动，对饥饿问题产生了更为深刻的共鸣与关切，直接促进了相关慈善捐助的激增。世界经济论坛主席克劳斯·施瓦布(Klaus Schwab)看过该新闻片后决定支持该团队再拍摄一部关于叙利亚的VR新闻。随后，该团队受资助前往伊拉克边境的难民营录制影片，制作出了又一部VR新闻《叙利亚项目》。这次，团队运用计算机技术构建了一个全然虚构却震撼人心的场景：一名少女正悠扬歌唱，转瞬间炸弹轰鸣，平静被撕裂。这种强烈反差在VR的沉浸式体验中达到了前所未有的情感震撼效果。无论是《洛杉矶的饥饿》，还是《叙利亚项目》，VR新闻的制作者都在不同程度上使用了计算机完全模拟的场景。不同的是，前者虽为虚拟再现，但根植于真实事件，其“重现”手法旨在还原真相，而后者则更倾向于艺术化的“创作”，通过虚构场景动员受众的情感参与，是一种“导演”行为。这种“导演式”VR新闻模糊了真实与虚构的界限，构成对新闻真实性原则的侵蚀，是对新闻伦理的严重违背。正如著名虚拟现实技术公司Oculus的创始人帕尔默·洛基(Palmer Lucky)所言：“除非我们找到可以完美捕获并再现真实战争前线的技术，否则任何相关的模拟呈现都有可能存在严重的偏见。”①

2. 冲击传统新闻价值理念

在新闻价值方面，智能新闻与人类记者完成的新闻相比，新闻的信息性增长，知识性却被大幅削弱。智能新闻生产和分发模式导致受众对社会公共利益的关注让位于受众的趣味，受众应知而未知的新闻未能送达受众手中。如写稿机器人过分注重刊播效果，以受众需求为导向，将受众的注意力吸引到了形式消费上，令新奇的体验僭越了新闻价值，容易导致新闻失衡，使真正重要的新闻被边缘化。诸如此类，不加人工干预的人工智能技术将损害传统的新闻价值标准，使大众媒体的公共服务职

---

① 韦龙颌：《虚拟的真实？——试论VR新闻“去真实”的伦理风险》，2019年1月10日，http://media.people.com.cn/n1/2019/0110/c424557-30515668.html。

能受到严重的影响。

3. 削弱、滥用舆论监督作用

新闻媒体是舆论的引导者和议程的设置者，也是进行舆论监督的主要载体，作为一个公开发表的渠道代行了法律赋予公众所具有的监督权。在智能传播中，人工智能代替人类成为新闻生产的主体，而监督的主体却无法从人让渡到机器算法，因为机器人不具备舆论监督的能力，没有大局意识，也不擅长发表具有引领作用的深刻见解。由机器人主宰新闻生产，长此以往会降低公众对媒体的信任度，削弱新闻媒体的监督功能。更有甚者，智能媒体正在成为干扰舆论的工具。政治机器人是社交机器人的一种，根据有关研究，目前政治机器人已经成为影响政治传播效果的一大变量。其主要作用场域是社交媒体平台，通过参与在线政治信息讨论和扩散的方式，推送大量虚假或无用的政治信息，制造“烟雾弹”以混淆视听，在政治选举和社会动员中作为虚假意见领袖而干扰舆情。

（二）社会发展层面的伦理问题

智能传播在给用户带来个人层面的微观影响之外，在整个社会层面也带来了许多宏观影响，如隐匿在算法背后的偏见和歧视现象，信息茧房造成社会中群体的极化甚至分裂现象，利益导向、娱乐导向导致的社会责任缺位现象，以及整个社会人文价值弱化现象等。

1. 隐匿的偏见与歧视

智能传播依托大数据与算法，虽然表面以客观数据和理性算法为基石，实则暗含偏见与歧视风险。这一问题产生的原因源于三方面：数据本身的局限性与缺陷、社会现实的固有偏见被数据化放大，以及个性化推送机制加深的信息壁垒。首先，智能传播中的数据收集可能不完整或存在偏差，即便设计算法的初衷是客观的，执行者的主观偏见亦能影响结果。其次，完整数据若源自本就含有偏见的社会现实，经算法处理后，此类偏见很可能未减反增。再次，新媒体广泛采用的个性化推送，虽然看似满足个性化需求，实则通过细致分析用户特征，无形中构建了信息壁垒，导致信息茧房出现。不同社会经济背景的用户接收不同信息，加剧了社会阶层分化与认知局限。从这一维度看，智能传播不仅限制了个体视野，影响其价值观形成，更在宏观层面加剧了社会阶层的固化，减少了社会流动性与多样性，最终可能导致公众对真实世界的认知扭曲与偏见加深[①]。

---

① 文远竹：《智能传播的伦理问题：失范现象、伦理主体及其规制》，《中国编辑》2021 年第 9 期，第 64－70 页。

2. 群体极化与分裂

智能传播算法技术造成的信息茧房一方面使得仅以用户兴趣作为内容衡量标准往往会让用户信息接触失衡,用户难以对社会产生全面认知。在封闭的信息环境之中,用户只接触到与自身观点相同或相近的观点,用户的分层与聚合使得群体极化的风险大大增加。用户仅仅根据自己获取到的有限信息难以对公共领域的事件形成理性与公正的认知,并且由于信息茧房的存在,这种非理性的认知与价值的偏差会在同样不客观的信息环境中得到强化,偏见也因此加深。另一方面,持相同观点的某一群体共识与凝聚力得到强化,意味着社会间群体难以就公共事件达成共识,在网络巴尔干化信息壁垒存在的情况下,社会共通的价值观难以达成,在公共空间进行理性讨论也成为奢望,群体分裂的现象因此更加严重①。

3. 社会责任缺位

传统大众媒体有着广泛传播社会公共议题的责任,智能媒体也应该利用技术优势更好地承担社会责任,但在目前的智能传播过程中,媒体平台出于经济利益导向,过于重视用户的个性化需求而忽视新闻的公共议程设置,无法连接社会中不同的阶层与群体进行社会公共信息的传播,导致关于国家、社会、公众的具有重要意义的议题难以引起用户的注意,新闻价值让位于经济价值,社会责任缺位现象显著。

①社会责任主体缺失——把关缺位。在智能时代,对媒体把关的权力不再完全由人掌控,而是逐渐让渡给算法,传统新闻价值的选择标准也发生了变化。信息流向受众的过程中不必再经过传统媒体的过滤、引导,并且在信息海量呈现的背景之下,由于智能媒体平台在内容审核、资讯分发的过程中相较于人更加高效,平台内容的审核分发多由算法完成。与此同时,智能媒体在进行信息分发时却更多地基于大数据迎合用户的兴趣、喜好,不考虑社会公共价值、公共利益,传统媒体的议程设置能力也遭到了一定程度的削弱。

②个性化信息与公共信息失衡——忽视公共价值。在智能时代,媒体之间的竞争更加激烈,这迫使媒体为了自身的生存和发展,为了信息的点击量和关注度,过分迎合用户的喜好。为最大化吸引用户注意力,大量娱乐化内容充斥在媒介平台,媒体成为迎合用户口味的娱乐信息服务提供商。相比传统的客观、有深度的新闻价值准则,算法技术以受众需求为导向,强调内容带来的流量效果,公共议题泛娱乐,黄色信息、娱乐新闻等成为算法技术推送的主流,而真正有深度、有思想的内容被边缘化,受众真正应该知晓的新闻被抛诸脑后。

---

① 郭赫男、何倩:《算法推荐视域下我国新闻价值观的解构与重构》,《西南民族大学学报(人文社科版)》2020 年第 6 期,第 150 - 156 页。

4. 弱化人文价值

智能传播为追求经济效应的最大化，忽略了传播内容的质量与文化价值选择。由于人工智能技术本身并不具备价值判断能力，因此无法在内容审查筛选时过滤掉违反社会主义核心价值观的信息，致使新闻内容价值衡量的标准发生变化，经济利益驱动下智能算法的"爆款"和"热搜"使得人文价值弱于流量价值。社会调查和舆论监督类深度报道在整体内容构成中的比重降低。在智能时代，对于新闻生产传播效率的重视程度远远高于内容品质，人文价值这一媒体本应坚守的核心价值之一，在媒介生态中的地位也随之逐渐弱化。然而，人们对于新闻的需求远不止于真实与客观。在快节奏的现代生活中，人们渴望通过媒介接触获取更多的情感慰藉，希望感知到社会的温度与人情的冷暖。而这些深层次的需求，对于以语言结构单一、情感表达受限为特点的人工智能而言，却是一道难以逾越的鸿沟。因此，在智能传播带来便捷与高效的同时，人们也不得不面对由于其缺乏人文关怀而带来的伦理挑战。

三、智能传播伦理规制

（一）伦理规范总体框架的顶层设计

2021 年 9 月 25 日，国家新一代人工智能治理专业委员会发布了《新一代人工智能伦理规范》，旨在将伦理道德融入人工智能全生命周期，为从事人工智能相关活动的自然人、法人和其他相关机构等提供伦理指引。该伦理规范提出了增进人类福祉、促进公平公正、保护隐私安全、确保可控可信、强化责任担当、提升伦理素养六项基本伦理要求。同时，提出人工智能管理、研发、供应、使用等特定活动的十八项具体伦理要求[①]，积极引导负责任的人工智能研发与应用活动，为我国智能传播的伦理规制提供纲领性指南。

（二）智能传播运营商的自我规制

智能传播运营商作为技术应用的主体，应承担起自我规制的责任，通过不断改变、调适和规范智能传播的规则和流程，防范和纠正传播伦理失范现象。百度、腾讯、谷歌、微软、IBM、索尼等国内外多家人工智能相关企业都已明确提出研发人工智能相关应用时的核心伦理原则。具体而言，微软公司倡导了包含"公平性、包容

---

① 中华人民共和国科学技术部：《〈新一代人工智能伦理规范〉发布》，2021 年 9 月 26 日，https://www.most.gov.cn/kjbgz/202109/t20210926_177063.html。

性、透明度、责任感、可靠性与安全、隐私保护及信息保密”在内的六项基本伦理准则；而谷歌公司则进一步细化了其人工智能七大原则，强调人工智能技术应“有益于社会、避免偏见、对人类负责、保障安全、尊重隐私、预防潜在风险，并遵循严谨的科学原则”。这些原则和标准不仅影响了智能传播平台背后的人工智能系统设计思路，还从开发、实施到安全防护等多个维度设定了伦理规范的标准要求，为有效遏制智能传播中的伦理失范现象提供了运营商层面的规范效用①。

（三）专业信息生产者的行业自律

专业信息生产者是智能传播内容的重要来源，其行业自律对于维护智能传播生态的健康至关重要。通过加强专业媒体、自媒体的行业自律和职业道德建设，从提供优质、客观、真实的信息内容开始，可以有效应对智能传播的伦理失范问题。在传统媒体时代和新媒体时代，专业媒体与自媒体在防范传播伦理失范、引导社会舆论方面均积累了丰富的经验，迈入智能时代，仍然可以利用这些经验来规范自我和行业的智能传播行为。与此同时，对智能传播的伦理规制还需要以行业为单位，系统性地加强对专业信息生产者的职业道德教育，通过制定详尽而富有前瞻性的从业规范，引导每一位从业者树立崇高的职业理想，坚守职业道德底线，引导信息生产者在信息生产过程中严格把关，拒绝发布任何虚假、误导性或价值观扭曲的内容，还要积极抵制人为造假的诱惑，高擎新闻专业主义的大旗，在人机共生的智能时代，共同守护信息社会的清朗空间。

（四）智能传播平台用户的个体规范

智能传播平台用户是智能传播活动的直接参与者。应该把使用智能传播平台的广大用户纳入伦理主体的范畴，拓宽伦理规制的视野，确保每一位参与者都能在伦理准则的指引下行动。要扩大伦理规制的对象范围。智能传播体系以其开放包容的特性，彻底打破了传统传播模式中传者与受者之间清晰分明的界限，构建起一个互动频繁、界限模糊的新生态。用户的使用行为、信息接收与反馈，实质上成为数据生产与信息循环的关键环节。随着传者和受者二者边界的消失，必须改变原有的传播伦理观，转而呼唤责任共担的智能传播伦理新观念，进一步对使用智能媒体的用户进行伦理规范，通过伦理教育提升其媒介素养。

---

① 文远竹：《智能传播的伦理问题：失范现象、伦理主体及其规制》，《中国编辑》2021 年第 9 期，第 64－70 页。

第三节 智能传播中的法律风险及规制

一、智能传播法律主体

（一）法律主体的定义

法律主体是指那些能够凭借自身名义，自主开展法律行为，既享有特定法律赋予的权利，又需履行相应法律义务，并能独立承担由此产生的法律责任的自然人个体及其组成的集合体[①]。简而言之，法律主体即指那些在法律框架内拥有权利、承担义务并需对行为负责的个人或组织。只有对法律主体进行正确认定，才能划分智能传播法律问题的责任归属。

（二）智能传播的法律主体

关于智能传播的法律主体认定，现行法律回避了算法、大数据和平台的法律主体概念认定，转而采用“个人信息处理者”和“算法推荐服务提供者”的概念作为法律主体。

1. 个人信息处理者

个人信息处理者的概念在《中华人民共和国个人信息保护法》中被提出。其中对“处理”的法律行为内涵进行了规定，即个人信息的处理包括个人信息的收集、存储、使用、加工、传输、提供、公开、删除等。《中华人民共和国个人信息保护法》规定了个人信息处理者在什么样的前提条件下才能够处理个人信息，其中第一条就是取得个人的同意，赋予了法律主体个人信息自由权。而对于新闻媒体从业者来说，《中华人民共和国个人信息保护法》则规定“为公共利益实施新闻报道、舆论监督等行为，在合理的范围内处理个人信息”，赋予了合理范围内新闻媒体从业者在新闻报道、舆论监督中使用个人信息的权利。

2. 算法推荐服务提供者

算法推荐服务提供者的概念在《互联网信息服务算法推荐管理规定》中被提出。该规定明确界定了算法推荐服务提供者的法律范围，即应用算法推荐技术，是指利用生成合成类、个性化推送类、排序精选类、检索过滤类、调度决策类等算法技术向用户提供信息。该规定不仅明确了平台用户的算法知情权和算法选择权，还明确指出，具有舆论属性或者社会动员能力的算法推荐服务提供者应当在提供服务之日起

---

① 胡平仁:《法律主体新论》,《甘肃社会科学》2023 年第 6 期,第 111 - 127 页。

十个工作日内通过互联网信息服务算法备案系统填报服务提供者的名称、服务形式、应用领域、算法类型、算法自评估报告、拟公示内容等信息，履行备案手续。此外，该规定指出，算法推荐服务提供者提供互联网新闻信息服务的，应当依法取得互联网新闻信息服务许可，规范开展互联网新闻信息采编发布服务、转载服务和传播平台服务，不得生成合成虚假新闻信息，不得传播非国家规定范围内的单位发布的新闻信息。

（三）人工智能的法律人格

目前，关于智能传播中法律主体的问题，关于何时或者如何给人工智能设定法律主体资格的讨论方兴未艾，尚且没有在国家立法层面得出结论。持否定说的学者认为，赋予人工智能法律主体资格以阐释其行为后果并非必要之举。原因在于，仅有人类能够真正领悟“权利”与“责任”的深层含义，而机器，尽管能够编程以遵循既定规则，却缺乏对这些规则背后逻辑与意义的理解能力[①]。持肯定说的学者认为，人工智能具有独立自主的行为能力，有资格享有法律权利并承担责任义务，人工智能应当具有法律人格[②]。而持中立说的学者则采取分类策略并提出方案：鉴于当前的人工智能仍处于人类研发、设计及运营之下，其运行未完全摆脱人类控制，被视为弱人工智能范畴。在此情境下，人工智能的各类活动实质上可视为现有法律主体主导下的操作行为，即作为法律主体能力的一种扩展或延伸。从技术法律层面考量，将人工智能的运行直接视作法律主体的单独或共同行为，足以有效应对由此产生的主体资格议题。至于未来可能出现的强人工智能乃至超人工智能，若它们具备了与人类相当乃至更高级别的认知与思维能力，则主张此类人工智能应在一定限度内独立享有权利并承担相应义务。

二、智能传播法律风险

（一）算法侵权风险

算法堪称人工智能的核心驱动力。基于数据的深度剖析，人工智能算法能够构建起执行特定任务的高效模型。然而，对算法的不当应用却潜藏着对国家、社会及个体权益侵害的法律风险。具体而言，这些风险可细化为五大类别：其一，危及国家安全与福祉，如利用算法发动网络攻击，威胁关键设施安全，或散布损害国家安全的恶意内容；其二，妨害社会和谐与安全，如算法被恶意用于操控公众意见，散播民族、种族冲突言论，破坏社会稳定；其三，侵犯公民基本权利，涉及对人格尊严、平等及具

---

① 吴习彧：《论人工智能的法律主体资格》，《浙江社会科学》2018 年第 6 期，第 60－66，157 页。

② 袁曾：《人工智能有限法律人格审视》，《东方法学》2017 年第 5 期，第 50－57 页。

体人格权（如生命权、健康权、名誉权、肖像权、姓名权）的算法侵犯；其四，算法还可能侵害财产权益，通过犯罪活动或侵犯版权、商业秘密等手段，给个人及集体财产带来损失；其五，算法在市场竞争中的不当使用，如平台经营者利用算法进行不公平竞争，实施自我优待、交易限制及差别服务，加剧了算法性垄断的风险[①]。

（二）数据隐私风险

数据是人工智能的“燃料”。由于数据中包含大量隐私信息，智能技术在收集、处理和使用个人信息时，如果未经合法授权或违反隐私保护原则，可能侵犯个人的隐私权。因此，构建和使用人工智能模型时应当防止任何形式的隐私泄露。人工智能所面临的数据隐私议题，贯穿于数据从收集、储存至模型训练应用，直至最终删除的整个生命周期。为了提升模型的通用性与准确性，大规模且高质量的数据收集与储存成为必要步骤，这些数据往往涵盖了用户的日常行为轨迹、个性化偏好设置乃至社交媒体活动等敏感信息。若此在过程中的安全防护措施不够严密，便极易导致数据隐私泄露的法律风险急剧上升。

【案例 13－2】

滴滴出行数据隐私和网络安全法律调查

2021 年，中国监管机构对网约车巨头滴滴出行发起了一场全面的调查，此举在社会各界引起了广泛关注。调查的核心聚焦于滴滴出行被多方指控未能有效履行其作为数据控制者的责任，特别是在用户数据隐私保护方面显著不足。据称，滴滴出行在运营过程中，存在过度采集用户个人信息的行为，这些信息的范围超出了提供网约车服务所必需的必要限度，包括但不限于用户的地理位置、通信记录、支付习惯等敏感信息。更为严重的是，有证据表明，滴滴在数据存储和传输环节存在严重漏洞，未经严格的安全审查和加密处理。作为对其进行网络安全审查的一部分，中国监管机构要求应用商店下架滴滴出行 App，并禁止滴滴新增用户，直至审查结束并确保所有安全漏洞被修补，数据处理流程符合法律要求。这次调查对滴滴出行产生了直接的经济和声誉影响[②]。

（三）技术滥用风险

人工智能技术既蕴含着推动社会进步、赋能人类生活的巨大潜力，也潜藏着不

---

① 徐伟、韦红梅：《数智时代算法推荐风险的法律治理》，《科技与法律（中英文）》2024 年第 3 期，第 27－36页。

② 锦天城重庆：《观点|人工智能技术十大法律风险与应对》，2024 年 3 月 1 日，https://mp.weixin.qq.com/s/GZF5MVjIJpa4Ls9E－lGJCA。

容忽视的风险与挑战。其初衷旨在通过模拟与超越人类智能的方式协助人类应对日益复杂多变的任务与挑战。然而，随着技术的日益成熟与普及，其被不当利用乃至滥用的可能性也逐渐浮出水面。人工智能技术中的智能内容生成与用户行为仿真模拟等高级功能，一旦落入不法分子之手，便可能成为他们收集敏感信息、伪造身份、实施诈骗等违法犯罪活动的得力工具。例如，一些别有用心者利用 ChatGPT 等先进的人工智能模型，生成极具迷惑性的恶意信息，这些信息不仅可能被用于发起网络攻击，破坏信息系统的安全稳定，还可能侵犯个人隐私，造成难以估量的精神与财产损失。在特定指令的操控下，ChatGPT 等人工智能模型甚至能“量身定制”出色情内容、虚假新闻以及诈骗话术等严重危害社会公共安全的信息。当这些恶意信息被用于谋取不正当利益时，其对国家安全、社会稳定乃至公共道德秩序的威胁便愈发凸显。

【案例 13-3】

甘肃首例 AI 虚假信息案，男子用 ChatGPT 编假新闻牟利

2023 年 4 月末，平凉市公安局崆峒分局网络安全部门在进行常规网络监测时，注意到某平台账号发布了一则标题耸人听闻的报道，声称“甘肃某地区早晨火车意外撞击修路工人，致多人丧生”，初步评估该信息为不实内容。随即，网络安全人员深入调查，发现多达 21 个该平台账号几乎同时发布了这篇内容，且地点信息被篡改，涉及甘肃多个城市，包括兰州、陇南、定西、庆阳等，文章浏览量迅速攀升至 1.5 万次以上。进一步审讯揭示，犯罪嫌疑人洪某弟系通过社交媒体了解到利用网络流量获利的途径，随后购买了多个该平台账号，并借助某在线平台挖掘近年来的社会热点资讯。为了规避平台的内容重复检测机制，洪某弟利用了 ChatGPT 人工智能技术，对这些热点素材进行关键词替换、内容改写，创造出看似新颖实则虚假的新闻稿。之后，他利用某软件将这些加工后的文章连同精心挑选的标题与图片，发布至其控制的账户上，以此非法牟利。此案标志着自我国《互联网信息服务深度合成管理规定》正式生效后，首例涉及人工智能技术被滥用以制造虚假信息的刑事案件，具有鲜明的代表性和深刻的警示意义。它警示我们，对人工智能技术的滥用可能使其成为散布不实信息、误导公众意见、扰乱社会安定、侵犯他人权益等违法活动的强大工具，对社会和谐稳定构成潜在威胁①。

---

① 澎湃新闻：《甘肃首例 AI 虚假信息案，男子用 ChatGPT 编假新闻牟利》2023 年 5 月 9 日，https://www.thepaper.cn/newsDetail_forward_22999940

(四)知识产权问题

在智能传播的法律问题中,知识产权问题展现出前所未有的复杂性。随着人工智能技术的迅猛进步,它不仅深度融入并重塑了内容创作领域,涵盖了音乐、文本、图像、视频等多元化信息形式的全面生成与传播,还在自动化创新链条中占据核心位置。这一系列变革触及了版权、专利权、商标权等知识产权的多个维度,催生了一系列法律难题与争议。具体而言,关于人工智能创作成果的版权界定与保护范围成为讨论的热点,包括如何确定这些由人工智能独立或辅助完成的作品的版权归属,以及如何在法律框架内有效保护这些新兴的创作形式。同时,人工智能在发明创造领域的角色也引发了深刻思考,特别是当人工智能系统直接参与或主导创新过程时,其产出的发明是否具备申请专利的资格,以及在此类情况下,发明者的身份认定是应归于人工智能本身,还是其背后的开发者或使用者成为亟待解决的法律争议点。

三、智能传播法律规制

(一)著作权保护

在智能时代,机器和算法直接参与了信息生产环节,大量多模态生成式人工智能平台的出现,使普通个体接入数字技术的门槛降低,任意个体都可以凭借这些平台生成文字、音视频图像等作品。在此背景下,关于人工智能生成内容的著作权保护成为智能传播法律规制的重点内容。在我国现行法律体系下,关于人工智能生成内容的著作权解释的主要法律依据来自《中华人民共和国著作权法》第三条:"本法所称的作品,是指文学、艺术和科学领域内具有独创性并能以一定形式表现的智力成果。"根据现有的司法实践,我国对人工智能生成内容的著作权归属秉承了面向未来的司法理念,在总体上承认人工智能生成内容的可版权性①,明确了著作权归属,认定人工智能生成内容的著作权属于实质性参与创作的自然人主体。主张用人工智能进行绘画的本质仍然是人利用工具在进行创作,在这个过程中仍有人类智力的参与,与《中华人民共和国著作权法》鼓励创作的目的相符。然而,由于对《中华人民共和国著作权法》第三条中"独创性"的争议所在,司法实践上的个案层面则强调具体问题具体分析,而众多法学专家也呼吁要适当提高人工智能生成内容的独创性判定标准,尝试以消费者对争议作品的理解和争议作品与既有作品之间相似性作为其独创性的判断标准,并建立注册登记制度②。

---

① 郭鹏、李展鹏:《论复杂人工智能生成物在著作权法的定性:兼评"AI 文生图著作权案"》,《科技与法律(中英文)》2024 年第 4 期,第 73-82 页。

② 刘杰勇:《论人工智能生成内容的著作权保护:基于比较法的视角》,《比较法研究》2024 年第 4 期,第 176-193 页。

【案例 13－4】

中国涉 AIGC 权益纠纷领域第一案

2023 年 2 月 24 日，原告使用开源的 AIGC 软件 Stable Diffusion 通过输入提示词的方式生成涉案图片后，将该图片以"春风送来了温柔"为名发布在小红书平台。随后原告发现，百家号账号"我是云开日出"在 2023 年 3 月 2 日发布了文章《三月的爱情，在桃花里》，该文章配图使用了涉案图片，且截去了署名水印，侵犯了原告享有的署名权及信息网络传播权。其中，关于本案最大的争议焦点即该 AIGC 生成的图片是否构成作品，审查原告主张著作权需要考虑如下要件：①是否属于文学、艺术和科学领域内；②是否具有独创性；③是否具有一定的表现形式；④是否属于智力成果。涉案图片具备了要件①和要件③。在本案中，涉案"春风送来了温柔"图片虽系原告利用生成式人工智能技术生成的，但从原告构思涉案图片起到最终选定涉案图片止，原告进行了一定的智力投入，比如设计人物的呈现方式、选择提示词、安排提示词的顺序、设置相关的参数、选定哪个图片符合预期等。因此，涉案图片并非"机械性智力成果"，具备"独创性"要件，被告行为侵害了原告就涉案图片享有的署名权和信息网络传播权，应当承担赔礼道歉、赔偿损失等民事责任[①]。

（二）个人信息权保护

智能传播的运行逻辑之一是数据，而智能模型的训练数据很有可能包含个人信息权所包含的可识别的个人信息，因此，智能传播行为必须受到相关法律法规的约束。2021 年 11 月 1 日施行的《中华人民共和国个人信息保护法》作为我国保障个人信息权益的基本法，明确规定了个人在个人信息处理活动中的权利。其中，《中华人民共和国个人信息保护法》第四十四条规定："个人对其个人信息的处理享有知情权、决定权，有权限制或者拒绝他人对其个人信息进行处理；法律、行政法规另有规定的除外。"个人信息知情权，是指个人在其个人信息处理中享有知悉相关情况的权利；个人信息决定权，是指个人在其个人信息处理活动中处于权利主体的地位，个人有权自由决定其个人信息被何人所处理，以何种目的、何种方式、在何种范围内被处理，除非法律、行政法规另有规定。而《中华人民共和国个人信息保护法》第四十七条规定了个人信息删除权，即"个人信息处理者应当主动删除个人信息；个人信息处理者未删除的，个人有权请求删除"。

---

① 贵达律师事务所：《贵达数合丨数据合规领域 2023 十大典型案例》，2024 年 1 月 12 日，https://mp.weixin.qq.com/s/VVWIMfC2m8aKVj9dItWwCQ。

（三）隐私权保护

在智能传播背景下，机器不再仅仅是冷冰冰的硬件集合，它们以高度复杂的虚拟算法为“灵魂”，融入并深刻改变着人们的日常生活，Jibo、Kubi、Pepper 等拥有情感交互能力的具身化社会机器人，以及 Alexa、Google Home 等能够通过自然语言处理与用户进行流畅对话的对话型机器人，正逐步从科幻概念走向商业化普及，作为社会行动者的新角色，参与到人类社会的方方面面，从家庭娱乐到健康管理，从教育辅导到情感陪伴①。而随着智能传播体进入个体的私密生活空间，相伴而生的隐私权侵犯问题必须得到重视。《中华人民共和国民法典》第一千零三十二条第二款规定：自然人享有隐私权。任何组织或者个人不得以刺探、侵扰、泄露、公开等方式侵害他人的隐私权。隐私是自然人的私人生活安宁和不愿为他人知晓的私密空间、私密活动、私密信息。当智能机器对人类社会的参与没有盲点时，必须保证个人不愿为他人知晓的私密空间、私密活动、私密信息不受具有监测和摄像等功能的机器所侵犯，促进智能技术在合法合规的轨道上健康发展。

（四）虚假信息传播规制

随着平台用户广泛地接入智能传播生态，传播权利的平民化和智能技术使用的常态化既赋予了个体便利和自由，又引发了虚假信息传播的法律问题，不法分子对智能传播技术的滥用，如利用人工智能工具批量生成不实文章在网络上大量传播进行引流牟利等问题需要严格的法律规制。关于传播虚假信息等违法行为，《中华人民共和国刑法》第二百九十一条规定：“编造虚假的险情、疫情、灾情、警情，在信息网络或者其他媒体上传播，或者明知是上述虚假信息，故意在信息网络或者其他媒体上传播，严重扰乱社会秩序的，处三年以下有期徒刑、拘役或者管制；造成严重后果的，处三年以上七年以下有期徒刑。”这一规定从刑法层面形成了打击虚假信息传播犯罪行为的法律依据。

① 郭巧敏、张琳颖、董博越等：《大模型时代人机传播中的隐私风险及其应对》，《社会治理》2023 年第 6 期，第 31－42 页。

参考文献

[1]陈昌凤:《智能传播:理论、应用与治理》,中国社会科学出版社 2021 年版。

[2]陈韵博:《程序化广告的道与术:数据技术时代的营销变革》,社会科学文献出版社 2020 年版。

[3]丁磊:《生成式人工智能》,中信出版社 2023 年版。

[4]杜骏飞:《数字交往论》,江苏人民出版社 2023 年版。

[5]段淳林、张庆园:《计算广告》,人民出版社 2019 年版。

[6]冯景锋、曹志、姚琼:《物联网与智慧广电》,电子工业出版社 2021 年版。

[7]高晓虹:《中国新闻传播研究:智能媒介与传播》,中国传媒大学出版社 2022 年版。

[8]郭庆光:《传播学教程》,中国人民大学出版社 2011 年版。

[9]何澎:《信息技术与计算思维导论》,清华大学出版社 2019 年版。

[10]李本乾:《智能传播:媒介与福祉篇》,上海交通大学出版社 2024 年版。

[11]李本乾、吴舫:《智能传播:机遇与挑战》,上海交通大学出版社 2018 年版。

[12]李航:《机器学习方法》,清华大学出版社 2022 年版。

[13]李明禄:《英汉云计算 · 物联网 · 大数据辞典》,上海交通大学出版社 2018 版。

[14]梁丽丽:《程序化广告:个性化精准投放实用手册》,人民邮电出版社 2017 年版。

[15]廖秉宜:《数字内容营销》,科学出版社 2019 年版。

[16]廖秉宜:《中国智能传媒和广告产业规制政策与伦理规范研究》,人民出版社 2021 年版。

[17]廖秉宜等:《智能营销传播理论与实践研究》,中国社会科学出版社 2021 年版。

[18]廖秉宜等:《智能营销传播前沿研究》,中国社会科学出版社 2022 年版。

[19]廖秉宜等:《智能营销传播新论》,社会科学文献出版社 2019 年版。

[20]林子雨:《大数据技术原理与应用:概念、存储、处理、分析与应用》,人民邮电出版社 2017 年版。

[21]刘鹏、程显毅、李纪聪:《人工智能概论》,清华大学出版社 2021 年版。

[22]刘鹏、王超:《计算广告:互联网商业变现的市场与技术》,人民邮电出版社 2019 年版。

[23]刘云浩:《物联网导论(第 4 版)》,科学出版社 2022 年版。

[24]聂辰席:《融合传播力:新时代智慧广电建设的思考与实践》,学习出版社 2023 年版。

[25]彭兰:《网络传播概论》,中国人民大学出版社 2023 年版。

[26]彭兰:《智能与涌现:智能传播时代的新媒介、新关系、新生存》,电子工业出版社 2023 年版。

[27]邱锡鹏:《神经网络与深度学习》,机械工业出版社 2020 年版。

[28]申启武、张建敏:《5G 时代广播发展的理念创新与实践探索》,暨南大学出版社 2020 年版。

[29]宋航:《万物互联:物联网核心技术与安全》,清华大学出版社 2019 年版

[30]汪成为、高文、王行仁:《灵境(虚拟现实)技术的理论、实现及应用》,清华大学出版社 1996 年版。

[31]王丽萍:《智能广告》,清华大学出版社 2024 年版。

[32]王志立、雷鹏斌、吴宇凡:《自然语言处理:原理、方法与应用》,清华大学出版社 2023 年版。

[33]王忠章、刘修文:《智慧广电网络技术与应用》,中国电力出版社 2023 年版。

[34]吴建平、彭颖:《传感器原理及应用(第 4 版)》,机械工业出版社 2021 年版。

[35]吴俊:《程序化广告实战》,机械工业出版社 2017 版。

[36]徐敬宏、侯彤童、胡世明:《新媒体传播伦理与法规》,清华大学出版社 2023 年版。

[37]徐翔:《计算、智能与传播(第一辑)》,同济大学出版社 2020 年版。

[38]徐小龙:《云计算与大数据》,电子工业出版社 2021 年版。

[39]杨树成:《应用统计学》,西南交通大学出版社 2017 版。

[40]姚海鹏:《大数据与人工智能导论》,人民邮电出版社 2020 年版。

[41]喻国明:《AIGC 传播时代》,中译出版社 2024 年版。

[42]张洪忠、王袁欣:《智能传播学:技术原理与应用研究》,北京师范大学出版社 2024 年版。

[43]张华平、商建云、汤泽阳、雷沛钶:《自然语言处理与应用》,清华大学出版社 2023 年版。

[44]周志华:《机器学习》,清华大学出版社 2016 年版。

[45][丹麦]施蒂格·夏瓦:《文化与社会的媒介化》,刘君等译,复旦大学出版社 2021 年版。

[46][法]贝尔纳·斯蒂格勒:《技术与时间:1. 爱比米修斯的过失》,裴程译,南京译

林出版社 2012 版。
[47][加]罗伯特・洛根:《理解新媒介:延伸麦克卢汉》,何道宽译,复旦大学出版社 2012 年版。
[48][美]弗格斯・皮特:《传感器与新闻》,章于炎等译,北京大学出版社 2017 年版。

后 记

进入21世纪，人工智能、大数据、云计算、区块链、5G等新兴技术迅猛发展，不仅推动了技术的进步，也对社会科学领域，尤其是新闻传播学科带来了深远的影响。智能传播作为依托智能技术的新兴领域，正逐步成为新闻传播学的重要分支，其发展轨迹紧密伴随着人工智能技术的突破。从传统传播模式到网络传播，再到如今的数据驱动和智能化传播模式的广泛应用，传播理论与实践正在经历一场深刻的范式转变。

尽管在智能传播领域已经取得了一些重要进展，但作为一个新兴的交叉学科，其理论体系建设仍处于初期阶段。目前，学界在智能传播的定义、核心概念和研究方法等方面尚未形成统一的共识。例如，如何界定智能传播与传统传播的边界？如何在智能传播中融合技术因素与人文因素？这些问题的解决不仅需要业界的实践支持，也需要学界的深入探索。

正因为智能传播这一领域尚处于发展的初期阶段，其核心概念和理论框架仍在不断演进，我们比以往任何时候都更需要研究者与行业实践者的协作，共同探讨、反思并推动这一领域深化发展。本书的目的并非提供最终的答案，而是希望为学术界和行业同仁提供一个基础性的平台，抛砖引玉，以促进更深入的交流与思考。我们希望它能够成为完善智能传播学科框架的起点，激发更多有意义的学术与实践讨论。

本书以智能传播这一新兴领域为核心，试图在学术理论与实践应用之间搭建桥梁。随着智能技术的飞速发展，传播学科正经历深刻的范式转型，传统的传播理论与研究方法已不足以全面应对智能时代的复杂性与动态性。笔者通过对智能传播全流程的系统分析，揭示技术驱动下传播模式的变革，并结合新闻、广告、广电等领域的应用案例，提出了具有指导意义的实践框架。此外，智能传播的发展伴随着伦理与法律风险的产生，如算法偏见、隐私滥用等问题，因此笔者特别探讨了智能传播中的伦理与法规，为社会责任的平衡提供了理论支持。本书可供新闻传播、市场营销、信息管理等专业的学生使用。希望本书为智能传播在行业实践中的健康发展提供科学依据，同时推动学术研究与实践应用的深度融合，为新时代智能传播学科发展和人才培养贡献力量。

笔者指导的博士研究生狄鹤仙(第一章、第四章和第十三章),硕士研究生张译文(第二章)、王思雨(第三章)、柴亦铭(第五章)、倪雯婷(第六章)、王玺涵(第七章)、张一凡(第八章)、谢涵涛(第九章)、梁瑄轩(第十章)、刘松淼(第十一章)、张贝拉(第十二章)参与了本书的撰写,感谢他们积极的合作与辛勤的付出。特别感谢西安交通大学出版社对本书出版的大力支持,感谢本书责任编辑赵怀瀛副编审与编辑团队老师的专业指导和精心编校。敬请各位专家和读者批评指正。

廖秉宜
2025 年 1 月于珞珈山